Klaus M. Leisinger
Unternehmensethik

KLAUS M. LEISINGER

Unternehmensethik

Globale Verantwortung
und modernes Management

VERLAG C.H. BECK MÜNCHEN

Dieses Buch erscheint in der Schriftenreihe
ETHIK IM TECHNISCHEN ZEITALTER
herausgegeben von Vittorio Hösle

Die Deutsche Bibliothek – CIP-Einheitsaufnahme

Leisinger, Klaus M.:
Unternehmensethik : globale Verantwortung und
modernes Management / Klaus M. Leisinger. –
München : Beck, 1997
   (Ethik im technischen Zeitalter)
   ISBN 3 406 42289 6

ISBN 3 406 42289 6

© C. H. Beck'sche Verlagsbuchhandlung (Oscar Beck), München 1997
Umschlagentwurf: Bruno Schachtner, Dachau
Satz und Druck: C. H. Beck'sche Buchdruckerei, Nördlingen
Bindung: Großbuchbinderei Monheim
Gedruckt auf säurefreiem, aus chlorfrei gebleichtem Zellstoff hergestelltem Papier
Printed in Germany

Inhalt

III. Unternehmen Ethik: Anleitung für Einsteiger

Anhang

Geleitwort

Klaus Leisinger hat mich gebeten, ein Geleitwort zu seinem Buch zu schreiben. Ich habe diese Einladung mit Freude, aber auch mit Bedenken angenommen. Mit Freude, weil ich es begrüße, daß er den Mut hat, ein Buch zu einem so komplexen Thema wie das der Unternehmensethik zu schreiben. Mit Bedenken, weil ich den ausgezeichneten Ausführungen des Autors nichts Wesentliches mehr beifügen kann.

Vorerst möchte ich Klaus Leisinger danken. Sein Buch ist besonders wertvoll, weil er weder ein idealistischer Theoretiker noch ein Ideologe ist. Klaus Leisinger ist ein Pragmatiker und hat seine Lehrjahre mit unternehmerischer Verantwortung ‹an der Front› absolviert. Er ist sich bewußt, daß es auf dem Gebiet der Unternehmensethik keine Ideallösungen gibt und daß man, wenn man etwas erreichen will, pragmatisch vorgehen muß. Für mich liegt der größte persönliche Erfolg des Autors darin, daß er – obschon er einer multinationalen Unternehmung nahesteht – seine Glaubwürdigkeit bewahrt hat.

Die Moral eines Volkes ist geprägt durch seine Tradition und seine Kultur – und nicht zuletzt auch durch seine Religion. So hat gerade im Abendland die Kirche einen starken Einfluß auf unsere Moralbegriffe gehabt. Die wirtschaftliche Tätigkeit eines Volkes bildet aber nur den Teil eines Ganzen, der auf das materielle Überleben ausgerichtet ist. Die in der Wirtschaft tätigen Menschen sind daher auch geprägt von der Kultur und damit den Moralbegriffen ihrer Umwelt. Im Rahmen *eines* Kulturkreises ist die Festlegung von Regeln moralischen Verhaltens und deren ethischer Interpretation noch machbar. Mit dem Aufbrechen der Grenzen und dem Trend nach Schaffung multikultureller Gesellschaften sowie der damit verbundenen Globalisierung der Wirtschaft prallen jedoch unterschiedliche Kulturkreise aufeinander, was sich ganz besonders auf dem Gebiet der Unternehmensethik offenbart. Es zwingt uns dies, einerseits fremde Kulturen zu respektieren, andererseits aber auch die Grundlagen unserer eigenen Kultur aufrechtzuerhalten.

Heute wird der Wille zum ethisch legitimierbaren Verhalten in den meisten multinationalen Unternehmen zum Bestandteil ihrer Geschäftspolitik erklärt. Einzelne Staaten sind sogar dazu übergegangen, über das Thema zu legiferieren. All diese Bemühungen haben aber wenig Fortschritte gebracht, denn es geht nicht um moralische Grundwerte, über die sich alle mehr oder weniger einig sind, sondern um deren Umsetzung im täglichen Leben. Diese Umsetzung liegt in den meisten Fällen nicht bei den Geschäftsleitungen, sondern bei den Mitarbeitern ‹an der Front›, und diese stehen oft im Konflikt zwischen dem geschäftlichen Erfolg und moralischen Grundsätzen. Es sind somit die Mitarbeiter, die in ihrer täglichen Arbeit die Richtlinien über das ethische Verhalten interpretieren müssen. Hier zeigt es sich, daß – wenn beim Individuum das ethische Denken fehlt – das Geld meist stärker ist als die Moral.

Das vorliegende Buch fordert eine stärkere Durchdringung des täglichen geschäftlichen Verhaltens mit ethischem Denken und verlangt Erziehungsarbeit an der Basis. Diese kann jedoch nicht erst in den Unternehmungen beginnen, sondern ihr Anfang muß in der Familie, der Schule und den Universitäten liegen.

Im Glauben an die Liberalisierung und den menschlichen Fortschritt haben wir bewußt im Verlauf der letzten fünfzig Jahre moralische Spielregeln als unangenehme Einschränkungen abgebaut. Wir haben geglaubt, damit der jungen Generation einen echten Dienst zu erweisen und ihr den Weg zu einer grenzenlosen Freiheit zu öffnen. Wir haben dabei bewußt oder unbewußt übersehen, daß wir den jungen Menschen feste Leitplanken genommen und sie damit unvorbereitet und ungerüstet den Versuchungen der Welt ausgesetzt haben. Für die dadurch geförderte Jugendkriminalität und Drogensucht dürfen wir deshalb die Jugend nicht verantwortlich machen. Diese Jugend ist nun aber das «Rohmaterial» für die multinationalen Unternehmungen, und es sind dies die Menschen, die die moralische Verantwortung für die Zukunft tragen.

Die Verbesserung der gegenwärtigen Situation kann nicht kurzfristig erreicht werden. Ein Prozeß des Umdenkens innerhalb der Gesellschaft ist notwendig, um moralische Werte wieder zur Geltung zu bringen – und gerade hier liegt der eigentliche Wert der Bemühungen von Klaus Leisinger. Sein Buch ist ein wesentlicher Beitrag, die Diskussion über unsere Grundwerte in Gang zu bringen, und hierfür müssen wir ihm dankbar sein, und hoffen, daß es ihm vergönnt bleibt, seine Bemühungen wirkungsvoll fortzusetzen.

Louis von Planta, Basel 1997

Vorwort

Unternehmensethik hat Hochkonjunktur

Bis in die fünfziger Jahre gehörte der Begriff «Unternehmensethik» noch nicht zu unserem Wortschatz. Die moralischen Aspekte wirtschaftlicher Aktivitäten wurden, wenn überhaupt, im Kontext der Sozialethik aufgenommen, wo sie sich überwiegend um die «Arbeiterfrage» drehten. Seit der Enzyklika «Rerum Novarum» des Papstes Leo XII (1891) war diese Problematik immer wieder Gegenstand von Sozialenzykliken[1] und anderen Soziallehren.[2] Die Auseinandersetzung mit dem Verhältnis zwischen Wirtschaft und Gesellschaft erfaßte erst in den späten sechziger Jahren eine breitere Öffentlichkeit, womit sich auch das Interessenspektrum erweiterte: Es standen nicht mehr nur die Rechte von Angestellten und Arbeitern zur Debatte, sondern auch Minderheitenrechte, Frauenrechte, der Schutz der Umwelt, Gesundheits- und Sicherheitsfragen aufgrund neuer Technologien, die Sorge um Entwicklungsländer usw. All dies wird heute unter der Rubrik «Unternehmensethik» zusammengefaßt, der sich national und international sowohl eine Vielzahl von Büchern und Journalen als auch Seminare, Symposien, Lehrstühle und sogar Ethik-Netzwerke widmen.

Aber nicht nur Unternehmensethik erfreut sich eines gestiegenen Interesses. Seit Mitte der siebziger Jahre wird jegliches gesellschaftlich relevante Handeln «ethisch» reflektiert: Jeder bedeutende Berufsstand und jede Institution, die etwas auf sich hält, hat begonnen, sich mit der auf ihre Funktion angewandten Ethik auseinanderzusetzen. So sind zahlreiche «Bindestrich-Ethiken» entstanden, wie z.B. «Umwelt-ethik», «Medien-ethik», «Forschungs-ethik» – und eben auch «Unternehmensethik». Einerseits ist darin ein Zeichen für das Bedürfnis nach institutionalisiertem Atemholen,[3] nach «Reflexion» und Hinterfragen zu sehen; aber gerade «unter der Masse des Geredeten und Gedruckten», in der nichts ungesagt zu sein scheint, verbirgt sich das wirklich Fragwürdige noch viel gründlicher als im Unbefragten.[4] Der Zweifel, ob das Problem überhaupt richtig gestellt war, verbleibt. Andererseits sind es häufig nichts weiter als sophistische Kunstgriffe, die da für «Ethik» gehalten werden, um über die Verlegenheit mangelnder Evidenzen und absoluter Begründung für die Notwendigkeit einer Handlung hinwegzutäuschen. Ob dies nun im Einzelfall eine bewußte Irreführung der Öffentlichkeit ist, oder eine «ins Leere verlaufende Romantik des intellektuell Interessanten ohne alles sachliche Verantwortungsgefühl»,[5] oder aber lediglich

ein Mangel an sachlicher Kompetenz, braucht hier nicht entschieden zu
werden. Tatsache ist, daß ein solcher Umgang mit Ethik eine «Nausea
Ethica», einen «Ekel vor der Ethik», auslösen kann. Ursula Pia Jauch
vermutet, daß dort, «wo so viel von Ethik geredet wird, die Kraft der
Argumente klein und die tatsächliche moralische Verfaßtheit der Subjekte bedenklich [ist]».[6] Für sie ist der inflationäre Gebrauch des Terminus
«Ethik» schon längst dechiffrierbar als Hinweis auf politische Verkaufs-
argumente, auf wissenschaftliche Alibiübungen, unternehmerische Versi-
cherungsrhetorik:

> «Ethik ist ein hübsches kleines Appetithäppchen, ist jenes bißchen
> Schlagsahne, allenfalls ein kleiner Amaro, den man nach einem
> opulenten Essen einnimmt, auf daß es etwas leichter verdaulich
> ist. Aber die opulenten Essen – wer will schon darauf verzichten?»[7]

Warum dann noch dieses Buch?

Angesichts all der zum Teil berechtigten Skepsis könnte auch mir gegenüber der Verdacht aufkommen, ich wolle mich entweder moralisch
profilieren oder eine moralisch wenig glorreiche Praxis mit wohltönen-
den theoretischen Erörterungen übertünchen, weil ich selbst in einem
multinationalen Unternehmen arbeite. Gegen solche Verdächtigungen
sollte ich eigentlich gar nicht erst ankämpfen – solange nämlich eine
bestimmte Meinung fest im Gefühl wurzelt, wird sie sich durch ein gegen
sie geltend gemachtes Übergewicht von Argumenten ohnehin nicht er-
schüttern lassen, sondern eher an Stabilität gewinnen. Dennoch muß ich
hier festhalten, daß dieses Buch nicht «im Auftrag» des Unternehmens,
dem ich angehöre, geschrieben wurde. Es ist allerdings noch immer ein
Unternehmen, das Freiräume für die Auseinandersetzung mit dem Thema und für die Umsetzung moralischer Grundsätze schafft. Diese Publikation resultierte zum einen aus dem meiner universitären Arbeit ent-
springenden Interesse an dem Fach «Ethik» und zum anderen aus dem
Wunsch, praktikable Möglichkeiten zur Umsetzung unternehmensethischer Maximen zu erörtern.

   Die Worte, die ich meine, diesem Buch vorausschicken zu müssen,
beweisen eine gewisse Schwierigkeit der von mir unternommenen Arbeit.
Diese Schwierigkeit besteht jedoch nicht etwa in einem Mangel an Ver-
nunftgründen, auf welche ich meine Überzeugungen stelle. Sie liegt vielmehr darin, zwischen festgefahrenen populären Vorurteilen auf der
einen Seite und eifrig verfochtenen Partikularinteressen auf der anderen
Seite einen gangbaren Weg zur Umsetzung unternehmensethischer
Grundsätze freizuschaufeln, ohne dabei «Geschirr zu zerschlagen». Dies
ist jedoch unmöglich, wenn man es unternimmt, die gesellschaftliche
Realität kritisch zu reflektieren. Ich muß also allseits damit rechnen, daß

– je nach ideologischem Interesse und wehendem Zeitgeist – Textpassagen aus dem Kontext herausgepickt werden, die nicht in das jeweilige Schwarz-Weiß-Muster des einen oder anderen passen.

Es werden in diesem Buch keine moralischen Superioritätsansprüche gestellt. Im täglichen Leben unterziehe jeder sein Verhalten und das seiner ihm nahestehenden Institution einer eigenen Prüfung, und jeder trage zur Verbesserung des moralischen Status quo an seinem Ort und auf seine eigene Art und Weise bei.

Der «vollkommene» Mensch wird hier nicht gefordert – denn einen solchen haben wir nicht zur Verfügung. Aber wir können es auch nicht dabei belassen, den Menschen als passives Produkt von Umweltfaktoren und Erbmasse zu sehen, und ihn somit von aller Verantwortlichkeit freisprechen. Genauso wenig kann ein Unternehmen mit Verweis auf «externe» Einflußfaktoren wie z.B. «den Markt» einen exkulpierenden Tugendkanon für all seine Entscheidungen anstimmen. Wenn die Taten des Menschen sowie die eines Unternehmens lediglich der kausalen Erklärung bedürften, daß sie nur die Funktion ihrer Selbsterhaltung erfüllen, dann wäre der Baum der Erkenntnis über Gut und Böse hinausgewachsen und trüge nur noch die Früchte der Unschuld. Wenn Menschen mehr sein wollen als lediglich eine zoologische Gattung, und wenn Unternehmen mehr sein sollen als eine bloße betriebswirtschaftliche Zweckveranstaltung, dann müssen sie einer erweiterten Ausdeutung zugänglich werden. Die zu schützende Existenz des einzelnen sowie die eines Unternehmens muß also mehr als das physische Dasein umfassen – nämlich eine Existenz nach sittlichen Maßstäben.

So sehr ich in diesem Buch versucht habe, ohne moralische Appelle auszukommen, weil ich nicht an deren Erfolg glaube und weil es mir auch gar nicht zustünde, so sehr ist es mir manchmal wohl mißlungen. Vielleicht ist das auch gar nicht zu vermeiden, wenn man an den Menschen als Vernunftwesen glaubt. Wer an die Vernunft appelliert, appelliert gleichzeitig an die Moral, weil Vernunft die Moral voraussetzt. Ich lasse mich jedenfalls von den folgenden Worten Romano Guardinis ermutigen:

«Zum Wesen eines wirklich praktischen Vorschlages gehört es aber, daß er ausführbar sei, was heißt, daß er konkret werden muß. Versuchen wir es also; auch auf die Gefahr hin, er könne ‹moralisch› klingen. In Wahrheit rechnen ja noch die nüchternsten ‹Realisten›, ebenso wie die von allen ‹Vorurteilen› am weitesten abgelösten Werkschöpfer darauf, es möge noch hinreichend viele Leute geben, die aus der verspotteten Moral heraus leben; denn sie, nicht die ‹freien Geister› sind es, die das Dasein tragen.»[8]

Klaus M. Leisinger, Basel 1997

I. Unternehmensethik: Anspruch und Wirklichkeit

Übersicht

Man kann, wie Paul Streeten einmal anklingen ließ, nicht zur gleichen Zeit objektiv, praxisnah und idealistisch sein.[1] Schon die Problemanalyse, die Diagnose einer Situation als unbefriedigend und verbesserungsbedürftig «setzt die Anerkennung von Ziel- und Wertvorstellungen voraus, ohne die die gegenwärtige Lage gar nicht als defizient beurteilt werden kann. In noch stärkerem Maße setzt die ‹Therapie› ... voraus, daß man sich über die notwendigen Ziel- und Wertvorstellungen klargeworden ist. Ohne die Klärung und Anerkennung von Ziel- und Wertvorstellungen läßt sich nicht die Richtung bestimmen, in der die Lösung der gegenwärtigen Schwierigkeiten zu suchen ist.»[2]

Um Transparenz darüber zu schaffen, welche Moralvorstellungen und Werte ich anerkenne, soll zunächst mein Verständnis von Moral und der Entstehung von Werturteilen sowie von Ethik im allgemeinen (Kapitel 1) dargelegt werden. In Kapitel 2 wird dies auf Unternehmen bezogen. In Kapitel 3 wird aufgearbeitet, welche Erwartungen von der Gesellschaft an Unternehmen gestellt werden und welche Wahrnehmung die Öffentlichkeit von der moralischen Qualität unternehmerischen Handelns hat. Was die Öffentlichkeit – unterstützt durch skandalöse Medienberichterstattungen und Publikationen – von Managern hält, wird in Kapitel 4 behandelt. Interessant wird es sein, auch etwas über die Eigenwahrnehmung von Angehörigen des Managements von Unternehmen zu erfahren (Kapitel 5). Im letzten Kapitel soll die Beurteilung der Auswirkungen multinationaler Unternehmen in Entwicklungsländern im Lichte gesellschaftlicher Erwartungen untersucht werden.

1. Moral und Ethik

*Moral ist kein bloßes Desiderat der Schwachen zu
ihrem Schutz oder ein Mittel der Starken zur Bindung der Schwachen, sondern ein Faktor von äußer-
ster Wichtigkeit für die Allgemeinheit und ihre
Wohlfahrt. Wäre in der Geschichte der Menschheit
nicht so viel gegen die Moral gesündigt worden –
ein Unmaß von Leiden wäre ihr dann erspart ge-
blieben.* Victor Kraft[3]

In der Umgangssprache werden die Begriffe «Moral» und «Ethik» weitgehend bedeutungsgleich verwendet, obwohl sie dies nicht sind. Unter
«Moral» sind bestimmte Normen zu verstehen, die das praktische Verhalten (vor allem gegenüber Mitmenschen, aber auch gegenüber der
Natur und sich selbst) leiten. Die «Ethik» als Wissenschaft befaßt sich
mit dem Thema in beschreibender und vergleichender Weise, aber auch
als wertende Moralkritik.

Moral drückt sich einerseits dadurch aus, daß menschliches Verhalten als sittlich «gut» oder «schlecht» beurteilt wird. Damit wird ein
Wert oder Unwert ausgesprochen; die Moral orientiert sich also an
Werten. Um Moral zu verwirklichen, genügt es jedoch nicht, Werturteile
über einen bestimmten Tatbestand zu fällen. Das Wesentliche der Moral ist ja, daß sie richtungsweisend eingreifen will, *bevor* sich ein bestimmter Tatbestand erfüllt. Es müssen also *Forderungen* hinzutreten –
durch sie erhält die Moral einen normativen Charakter. Die Moral wird
also durch *Werte* und *Normen* konstituiert. «Normen setzen Werte
schon voraus ..., was Normen fordern, ist die *Verwirklichung von Werten*».[4]

Normen funktionieren jedoch nur, soweit und solange sie dem einzelnen selbstverständlich erscheinen. Wenn wir etwas fordern, das anderen
nicht selbstverständlich erscheint, dann kommen wir in die Situation,
diese Forderung begründen zu müssen. Ethische Kontroversen leiden
häufig darunter, daß die Gesprächspartner die Werte, auf denen ihre
moralischen Normen gründen, nicht teilen. Was für den einen einen
Wert darstellt, kann für den anderen ein Unwert sein. Hinzu kommt,
daß *Werturteil* und *Sachverhalt*[5] häufig nicht auseinandergehalten werden, obwohl das fundierte Werturteil eigentlich eine gründliche Sachverhaltsklärung voraussetzt. Victor Kraft[6] unterscheidet in zwei Komponenten eines Wertbegriffes: in den *Wertcharakter*, also die Eigenschaft
des Wertes (z. B. «gut», «schlecht»), und die *Sache* (z. B. Ehrlichkeit,
Unehrlichkeit), der der Wertcharakter zugeschrieben wird. Der Wertcharakter ist in allen Werten der gleiche («gut» bleibt «gut», und

«schlecht» bleibt «schlecht»). Die Verschiedenheit der Werte liegt in ihrer Sache, wobei man hier wiederum unterscheiden kann zwischen: ihrer *allgemeinen* Beschaffenheit (z. B. «Ehrlichkeit», «Unehrlichkeit») und ihrer *besonderen* Beschaffenheit (z. B. eine «ehrliche Auskunft»). Es ist die *allgemeine* Beschaffenheit der Sache, die unsere Stellungnahme zu ihr bestimmt. Im allgemeinen finden wir «Ehrlichkeit» eine gute und «Unehrlichkeit» eine schlechte Sache, woraus wir z. B. die normative Forderung ableiten: «Du sollst nicht lügen.» Daß das Bestehen auf der Allgemeingültigkeit bestimmter Normen aber auf Kosten der ihr zugrunde liegenden Werte gehen kann, läßt sich am Beispiel «Ehrlichkeit» deutlich machen: Hätten die (wenigen!) Menschen, die jüdische Verfolgte vor den Nazis versteckten, die Wahrheit gesagt – und zwar nicht aus Angst, sondern aus Liebe zur Wahrheit –, so hätten sie mit ihrer Ehrlichkeit den Wert der Menschlichkeit aufs grausamste verletzt.

Persönliches und gesellschaftliches Werten muß daher immer eine Stellungnahme zu bestimmten Gütern in einer bestimmten Situation sein, ansonsten wird aus Moral «Moralismus», der alles wirklich Moralische trivialisiert. Moralismus reduziert Ethik auf Banalitäten, macht ein moralisches Leben zur Angelegenheit belangloser Disziplin. Er schneidet die Komplexität von Ethik radikal auf die handliche Größe sittlicher Petitessen zurück, die in einen Kodex geschnürt werden können, den zu befolgen das Gewissen beruhigt. Das erinnert an die Bemerkung von Albert Schweitzer, daß das gute Gewissen die Erfindung des Teufels sei. Moralismus zeigt nie viel Besorgnis um die großen Belange wie Vernunft und Gerechtigkeit. Er stellt keine wirklich wichtigen Anforderungen an den «guten Willen» der Menschen. Mit moralistischer Trivialität verbindet sich oft eine Art Doktrin, über die Jesus die folgende Bemerkung machte:

> «Weh euch, ihr Schriftgelehrten und Pharisäer, ihr Heuchler! Ihr gebt den Zehnten von Minze, Dill und Kümmel und laßt das Wichtigste im Gesetz außer acht: Gerechtigkeit, Barmherzigkeit und Treue. Man muß das eine tun, ohne das andere zu lassen. Blinde Führer seid ihr: Ihr siebt Mücken aus und verschluckt Kamele.» (Matthäus 23:23–24)

Dennoch darf jetzt nicht das Mißverständnis entstehen, hier werde das Relative verabsolutiert. Wechselnde Situationen sind zur Bestimmung des «Guten» nicht hinreichend. Wir bedürfen trotz allem der Orientierung an einem unbedingten Maßstab, wenn auch die Normen, die von diesem Maßstab ausgehen, immer nur in einer bestimmten historischen Situation erfüllt werden können. Es geht daher um die Relativierung des Absoluten in einem bestimmten Kontext, der jeder moralischen Entscheidung den Charakter des *Einmaligen* und Besonderen gibt. Alles Relative bedarf einer absoluten Norm, auf die es sich letztlich beziehen kann. Sonderfälle können daher nicht zum Gegenstand der Rechtfertigung werden, allgemeingültige Werte und Normen zu negieren. Sonst könnte jeder für sich eine Ausnahmestellung verlangen – und darin läge ein Widerspruch: «Eine Ausnahmestellung für jeden hebt sich selbst auf.»[7]

Das damit aufgeworfene Problem kann beispielhaft in dem zur Zeit heiß umstrittenen Thema der Sterbehilfe geschildert werden: Anhand einzelner Fälle qualvoller Agonie, die mit dem schmerzhaften Tode enden muß, scheint es für viele Protagonisten (aktiver und passiver) Sterbehilfe unbedingt erforderlich, ein Gesetz zu erlassen, welches letztendlich auf die Verabsolutierung der Relativität des Wertes von Leben hinausläuft. Bei dem Argument, daß z.B. das Leben für einen *anderen* (!) Menschen keinen Wert mehr habe, oder bei nachgesprochenen konventionellen Werturteilen über den Sinn des Lebens, wird allzu oft zu Konstruktionen gegriffen, die in den feststellbaren Tatsachen gar keine Rechtfertigung finden. Es dürfte eigentlich gar nicht von einem Werturteil gesprochen werden, da es sich um eine reine *Stellungnahme* handelt, die einem aktuellen Gefühl, einer (wie auch immer motivierten) Emotion, einer «moralischen» Verfassung entspringt und daher eines Wertbewußtseins völlig entbehrt.[8] Stellungnahmen beruhen auf konkreten, zeitlich bedingten Erlebnissen einzelner Menschen und sind daher höchst unterschiedlich und ambivalent. Werte hingegen sind etwas Einheitliches und Zeitloses; Werte sind *Ziele*, die die Moral anstrebt – *Ziele*, die der Moral einen Zweck verleihen. In den *Zielen* liegt der unbedingte normative Anspruch, von dem her die Moral ihre Rechtfertigung oder ihre Disqualifizierung – oder einfach: ihren *Zweck* erfährt.

Ich vertrete hiermit jedoch nicht jene Ethik, die beliebige Ziele und beliebige Mittel zuläßt und nicht zwischen Gut und Böse unterscheidet. Es gibt Mittel, die das Ziel entheilen und daher nicht zweckmäßig sind, und es gibt Ziele, die der heiligen Mittel nicht wert sind. Damit diese Beliebigkeit ausgeschaltet wird, müssen allgemein erstrebte, *primäre* Ziele der Menschen identifiziert werden. Zu diesen primären Zielen der Menschen gehört das *Leben*, die *Handlungsfreiheit* und die *Solidarität*. Ohne die Erfüllung dieser primären Ziele wären alle weiteren Ziele nicht erreichbar – zumindest würde die Möglichkeit zur Erreichung weiterer Ziele in dem Maße schwinden, als diese Vorbedingungen nicht umfassend erfüllt sind.[9]

Nun mögen manche einwenden, das *Leben* – ihr eigenes – bedeute ihnen nichts. Jeder Mensch hat sich zu entscheiden, wie er sich zu seinem Leben verhalten will. «Heißt er aber den Willen zum Leben sich in den zum Nichtleben wandeln ..., so bringt er ihn mit sich selber in Widerspruch. Er erhebt etwas Unnatürliches, in sich Unwahres und Undurchführbares zu seiner Welt- und Lebensanschauung», die voller Inkonsequenzen ist, weil sie nicht anders kann, als trotz aller Welt- und Lebensverneinung dem Leben Zugeständnisse zu machen, weil sie sonst zum Suizid führen müßte.[10] Diese Lebensbejahung geht darauf aus, «Werte zu schaffen und Fortschritte zu verwirklichen, die der materiellen, geistigen und ethischen Höherentwicklung des Menschen und der Menschheit dienen».[11]

Was die *Handlungsfreiheit* betrifft, so gibt es einerseits viele, die von ihrer Freiheit nicht vollen Gebrauch machen können (z.B. Kinder), als auch solche, die es nicht wollen. Sie geben damit jedoch nicht die freie Willensentscheidung auf, sondern ordnen sich freiwillig denen unter, die sie als überlegen empfinden. Hinzu kommt, daß Bestrebungen zum Erreichen dieses Zieles eine Einschränkung erfahren müssen, damit die Handlungsfreiheit anderer nicht verunmöglicht wird.

Damit wird schließlich klar, daß die *Solidarität* zu den primären menschlichen Zielen hinzukommen muß. Kinder sind auf die Solidarität der Erwachsenen angewiesen, um zusammen mit ihnen die Reife zur Handlungsfreiheit zu entwickeln. Menschen, die sich zu schwach fühlen, um für ihre Interessen zu kämpfen, bedürfen der Solidarität anderer, die sich für ihre Rechte einsetzen, ohne daß sie im Gegenzug unterdrückt werden. Aber auch alle anderen Menschen bedürfen der Solidarität: «Man übersieht leicht, daß ein Robinson oder ein Eremit nur mit Hilfe der Kenntnisse, die er durch die Tradition von seinen Vorfahren mitbekommen hat, sein Leben zu fristen imstande ist.»[12] Seine Existenz beruht also auch auf Kooperation.

Bei aller Geltung dieser primären Ziele darf nicht vergessen werden, wie schwer und wie unmöglich es manchmal ist, der damit verbundenen holistischen Verantwortung gerecht zu werden, die sich nicht nur auf die Menschen bezieht, sondern auch auf die sie umgebende Mitwelt. Auch Albert Schweitzer hat dies nicht vergessen, wenn er sagt:

> «Nun bietet die Welt aber das grausige Schauspiel der Selbstentzweiung des Willens zum Leben. Ein Dasein setzt sich auf Kosten des anderen durch, eines zerstört das andere. Nur in dem denkenden Menschen ist der Wille zum Leben um anderen Willen zum Leben wissend geworden und will mit ihm solidarisch sein. Dies kann er aber nicht vollständig durchführen, weil auch der Mensch unter das rätselhafte und grausige Gesetz gestellt ist, auf Kosten anderen Lebens leben zu müssen und durch Vernichtung und Schädigung von Leben … schuldig zu werden. Als ethisches Wesen ringt er aber darum, dieser Notwendigkeit, wo er nur immer kann, zu entrinnen…»[13]

Was Albert Schweitzer mit seiner Ethik des Lebens bezweckt, ist also nicht eine undurchführbare absolute Askese, denn Menschen können genausowenig wie Tiere überleben, ohne zumindest pflanzliches Leben zu schädigen oder zu vernichten. Ihm geht es vielmehr darum, daß das Bewußtsein für primäre Werte immer neu geweckt wird, weil sonst jede

Ethik im Laufe der Zeit abgeschliffen und verwässert würde und daraus nur verzweifelter Fatalismus entstünde. Die Bejahung des Lebens, der Freiheit und der Solidarität enthält aber optimistisches Wollen und Hoffen in sich. Sie fürchtet sich nicht davor, «die trübe Wirklichkeit zu sehen, wie sie ist».[14] Es gibt für Schweitzers Ethik des Lebens «kein anderes Schicksal der Menschheit als dasjenige, das sie sich durch ihre Gesinnung selber bereitet.» Darum glaubt er auch nicht, «daß sie den Weg des Niedergangs bis zum Ende gehen muß.»[15]

Albert Schweitzer beantwortet m. E. in seiner Ethik der «Ehrfurcht vor dem Leben» die Frage nach dem Grundprinzip des Sittlichen am konkretesten. Sie setzt sich mit der Wirklichkeit und dem Erleben des einzelnen am unmittelbarsten auseinander, da sie auf der Einsicht basiert:

> «Ich bin Leben, das leben will, inmitten von Leben, das leben will. ... Wie in meinem Willen zum Leben Sehnsucht ist nach dem Weiterleben und nach der geheimnisvollen Gehobenheit des Willens zum Leben, die man Lust nennt, und Angst vor der Vernichtung und der geheimnisvollen Beeinträchtigung des Willens zum Leben, die man Schmerz nennt: also auch in dem Willen zum Leben um mich herum, ob er sich mir gegenüber äußern kann oder stumm bleibt.»[16]

Die Umsetzung dieser Erkenntnis ergibt auf natürliche Weise Verhaltensprinzipien, die absolut verbindlich sind und als Grundlage der verschiedenartigsten ethischen Pflichten dienen: «Gut» ist alles, was Leben erhält, es fördert, es auf seinen höchsten Wert bringt. «Böse» ist alles, was Leben vernichtet, schädigt oder in seiner Entwicklung hemmt.

In Analogie zum Verständnis Schweitzers schlägt der Frankfurter Pater, Philosoph und Unternehmensberater Rupert Lay im Kontext seiner unternehmensethischen Erörterungen den Begriff der «Biophilie» vor. Der Lebenserfolg eines Menschen, so meint Rupert Lay, läßt sich messen an dem «biophilen Ertrag», den ein Mensch in seinem Leben erwirtschaftet.[17] Diesen «biophilen Ertrag» definiert er folgendermaßen:

> «Ich handle und entscheide in dem gleichen Umfang biophil, als ich in und durch mein Handeln und Entscheiden personales Leben in allen seinen Dimensionen (etwa den emotionalen, den sozialen, denen der fachlichen Performanz, den moralischen, den religiösen, den intellektuellen, den musischen ...) bei mir und anderen eher mehre denn mindere – beziehungsweise die Voraussetzung schaffe, daß solches Mehren möglich wird.»[18]

Dieses Prinzip übernehme ich bei meinem Verständnis von Unternehmensethik, in dem ich alles als wünschenswert erachte, was ein Unternehmen an institutionellen Rahmenbedingungen schaffen kann, um personales Leben in all seinen Dimensionen eher zu mehren als zu

mindern. Dies erfordert ein unternehmerisches Ethos, «das Wirtschaft-
lichkeit nicht ignoriert, doch auf Humanität zielt, das Leistung und
Selbstverwirklichung bejaht, und doch zugleich Verantwortung und
Selbstverpflichtung einschließt.»[19]

2. Unternehmensmoral und Unternehmensethik

Wenn hier die Handlungsnormen von Unternehmen angesprochen werden, so wird analog der obigen Unterscheidung zwischen Moral und
Ethik der Begriff «Unternehmensmoral» verwendet. *Unternehmensmoral*
ist der Inbegriff jener Werte und Normen, die innerhalb eines bestimmten Unternehmens als verbindlich anerkannt werden. *Unternehmensethik*
reflektiert die faktisch in einem Unternehmen herrschenden Normen und
Werte, fragt nach qualitativen Momenten, die solches Handeln zu
«gutem» Handeln machen. Als angewandte Ethik verfolgt sie das Ziel,
durch Verständigung mit den vom unternehmerischen Handeln betroffenen Menschen materielle und prozessuale Normen zu erstellen, die vom
Unternehmen verbindlich in Kraft gesetzt werden. Damit sollen die
konfliktträchtigen Auswirkungen des Gewinnprinzips bei der Steuerung
der konkreten Unternehmensaktivitäten begrenzt werden.[20] Diesem Denken liegt im weitesten Sinne die Idee eines Gesellschaftsvertrags zugrunde, nach der sich alle Gesellschaftsmitglieder auf eine harmonisierende
Art und Weise verhalten und Rücksicht auf die Belange der anderen
nehmen.[21]

Für ein Unternehmen gelten die gleichen primären Ziele wie für den
einzelnen Menschen: seine Existenz, seine Handlungsfreiheit und die im
Sinne von Kooperation verstandene Solidarität. Unternehmensethik kann
sich demnach immer nur auf jene Klasse von Handlungen und Maßnahmen beziehen, die mit der gesicherten Existenz des Unternehmens am
Markt vereinbar sind bzw. diese nicht gefährden.[22] Das Unternehmen
bedarf der Handlungsfreiheit, weil sonst jegliche wirtschaftliche Initiative und damit wirtschaftlicher Fortschritt gelähmt würde. Es bedarf der
Kooperation aller am Wirtschaftsprozeß Beteiligten, weil es ohne sie die
anderen primären Ziele nicht erfüllen könnte. Genau wie im individuellen Bereich sind den primären Zielen eines Unternehmens jedoch dort
Grenzen gesetzt, wo die Existenzsicherheit und die Handlungsfreiheit
anderer gefährdet wird. Es ist ebenfalls zur Kooperation bzw. Solidarität
mit Menschen verpflichtet, d.h. es muß außer dem Eigeninteresse auch
das Gemeinwohl verfolgen. Die Frage, ob Unternehmen bei ihrem Gewinnstreben geltenden Sittengesetzen unterworfen sind, ist seit langem
positiv beantwortet.[23] Auch die Geschäftswelt bekennt sich dazu, daß sie
für mehr als nur die jeweiligen finanziellen Unternehmensergebnisse
Verantwortung trägt. Viele individuelle Unternehmen,[24] aber auch kon-

servative Institutionen wie The Conference Board[25] verweisen auf die
Rückgebundenheit der Unternehmensaktivitäten an die Gesellschaft und
die erforderliche Abwägung wirtschaftlicher, sozialer und ökologischer
Verantwortlichkeiten. Es ist heute Konsens, daß alle gesellschaftlichen
Akteure, auch Unternehmen, in die Pflicht genommen werden, den ihnen
jeweils möglichen Beitrag zum Erreichen einer nachhaltigen Entwicklung[26] zu leisten. Im Minimum sind jedoch Handlungsweisen zu unterlassen, die der Erreichung dieses Ziels entgegenwirken. Für eine
nachhaltige Entwicklung dürfen wirtschaftliche, soziale und ökologische
Sachverhalte nicht isoliert voneinander gesehen oder gar gegeneinander
ausgespielt werden.

Es gibt keine Sondermoral für Unternehmen, auch nicht für multinationale. Aber es gibt breiter definierte Handlungszumutungen. Ohne
Zweifel haben international arbeitende Unternehmen gegenüber nationalen und nur lokal arbeitenden Unternehmen eine Reihe von Vorteilen
(z. B. Kapitalkraft, Technologie, Know-how, internationale Basis, in
vielen Fällen Forschung), die man auch mit größerer «Macht» bezeich-
nen könnte. Größere Macht verlangt als Korrelat in jedem Fall die
vermehrte Wahrnehmung von Verantwortung. Dies bedeutet, daß international arbeitende Unternehmen aufgrund ihrer größeren wirtschaftlichen Potenz, ihres im Normalfall höher entwickelten technischen,
organisatorischen und anderen Know-hows sowie ihrer internationalen
Erfahrung auch eine höhere soziale, ökologische und ethische Verantwortung tragen. Aus diesem Grund ist z. B. die Wettbewerbsfähigkeit
mit lokalen Unternehmen (etwa im Bereich der Personalkosten, der
Sicherheitskosten, des Marketing oder bei anderen sensiblen Sachverhalten) nur *eine* relevante Dimension für Entscheidungen – übergeordnete und aus ethischer Sicht legitimierende Kriterien müssen
als zusätzliche Dimension in allen Entscheidungen berücksichtigt werden.

Zur Entmystifizierung von «Profiten» und erst recht dem profitablen
Wirtschaften in Entwicklungsländern muß immer wieder ausdrücklich
darauf verwiesen werden, daß jedes Unternehmen zur Umsetzung moralischer Standards letztlich darauf angewiesen ist, über die Deckung der
Kosten hinaus Gewinne zu erwirtschaften. Zwischen moralischem Verhalten und profitablem Wirtschaften besteht keine «entweder-oder»-
Beziehung. Nicht der Gewinn als solcher oder dessen Höhe ist für
die ethische Analyse maßgebend, sondern die Art und Weise seines
Zustandekommens sowie die situationsgerechte Anwendung des Gewinnprinzips.[27] Als Qualitätskriterien gelten dabei Maßgrößen wie Vernunft, Gerechtigkeit, Angemessenheit, Menschenwürde und Fairneß.
Auch für die Unternehmensethik gilt, was der evangelische Theologe
Arthur Rich seinen Erörterungen zur Wirtschaftsethik vorangestellt hat,
nämlich daß

«jede Bemühung, ethisch auf die Gestaltung der Wirtschaft und des Verhaltens der in ihr tätigen Menschen einzuwirken, das ökonomisch Sachgemäße zu beachten hat. Es kann im wirtschaftlichen Geschehen ethisch nie vertretbar sein, was dem Sachgemäßen schlechthin widerspricht.»[28]

Wirtschaftliches und unternehmerisches Können im Sinne eines angemessenen Sachverstands ist deshalb immer notwendige Bedingung und «Voraussetzung des Sollens».[29] Weder ersetzt ethische Kompetenz die wirtschaftliche Kompetenz, noch umgekehrt. Unternehmensgewinne sind nicht nur betriebswirtschaftlich erforderlich, sie haben auch sozialethische Bedeutung: Der wirtschaftliche Erfolg eines Unternehmens sichert die Bewahrung produktiver Arbeitsplätze, die Bereitstellung wichtiger Güter und Dienstleistungen sowie die Entwicklung neuer technischer Lösungen. Gewinne ermöglichen auch wirtschaftliche, soziale und ökologische Investitionen und leisten über die Mittel, die aus ihrer Besteuerung resultieren, einen wichtigen Beitrag zur Finanzierung der Staatsaufgaben. Unter konstruktiven gesellschaftlichen und politischen Rahmenbedingungen («good governance») haben diese unternehmerischen Beiträge einen wesentlichen instrumentalen Wert für die Erhöhung des Gemeinwohls. In einer Welt mit hohem Bevölkerungswachstum und schrumpfenden Ressourcen muß wirtschaftlicher Erfolg geradezu als ethisch geboten gelten. Verluste haben nicht nur keinen «ethischen» Wert – sie schaden den betroffenen Unternehmen und behindern menschengerechten gesellschaftlichen Fortschritt.

Unternehmensethik und daraus abgeleitete moralische Forderungen stellen die prinzipielle wirtschaftliche Aufgabe von Unternehmen nicht in Frage. Sie sind das Zusatzelement, mit dem das Qualitätskriterium «Moralität» für die Erledigung dieser Aufgabe angestrebt wird. Ethische Kriterien fließen zum einen in den unternehmerischen Zielbildungsprozeß und in die Prioritätensetzung ein, zum anderen wird die Art und Weise, in der die gesetzten Ziele erreicht werden sollen, durch ethische Fragestellungen einer qualitativen Prüfung unterzogen. So wie angemessenes Umweltmanagement heute nicht mehr «end of the pipe», d.h. Reinigung am Ende der Fabrikationsprozesse ist, so ist auch die Umsetzung von Unternehmensethik als Querschnittsaufgabe im Sinne von System-Management zu verstehen. Daraus resultierende «kritisch-loyale»[30] Selbstverpflichtungen tragen der Überzeugung Rechnung, daß weder der Markt und seine «unsichtbaren Hände» noch das jeweilige Rechtssystem in ausreichendem Maße geeignet sind, konfliktträchtige Auswirkungen des Gewinnprinzips zu verhindern. Ziel bleibt jedoch in jedem Fall die Steigerung der Effektivität und Effizienz unternehmerischen Handelns.

3. Unternehmensmoral im Spiegel der Gesellschaft

Die Auffassung, daß Unternehmen als «juristische Personen» moralische Rechte und Pflichten haben, wie sie früher nur «natürlichen Personen» zugeordnet wurden, hat in den letzten 25 Jahren erheblich an Zustimmung gewonnen.[31] Unternehmen beanspruchen im Rahmen der Rechtsordnung und des Wettbewerbs wirtschaftliche, soziale und ökologische Rechte für sich – wirtschaftliche, soziale und ökologische Pflichten sind deren natürliches Korrelat.[32] Zu diesen Pflichten gehören vor allem die folgenden:[33]

- der engagierte Einsatz für das kurz- und langfristige Wohl des Unternehmens;
- verantwortungsvolle und fürsorgliche Behandlung der Mitarbeiter und Mitarbeiterinnen;
- weitestmögliche Berücksichtigung der Umweltbelange;
- weitestmögliche Berücksichtigung der Verbraucherwünsche;
- Herstellung und preiswertes Angebot von nützlichen, ungefährlichen, gesunden, qualitativ möglichst guten Produkten und Dienstleistungen;
- Schaffung oder zumindest Erhaltung von Arbeitsplätzen;
- Engagement für die soziale Umwelt, Unterstützung der Gemeinden und Übernahme gesellschaftlicher Verantwortung sowie, in letzter Zeit zunehmend,
- Berücksichtigung des «shareholder value», d.h. der kurz- und langfristigen Interessen der Aktionäre eines Unternehmens.

An diesem gesellschaftlichen Erwartungsspektrum werden Unternehmen gemessen, wobei die Prioritäten einzelner Pflichten im Zeitablauf und als Reaktion auf die jeweils vorherrschenden wirtschaftlichen, sozialen und ökologischen Bedingungen variieren. So haben im Verlauf der letzten dreißig Jahre – wohl auch als Folge einer andauernd guten Wirtschaftslage – Umwelt- und Sozialbelange in der gesellschaftlichen Bewertung kontinuierlich an Bedeutung gewonnen. Das Interesse an der sozialen und ökologischen Qualität unternehmerischen Handelns in Entwicklungsländern stieg seit der Mitte der sechziger Jahre ebenfalls: Spezialisierte Interessengruppen, sogenannte «Nicht-Regierungsorganisationen» (NGOs), deren Hauptaufmerksamkeit entwicklungspolitischen Problemen gilt, gewannen an Bedeutung und fordern von Unternehmen, die eine globale Marktorientierung haben, auch eine globale soziale und ökologische Verantwortung. In Zeiten der Rezession, des weltwirtschaftlich bedingten Strukturwandels und der damit verbundenen Arbeitslosigkeit sinkt gewöhnlich das gesellschaftliche Interesse für ökologische und entwicklungspolitische Sachverhalte, während die Schaffung bzw. Erhaltung von Arbeitsplätzen oder die soziale Absicherung bei Entlassungen in den Vordergrund rückt. Dennoch ist es über einen längeren Zeitraum hinweg möglich, klar erkennbare Tendenzen in der gesellschaftlichen Wahrnehmung der Unternehmensmoral auszumachen.

Die Vereinbarkeit von profitablem kommerziellem mit sittlich gutem Handeln scheint Menschen zu allen Zeiten Schwierigkeiten bereitet zu haben: Die Frage, ob gewinnorientiertes Handeln mit gottwohlgefälligem Tun vereinbar sei, wird in der Bibel, z. B. im Buch des «Jesus Sirach»,[34] relativ deutlich beantwortet: «Schwerlich bleibt ein Kaufmann frei von Schuld; ein Händler wird sich nicht reinhalten von Sünde. Des Geldes wegen haben schon viele gesündigt; wer es anzuhäufen sucht, schaut nicht genau hin.» Moderne Kommentare sind nicht viel optimistischer. So wird dem österreichischen Zeitkritiker Karl Kraus nachgesagt, er habe auf die Frage eines Studenten, wie man denn «Wirtschaftsethik» studieren könne, geantwortet, das könne man nicht, man müsse sich für eines der beiden entscheiden. Der geheimnisvolle amerikanische Industrielle Howard Hughes soll die Ansicht vertreten haben, es verstehe sich von selbst, daß man nicht zugleich hohe Prinzipien und hohe Profite haben könne.

Während noch in den fünfziger und sechziger Jahren Unternehmen eine relativ große gesellschaftliche A-priori-Akzeptanz genossen,[35] deuten heutige Erhebungen darauf hin, daß immer mehr Menschen der Meinung sind, Unternehmen und deren Spitzenmanager würden moralische Defizite aufweisen und skrupellos ihrem Profit nachgehen.[36] Dieser Meinungsumschwung kam nicht ohne Bezug zur Wirklichkeit zustande: Im Jahre 1982 veröffentlichte die amerikanische Zeitschrift «U.S. News & World Report» eine Untersuchung, nach der fast ein Viertel der fünfhundert größten US-Unternehmen im Verlauf von zehn Jahren wegen schwerwiegender Vergehen angeklagt oder bestraft wurden. Die 25 größten Firmen, inklusive aller glanzvollen Namen des «Corporate America», stachen durch besonders unverantwortliches Handeln hervor.[37] Amerikanische Autoren sprachen in den frühen achtziger Jahren denn auch von einer «moralischen Krise des amerikanischen Kapitalismus».[38]

Der wöchentlich in Washington D. C. publizierte «Corporate Crime Reporter» listet seit vielen Jahren auf, was sich verschiedene Unternehmen tatsächlich oder vermeintlich zuschulden kommen lassen.[39] Was da Woche für Woche allein mit Fokus auf die USA zusammenkommt, ist skandalös. Drei willkürlich herausgegriffene Wochenausgaben aus drei Monaten zeigen folgendes:

- Zurückhalten wichtiger Informationen zur Umgehung von Schadensersatz-Zahlungen; falsche Behauptungen über Produkteigenschaften; Zunahme der institutionellen Korruption; tödliche Betriebsunfälle wegen unzureichender Arbeitsplatzsicherheit etc.[40]

- Mangelhafte Arbeitsplatzsicherheit und daraus resultierende Todesfälle und schwerste Verletzungen; Betrug; Fahrlässigkeiten mit potentiell schlimmen Folgen; jede Menge Umweltvergehen etc.[41]
- Vorsätzliche Umweltverschmutzung; Manipulation von Import- und Exportrechnungen zur Vermeidung von Steuern und Zöllen; rassisch diskriminierende Verkaufspraktiken etc.[42]

Über die Jahre stellte der «Corporate Crime Reporter» einen unternehmerischen Sündenkatalog zusammen, der von vorsätzlicher Umweltverschmutzung, Steuerhinterziehung und Behördentäuschung über die Ausnutzung von Kinderarbeit bis zur fahrlässigen Tötung wegen unzureichender Arbeitsplatzsicherheit reicht. Daß größeren Unternehmen mit mehr Skepsis begegnet wird als kleineren,[43] hat meines Erachtens eher mit deren größerer Sichtbarkeit und empfundener Macht zu tun als mit empirischer Evidenz.

Auch im deutschsprachigen Raum häufen sich Publikationen, die die Wahrnehmung fördern, daß Skrupellosigkeit und Geldgier statt Weitsicht und Verantwortungsgefühl die Aktivitäten großer Unternehmen lenken. Neuere und höchst erfolgreiche Veröffentlichungen nennen deutsche Führungskräfte «Nieten in Nadelstreifen» und werfen ihnen «wachsende Kriminalisierung»[44] vor. Staatsanwälte sprechen im Zusammenhang mit Führungskräften der Wirtschaft von einem «besonders gefährlichen Machtpotential» und von der «Kriminalität der wirtschaftlich Mächtigen».[45] Deutsche Soziologen gehen vom industriellen Fatalismus und von einer organisierten Unverantwortlichkeit[46] aus; Psychologen sehen eine Zunahme an überforderten Neurotikern in Führungspositionen.[47] Führende Philosophen sagen, in unseren Gesellschaften öffne sich eine Schere «zwischen beschleunigter wissenschaftlich-technischer Entwicklung und stagnierendem, wenn nicht regredierendem ethischen Bewußtsein.»[48] Da Unternehmen bedeutende Initiatoren und Träger wissenschaftlich-technischer Entwicklung sind, sind sie direkt davon betroffen, wenn eine Gesellschaft damit beginnt, die Verläßlichkeit der Technik, die Berechenbarkeit von Risiken und die Zuverlässigkeit der Wissenschaft in Frage zu stellen.

Bei entwicklungspolitisch engagierten Interessengruppen dominiert erfahrungsgemäß die Wahrnehmung, bei Unternehmen und deren Verantwortungsträgern sei das Bewußtsein über ihre Rechte mehr entwickelt als das Pflichtbewußtsein. Unternehmen wird meist eine «Grenzmoral» unterstellt. Mit «Grenzmoral» definierte Briefs in den frühen dreißiger Jahren dasjenige (niedrigste) Niveau von Moral, das in einer Gesellschaft gerade noch als verpflichtend gilt.[49] Briefs ging davon aus, daß in kapitalistischen Wirtschaftsordnungen diejenigen Unternehmer Wettbewerbsvorteile haben, die am wenigsten durch moralische Skrupel gebremst werden.

Viele unternehmensethische Publikationen basieren implizit oder explizit auf der Annahme, daß die Moral von Unternehmen niedriger sei als die anderer Institutionen, und unterstellen auch, daß führende Mitarbeiter moralische Defizite aufweisen.[50] Zur Unterstützung dieser Annahme ziehen sie immer wieder die in diesem Zusammenhang meist zitierten Umfragen[51] heran, die zwar mangels methodisch einwandfreier Quervergleiche zu anderen Institutionen wenig belegen, dennoch in der breiten Öffentlichkeit Zustimmung finden. Noch ein letzter gesellschaftlicher Spiegel der heutigen Unternehmensmoral sei erwähnt. Das Emnid-Institut hat 2034 repräsentativ ausgesuchte junge Deutsche zwischen 14 und 29 u. a. danach gefragt, welche Organisationen und Persönlichkeiten sie für glaubwürdig hielten.[52] Hier das Ergebnis:

Greenpeace	64%	Kirchen	15%
Amnesty International	50%	Unternehmen	8%
Gewerkschaften	17%	Parteien	5%

Diese Skepsis findet man auch im deutschsprachigen Ausland. Eines der Ergebnisse einer im Jahre 1989 von der Genfer Universität durchgeführten Umfrage über «Das Wertesystem der Schweizer» ist, daß 43,7 Prozent der Schweizer großen Unternehmen nicht sehr viel oder gar kein Vertrauen entgegenbringen.[53]

Viele Leute, die selbst in Unternehmen Verantwortung tragen und in der Alltagspraxis völlig andere Erfahrungen machen, verstehen diese skeptische Wahrnehmung nicht. Es gibt eine Reihe von Erklärungsversuchen, die zwar alle in Teilaspekten ihre Richtigkeit haben, aber für sich alleine nicht hinreichen. So werden z. B. oft die Massenmedien für die negative öffentliche Meinung über Unternehmen verantwortlich gemacht. Es ist zwar richtig, daß beim Kampf um Einschaltquoten und Auflagehöhen eher scheinbar skandalöse Aspekte unternehmerischen Tuns im Vordergrund stehen als die zu erwartende Normalität. Es stimmt auch, daß Journalisten, die positiv oder ausgewogen über Unternehmen oder ausgewählte Aspekte ihrer Tätigkeit berichten, bei manchen Kollegen in den Verdacht der «Hofberichterstattung» geraten. Und drittens kann beinahe durchgehend festgestellt werden, daß viele Medien irgendwelche Probleme, die auch nur im entferntesten in den Zusammenhang mit Unternehmen gestellt werden könnten, den Unternehmen auch umfänglich anlasten. Eine differenzierte, sachliche Analyse einer bestimmten Problematik wird selten geboten. Das erklärt jedoch die gesellschaftliche Wahrnehmung von der Unternehmenspraxis nur sehr unzureichend. Auch der Einwand ist richtig, wonach es Vorurteile nun einmal gibt und Menschen, die selbst keinen direkten Einblick in Unternehmen haben, bei entsprechenden Umfragen aus überforderter Urteilskraft sicherheitshalber skeptisch sind. Erklärte dies das ganze Phänomen, so könnte das Wahrnehmungsmuster mit verbesserter Kommunikation seitens der Unternehmen verändert werden. Auch der Erklärungsansatz, daß alle Institutionen, die irgendwelche «Macht» verkörpern, heute überwiegend abgelehnt werden, ist höchstens teilweise richtig. Eine neuere Erhebung unter Jugendlichen in Deutschland zeigt zwar generell ein äußerst beschränktes Vertrauen in Institutionen – Wirtschaftsunternehmen schneiden jedoch noch erheblich schlechter ab: Während dem Bundesverfassungsgericht immerhin noch 42 Prozent der Jugendlichen «volles Vertrauen» entgegenbrachten, waren es bei Banken nur noch 29 Prozent und bei Unternehmen noch 20 Prozent.[54] Dabei kann es aus unternehmerischer Sicht kein Trost sein, daß die Bundesregierung (21%) und der Bundestag (18%) auch nicht gerade gut dastehen. Der Verlust des moralischen Ansehens von Unternehmen ist zu ausgeprägt, als daß er mit einem generellen antiautoritären Zeitgeist erklärbar wäre.[55] Die Skepsis gegenüber der Wirtschaft wird auch von gesellschaftlichen Teilgruppen vertreten, die über tieferes Wissen und über größere Einsicht verfügen. So bestehen z. B. für Studenten der Betriebswirtschaft Kritikpunkte in der ausschließlichen Konzentration auf kurzfristige, rein quantifizierbare Ziele, die Verantwortungsträger in Unternehmen dazu verleite, qualitative Aspekte wirtschaftlichen Handelns als «wesensfremd» abzulehnen.[56] Auch die diesbezügliche Eigenwahrnehmung des Managements ist alles andere als problemlos.

Diese skeptische gesellschaftliche Wahrnehmung sollte für Unternehmen und deren Verantwortungsträger höchst alarmierend sein, denn Institutionen, denen man mißtraut, will man keine Freiheit gewähren. Im Gegenteil, man will sie kontrollieren. Das aber, so die einhellige Überzeugung in Führungskreisen der Wirtschaft aller Länder, stehe nachhaltigem unternehmerischem Erfolg entgegen.

4. Manager im Zwielicht

Eine Mitte der achtziger Jahre unter Studenten der Betriebswirtschaft durchgeführte Umfrage[57] über die ethischen Standards bzw. die Ehrlichkeit verschiedener Berufsgruppen in den USA kam zu folgenden Ergebnissen:

Geistliche Berufe	67%	Fernsehreporter/-kommentatoren	33%
Apotheker/Drogisten	65%	Journalisten	31%
Ärzte	58%	Zeitungsreporter	29%
Zahnärzte	56%	Rechtsanwälte	27%
College-Professoren	54%	Leitende Unternehmens-	
Ingenieure	54%	angestellte	23%
Polizisten	47%		
Bankangestellte	37%		

Ein interessanter Aspekt dieser Umfrage war, daß sich die befragten Studenten optimistisch dahingehend äußerten, daß dann, wenn sie selbst einmal Verantwortung in Unternehmen übernähmen, sich die Normen unternehmerischen Handelns verbessern würden.[58] Diese Aussage steht in gewissem Gegensatz zu dem, was europäische Studenten in einer vergleichbaren Umfrage zu Protokoll gaben. Dort meinten zwar auch 40 Prozent der Befragten, heutige Unternehmen verhielten sich nicht oder nur wenig moralisch – 55 Prozent gaben jedoch zu, sich unter Umständen selbst rücksichtslos zu verhalten, wenn es darum gehe, an die Spitze der erwünschten Karriere zu kommen.[59]

Der Tenor der amerikanischen Studie über die ethischen Standards verschiedener Berufe ist auch in einer deutschen Untersuchung, die das Institut für Demoskopie Allensbach im Herbst 1993 durchführte, anzutreffen. Das gesellschaftliche Ansehen der Spitzenberufe erbrachte für das Topmanagement von Unternehmen wenig schmeichelhafte Ergebnisse. Auf die Frage, welche Berufe das höchste Ansehen genießen, gab es die folgenden Antworten:

Arzt	81%	Atomphysiker	25%
Pfarrer	40%	Grundschullehrer	24%
Rechtsanwalt	36%	Direktor einer großen Firma	22%
Hochschulprofessor	33%	Journalist	17%
Diplomat	32%	Studienrat	15%
Schriftsteller	28%	Offizier	9%
Apotheker	27%	Politiker	9%
Unternehmer	26%	Buchhändler	9%
Ingenieur	26%	Gewerkschaftsführer	8%

In den letzten Jahren beschäftigten sich auch zahlreiche Publikationen mit leitenden Angestellten von Unternehmen. Sie taten dies teilweise mit beträchtlichem kommerziellem Gewinn. Eine besonders erfolgreiche deutsche Publikation unterstellte nicht nur Unmoral in Form skrupelloser Verfolgung von Eigeninteressen zu Lasten des Unternehmens, Ausrichtung auf Bequemlichkeit und Machterhalt, Filz- und Vetternwirtschaft sowie Korruption, sondern auch mittelmäßige Intelligenz, unzureichende Disziplin sowie mangelhafte handwerkliche Fähigkeiten.[60]

Nimmt man die neuere Literatur als Beleg für die Wahrnehmung der Unternehmensmoral bzw. der Moral derjenigen, die in Wirtschaft und Politik Verantwortung tragen, so scheint sich z. B. in der Bundesrepublik ein Klima «der krämerhaften Kumpanei und Klüngelei, der berechnenden Regelverletzung und Untreue, der bedenkenlosen Cleverneß»[61] auszubreiten. Es drängt sich einem ein Bild auf, das man nicht unbedingt mit einem hochentwickelten Industrieland assoziiert, sondern mit mittelalterlichen Feudalstrukturen irgendwo in einem wirtschaftlich und sozial unterentwickelten Land. Da wird, bisher ohne juristisches Eingreifen der namentlich Genannten, über Politiker berichtet, die «skrupellos in die eigene Tasche gewirtschaftet oder sich in maßloser Raffgier der Vetternwirtschaft schuldig gemacht»[62] haben. Manager seien alles andere als integere Führungspersönlichkeiten und verantwortliche Hüter der ihnen anvertrauten menschlichen, finanziellen und anderen Ressourcen, sondern «Abzocker, Beutelschneider, Durchstecher und vorteilsheischende Triebtäter».[63] Da wird – mit Namensnennung – berichtet, wie Leute aus der Beletage von Unternehmen für den Ausbau der privaten Ferienvilla, für Luxusreisen, für unsinniges Geprotze zur Befriedigung der persönlichen Eitelkeit und Raffgier Firmengelder mißbraucht haben; ferner, wie Sondermüll rund um den Globus verschoben wird, Schmiergelder bezahlt und kassiert werden – manchmal wird auch nur ganz ordinär betrogen. Werden Vertreter dieser schmarotzenden Spezies ertappt und kann ihnen öffentlich nachgewiesen werden, was sie zuvor im Dunkeln trieben, dann wird, so Bräuninger und Hasenbeck, nicht etwa konsequent sanktioniert, entlassen und eingesperrt. Nein – vielmehr werden durch Kungelei mit politischen Mandatsträgern und anderen mächtigen Schutzpatronen Anklagen verwässert, Prozesse hinausgezögert und Strafen vereitelt. Wie gesagt, dies alles nicht in einem Entwicklungsland irgendwo in Afrika, Asien oder Lateinamerika, sondern im Herzen Europas, in einem der wirtschaftlich höchstentwickelten Länder dieser Erde. Noch nie in der deutschen Wirtschaftsgeschichte, so wird berichtet, «wurden so viele Topmanager des Betruges, der Korruption, Selbstbereicherung und Großmannssucht auf Kosten ihrer Firmen und Aktionäre überführt wie in den letzten Jahren. ... und dies erweckt den Eindruck, ... daß sich Betrug und zweifelhafte Geschäfte in der Grauzone lohnen und allenfalls als Kavaliersdelikte angesehen werden dürfen.»[64] Die «Süddeutsche Zeitung» berichtete, Bestechungen und Ausschreibungsbetrügereien hätten in der Bundesrepublik derart zugenommen, daß sie von Kriminalbeamten unter der Rubrik «Organisierte Kriminalität» eingeordnet werden.[65] Skrupel und Unrechtsbewußtsein gehen verloren, strafrechtlich zu ahndende Delikte wie Erschleichung von Fördermitteln, Ladendiebstahl, Spesenbetrug oder Steuerhinterziehung werden, «cosi fan tutte», als «Kavaliersdelikte» verharmlost. Die im Sommer 1995 von den Medien problematisierte (vermutete) Korruptionsaffäre bei einem großen deutschen Automobilhersteller und die im Gefolge der Berichterstattung aufgetauchten Verdachtshinweise auf ähnliche Probleme in anderen Großunternehmen sind für viele nur die Spitze des Eisbergs.[66]

Als letzter, vielleicht trivialer, aber dennoch bemerkenswerter Hinweis darauf, daß das öffentliche Ansehen von Unternehmensverantwortlichen mit Skepsis überschattet ist, mag die Tatsache gelten, daß das Bild, das in Filmen und Büchern von Unternehmensverantwortlichen gezeichnet wird, zunehmend negativ gefärbt ist: Geldgierige Schurken versuchen mit allen Mitteln und auf Kosten von Gesundheit und Leben anderer in erster Linie sich selbst, aber auch ihre Unternehmen zu bereichern.[67] Solche Bücher, Filme und Berichte in Nachrichten- oder Fernsehmagazinen mögen zwar aus Marketinggründen die Wirklichkeit stark überzeichnen, sie werden jedoch als jener Rauch wahrgenommen, der, wie der Volksmund weiß, immer auf die Existenz von Feuer hinweist.

Allein schon die konkret feststellbaren Konsequenzen der Mißwirtschaft und Selbstbedienungsmentalität sind verheerend: In den letzten 15 Jahren wurde durch solches Fehlverhalten allein in der Bundesrepublik die Existenz ganzer Firmen aufs Spiel gesetzt; Tausende von Mitarbeitern der betroffenen Unternehmen wurden arbeitslos, und das Vertrauen in die Funktionsfähigkeit der Marktwirtschaft – aber auch in die Integrität und Qualität von Politikern und Managern – wurde für große Teile der Gesellschaft nachhaltig erschüttert. Daß die in den neuen Bundesländern nach der Vereinigung teilweise hemmungslos ausgelebte Mentalität des Manchester-Kapitalismus nicht dazu geeignet ist, das Vertrauen der Menschen in die Marktwirtschaft und die sie stützenden Institutionen zu fördern, zeigen die Wahlergebnisse des Jahres 1994.

Wenn das moralische Niveau von Unternehmen schon in einem hochentwickelten Industrieland mit seinem dichten Regelnetz so bedenklich ist, wie sieht es dann erst in Entwicklungsländern aus, die institutionelle Defizite sowie einen Mangel an Gouvernanz aufweisen?

5. Manager im eigenen Spiegelbild

Umfragen zur Erfassung der Innenwahrnehmung von Unternehmensmoral werden seit dem Jahre 1961[68] immer wieder gemacht. Ein durchgehendes Ergebnis ist, daß zwar fast alle befragten Führungspersönlichkeiten überzeugt sind, daß sich ethisches Handeln langfristig rentiere,[69] jedoch viele darüber klagen, daß sie immer wieder ihre eigenen Werte für die Erreichung kurzfristiger Unternehmensziele kompromittieren müßten.[70] Dies gelte, so die Wahrnehmung des unteren und mittleren Managements, besonders in wirtschaftlich schlechten Zeiten.[71]

Mitglieder der obersten Führungsschichten scheinen den ethischen Zustand ihrer Unternehmen positiver zu beurteilen. Für die meisten ist die Welt in Ordnung.[72] Da die persönliche Identifikation mit dem Unternehmen bei steigender Hierarchiestufe meist stärker wird, überrascht dies nicht – eine höhere ethische Qualität des Topmanagements sollte daraus jedoch nicht abgeleitet werden. Wenn das Topmanagement von Unternehmen keine ethischen Probleme wahrnimmt, so gibt es dafür zwei mögliche Erklärungen: Entweder werden moralische Bedrängnisse nach «unten» abgewälzt,[73] oder es existieren Wahrnehmungsdefizite bzw. Realitätsverluste.

Bei allen Befragungen von Managern ist zu berücksichtigen, daß die moralische Qualität ihres Handelns in der Eigenwahrnehmung höher sein könnte als in der Wahrnehmung anderer. Dort, wo beides untersucht und miteinander verglichen wurde, zeigen sich z.T. erhebliche Divergenzen.[74] Interessant ist auch, daß die Ursachen für erodierende ethische Standards in Unternehmen meist auf «äußere Umstände» zurückgeführt werden (z.B. genereller Verfall der gesellschaftlichen Moral, Druck der Marktverhältnisse, korrupte Politiker etc.). Indessen vermutet man Verbesserungsmöglichkeiten jedoch eher im Unternehmen selbst (z.B. das Topmanagement solle Unternehmensethik zur Priorität machen).[75]

Die skeptische Selbstbeurteilung von Führungskräften der Wirtschaft ist nicht neu. Brenner und Molander veröffentlichten schon im Jahre 1977 eine Studie,[76] wonach sich 43% der befragten Führungskräfte gezwungen fühlten, auf Praktiken zurückzugreifen, die sie selbst zwar moralisch mißbilligten, jedoch für nötig hielten, um den Erfolg ihres Unternehmens und somit auch ihre eigene Karriere nicht zu gefährden. Die Gründe, die sich hinter diesem traurigen Zustand von Schizophrenie verbergen, lassen sich in dieser US-amerikanischen Untersuchung unter anderem auf ein System der Leistungsbeurteilung zurückführen, das sich fast ausschließlich nach dem Kriterium der kurzfristigen finanziellen Resultate ausrichtet. Darüber hinaus werde, so die Studie, meist mit Anreizsystemen gearbeitet, die in erster Linie kurzfristig kostensenkende, umsatzsteigernde und gewinnvermehrende Maßnahmen belohnen, und zwar ungeachtet ihrer langfristigen sozialen und anderen Auswirkungen.

Robert Jackall fand zu Beginn der achtziger Jahre heraus, daß viele Manager der Überzeugung seien, der Zweck heilige alle Mittel und diejenigen, die auf Dauer ihre «Zahlen verfehlen», machten keine Karriere. Diese Wahrnehmung forme, so Jackall, nicht nur das Verhalten im Unternehmen, sondern mit der Zeit auch das moralische Bewußtsein.[77] Die Konzentration auf die «kurzfristigen Zahlen» und das Favorisieren der Aktionäre als weitaus wichtigste Stakeholder war bis in die jüngste Vergangenheit im US-amerikanischen Management stärker ausgeprägt als im europäischen. Europäische Manager waren bis in die frühen achtziger Jahre mehr am Wohl der Mitarbeiter orientiert als ihre US-amerikanischen Kollegen und richteten sich eher nach dem langfristigen Firmeninteresse aus.[78] Aber auch europäische Publikationen weisen auf die Existenz moralischer Konflikte bei Führungskräften hin. Sie legen nahe, daß viele Manager zumindest einen Teil ihrer Entscheidungen als Wahl zwischen Kopf und Zahl empfinden.[79] Umfragen in Industrie-[80] und Entwicklungsländern[81] bringen die Wahrnehmung zum Vorschein, daß «früher» die moralischen Standards unternehmerischen Handelns höher gewesen seien als heute. Ob sich nun wirklich die ethischen Standards unternehmerischen Handelns verschlechtert haben oder ob, im Vergleich zu früher, die nicht-ökonomischen Erwartungen an die Unternehmen gestiegen und die kritischen Stimmen in unseren Gesellschaften lauter geworden sind, läßt sich nicht eindeutig klären. Sicher ist, daß das Spannungsfeld zwischen Gewinnstreben und Verantwortung für das Gesellschaftsganze weiterhin besteht. Als Hinweis darauf möge die anhaltende Auseinandersetzung um den Sachverhalt «shareholder values» in der deutschen und schweizerischen Gesellschaft dienen.

6. Multinationale Unternehmen in Entwicklungsländern: Eine offizielle Beurteilung

Multinationale Unternehmen sind ein wesentlicher weltwirtschaftlicher Faktor, dessen Bedeutung seit 25 Jahren stetig zugenommen hat. Sie investierten in den letzten Jahren zwischen 180 und 250 Milliarden US Dollar, davon allein in Entwicklungsländern etwa 80 Milliarden.[82] Die etwa 37 000 Konzerne mit ihren über 200 000 Tochtergesellschaften – fast die Hälfte davon in Entwicklungsländern – repräsentieren ein Anlagevermögen von ca. 3 400 Milliarden US Dollar (in Werten aus dem Jahr 1994).[83]

Die Präsenz und die Aktivitäten solcher Unternehmen wurden in entwicklungspolitischen Publikationen der siebziger und frühen achtziger Jahre durchweg negativ beurteilt.[84] Einige Fallstudien kritisierten spezifische Produkte[85] oder Produktlinien,[86] aber auch ganze Firmen.[87] Andere pflegten eher generelle ideologische Vorbehalte.[88] Insgesamt war die Liste der kritischen Vorwürfe[89] fast so breit wie das Aktivitätenfeld der betreffenden Unternehmen.

Zum einen basierte ein großer Teil der negativen Bewertung multinationaler Unternehmen auf Denkansätzen und Theorien, die im «linken» politischen Spektrum angesiedelt sind (z. B. Theorie des peripheren Kapitalismus oder lateinamerikanische Dependenztheorien).[90] Zum anderen gibt es jedoch zahlreiche Fallstudien aus den fünfziger, sechziger und frühen siebziger Jahren, die eklatantes unternehmerisches Fehlverhalten (illegitime Beeinflussung politischer Entscheidungsträger, ausbeuterische Lohn- und Sozialbedingungen u. a.) belegen. Schließlich taucht als Höhepunkt der imperialistischen Beweisführung auch immer wieder die Rolle der United Fruit Company bei der Invasion von Honduras im Jahre 1910 auf.[91] Als Reaktion auf die massive Kritik der siebziger Jahre kam es in einzelnen Ländern, aber auch im Kontext der Vereinten Nationen sowie der OECD zu einer Reihe von Versuchen, das Engagement «transnationaler Unternehmen» durch internationale Verhaltenskodices zu regulieren. Diese wurden mehrheitlich positiv beurteilt.[92]

Auch heute wird multinationalen Unternehmen von entwicklungspolitisch Engagierten noch vielfach mehr Skepsis als Wohlwollen entgegengebracht. Im Vordergrund ihrer heutigen Kritik stehen Korruptionsvorwürfe, ökologische Rücksichtslosigkeiten[93] und die Vernichtung indigener Kulturen.[94] Sie sehen multinationale Unternehmen daher noch immer als Störfaktor im Nord-Süd-Verhältnis, etwa nach dem Motto: «Wer Profite aus dem Geschäft mit den Armen zieht, trägt zur Unterentwicklung bei!» Die generelle politische Bewertung des Engagements multinationaler Firmen in Entwicklungsländern hat sich jedoch deutlich verbessert.

Seit etwa zehn Jahren hat die entwicklungspolitische Beurteilung multinationaler Unternehmen insgesamt eine freundlichere Färbung angenommen. Vergleichende Untersuchungen des Internationalen Arbeitsamtes (ILO) über Sozial- und Arbeitsbedingungen, Beschäftigungseffekte, Technologiewahl und Ausbildungsaktivitäten, aber auch Studien des UN-Zentrums für Transnationale Unternehmen (UNCTC) zeichneten schon in den frühen achtziger Jahren ein positiveres Bild, hauptsächlich im Vergleich zu einheimischen Unternehmen in den jeweiligen Ländern.[95] Der World Investment Report des Jahres 1994 bezeichnete transnationale Unternehmen sogar als wichtigstes Vehikel zur Schaffung wirtschaftlicher Stabilität und Wohlstandes, da durch sie ökonomisches Wachstum stimuliert und die internationale Wettbewerbsfähigkeit der Gastländer verbessert werde.[96] Als besonders erfolgreiche Beispiele wurden die «Tiger» Asiens genannt (Singapur, Korea, Hongkong, Thailand und China). Auch in bezug auf soziale Verantwortung berichten die Vereinten Nationen Positives. Multinationale Unternehmen (zumindest die «großen») nähmen ihre soziale Verantwortung sehr viel ernster und umfassender wahr als einheimische Betriebe. Sie trügen nicht nur signifikant zur Beschäftigung in Entwicklungsländern bei, sie leisteten auch bedeutsame qualitative Beiträge. So zahlten sie z.B. höhere Löhne und böten sicherere Arbeitsbedingungen mit besseren sozialen Zusatzleistungen als die einheimischen Unternehmen. Außerdem schüfen sie für Mitarbeiter durch formale Ausbildungsangebote und anderes die Möglichkeit, sich mehr Wissen und Fähigkeiten anzueignen. Der damit verbundene Wissens- und Technologietransfer, der in keiner Dienstleistungsbilanz transparent wird, würde entwicklungspolitisch höchst positiv wirken.[97] Das vorbildliche Handeln international tätiger Unternehmen würde, so die Analyse der Vereinten Nationen, in den Gastländern einen Veränderungsdruck auf einheimische Unternehmen und die nationale Gesetzgebung ausüben.[98] Dies habe in den vergangenen Jahren weitere positive Konsequenzen für die Lebensqualität von Menschen in Entwicklungsländern zur Folge gehabt. Der World Investment Report 1994 greift auch eine Reihe höchst interessanter Fallbeispiele auf, wie einzelne multinationale Unternehmen ihre soziale Verantwortung in Entwicklungsländern wahrnehmen.[99]

Berichte des Internationalen Arbeitsamtes sehen zwar ebenfalls eine Reihe positiver Auswirkungen, bleiben jedoch im Vergleich zum World Investment Report 1994 in ihrem Gesamturteil eher zurückhaltend.[100] Dies mag zum Teil noch immer ideologisch begründet sein; es hat jedoch auch mit den offensichtlich bestehenden Konflikten zwischen den Interessen eines Unternehmens und den Interessen eines Entwicklungslandes zu tun. Hauptmotiv für das kommerzielle Engagement von Unternehmen ist natürlich nicht, Entwicklungspolitik zu betreiben, sondern Gewinne zu erwirtschaften und langfristig wettbewerbsfähig zu bleiben. Dafür sind Handlungsweisen erforderlich, die von den Behörden eines Landes als unerwünscht bewertet werden können, so z. B. der Gewinntransfer des Tochterunternehmens an das Stammhaus als Beitrag zur Deckung zentraler Kosten und zur Risikoabsicherung. Auch Patent- und Lizenzgebühren sind für die zukünftige Finanzierung der Forschungs- und Entwicklungsaktivitäten des Unternehmens unverzichtbar. Beides aber bedeutet für das Gastland einen bedauernswerten Abfluß von knappen Devisen und eine Belastung der Zahlungsbilanz. Auch die Standortpolitik eines Unternehmens kann Interessenkonflikte auslösen: Das Unternehmen richtet sich nach Rentabilitätskriterien (z. B. Größe des Produktionsvolumens) bzw. nach dem wirtschaftlichen Umfeld (z. B. Marktgröße) und nicht nach dem Bedürfnis einer Regierung, durch die nationale Produktion spezifischer Güter selbstversorgend zu sein. Andere, von Unternehmen zu Unternehmen und Land zu Land unterschiedliche Interessenkonflikte kommen hinzu.[101]

Die Lösung dieser Konflikte im Sinne einer ernsthaften Güterabwägung aller Betroffenen muß von Fall zu Fall erfolgen. Generelle Antworten gibt es nicht. Das Bestehen von Interessenkonflikten ist jedenfalls nicht definitionsgemäß ein Hinweis auf unmoralisches Verhalten seitens eines Unternehmens.

II. Treuhänder der Moral

Übersicht

Viele sind auch heute noch der Ansicht, eine Unternehmensethik sei überflüssig – der Markt und das Gesetz seien ausreichende «Treuhänder der Moral». Sie behaupten, die freie Entfaltung aller am wirtschaftlichen Prozeß Beteiligten sei die einzige Garantie der Volkswohlfahrt, und dabei genüge es, die geltenden Gesetze zu beachten. Im Gegensatz dazu versuche ich in den Kapiteln 1 und 2 zu beweisen, daß weder Markt noch Gesetz für sich allein die moralisch gebotene Berücksichtigung sozialer und ökologischer Anliegen zwingend zur Folge haben.

In Kapitel 3 wird der Frage nachgegangen, ob Unternehmen als Institutionen oder die Menschen in Unternehmen als Treuhänder der Moral auftreten, und wenn ja, unter welchen organisatorischen und unternehmenskulturellen Voraussetzungen. Es wird dabei aufgezeigt, daß die unternehmerische Gestaltungskraft nach den Prinzipien der Vernunft an verschiedenen organisatorischen Sperren scheitern kann, und daß es schließlich die Menschen sind, die diese Sperren überwinden müssen.

Daß Markt und Gesetze schon innerhalb der eigenen nationalen Grenze eines Unternehmens nicht ausreichen, um das Gemeinwohl und die Umwelt vor Schaden zu bewahren, geschweige denn im internationalen Bereich, soll anhand drei konkreter Problemkreise gezeigt werden, die unternehmensethisch die größte Bedeutung haben. So wird in Kapitel 4 auf die Konflikte eingegangen, mit denen Unternehmen in Ländern konfrontiert sind, deren Gesetze, Sitten und Gebräuche gegen unsere Moralvorstellungen verstoßen, vor allem im Bereich der Menschenrechte. Ob der Rückzug ausländischer Unternehmen aus solchen Ländern oder Boykotte die richtige Antwort sind, wird in diesem Zusammenhang erörtert.

Ein Thema von hoher unternehmensethischer und politischer Brisanz stellt die Korruption dar. In Kapitel 5 wird zunächst der Versuch einer differenzierten Definition des Begriffes unternommen, um eine sachliche moralische Beurteilung zu ermöglichen. Es wird auf die destruktiven Folgen der großen Korruption hingewiesen und schließlich erörtert, wie dieses Phänomen zu bekämpfen wäre.

Kapitel 6 widmet sich dem Thema Umwelt, für dessen Treuhänderschaft auch Unternehmen – aber nicht nur diese – herangezogen werden.

1. Der Markt als Treuhänder der Moral

> *Das natürliche Bestreben eines Menschen, seine Lebensbedingungen zu verbessern, ist, wird dafür gesorgt, daß es sich in Freiheit und Sicherheit durchsetzen kann, eine so gewaltige Antriebskraft, daß sie allein und ohne Hilfe imstande ist, nicht nur ein Land zu Wohlstand und zur Blüte zu bringen, sondern auch hundert unsinnige Hindernisse zu überwinden, mit denen sich die Menschen in ihrer Torheit durch Gesetze nur allzuoft hemmen, und das, obwohl die Freiheit dadurch stets mehr oder weniger eingeschränkt oder ihre Sicherheit verringert wird.*
>
> Adam Smith[1]

Im Jahre 1776 veröffentlichte Adam Smith sein epochemachendes Werk «Untersuchung über die Natur und die Ursache des Wohlstandes der Nationen»[2] als theoretische Begründung des «Individualismus im Gegensatz zu allen mittelalterlichen und merkantilistischen Gesellschaftsauffassungen und des materiellen, im Geld darstellbaren, aber nicht unbedingt darin bestehenden Wohlstandes dieser Individuen».[3] Der wirtschaftliche Liberalismus, der durch Adam Smith seine klassische Begründung erhielt, ist eine Ausprägung der breiten gesellschaftspolitischen Liberalismus-Bewegung, die im England des 17. Jahrhunderts ihren Anfang nahm und als energischer Protest gegen Lehre und Praxis der Staatsomnipotenz zu verstehen ist. Ziel dieser Weltanschauung war es, eine scharfe Grenzlinie zwischen Staat und Individuum zu ziehen. Daher taucht sie zugleich mit der modernen naturrechtlichen Lehre auf, die den Staat aus dem Individuum ableitet und ihn damit in den Dienst individueller Interessen stellt. Staatseingriffe, wie sie für den Merkantilismus typisch sind, lehnt der klassische wirtschaftliche Liberalismus strikt ab. Die künstlichen Produktionsbeschränkungen, die das traditionelle Zunftsystem kennzeichnen, gelten ebenso als Fessel des Fortschritts wie etwa Zollbarrieren zwischen den Staaten. Gewerbefreiheit und Freihandel sind deshalb die wichtigsten Postulate des frühen Wirtschaftsliberalismus.

Die Voraussetzungen für den Volkswohlstand lagen für Adam Smith in «Erwerbsfleiß» und «Sparsamkeit», von welchen er annahm, daß sie unter Bedingungen des freien Wettbewerbs durch das eigene Interesse der Menschen erlernt und praktiziert würden. Er ging davon aus, daß die Menschen von gegenseitigem Wohlwollen bewegt und daß ihre Naturanlage und infolgedessen ihre Bedürfnisse im allgemeinen gleich seien. Dies erzeuge in der Freiheit ein Gleichgewicht der Güterverteilung. Das freie Wechselspiel von Angebot und Nachfrage erzwinge eine Preisbildung in der Nähe der Produktionskosten und diene daher dem Interesse des Verbrauchers. Der Markt reguliere die Wirtschaft also selbsttätig wie durch eine «unsichtbare Hand».

Es gibt auch heute noch ernst zu nehmende Wissenschaftler und Unternehmer, die davon überzeugt sind, die Marktwirtschaft reiche im Sinne eines geregelten Leistungswettbewerbs aus, um dem Gemeinwohlprinzip gerecht zu werden.[4] Der Wettbewerb bewirke die materiell höchste Leistung und erziele somit auch das höchstmögliche Resultat zugunsten des Gemeinwohls. Der Ökonom beginnt mit dem individuellen Eigeninteresse als einem Apriori, das seiner Ansicht nach keiner ethischen Legitimation bedarf, weil das Resultat des geregelten Wettbewerbs, nämlich das wirtschaftliche Wachstum, ex post die ethische Legitimation liefere. Mit anderen Worten: «The business of business is business». Damit kämen Unternehmen der Aufgabe nach, die ihr innerhalb der gesellschaftlichen Arbeitsteilung zugewiesen werde. Soziale und ethische Gesichtspunkte nehmen zwar durchaus ihren Platz in unternehmerischen Entscheidungsprozessen ein, jedoch nur über den Einfluß der Kundschaft, der öffentlichen Meinung und der rechtlichen Rahmenbedingungen. Da unternehmerisches Fehlverhalten negative Reaktionen des gesellschaftlichen Umfeldes zur Folge habe und der Unternehmer diese aus wohlverstandenem Eigeninteresse vermeiden möchte, – so die Folgerung – verhalte er sich moralisch einwandfrei.

Nun scheint es tatsächlich so etwas wie «moralisierende Kräfte» des Marktes zu geben. Man denke nur an die Proteste und Boykotts von Konsumentenorganisationen und Kirchen, an die negative Berichterstattung in Medien, an Demonstrationen vor den Werktoren von Firmen. Da vehemente Kritik von außen zumindest bedeutet, daß Image-Schäden eintreten, Managementkapazität für die Abwehr von Kritik gebunden wird und sich u.U. auch meßbare Umsatzeinbußen einstellen können, verbietet es die unternehmerische Klugheit, Dinge zu tun, die negative gesellschaftliche Reaktionen zur Folge haben. Trotzdem reichen die «unsichtbaren Hände» des Marktes als Treuhänder der Moral nicht aus, weil der Markt gegenüber sozialen und ökologischen Anliegen weitgehend blind ist.

Der mißverstandene Adam Smith

Wenn Adam Smith sagte, daß wir unser Nachtessen nicht der Güte und dem Wohlwollen des Metzgers, des Brauers und des Bäckers verdanken, sondern der Wahrnehmung ihres Eigeninteresses,[5] so leuchtet das durchaus ein. Wenn sich die Anhänger der Marktwirtschaft jedoch auf diese Eigennutz-Theorie stützen – und wenn umgekehrt die Gegner einer freien

Marktwirtschaft Adam Smith dafür verteufeln, dann resultiert daraus ein folgenreiches Mißverständnis. Das Smithsche Werk scheint ein beispielhaftes Opfer eines zirkulären Zitierkartells geworden zu sein – es wird gar nicht mehr gelesen, es sieht vielmehr so aus, als würden nur noch die vielfältigen Interpretationen aus der Literatur übernommen und kritisiert.

Adam Smith, der sehr wohl den Eigennutz als zentrales Element wirtschaftlichen Fortschritts und Wohlstandes sah, kritisierte diesen Eigennutz jedoch gleichzeitig vehement, wenn er das *einzige* Grundmotiv menschlichen Handels ist. Er hatte durchaus nicht jenes naiv-romantische Bild des Menschen vor Augen, das ihm gemeinhin nachgesagt wird. Ja, Adam Smith war Moralphilosoph, aber gerade als solcher wußte er über die moralischen Schwächen der Menschen Bescheid. Einer, der an «Edelmut, Menschlichkeit, Güte, Mitleid, gegenseitige Freundschaft und Achtung»[6] appelliert, weiß um die Existenz des harten und verstockten Herzens, das nur für sich selbst fühlt, aber vollständig unempfindlich ist für das Glück oder das Elend des anderen.[7] So sagt Smith z. B.:

> «Der Handel, der seiner Natur nach unter Völkern wie unter einzelnen Menschen eigentlich ein Band der Eintracht und Freundschaft knüpfen sollte, wurde … zu einer höchst starken Quelle für Uneinigkeit und Feindschaft. Der unberechenbare Ehrgeiz von Königen und Ministern … ist für den Frieden … nicht so verhängnisvoll gewesen wie die unverschämte Eifersucht von Kaufleuten und Unternehmern. Gewalttätigkeit und Ungerechtigkeit der Mächtigen der Menschheit sind zwar ein altes Übel, gegen das, so fürchte ich, die Natur menschlichen Verhaltens und Tuns kaum ein Mittel finden kann, doch könnten bloße Habgier und Monopolgeist der Kaufleute und Unternehmer, die weder Potentaten der Menschheit sind, noch eigentlich sein sollten, wenn auch wohl nicht ausgerottet, so doch vermutlich leicht daran gehindert werden, den Frieden und die Gelassenheit anderer Menschen, außer der eigenen, zu stören.»[8]

Für die Tatsache, daß die freie Marktwirtschaft in Zweifel gezogen werden kann, macht Adam Smith gerade die «Kaufleute und Unternehmer» verantwortlich, deren «eigennützige Sophisterei» den «gesunden Menschenverstand verwirrt».[9] Er sah die «merkantile Eifersucht» – die zum Entstehen wirtschaftlicher Machtgruppen führe und so die Wettbewerbsordnung in ihrer Wirkungsweise beeinträchtige – als den eigentlichen Zerstörer der Funktionsmechanismen und Grundlagen der Marktwirtschaft.

Weiterhin wendet sich Smith in seinem nationalökonomischen Werk gegen Betriebe, die ihren Arbeitern ganz legal lediglich das Existenzminimum an Lohn zugestehen,[10] aber auch gegen die Zunftgesetze, die derart ausgebeuteten Arbeitskräften einen Stellenwechsel erschweren. Er setzt sich ebenfalls – fast hundert Jahre vor der theoretischen Konzeption des Marxismus und des nachmarxistischen Sozialismus – für die Sicherung der existentiellen Grundbedürfnisse der Arbeiterschaft ein:

> «Dienstboten, Tagelöhner und Arbeiter bilden die Masse der Bevölkerung eines jeden Landes, so daß man deren verbesserte Lebenslage wohl niemals als Nachteil für das Ganze betrachten kann. Und ganz sicher kann keine Nation blühen und gedeihen, deren Bevölkerung weithin in Armut und Elend lebt. Es ist zudem nicht mehr als recht und billig, wenn diejenigen, die alle ernähren, kleiden und mit Wohnung versorgen, soviel vom Ertrage der eigenen Arbeit bekommen sollen, daß sie sich selbst richtig ernähren, ordentlich kleiden und anständig wohnen können.»[11]

Und:

> «Ein hohes Entgelt für die Arbeit ... spornt auch den einfachen Mann zu größerem Fleiß an, der, wie jede andere menschliche Eigenschaft, in dem Maße zunimmt, in dem er angeregt wird. Reichlicher Unterhalt erhöht den körperlichen Einsatz des Arbeiters. Er wird sich bis zum äußersten anstrengen, wenn er wirklich hoffen kann, daß sich seine Lage verbessert und er im Alter sorgenfrei, vielleicht sogar gut leben kann. Dort, wo die Löhne hoch sind, finden wir daher die Arbeiter immer fleißiger, gewissenhafter und auch schneller bei der Hand als dort, wo sie niedrig sind.»[12]

Der Bezug zu einem «gerechten», weil die Existenzbedürfnisse deckenden Lohn hatte für die damaligen sozialen Verhältnisse Englands große Bedeutung – er ist auch für die heutigen Entwicklungsländer höchst relevant. So hat Adam Smith bereits den Zusammenhang zwischen hohen Geburtenraten und armutsbedingter hoher Sterblichkeit gesehen:

> «Nun stirbt aber die Hälfte der Kinder, wie man berechnet hat, ehe sie erwachsen sind, so daß auch der ärmste Arbeiter demnach mindestens vier Kinder in seiner Familie aufziehen muß, damit zwei davon eine Chance haben, das Erwachsenenalter zu erreichen.»[13]

Man würde also Adam Smith nicht gerecht, wenn man von ihm behauptete, er erkläre den «Eigennutz» zum alleinigen Dogma. Er postulierte darüber hinaus Moralvorstellungen, deren Gültigkeit sich auch auf die wirtschaftliche Sphäre erstreckt. Es kam nicht von ungefähr, daß er im Jahre 1752 – also 24 Jahre vor dem erstmaligen Erscheinen seines nationalökonomischen Hauptwerks – zum Professor für Moralphilosophie an der Universität Glasgow ernannt wurde. Wenige Jahre später (1759) legte er mit seiner «Theory of Moral Sentiments»[14] ein Standardwerk der Ethik vor.

Die Grenzen des Marktes als Treuhänder der Moral

Daß eine «freie» Marktwirtschaft im idealtypischen Sinne freilich ebensowenig wie das gegensätzliche Modell einer Planwirtschaft existiert, dürfte wohl allgemein anerkannt sein. Denn weder ist das Gemeinwohl die Summe der Einzelinteressen, noch kann umgekehrt das öffentliche Interesse lediglich auf das private Interesse reduziert werden.

Das umfassende Abstellen auf Marktmechanismen, wie es von neoliberaler Seite mit dem Ruf nach absoluter «Deregulierung» gefordert wird, wird den gravierenden sozialen Problemen in Entwicklungs- und Industrieländern nicht gerecht. Forderungen in dieser Richtung vernachlässigen häufig die Interessen und Bedürfnisse derjenigen, die aufgrund mangelnder Kaufkraft nicht am Markt teilnehmen können, und jene, die als Arbeitslose einen Arbeitsplatz suchen – es sei denn, daß ein Arbeitsloser einen Arbeitsplatzbesitzer mit seiner geringeren Lohnforderung zu verdrängen vermag. Die gesellschaftlichen Kosten durch hohe Arbeitslosigkeit, gesellschaftliche Desintegration, Verfall des Bildungsstandes, Verfall moralischer Werte, Drogenkonsum u.a. werden nicht internalisiert, d.h., sie tauchen in den Kostenrechnungen von Unternehmen (Haushalten und des Staates) nicht auf, zumindest nicht in vollem Ausmaß. Rahmenbedingungen wie «ökonomisch rationales Verhalten» aller Marktteilnehmer, «vollkommene Transparenz», «vollkommene Konkurrenz» oder «Anpassungen ohne Zeitverlust» und andere gehören auch heute noch eher ins Reich der Theorie als in die real existierende gesellschaftliche Wirklichkeit. Besonders das Vorhandensein größter Einkommens- und Vermögensunterschiede sowie das damit verbundene monopolartige wirtschaftliche Machtgefüge weichen maßgeblich vom Smithschen Ideal einer moralischen politischen Ökonomie ab. Dies gilt erst recht für Entwicklungsländer.[15]

Daß der Markt «moralisch versagt», wenn die in ihm handelnden Menschen moralische Defizite haben, zeigt sich auch an etlichen Beispielen rücksichtslosen Eigennutz-Denkens, das auf Kosten der Gesundheit und des Lebens von Menschen ging. Eines der tragischen Beispiele ist die mangelnde Sorgfalt, die beim Marketing von Blutkonserven zum Verkauf von HIV-verseuchtem Plasma führte und den Tod vieler tausend Menschen zur Folge hatte.[16] Je größer die Reichweite moderner Technik, desto destruktiver wirkt sich die moralische Defizienz des Menschen aus, der mit ihr Umgang hat. Die Dimension potentieller menschlicher Irrtümer oder Fahrlässigkeiten ist mit modernen Großtechnologien immens gestiegen. So braucht die Beseitigung der Auswirkungen kurzfristigen Fehlverhaltens, beispielsweise im Umgang mit nuklearem Abfall oder im Management eines Kernkraftwerks wie Tschernobyl, eine längere Frist als die, die seit der letzten Eiszeit verstrichen ist – ganz abgesehen von irreversiblem menschlichem Elend und unabschätzbaren Schäden an menschlichem und anderem biologischen Erbgut. Markt- und Wettbewerbswirtschaft sind im Vergleich zu anderen ordnungspolitischen Ansätzen besser geeignet, die wirtschaftliche Effizienz zu fördern, und leisten somit einen wirksameren Beitrag zur Beseitigung von Mangelsituationen. Auch die moralischen und ökologischen Konsequenzen der kommunistischen Planwirtschaft traten (und treten) zu deutlich in Erscheinung, als daß man darüber noch erklärende Worte verlieren müßte. Zur Marktwirtschaft gibt es keine sinnvolle Alternative – aber blindes Vertrauen auf die Selbstregulierungskraft der Märkte ist genauso fehl am Platz wie die Hoffnung, ein «starker Staat» und eine übermächtige Bürokratie könne alle Probleme zugunsten des Allgemeinwohls lösen.

2. Das Gesetz als Treuhänder der Moral

«Recht», so definiert Otfried Höffe, ist «der Inbegriff von normativen Verbindlichkeiten (Normen, aber auch Strukturen und Verfahren, sowie dem ihnen gemäßen Verhalten), die – zu einer bestimmten Zeit und für eine konkrete politische Gemeinschaft gültig – das Zusammenleben formell regeln.»[17] Dieser weite Rechtsbegriff umfaßt Rechtsnormen, positives Recht und soziale Normen. Recht regelt, wer was zu tun und zu fordern hat, und enthält auch moralische Begriffe wie «Treu und Glauben», «gute Sitten» oder «Arglist». Auf diese Weise trägt Recht durch Gebote, Verbote und Verfahrensregeln maßgeblich dazu bei, den Bedingungsrahmen für ein möglichst konfliktfreies Zusammenleben in einer Gesellschaft festzulegen. Recht ist auch immer ein effektives Mittel, kriminellem und grob fahrlässigem Verhalten vorzubeugen bzw. es zu verhindern. Der Gesetzgeber wird auf diese Weise weitgehend auch zum Treuhänder moralischer Werte.

Geltendes Recht und seine Auslegung

Die Treuhänderfunktion des Gesetzgebers wird seit vielen Jahren durch höchstrichterliche Interpretationen des bestehenden Rechts verstärkt. Diese sind nicht nur von unternehmensethischem Interesse, sie haben auch konkrete handlungsleitende Wirkung. Ein oft zitiertes Beispiel ist die Urteilsbegründung des Bundesgerichtshofs im «Erdal-Fall»:[18] Dort ging es um Ledersprays, nach deren ordnungsgemäßem Gebrauch schwere gesundheitliche Beeinträchtigungen (Atembeschwerden bis hin zu Lungenödemen) auftraten. Die Geschäftsleitung beschloß aufgrund sich häufender Berichte zwar interne Untersuchungen, nicht jedoch einen

Vertriebsstop oder gar eine Rückrufaktion. Die Begründung sah die
Geschäftsleitung von Erdal damals darin, daß weder bei betriebsinternen
noch bei externen chemischen Untersuchungen toxikologische Eigenschaften im betreffenden Lederspray festgestellt werden konnten.[19] Eine
landesgerichtliche Verurteilung der Geschäftsführer wegen fahrlässiger
und (vorsätzlicher) gefährlicher Körperverletzung wurde vom deutschen
Bundesgerichtshof gebilligt. Der Umstand, daß die wissenschaftlichen
Zusammenhänge ungeklärt waren, hielten die Richter für belanglos.
Zwar konnte keinem der Geschäftsführer angelastet werden, den erforderlichen Rückzug nicht im Alleingang in die Wege geleitet zu haben;
umgekehrt, so das Bundesgericht, könne sich aber auch kein Geschäftsführer darauf berufen, daß der Rückruf nicht in seiner (intern
vereinbarten) Zuständigkeit gelegen habe. Vielmehr war «jeder nur dazu
verpflichtet, unter vollem Einsatz seiner Mitwirkungsrechte das ihm
Mögliche und Zumutbare zu tun, um einen Beschluß der Gesamtge-
schäftsführung über Anordnung und Vollzug des gebotenen Rückzugs
zustande zu bringen.»[20] Dies jedoch wurde versäumt.

Im Fall des Ledersprays (1990), wie zwanzig Jahre davor im Einstel-
lungsbeschluß des Contergan-Prozesses (Dezember 1970), gab die Rechtsprechung dem Schutz der Verbraucher eindeutig Vorrang vor wirtschaftlichen Gesichtspunkten des Unternehmens. Das gilt auch für den
Fall, daß sich im nachhinein herausstellt, daß ein Rückruf – mit all seinem administrativen Aufwand und den verursachten Umsatzeinbußen –
nicht erforderlich gewesen wäre. Schon im Contergan-Einstellungsbe-
schluß gaben die Richter eine Reihe von konkreten Hinweisen auf die
erforderlichen Entscheidungs- und Handlungsprozesse, die im Zweifel
als «möglich und zumutbar» angesehen werden.[21] Aus unternehmensethischer Perspektive sind vor allem die folgenden relevant:

Abwägendes Urteil statt naturwissenschaftlichem Beweis

Bei möglichen Kausalzusammenhängen «ist unter dem Nachweis im
Rechtssinne keineswegs der sogenannte naturwissenschaftliche Nachweis
zu verstehen, der eine mathematische, jede Möglichkeit des Gegenteils
ausschließende Gewißheit, also ein absolut sicheres Wissen ... voraussetzt. Der für die strafrechtliche Beurteilung allein maßgebliche Beweis
... beruht ... auf dem Gewicht eines die Gründe abwägenden Urteils
über den Gesamtzusammenhang eines Geschehens.»[22]

Handeln auf Verdacht

Schon wenn aufgrund eines ernst zu nehmenden Verdachts zu befürchten
ist, daß ein Produkt eines Unternehmens schwerwiegende Gesundheits-
schäden zur Folge haben kann, steht ein Hersteller in der entsprechenden

Offenbarungspflicht. Im Contergan-Fall sah das Gericht einen ausreichenden Schutz des Verbrauchers nicht gewährleistet, wenn der Arzneimittelhersteller erst beim *Nachweis* der schädlichen Nebenwirkungen seines Präparats Schutzmaßnahmen ergreift, «vielmehr wird grundsätzlich schon bei einem geringen Grad an Verdacht ein Handeln des Arzneimittelherstellers notwendig sein.»[23] Hier wurde, 22 Jahre vor der UN-Konferenz über Umwelt und Entwicklung (UNCED) von Rio de Janeiro, das «precautionary principle» – das «Handeln auf Verdacht» – im Kontext unternehmerischen Handelns festgeschrieben.

Objektive, nicht «branchenübliche» Betrachtungsweise

Auch sind aus der Sicht der Richter aus dem Ist-Zustand keine Rückschlüsse auf den Soll-Zustand ableitbar. Branchenübliches Handeln macht ein Verhalten nicht rechtmäßig: «Nicht die Branchenüblichkeit entscheidet, was rechtens ist; maßgeblich ist allein, welche Sorgfalt bei objektiver Betrachtungsweise geboten ist.»[24] Die mögliche Rechtfertigung, daß das, was man tat und nun Gegenstand einer Kontroverse ist, etwas ist, das «alle» tun, entfällt damit.

Interessenkonflikte

Das Gericht anerkannte im Contergan-Fall einen «unvermeidlichen ... Interessenkonflikt zwischen den Geboten wissenschaftlicher Gründlichkeit» und einem «an sich durchaus legitimen und sogar wirtschaftlich notwendigen Gewinnstreben» und akzeptierte auch (wie später im Erdal-Fall) die Begrenztheit des Entscheidungsspielraums einzelner. Es wies jedoch darauf hin, daß Interessenkonflikte und Ermessensspielräume individuelle Schuld keineswegs ausschließen. Zivilcourage der Führungskräfte und ihr nachhaltiger persönlicher Einsatz für eine ethisch verantwortbare Entscheidung seien auch bei Widerstand im jeweiligen Entscheidungsgremium geboten:

> «Auch persönliche Schwierigkeiten führen nicht dazu, daß ihnen ein weitergehendes Handeln etwa nicht zumutbar gewesen wäre. Angesichts der Bedeutung der ... drohenden Gefahr schwerer Gesundheitsschäden, war von ihnen zu verlangen, daß sie persönliche Schwierigkeiten notfalls in Kauf nahmen. Hierin liegt keine Überforderung. Die Gesundheit vieler Menschen würde andernfalls straflos aufs Spiel gesetzt werden können.»[25]

Die Erwartung, daß Unternehmen im Zweifel die eigenen wirtschaftlichen Interessen zurückstellen, zugunsten höherer Rechtsgüter (z.B. Leben und Gesundheit von Menschen, Erhaltung der Umwelt), ist also nicht nur ein Sachverhalt der ethischen Theorie, sondern zunehmend auch durch höchstrichterliche Rechtsprechung gefordert.[26]

Die Grenzen des Gesetzes als Treuhänder der Moral

Wie Georg Jellinek in seiner nun bald einmal hundert Jahre alten «Allgemeinen Staatslehre»[27] erklärte, kann der Staat nichts erzeugen, was ausschließlich der menschlichen Innerlichkeit angehört.[28] Der Staat kann äußerliches Verhalten regulieren, aber keine moralische Gesinnung herbeiführen. Er kann mit den Gesetzen nur günstige Rahmenbedingungen schaffen, unter denen sich die von ihm inhaltlich ganz unabhängigen Lebensbetätigungen des Menschen entwickeln können. Er kann auch

> «die wirtschaftlichen Güter nicht direkt erzeugen ..., sondern nur Hemmungen der wirtschaftlichen Tätigkeit hinwegräumen und anspornend auf sie wirken ... Überschreitet der Staat diese seine natürlichen Grenzen, so kann er nur hemmend oder zerstörend wirken. Die wesentlichen produzierenden Elemente der gesamten Kultur eines Volkes liegen daher überwiegend in den Individuen und der nicht-staatlichen Gesellschaft.»[29]

Das moralische Gewissen eines Menschen kann nicht festgeschrieben werden; das Gesetz entbindet den Menschen nicht von der Last, nachzudenken und ethisch reflektiert zu handeln. Nach diesem Verständnis ist die Kultur eines Volkes, mit allen seinen Vorstellungen von Moral, Sitten und Werten und seinem Verständnis für ein ordentliches Zusammenleben, nicht das Produkt eines gesetzgebenden Staates. Es ist die Kultur eines Volkes, die seinem Staat das Gepräge verleiht. Schließlich entsendet das Volk in jedem demokratischen Land seine Vertreter in die Politik. Die Staatsordnung kann also nur so vollkommen sein wie ihre Vertreter. «So wie Machtbesitz und Rechtsgenuß nicht höchste Zwecke des Individuums sein können, sondern nur Bedingungen für die Erringung und Besitz anderer Güter sind, so öffnen sich auch überall bei steigender Kultur dem Staate neue Gebiete höchster Zwecke.»[30]

Legalität und Moralität

Auf den Unterschied zwischen *Legalität* und *Moralität* einer Handlung machte besonders Immanuel Kant aufmerksam:

> «Man nennt die bloße Übereinstimmung oder Nichtübereinstimmung einer Handlung mit dem Gesetze, ohne Rücksicht auf die Triebfeder derselben, die Legalität (Gesetzmäßigkeit); diejenige aber, in welcher die Idee der Pflicht aus dem Gesetze zugleich die Triebfeder der Handlung ist, die Moralität (Sittlichkeit) derselben.»[31]

Moralität als «zur festen Grundhaltung gewordenes Gutseinwollen» ist empfundene Verantwortung aufgrund besseren Wissens und besserer

Einsicht und verbietet das Ausnützen von Gesetzeslücken und Ermessensspielräumen zu Lasten anderer Menschen, der Umwelt oder der Nachwelt. Auch vor dem Hintergrund moderner Rechtsprechung hat die Kantsche Unterscheidung noch immer unveränderte Gültigkeit: nicht alles, was legal ist, ist auch legitim.

Rechtsansprüche enden an einer bestimmten Grenze, ethische Ansprüche nicht

Recht ist, wie Gröschner sagt, die «Regelung von Lebensverhältnissen in Rechtsverhältnissen»[32] und hat somit eine begrenzte Reichweite. Recht ist lediglich das ethische Minimum, und wie minimal dies ist, zeigt sich an der Mangelhaftigkeit des Gesetzesrahmens, wie er z. B. in vielen Entwicklungsländern aufgrund institutioneller Defizite oder wegen der Überordnung politischer Gewalt über das Recht vorgefunden wird. Eine weiterreichende Verantwortung aufgrund besseren Wissens muß daher auf jeden Fall wahrgenommen werden, auch wenn der spezifische Gesetzesrahmen nicht dazu zwingt. Beispiele dafür, daß legales Verhalten nicht ausreicht, um menschliches Leid zu verhindern, findet man in jedem Zeitungsarchiv. So kam es bei einem Großbrand in einem Hotel einer weltweit bekannten Kette im Kairoer Vorort Heliopolis im Frühjahr 1990 zu Toten und Verletzten. Das Hotel hatte weder eine Alarm- noch eine Sprinkleranlage installiert. Auf diesbezügliche Vorhaltungen der internationalen Presse argumentierte das Management mit der Tatsache, daß derartige Einrichtungen in Ägypten nicht gesetzlich vorgeschrieben seien.[33] Andere Hotels hatten ungeachtet der fehlenden lokalen Gesetzesvorschriften solche Anlagen installiert – vergleichbare Brände würden dadurch mit größter Wahrscheinlichkeit weniger Opfer fordern.

Es muß jedoch nicht immer eine Frage von Leben und Tod sein, um die Legitimität des Handelns über die Legalität zu stellen. So wäre es aus ethischer Sicht nicht akzeptabel, wenn ein international tätiges Unternehmen in einem wirtschaftlich unterentwickelten Land eine an lokalen Rechtsgegebenheiten orientierte Personalpolitik betreiben würde, wenn dies z. B. zur Folge hätte, 12jährige Kinder zehn Stunden pro Tag am Fließband arbeiten zu lassen, Frauen bei Eintritt einer Schwangerschaft zu entlassen oder gesundheitsschädigende Fertigungsprozesse zu verwenden, die in jedem OECD-Land verboten sind.

Selbst bestehende Gesetze sind oft nur sehr begrenzt wirksam, weil der, der sie übertreten möchte, die Schwere des angedrohten Nachteils gegen die Vorteile der Gesetzesübertretung abwägt und dabei die Wahrscheinlichkeit seiner Entdeckung gegen die Wahrscheinlichkeit seines angestrebten Vorteils berechnet.[34] Wo ein abwägendes «Kalkulieren» nach diesem Muster als geschäftlich «clever» gilt, verlieren Rechtsvorschriften zunehmend ihre soziale Wirksamkeit. Wo gar die Möglichkeit besteht, die Intensität der strafrechtlichen Verfolgung und die Schwere der Strafe durch Korruption zu beeinflussen, können alle Dämme brechen.

Nicht nur gibt es unzählige Beispiele für die Unwirksamkeit von Gesetzen,[35] es gibt auch einen klaren Unterschied zwischen juristischer und ethischer Verantwortlichkeit: Während die juristische an einer eindeutig definierbaren Schranke endet, darf ethische Verantwortung aus Sorge um das Ganze nicht mit der juristischen enden. Nicht alles, was rechtens ist, ist aus ethischer Sicht wünschenswert, und nicht alles, was aus ethischer Sicht wünschenswert ist, ist Rechtspflicht. Auch im unternehmensethischen Zusammenhang ist zwischen Rechtspflicht und Moralpflicht zu unterscheiden. Hinzu kommt, daß Gesetzgebung reaktiv ist, während die Moral proaktiv handelt. Gesetzgebung nimmt in den meisten Fällen nicht die Art und Weise vorweg, wie Gesetze umgangen werden können, sondern reagiert auf entstandene Schäden oder auf jene (oft als «clever» oder «smart» empfundene) Individuen, die Schlupflöcher ausnutzen. Wegen der Länge der institutionellen Wege erfolgen Reaktionen oft mit erheblicher Verspätung. In vielen Fällen führen Gesetze nicht zur Überwindung des Übels, sondern lediglich zu dessen Verschiebung in andere Sphären.

Last but not least muß darauf hingewiesen werden, daß Unternehmen meist Gesellschaften «mit beschränkter Haftung» sind. Kein Unternehmen strebt vorsätzlich einen Konkurs an; geht es jedoch bankrott, so kann es ganz legal Konkurs anmelden – auch wenn der Bankrott durch das moralische Versagen des Managements zustande kam.[36] Die Höhe der Kompensation ist dann meist weit geringer als der tatsächliche Schaden, den das Unternehmen dadurch angerichtet hat. Meist kann nämlich nicht auf das Privatvermögen der Verantwortlichen zurückgegriffen werden, und so bleiben die Opfer ohne Entschädigung, oder der Schaden wird an den Staat und seine Institutionen abgeschoben.

Rechtsauffassungen despotischer Staaten

Es ist sittliche Pflicht, dem Recht Folge zu leisten, vorausgesetzt, daß das Recht «im großen und ganzen» der Sittlichkeit Rechnung trägt.[37] Dies ist jedoch in den Ländern nicht der Fall, die z.B. gegen Menschenrechte verstoßen. Deshalb läßt sich die Pflicht zur Beachtung des Gesetzes nicht aus sich heraus begründen. «Vielmehr muß die Legitimität der Rechtsordnung im ganzen hinzutreten. Insofern ist die Rechtspflicht letztlich eine sittliche Pflicht. Sie besteht, wenn die Anerkennung des ‹Rechts im ganzen› eine sittliche Pflicht ist.»[38]

Die moralphilosophische Herausforderung der Legitimität hat ihr Gegenstück in einer rechtspositivistischen Herausforderung. Es ist dies die Argumentation, «das Recht verpflichte ganz unabhängig davon, ob es ethisch zu rechtfertigen sei oder nicht. Die Rechtspflicht sei eine Pflicht eigener Art. Sie werde durch den bloßen Umstand begründet, daß das Gesetz auf verfassungsmäßige Weise zustande gekommen sei oder von der Verfassung als geltendes Recht anerkannt sei. Die letzte juristische Grundnorm sei: Der jeweiligen Verfassung sei Folge zu leisten. Legitimität scheint danach restlos in Legalität aufzugehen. Damit verschiebt sich das Problem von der Verpflichtungskraft des Rechts auf die Verpflichtungskraft der Grundnorm. Aber diese Frage ist letztlich keine juristische, sondern eine ethische. [...] Nur wenn die Verfassung als legitim anerkannt ist, vermag sie, die abgeleiteten Gesetze zu legitimieren. Ob die Verfassung selbst als legitim anerkannt ist, hängt seinerseits von der Sittlichkeit der Rechtsordnung ab. Die Legitimität der demokratischen Verfassung hat ihren Grund darin, daß ihre Institutionen im großen und ganzen den Einklang von Recht und Sittlichkeit gewährleisten.»[39]

Es ist völlig klar, daß es in der Praxis auf erhebliche Schwierigkeiten stoßen würde, wenn man jedem Unternehmen und jedem seiner Mitarbeiter zumuten müßte, die Verfassung eines jeden Landes auf seine Legitimität hin zu überprüfen, bevor man sich an die Einhaltung seiner Gesetze gebunden fühlt. Die Tatsache, daß es z. B. im nationalsozialistischen Deutschland, aber auch im einstmaligen Apartheidsystem Südafrikas völlig legal war, aber niemals legitim hätte sein können, bestimmte Bevölkerungsgruppen zu diskriminieren, belegt die Relevanz dieser Ausführungen.

Schließlich wurde die Relativierung des Rechts als Treuhänder der Moral auch durch die «Erklärung zum Weltethos» unterstützt. Die Erfahrungen der geistigen Väter der Erklärung laufen darauf hinaus,

- daß mit Gesetzen, Verordnungen und Konventionen allein eine bessere Weltordnung nicht geschaffen oder gar erzwungen werden kann;
- daß die Verwirklichung von Frieden, Gerechtigkeit und Bewahrung der Erde abhängt von der Einsicht und Bereitschaft der Menschen, dem Recht Geltung zu verschaffen;
- daß der Einsatz für Recht und Freiheit ein Bewußtsein für Verantwortung und Pflichten voraussetzt und deshalb Kopf und Herz der Menschen angesprochen werden müssen, und
- daß das Recht ohne Sittlichkeit auf Dauer keinen Bestand hat.[40]

Die bisherige Diskussion ergab, daß es – bis zu einem gewissen Grad – möglich ist, durch die Beachtung der Marktpräferenzen und der Gesetze Akteure zu ermutigen, sich rechtens und gemeinwohlverträglich zu verhalten. Die willentliche und wissentliche Umsetzung individueller und institutioneller Moral ist damit jedoch noch nicht sichergestellt. Markt-akzeptanz und Gesetzestreue geben keinen Anreiz zum Praktizieren von z.B. «Gerechtigkeit als Tugend». Diese zeigt sich erst dort, «wo man trotz größerer Macht und Intelligenz andere nicht zu übervorteilen sucht oder wo man sein Tun – als Gesetzgeber, Richter, Lehrer, Eltern, Mit-bürger [und man könnte hinzufügen: Unternehmer, Politiker, Händler, Mitarbeiter etc. KML] – auch dann an der Idee der objektiven Gerech-tigkeit ausrichtet, wenn Recht und Moral Lücken und Ermessensspiel-räume lassen oder ihre Durchsetzung höchst unwahrscheinlich ist».[41]

Die Tatsache, daß ein Unternehmen legal und am Markt erfolgreich das Gewinnprinzip verfolgt, bedeutet also für sich allein gesehen noch nicht, daß alle zur Zielerreichung unternommenen Handlungen aus ethischer Perspektive unbedenklich sind – aber natürlich auch nicht, daß sie bedenklich sind. Da es innerhalb des Rechts und des Marktes Handlungsspielräume gibt, die aus ethischer Perspektive unterschiedlich zu bewerten sind, besteht Bedarf an zusätzlicher ethischer Reflexion. Wer aber soll im Zentrum dieser Reflexion stehen, die Unternehmen als Insti-tutionen oder lediglich die darin arbeitenden Menschen?

3. Sind Unternehmen moralische Akteure?

Institutionen sind, moralisch gesehen, ungewöhnliche Gebilde. Sie ha-ben, wie Thomas Donaldson einmal sagte, keine Hintern, in die man treten und keine Seelen, die man verdammen könnte. Sie haben kein Gewissen, das sie nicht schlafen läßt, und keinen Körper, der ins Ge-fängnis gesteckt werden könnte.[42] Es stellt sich die Frage, ob Unterneh-men eine erkennbare und beeinflußbare Identität haben, durch die sie zu moralischen Akteuren werden, oder ob sie lediglich eine Ansammlung von Individuen darstellen, die eine direkte und persönliche Verantwor-tung für ihre Handlungen tragen, welche dem Unternehmen als Ganzem nicht angelastet werden kann. Da es gute Argumente für beide Auffas-sungen gibt, steht auf diese Frage keine einfache Antwort zur Verfügung.

Unternehmen sind moralische Akteure

Es gibt eine Reihe von guten Gründen, Unternehmen (aber auch anderen Organisationen) den Status eines moralischen Akteurs zu geben.[43] Eine Begründung dafür ist, daß Unternehmen «juristische Personen» sind, d.h., sie verfügen über eine von ihren Mitgliedern unabhängige rechtli-che Existenz und sind dadurch Träger von Rechten und Pflichten. Hans Geser sieht bei Organisationen sogar eine höhere Moralfähigkeit als bei Individuen: Unternehmen können sich, anders als Individuen, zur Entlastung nicht auf einen Status verminderter Zurechnungsfähigkeit berufen oder andere mildernde Umstände geltend machen. «Nur menschlichen Personen, niemals organisierten Akteuren gesteht man zu, sich als Opfer unverschuldeter Fehlsozialisation (z. B. frühkindliche Verwahrlosung oder subkulturelle Beeinflussung) darzustellen oder unter Hinweis auf ‹menschliche Unzulänglichkeit› hin und wieder unachtsam oder gar fahrlässig sein zu dürfen.»[44]

Aufgrund ihrer Fähigkeit, menschliche und andere Ressourcen für Ziele und Prioritäten zu mobilisieren, darf man Organisationen, so Hans Geser, eine «unbegrenzte Fähigkeit zur Selbstperfektionierung» zumuten, ohne daß dafür der utopische «perfekte Mensch» erforderlich wird. Die Kumulation von Qualifikationen sowie Fähigkeiten kognitiver, wissenschaftlicher und technischer Art verschaffe Organisationen «eine viel höhere und stabilere Kapazität zum Ausführen komplexer Aktivhandlungen ..., und man darf von ihnen auch fordern, solche Qualifikationen zuverlässig aufrechtzuerhalten und im Zeitablauf zu steigern.»[45] So wie der Körper eines Menschen letztlich zwar aus der Vielzahl seiner Zellen zusammengesetzt ist und doch der Mensch unendlich viel mehr darstellt als die Summe der Eigenschaften seiner Körperzellen, so verhält es sich auch mit Unternehmen und ihren Mitarbeitern. Organisationen sind besser als Individuen in der Lage, simultan Verschiedenes mit gleicher Aufmerksamkeit zu tun, so z. B. neben ihrem operativen Handeln sich auch an der Konstituierung, Modifizierung und diskursiven Begründung ihrer handlungsleitenden Normen zu beteiligen. Ein wichtiger Aspekt der Moralität von Unternehmen liegt nach dieser Sicht der Dinge darin, alle nur denkbaren institutionellen Voraussetzungen zur «Selbstperfektionierung» zu schaffen.

Ob ein Unternehmen als moralisches «Kollektiv» betrachtet werden kann, hängt vor allem vom Grad der Handlungsfreiheit ab, den es seinen Mitgliedern läßt. Nur in Organisationen, in denen Menschen zwischen mehreren Handlungsoptionen frei entscheiden können, kann individuelle Verantwortung wahrgenommen werden. Ist individuelle *Handlungsfreiheit* nicht gegeben oder sehr gering, so stehen nicht mehr die Tugenden einzelner Organisationsmitglieder im Vordergrund der ethischen Analyse, sondern die Rigidität der Organisationsstruktur und der Führungsgrundsätze der Organisation.

Einige Autoren werfen in diesem Zusammenhang verschiedenen Institutionen vor, «strukturelle Gewalt» auf ihre Mitglieder auszuüben. Dieser Begriff – «strukturelle Gewalt» – wurde vom norwegischen Friedensforscher Johan Galtung geprägt und auf die für viele Entwicklungsländer typischen ungerechten Feudalsysteme, ungleichen Machtverhältnisse und die damit verbundenen ungleichen Lebenschancen angewandt.[46] Im Gegensatz zur personalen Gewalt, die auf konkrete Akteure zurückgeführt werden kann, wirkt strukturelle Gewalt anonym. Rupert Lay be-

obachtet dieses Phänomen, mit dem – wie er sagt – ein ungeheuerlicher
Prozeß der Entmenschlichung einhergehe, auch in Unternehmen.[47] Nicht
Individuen verhinderten die volle Entfaltung menschlichen Potentials, so
Lay, sondern Systeme und deren «Systemagenten».[48] Auch der franzö-
sische Philosoph Michel Foucault, der mit den Methoden des Struktu-
ralismus die Geschichte der abendländischen Zivilisation zu schreiben
versuchte, kommt zu dem Schluß, daß ganz subtile «Mittel der guten
Abrichtung» zur institutionellen Domestizierung von Menschen ausreichen; plumpe physische Machtausübung brauche es gar nicht.[49] Eine der
für mich eindrücklichsten und bewegendsten Schilderungen institutioneller Standardisierungsbemühungen von Menschen durch den «Druck
verwalteter Macht» hat Eugen Drewermann in seinem Werk «Kleriker –
Psychogramm eines Ideals»[50] gegeben. Übereinstimmungen und Ähnlichkeiten der Strukturmerkmale von kirchlichen Institutionen und dem Pro-
fanbereich von Unternehmen waren vom Autor wohl nicht beabsichtigt,
sind aber dennoch offensichtlich:

> «Statt dessen ist es … auch heute noch möglich, daß jemand, der
> im Jahr zwischen 50 bis 100 öffentliche Vorträge … und ca. 80
> Vorlesungen hält, bei seinem Bischof in Ungnade fällt, weil ir-
> gendwann einmal … eine gute alte Bekannte des Oberhirten, an
> irgendeiner Stelle eines Vortrages ein dialektisches Argument un-
> dialektisch verstanden oder einfach einen selbstgemachten Ein-
> wand als einen Teil der Meinungsäußerung des Referenten
> genommen hat und alsbald, in höchster Sorge um die Reinerhal-
> tung der Lehre Christi, ihre theologischen Bedenken gegenüber
> jenem ‹Irrlehrer› schriftlich mitzuteilen sich gemüßigt fühlte. …
> Von daher ist es immer noch möglich, daß einige wenige, wenn
> sie nur über die ‹richtigen› Kanäle verfügen, … längst überfällige
> Veränderungen des Bewußtseins aufhalten können; der im Ver-
> dachtsfall einsetzende Prozeß läuft fast immer darauf hinaus, den
> Verdacht selber bereits als die Tatsache zu nehmen, stets nach
> dem Motto: wo Rauch ist, muß auch Feuer sein.»[51]

James Waters ist in seiner Analyse der moralischen Verfaßtheit von
Unternehmen auf sieben «organisatorische Sperren» gestoßen, die das
einzelne Mitglied davon abhalten, interne Veränderungen einzuleiten:[52]

Sperre 1: Starke Rollenmodelle

Unternehmen sind, wie andere gesellschaftliche Gebilde auch, Sozialisa-
tionsinstanzen, durch die Individuen eine Anpassung an bestimmte Rol-
len- und Verhaltensanforderungen erfahren. Wenn durch diesen Anpas-
sungsprozeß Persönlichkeit und persönliches Gewissen weitgehend an
kollektive Normen verlorengehen, indem man die Rollen «bedeutsamer

Anderer» (significant others[53]) internalisiert und nachahmt, erhält sich
«positiv wie negativ, in Erwartung wie in Enttäuschung ... eine Autori-
tätsfixierung, die zum guten wie zum schlechten stets auf das entsprechende Machtwort von oben starrt.»[54] Wo eigene Werturteile und moralische Überzeugungen von denen der Umgebung abweichen, entsteht
Streß. Individuen müssen sich dann zwischen Anpassung und Widerstand entscheiden.[55] Sie wählen erfahrungsgemäß öfter die Anpassung ...

Sperre 2: Strikte Kommandolinien

Rigide «Dienstwege» und damit verbundene Anordnungsbefugnisse
erschweren einem Mitarbeiter bei ethischen Konflikten den Widerspruch. Besonders ausgeprägt ist dies, wenn der direkte Vorgesetzte
derjenige ist, der das vom Mitarbeiter als unethisch empfundene Handeln angeordnet hat: «niemand erwarte von einem Mann im Amt, daß er
mehr oder anderes tue als seine Pflicht, und es gehöre geradewegs zu
seiner Pflicht, den objektiv vorgesehenen Instanzenzug nicht noch durch
persönliche Kommentare und Interventionen zu stören oder zu blockie-
ren; ein Beamter habe im Amt per definitionem nichts anderes zu sein als
das personifizierte Allgemeine.»[56] Der Befehlsempfänger hat also «nicht
den Inhalt des Befehls, sondern nur die Form seiner Ausführung zu ver-
antworten»;[57] d.h., «er darf beamtetermaßen das Gefängnis des Geistes
niemals wirklich verlassen.»[58] Hinzu treten ein steiles Informationsge-
fälle und wirksame Informationsfilter zwischen Befehlsempfängern und
Vorgesetzten, die ihr Herrschaftswissen derart genießen, «daß sie subjek-
tiv sich das Recht nehmen können, jeden zum Dummkopf zu stempeln,
der ihnen widerspricht; und sie leben im Status der wirklich ‹Erwählten›
– auf sie kommt es an! Das Resultat dieser Vorzüglichkeiten jedoch ist
zumeist weit weniger großartig.»[59]

Sperre 3: Gruppen-Narzißmus

Menschen, die alltäglich eng zusammenarbeiten, entwickeln ein Gefühl
der Zusammengehörigkeit. Das ist an und für sich positiv zu bewerten
und daher auch zu fördern, aber die Förderung der Solidarität und des
inneren Zusammenhalts der Gruppe erleichtert auch ihre Manipulation,
da sie an narzißtische Vorurteile appelliert und Minderwertigkeitskom-
plexe überbrückt. Häufig wohnt dem Gruppen-Zusammenhalt ein starkes narzißtisches Element inne, dessen wohl gefährlichsten Folgen der
Verlust des rationalen Urteils und die Abschottung gegen andere Abteilungen oder Arbeitsgruppen sind. Der Gegenstand des narzißtischen
Interesses der eigenen Gruppe wird als wertvoll angesehen, nicht etwa
aufgrund eines objektiven Werturteils, sondern weil es sich um die
Gruppe handelt. Die eigenen Erzeugnisse werden auf jeden Fall hoch

eingeschätzt, wobei deren wirkliche Qualität nicht entscheidend ist. Entsprechend minderwertig ist die «Außenwelt».

Zum Phänomen des «Gruppen-Narzißmus»[60] gehört geradezu notwendigerweise der Akt der Unterwerfung unter einen Vorgesetzten – je größer dessen empfundene Macht, um so mehr wähnen sich seine Gefolgsleute in einer Überlegenheit gegenüber anderen Gruppen oder Abteilungen. Die gravitätische «Aura», die der Vorgesetzte ausstrahlt, wirkt auf ihn selbst in der Form von Servilität seiner Untergebenen zurück, was seinem persönlichen Narzißmus schmeichelt, dessen Befriedigung von einer narzißtischen Besetzung der Gruppe abhängt. Personen, die als Individuum besonders narzißtisch sind, eignen sich am besten als Mitglieder – ohne diese wäre wohl kaum die notwendige Energie vorhanden, sich in den Dienst der Eigenaufwertung durch Abwertung anderer zu stellen. Innerhalb der über die anderen erhobenen Gruppe fühlt sich jeder in seinem persönlichen Narzißmus geschmeichelt; in der sich elitär dünkenden Gemeinschaft hört der einzelne auf, er selbst zu sein – er wird zum rituellen Nachahmer des Persönlichkeitsmodells, das ihm der Vorgesetzte vorlebt. Das Bedürfnis, in vorauseilendem Gehorsam dessen nicht einmal unbedingt ausgesprochene, sondern lediglich signalisierte Meinung zu vertreten, übertrifft das Bedürfnis nach kritischem Denken, sachbezogenem Handeln und vernünftigem Urteil. «Vernünftig» hat nichts mehr mit Vernunft zu tun, sondern nur noch mit Übereinstimmung. Vernünftig ist das, worüber sich die Gruppe – mit dem Vorgesetzten, versteht sich – einig ist. Mit seinem Verkündigungsspruch à la «wir müssen doch mal ...» oder «man sollte doch mal ...» (wer immer «man» ist) kann das «Wir»-Gefühl im Gegensatz zum «Ich»-Gefühl voll ausgelebt werden. Pathologische Selbstaufblähung im Rahmen der Gruppe wird zur Loyalität gekürt.

Wer hinter diesem Akt narzißtischer Symbiose den Anreiz der Lohnerhöhung als vorrangig vermutet, irrt, denn die Aussicht auf mehr Geld ist allenfalls (ungewisser) Teil des unwürdigen Tuns. Nein, was die Förderung des Gruppen-Narzißmus vom Standpunkt des Personalbudgets aus so günstig macht, ist die Tatsache, daß Gratifikationen ganz anderer Art genügen: die Süßlichkeit eines jovial-distanzierten Grußes des Vorgesetzten im Lift, seines uninteressierten Nachfragens nach dem persönlichen Befinden; das Prestige des Eingeladenseins zum «Business-Lunch» oder zu Sitzungen, für die man ad majorem gloriam des Chefs sogar die Erniedrigung des Wartens vor seiner Bürotüre als köstlich empfindet, insbesondere dann, wenn andere dies neidvoll mitbekommen. Das Schüren einer gruppeninternen Konkurrenz um die persönliche Gunst des Vorgesetzten steht dabei nicht im Widerspruch zum extrovertierten Konkurrenz-Verhalten, es dient vielmehr der arterhaltenden Selektion von willfährigen Untertanengeistern.

Sperre 4: Zweideutige Prioritäten

Da inkonsistente oder gar sich gegenseitig ausschließende Unternehmensziele keine allgemeine Verbindlichkeit herstellen können, steht einer Willkür von Zwecksetzungen Tür und Tor offen, die völlig in Abhängigkeit zufälliger und persönlicher Interessen und Neigungen steht und in der nur die Funktionalität der Mittel zum Zweck zählt.

Sperre 5: Trennung von Entscheidungsverantwortungen

In großen, stark hierarchisierten Organisationen kann es vorkommen, daß quantifizierte Zielvorgaben (z. B. beim Umsatz oder bei der Kosteneinsparung) von «oben» vorgegeben werden, ohne daß die Verantwortung für die Wahl der Mittel, mit denen diese Ziele u. U. erreicht werden, problematisiert werden kann. Von «Untergebenen» wird nur noch erwartet, daß die gesetzten Ziele erreicht werden – wie, das ist ihre Sache. Mit eventuell aufkommenden moralischen Problemen werden sie allein gelassen.

Sperre 6: Strenge Arbeitsteilung

Ähnlich wie bei den strikten Kommandolinien können moralische Probleme mit einer hochgradigen vertikalen Aufgabenspezialisierung und Arbeitsteilung entstehen. Der Grund liegt darin, daß die Erledigung von einzelnen, tiefes Spezialwissen voraussetzenden Aufgaben an sich ethisch unanfechtbar oder belanglos sein kann, durch die Einfügung in das Gesamtkaleidoskop der Arbeit anderer Abteilungen jedoch ein instrumentaler Beitrag zu unethischem Handeln wird.

Sperre 7: Schutz vor Interventionen Außenstehender

Hier ist die Abschottung eines Unternehmens und der internen Angelegenheiten vor jeglicher externer Erörterung gemeint. Auf diese Weise, so meint James Waters – aber auch Eugen Drewermann –, können notwendige interne Reformprozesse hinausgeschoben und ethische Problemsituationen verlängert werden.

All diese organisatorischen Sperren wirken natürlich über kurz oder lang destruktiv auf das Unternehmen, erst recht, wenn sie in Kombination auftreten. Daher ist ein kritischer Blick auf die vorherrschende Unternehmenskultur und die Organisationsstruktur, die solche Sperren aufstellen oder zulassen, unabdingbar.

Unternehmenskultur

Unter «Unternehmenskultur» verstehe ich, analog zum allgemeinen Kulturbegriff, die Gesamtheit der in einem Unternehmen als gemeinsam empfundenen und als selbstverständlich angenommenen Werteorientierungen.[61] Diese Werteorientierungen – insbesondere, wenn sie von «oben» glaubwürdig vorgelebt werden – prägen Entscheidungen, Handlungen und das Verhalten der Organisationsmitglieder und bestimmen in fundamentaler Weise, was für die Angehörigen des Unternehmens bedeutsam, sinnvoll und wünschenswert ist. Sie legen auch fest, welche Ziele für das Unternehmen erstrebenswert sind und auf welche Weise sie erreicht werden.[62] Mit der Zeit werden diese Werteorientierungen internalisiert und nicht mehr hinterfragt.

Die Unternehmenskultur hat einen direkten Einfluß auf das ethische Klima in einem Unternehmen.[63] Aus diesem Grund ist nicht nur die Individualethik der Mitarbeiter für die ethische Beurteilung eines Unternehmens relevant, sondern auch seine Kultur. Bernd Oppenrieder hält sie für so einflußreich, daß sie zum Aufbau von nur in der Berufswelt gültigen Werthaltungen führt, die «oftmals zu den im Privatleben gültigen Maßstäben in geradezu diametralem Gegensatz stehen.»[64] Unternehmenskulturen äußern sich in Form unternehmensspezifischer Verhaltensmuster, Zeremonien und sprachlicher Besonderheiten, die den Mitgliedern eine Art «kulturelle Identität» und Differenzierung von der «Außenwelt» verschaffen. Obwohl kaum je generell faßbar oder mehr als diffus beschreibbar, werden Abweichungen von der Norm der Unternehmenskultur negativ sanktioniert.

Auf der Ebene des Unternehmensganzen herrscht derselbe Mechanismus des oben beschriebenen Gruppen-Narzißmus, oder wie Rupert Lay es nennt, ein System der «geschlossenen Moral».[65] Auf alles, was von «außen» kommt, d.h. vom sozialen Umfeld, wird mit Abwehr reagiert. Eine Unternehmenskultur mit geschlossener Moral erwartet von Mitarbeitern nicht eigenständiges, reflektiertes «Handeln», sondern konformes «Verhalten»[66] – ein autoritärer Führungsstil ist also ihr typisches Pendant. Wo Befehle erteilt werden, denen Folge zu leisten ist, oder gar Nötigung ausgeübt wird, findet eine ethische Beurteilung durch den Befehlsempfänger nicht mehr statt. Stanley Milgram leitete aus den Resultaten seiner Experimente ab, daß ein Mensch sich nur dann für seine Handlungen verantwortlich fühle, wenn er spüre, daß diese seinem «Selbst» entsprungen sind.[67]

Eine «offene Moral» orientiert sich nicht an der Innenwirklichkeit einer Institution, sondern an der Gemeinwohlverträglichkeit menschlichen Handelns. Dies erfordert von den Individuen, die das soziale System bilden, kritische Tugenden (z.B. Zivilcourage, Konfliktfähigkeit, Bereitschaft zur Übernahme von Verantwortung) und die Fähigkeit der verantworteten Güterabwägung. Eine Unternehmenskultur, die eine offene Moral fördert, erwartet von den Mitgliedern ethisch verantwortetes «Handeln», bei dem zur Not auch Normen des Systems kritisch in Frage gestellt werden. Eine offene Moral versetzt ein Unternehmen in die Lage, permanent mit seinem sozialen Umfeld zu kommunizieren und somit auf andere als nur die eigenen systemischen Bedürfnisse konstruktiv einzugehen.[68] Eine Unternehmenskultur der offenen Moral aufzubauen, glaubwürdig vorzuleben und damit nachhaltig am Leben zu erhalten gehört zu den bedeutungsvollsten Aufgaben des Topmanagements.

Organisationsstruktur

Für erfolgreiches Arbeiten und Zusammenarbeiten in Unternehmen (und anderen Institutionen) ist es erforderlich, daß Aufgaben und Verantwortungen klar zugewiesen und die Beziehungen zwischen den Mitarbeitern transparent geordnet sind. Das Beziehungsgeflecht in einem Unternehmen schließt sowohl hierarchiefreie Arbeitsbeziehungen als auch Weisungs- und Kompetenzbeziehungen ein. In modernen Unternehmen werden Weisungen jedoch nicht in «Befehlsform» übermittelt, wie dies in militärischen Institutionen üblich ist. Vielmehr wird ein Führungsstil praktiziert, der mit der Überlegenheit der guten Argumente und einer positiven menschlichen Einstellung beabsichtigt, die betreffenden Mitarbeiter für die Erledigung der übertragenen Aufgabe zu motivieren.

Für die Erfüllung von zugewiesenen Aufgaben sind zweierlei Dinge erforderlich: Sachwissen und Handlungsspielräume. Nur dort, wo Wissen über die Konsequenzen des eigenen Handelns und Handlungsspielräume existieren, kann ethische Verantwortung eingefordert werden. Erst Verantwortungsfähigkeit macht einen Entscheidungsträger verantwortlich. Die Vermittlung von Wissen hat dabei nicht nur intrinsischen Wert, sie nützt auch dem Unternehmen: Besser informierte Mitarbeiter sind besser in der Lage, ihre spezifischen Erfahrungen, ihr situationsbezogenes Wissen und Können in Lösungen übergeordneter Probleme einzubringen. Von einer stark fragmentierten Informationsvermittlung gehen erhebliche Gefahren für die ethische Beschaffenheit des kollektiven Handelns aus: Nicht nur entsteht ein unerwünschter Einfluß auf die Fähigkeit des Individuums, die ganzheitlichen Konsequenzen seines Tuns zu beurteilen, es entsteht auch ein Hindernis, unmittelbare Verantwortung zu übernehmen. Wo Menschen die unmittelbaren Folgen ihres ethisch positiv motivierten Tuns im Gesamtergebnis nicht mehr erkennen können, wächst die Überzeugung, als einzelner ohnehin nichts erreichen zu können. Damit entfällt ein wichtiger Antrieb, Dinge ethisch reflektiert gestalten zu wollen.[69]

Individuelle und organisatorische Ethik dürfen nicht argumentativ gegeneinander ausgespielt werden. Dennoch kann man das bestehende

Spannungsfeld wie folgt beschreiben: Je mehr eigenverantworteten Entscheidungsfreiraum Mitarbeiter in einem Unternehmen haben, desto mehr wird Unternehmensethik durch die Individualethik geprägt; je fragmentierter die Handlungsabläufe sind und je autoritärer angewiesen wird, desto mehr wird strukturelle Gewalt zum Problem. Die organisatorische Schlußfolgerung ist eindeutig: Unternehmen müssen die berufliche und persönliche Entfaltung ihrer Mitarbeiter fördern, ihnen weitestmögliche Eigenständigkeit in der Erreichung ihrer Zielvorgaben gewähren und damit diejenigen Freiräume schaffen, die nicht nur die Kreativität und die Motivation fördern, sondern auch die ethische Qualität ihrer Handlungen. Die besten Voraussetzungen dafür schafft eine nach dem Subsidiaritätsprinzip strukturierte, fraktale[70] Organisation. Sie ist schneller in der Lage, sich an wechselnde Umwelterfordernisse – konkret: diskontinuierliche sowie dynamische Entwicklungen – anzupassen, neue Probleme zu erkennen und neue Ideen aufzugreifen. Je flacher die Hierarchie, je mehr Verantwortungsermächtigung («empowerment») und Autonomie für die Mitarbeiter, je dezentralisierter die Entscheidungskompetenz, desto mehr gewinnt die Individualethik der Mitarbeiter an Boden. Erweiterte Befugnisse und Ermessensspielräume, größere Selbständigkeit und abnehmende Regeldichte tragen dazu bei, das innovative und schöpferische Potential aller Mitarbeiter im Unternehmen zu fördern.

Mehr «Empowerment» bedeutet nicht Abwesenheit von Kontrolle, sondern lediglich andere Kontrollmechanismen: Kontrollen, z.B. in bezug auf das Nachleben institutioneller Grundwerte und Zielvorstellungen, finden interaktiv und kommunikativ statt, sie beseitigen Unsicherheiten, geben Unterstützung und schaffen die Voraussetzungen, daß die gewährten Freiräume zum gegenseitigen Nutzen von Unternehmen und Mitarbeiter genutzt werden.[71] Das wiederum bedeutet nicht nur die weitestmögliche Abwesenheit von «struktureller Gewalt», sondern auch das Schaffen eines unternehmenskulturellen und organisatorischen Umfeldes, das individuelle ethische Überzeugungen stützt und fördert.

Eine moralfördernde Unternehmenskultur und eine menschengerechte Unternehmensorganisation zu schaffen ist jedoch nicht Aufgabe der betreffenden Institutionen selbst, sondern der verantwortungstragenden Menschen an allen entscheidenden Positionen im Unternehmen.

Menschen sind moralische Akteure

Ein Unternehmen handelt niemals nur als abstrakte juristische und wirtschaftliche Institution, sondern immer durch die Vielzahl der dort auf verschiedenen hierarchischen Ebenen arbeitenden Menschen. Deshalb

können soziale Systeme wie «Unternehmen» per se nur begrenzt moralisch oder unmoralisch sein: Moralität – oder Mangel daran – wird von
den Menschen, ihren Werteorientierungen und ihrem konsistenten Verhalten in Systeme hineingebracht. Natürlich entwickelt jede Art von
Organisation ihr institutionelles Eigenleben, dies jedoch verringert nicht
die Verantwortung der Individuen, im Gegenteil, es erhöht sie. Ulrich
Menzel hat im entwicklungspolitischen Zusammenhang das «Verhältnis
von Akteur und System» erörtert.[72] Er weist darauf hin, daß dann, wenn
das «System» für alles verantwortlich gemacht wird, die sozialen Akteure – also die Menschen selbst – aus dem Blickfeld verschwinden, weil es
zwangsläufig in erster Linie darauf ankommt, das «System» zu ändern.
Dieser Gedanke ist auch im vorliegenden Zusammenhang von größter
Bedeutung: Die sozialen Akteure in Unternehmen sind in der Lage, den
Systemcharakter zu verändern bzw. ihn zu bestimmen, sie müssen es nur
wollen.

Mitarbeiter auf allen Ebenen einer Firma haben Fachwissen, berufliche Erfahrung und soziale Kompetenz. Sie haben damit auch die Pflicht,
für sich, für die von ihren Entscheidungen betroffenen Menschen und für
das Erreichen der Unternehmensziele Verantwortung zu übernehmen. Sie
haben desgleichen die Pflicht, für moralische Überzeugungen einzutreten.
Tun sie dies nicht – aus welchen Gründen auch immer –, dann rücken sie
in die Nähe jener «reflexionslosen Verwalter des Status quo», auf dessen
übelstes Exemplar Hannah Arendt verwies. Sie sprach in ihrer Berichterstattung über den Eichmann-Prozeß in Jerusalem von der «Banalität
des Bösen»: Nicht das dämonische Böse, nicht ohnmächtiger Haß, zer-
fressender Neid oder destruktive Begierde waren die Beweggründe des
Massenmörders – nein, es gab schlichtweg keine tieferen Beweggründe.
Das Böse geschah, bzw. wurde zugelassen, aus Gedankenlosigkeit, wegen eines eklatanten Fehlens eigenständigen Denkens, aus dumpfem
Befolgen routinemäßiger Verhaltensvorschriften eines dämonischen
Systems.[73] Nun sollen Verantwortungsträger in Unternehmen hier natürlich nicht mit einem nationalsozialistischen Massenmörder verglichen
werden. Wenn jedoch schon in Situationen, die über Leben und Tod von
Millionen Menschen entscheiden, ein eklatanter Mangel an Reflexion
konstatiert wurde, wieviel höher muß die Wahrscheinlichkeit sein, daß
dies bei weniger bedeutenden Entscheidungssituationen auch so ist?
Vermutlich sind auch in Unternehmen «böse» Resultate eher eine Folge
von Gedankenlosigkeit, des Akzeptierens vermeintlicher Selbstverständ-
lichkeiten, von Selbstgerechtigkeiten und Klischees als von bösartigem
und destruktivem Handeln. Aber auch Anpassung an vermeintliche Erwartungen «von oben» und entsprechender vorauseilender Gehorsam
kritikloser «Systemagenten»[74] können als handlungsleitende Motivation
angenommen werden. Schließlich gibt es noch verschiedene empirische
Untersuchungen, nach denen unmoralisches Handeln nicht auf die Un-

ternehmenskultur oder Erwartungen von Vorgesetzten und Kollegen zurückgeführt werden kann, sondern schlicht auf die berühmte Gelegenheit, die «Diebe» macht.[75]

Es sind also *Menschen* – in welchem institutionellen Umfeld auch immer –, die als moralische Akteure in die Verantwortung genommen werden müssen. Obwohl jeder Entscheidung innerhalb einer Institution ein bedeutendes Element der Fremdbestimmung innewohnt, das aus dem vorgegebenen institutionellen Rahmen, z.B. der «Firmenphilosophie» oder dem Vorgesetztenverhalten, resultiert, bleibt diese Entscheidung eine individualethische. Es ist in pluralistischen Gesellschaften keine Situation denkbar, in der Kollektive als Handlungssubjekte behandelt werden können. «Vielmehr sind die tatsächlichen Subjekte von Handlungen immer einzelne Personen.»[76]

Es gibt sehr wenig Hinweise auf eine reine Befehlsempfänger-Haltung innerhalb von Unternehmen.[77] Wer moralischen Einfluß nehmen will, kann dies tun und ist dadurch in der Lage, die ethische Qualität von Gruppenentscheidungen zu erhöhen.[78] In der Regel sind die individuellen Möglichkeiten des Widerspruchs gegen moralische Zumutungen groß, und zwar ohne die Folge unerträglicher persönlicher Bedrängungen. Couragiertes Eintreten für eine Überzeugung kann, das sei allerdings nicht verschwiegen, im einen oder anderen Fall mit negativen persönlichen Konsequenzen verbunden sein. Wenn auf Dauer individuelle Werterhaltungen mit «Unternehmenswerten» kollidieren, bleibt letztlich dem betroffenen Mitarbeiter unter Wahrung der Selbstachtung keine andere Möglichkeit, als das Unternehmen zu verlassen. Das gleiche gilt für andere Institutionen wie z.B. Parteien, Kirchen oder Gewerkschaften. Resignation oder Protest dieser Art sollte allerdings erst nach Ausschöpfung aller Möglichkeiten des konstruktiven Widerstands geschehen – nicht nur zur Schadensminimierung für das spezifische Individuum, sondern auch zum Nutzen des Unternehmens.

Unternehmen, wie die Gesellschaft als Ganzes, stellen zwar in gewisser Weise ein «Gefüge von Verhaltensnormierungen»[79] dar, in denen «bestimmte Gleichförmigkeiten, Regelmäßigkeiten des Handelns als gesollte, als verbindlich ausgezeichnet»[80] sind. Dennoch ist diese «Verbindlichkeit» keineswegs für alle Mitglieder gleichermaßen streng definiert. Abweichendes Verhalten ist in pluralistischen Gesellschaften und ihren Institutionen nicht nur möglich, es ist fast schon wieder normiert durch vorfabrizierte Individualitätsmuster, nämlich Anweisungen, wie man Individualität «spielt»: «Der rauhbeinige, knurrige, unwirsche, polternde Vorgesetzte mit dem goldenen Herzen, der es gar nicht so böse meint – der rüde Geschäftsmann mit den sentimentalen Allüren – die elegante ältere Dame, die durch handfeste Burschikositäten düpiert.»[81]

Die Antwort auf die Eingangsfrage «Sind Unternehmen oder die darin arbeitenden Menschen moralische Akteure?», das steht fest, ist nicht mit einem «Entweder-Oder»-Ansatz zu finden, sie liegt vielmehr im «Sowohl-als-Auch».

4. *Andere Länder, andere Sitten*

Im Zusammenhang mit der Arbeit in Entwicklungsländern und ihren zum Teil so völlig anders strukturierten Kulturen stellt sich die Frage nach der etwaigen Relativität von Moral und Ethik. Vorstellungen über das, was moralisch akzeptabel ist, sind immer auch kulturell determiniert und vom jeweiligen sozialen Umfeld mitgeprägt.[82] Ein und dieselbe Verhaltensweise kann daher, je nach zugrunde gelegter ethischer Norm, einmal als sittlich und ein anderes Mal als unsittlich beurteilt werden.[83]

So gilt zum Beispiel im islamischen Kulturraum der Konsum von Alkohol als sittenwidrig – in christlichen Ländern, wenn in Maßen genossen, dagegen nicht. Die gesellschaftliche Rolle der Frau und, damit verbunden, ihre Rechte und Pflichten sowie die Erwartungen an ihr Verhalten weichen zwischen verschiedenen Kulturen deutlich ab. Die Mehrzahl der Menschen in der Innerschweiz oder in Oberbayern haben tendenziell andere Vorstellungen über die Moralität verschiedener Verhaltensweisen als die meisten ihrer Landsleute in den Großstädten Zürich oder Berlin. Diese wiederum unterscheiden sich von denjenigen der Menschen in Metropolen wie Bombay, Lagos oder La Paz. Die Moralvorstellungen der dort lebenden Städter differieren vermutlich wiederum wesentlich von denjenigen der Menschen im ländlichen Raum Südindiens, im Zentrum Afrikas oder auf dem Altiplano Boliviens. Es gibt keinen globalen Konsens über eine «qualitativ höchste» Kultur.

Die Einstellung, sich in «Rom» so zu verhalten wie die «Römer», ist nicht prinzipiell unangemessen. Zum einen gibt es eine Richtigkeitsvermutung traditioneller Handlungsweisen im jeweiligen kulturellen Kontext. Zum anderen muß man, um erfolgreich arbeiten zu können, nicht nur die lokalen Gesetze einhalten, sondern auch die geltenden Sitten und Gebräuche respektieren. Daraus zu folgern, daß «alles gilt», oder es den jeweiligen Einheimischen in fremden Kulturen in jedem Falle gleich zu tun wäre jedoch ein Fehlschluß. Wenn zum Beispiel Rassendiskriminierung zu den lokal verbreiteten (Un-)Sitten und (Miß-)Bräuchen gehört, folgt daraus nicht, daß dies deshalb auch zum guten Ton eines dort arbeitenden internationalen Unternehmens gehöre.[84] Faktisches Handeln irgendeiner Art entscheidet nie über dessen normative Gültigkeit.

Potentielle Konfliktbereiche zwischen den Wertvorstellungen des Gastlandes und denjenigen, die im Heimatland eines multinationalen Unternehmens Geltung haben, sind erfahrungsgemäß die folgenden:

- Diskriminierungen in bezug auf Rechte, Pflichten und Potentialitäten nach Rasse, Religion, Geschlecht oder anderen persönlichen Charakteristika, die im Menschenrechtskatalog erfaßt sind;
- Kinderarbeit;
- Gefangenenarbeit, aber auch
- Korruption.

Sehr viel Feingefühl erfordert der Umgang mit Wertedifferenzen, die religiös determiniert bzw. von Menschen als «gottgewollt» interpretiert und damit irdischer Erörterung entzogen werden. Zur Klärung des in solchen Fällen richtigen Handelns ist zunächst eine qualitative Differenzierung verschiedener Komponenten einer lokalen Kultur angebracht.

Es gibt eine Reihe kulturspezifischer Sitten und Gebräuche ohne bzw. mit sehr geringer moralischer Relevanz. Das sind z.B. Grußformeln, Umgangsformen, Bekleidungsnormen, Zeitverständnis oder andere im Zusammenhang mit interkulturellem Management[85] zu beachtende Ausdrucksformen lokaler Kultur. Die Respektierung dieser Sitten und Gebräuche ist meist ohne moralische Konflikte möglich – sie gehört ganz einfach zum guten Stil. Auch ob jemand mit Messer und Gabel, mit Eß-Stäbchen oder den Händen ißt und ob bestimmte Speisen bevorzugt oder verboten sind, hat geringe moralische Relevanz. Aus der Tatsache, daß jemand Vegetarier ist oder nicht, und wenn nicht, daß die betreffende Person Kalbfleisch dem Schweinefleisch vorzieht oder Schlangenfleisch dem Fleisch junger Hunde, sind vermutlich Sympathien oder Antipathien ableitbar, nicht jedoch moralische Superiorität oder Inferiorität. Und schließlich hat es keine ethische oder gar unternehmensethische Relevanz, ob eine Person freitags in der Moschee oder sonntags in der Kirche betet oder zur inneren Einkehr und zum Gespräch mit Gott an einem anderen Tag einen buddhistischen oder hinduistischen Tempel aufsucht. Unterschiede dieser Art bei den Sitten und Gebräuchen sind aus Achtung vor der Kultur eines Gastlandes zu respektieren.

Unterschiedliche Sitten und Gebräuche verlangen aus unternehmensethischer Sicht einem Expatriaten Feingefühl ab. Es muß ihm oder ihr zugemutet werden können, die kulturellen Besonderheiten im Lichte verantwortungsethischer Maximen zu prüfen, denn es gibt eindeutige Grenzen der Toleranz.

Grenzen der Toleranz

Es gibt Sitten und Gebräuche, denen eindeutig keine Toleranz entgegengebracht werden kann, nämlich diejenigen, die gegen die Menschenrechte verstoßen. Die Wahrung der Menschenrechte ist *das Minimum* an ethischen Normen, das unter keinen Umständen disponibel ist – was immer die lokalen Gesetze, Sitten und Gebräuche besagen mögen. Es ist einem Unternehmen nicht zumutbar, kulturell oder religiös determinierte Verhaltensweisen zu praktizieren, die gegen seine eigenen ethischen Überzeugungen verstoßen. Dies als «ethischen Imperialismus» zu kritisieren, hielte ich für illegitim.

Auch im Bereich der Löhne und Sozialleistungen gibt es eindeutig definierbare Untergrenzen der Anpassung an lokale Gegebenheiten. Schon vor über hundert Jahren wies die Sozialenzyklika «Rerum novarum» darauf hin, daß ein Lohn nicht schon dann gerecht ist, wenn er aus der Verhandlung zwischen Arbeitgeber und Arbeitnehmer entspringt. Wegen großer Arbeitslosigkeit ist die Verhandlungsposition des Arbeitsgebers ungleich stärker als die der Arbeitnehmer. Löhne und Gehälter, die aus diesem Machtgefälle resultieren, könnten so niedrig sein, daß sie die Grundbedürfnisse der Arbeiter nicht decken. Solche Löhne sind ungerecht und aus ethischer Perspektive unhaltbar.[86]

Im Gefolge der in den frühen siebziger Jahren zu beobachtenden Zunahme der entwicklungspolitischen Akzeptanz von Theorien des «peripheren Kapitalismus»[87] und erst recht seit dem gewaltsamen Sturz des ehemaligen marxistischen Präsidenten Chiles, Salvador Allende, und der damit in Verbindung gebrachten subversiven Aktivitäten des US-amerikanischen Unternehmens ITT kamen die sogenannten «transnationalen Unternehmen» unter massiven politischen Beschuß. Ihnen wurde so ziemlich alles unterstellt, was die neoimperialistischen Theorien in ihrem Sündenregister führten: von der Ausbeutung der «arbeitenden Klasse» über Kultur-, Kommunikations- und ökonomischen Imperialismus bis zur Stabilisierung feudaler Herrschaftsstrukturen durch die Unterstützung von «Brückenköpfen».[88] Großer Beliebtheit erfreuten sich in dieser Zeit auch Konspirationstheorien, z.B. zwischen dem US-amerikanischen Geheimdienst CIA und den transnationalen Unternehmen. Beide hatten, so die Wahrnehmung, die Intention, rechtsstehende bzw. faschistische Unrechtssysteme zu stabilisieren und auf diese Weise im «kapitalistischen System» zu halten. Verstärkt durch widerliche Greueltaten, die damals (meist linken) Oppositionellen unter verschiedenen Regimen zugefügt wurden, hielt der Kalte Krieg auch in der entwicklungspolitischen Theorie Einzug. Zur Destabilisierung solcher Unrechtssysteme wurden Boykottmaßnahmen verlangt und in der Folge auch der Rückzug international tätiger Unternehmen aus (allerdings unkonsequenterweise ausschließlich rechtsstehenden!) Ländern mit repressiven Regierungen.

Während der Apartheid-Ära in Südafrika forderten – neben inhaftierten südafrikanischen Größen wie Nelson Mandela – viele humanitär engagierte Menschen und Organisationen in Industrieländern einen Boykott dieses Landes. Sie klagten Unternehmen, die dort weiter präsent blieben, der Unterstützung eines Unrechtssystems an. Der Abzug ausländischer Unternehmen würde – so die Logik dieser Argumentation – zu einem wirtschaftlichen Zusammenbruch und sozialen Konflikten führen, die letztlich in wünschenswerten revolutionären Veränderungen und in der Überwindung des Unrechtssystems ihren Höhepunkt fänden. Andere gesellschaftliche Akteure plädierten (und tun dies noch heute) für eine Fortsetzung der wirtschaftlichen Zusammenarbeit auch mit Ländern, die menschenrechtliche Defizite aufweisen. Sie tun dies mit der Begründung, daß steigender Wohlstand letztlich auch den unterdrückten Bevölkerungsteilen zugute käme. Dies wiederum führe letztlich durch Druck von unten auch zu einer Veränderung der politischen Verhältnisse – allerdings auf eine menschengerechte und für die Volkswirtschaft verträgliche Weise.

Über die Beantwortung der Frage, ob man mit Wirtschaftsboykotten repressive Unrechtsregime aufweichen kann oder durch eventuelle wirtschaftliche Verschlechterungen gerade diejenigen Bevölkerungsschichten (auch in ihrer politischen Aktionsfähigkeit) trifft, zu deren Anwalt man sich macht, besteht nach wie vor Uneinigkeit.[89] Die praktischen Erfahrungen aus durchgeführten Wirtschaftsboykotten können jedenfalls die Richtigkeit der Boykott-Theorie nicht belegen. Aus heutiger Sicht scheint es vielmehr so zu sein, daß die Despoten und deren Günstlinge, die man boykottieren will, selbst die letzten sind, die darunter leiden. Boykotte treffen meist die untersten Schichten der Bevölkerung und die oppositionellen Kräfte im Land und bieten somit dem Unrechtsregime erst recht einen Vorwand für Repressionen. Selbst wenn ein wirtschaftlicher Boykott die von seinen Befürwortern erstrebte revolutionäre Folge hätte, darf das dadurch geschaffene menschliche Leid nicht einfach zynisch in Kauf genommen werden. Im Gegenteil: Je edler der Zweck, desto edler müssen die Mittel sein. Leidvolle Zumutungen für gegenwärtig lebende Menschen mit der Rechtfertigung, zukünftige Generationen sollen es einmal besser haben, sind aus dem ehemals «real existierenden Sozialismus» noch lebhaft in Erinnerung – das Resultat auch. Die emotionslose Analyse des Falles Südafrika legt heute jedenfalls die Schlußfolgerung nahe, daß ein Rückzug ausländischer Unternehmen der schwarzen Bevölkerungsmehrheit eher geschadet hätte. Gerade die Post-Apartheid-Regierung unter Präsident Nelson Mandela ist auf eine funktionierende Wirtschaft und internationale unternehmerische Einbindung angewiesen.[90]

Die Folgen eines Boykotts sind eigentlich erst über einen längeren Zeitraum hinaus zu beurteilen. Vieles, was aus aktueller politischer Optik unerwünscht scheint, kann nach einer gewissen Zeit äußerst positiv gesehen werden. Ein heiß umstrittenes Protestthema (in Deutschland gegen Siemens) war in den frühen siebziger Jahren der Bau des Cabora-Bassa-Staudammes im kolonialen Mozambique. Siemens wurde vorgeworfen, mit der Beteiligung am Bau des Staudammes das Kolonialregime Portugals zu unterstützen. Wenige Jahre später verlor der diesbezügliche Protest seine Basis: Mozambique wurde unabhängig.[91] Vor Argumentationen, die auf kurzfristigem politischem Opportunismus beruhen, ist also zumindest bei längerfristig angelegten Wirtschaftsprojekten zu warnen.

Dennoch auferlegt das unternehmerische Engagement unter repressiven politischen Bedingungen aus ethischer Sicht mehr als den «courant normale». So war z.b das konsequente Arbeiten nach den Sullivan-Prinzipien[92] dazu geeignet, politische Veränderungen in Südafrika subtil und konstruktiv zu unterstützen. Durch die firmeninterne Ausbildung von nicht-weißen Südafrikanern in den verschiedensten internationalen Unternehmen wurde eine wesentliche Voraussetzung für eine erfolgreiche wirtschaftliche Entwicklung im Post-Apartheid-Südafrika mitgeschaffen.

Der globale Grundkonsens

Angesichts menschlicher Tragödien, wie sie durch Menschenrechtsverletzungen in Liberia, Ruanda, Burundi aber auch im ehemaligen Jugoslawien entstanden sind, besteht die Notwendigkeit eines Basis-Ethos für die gesamte Menschheit. Entsprechende Plädoyers liegen seit einigen Jahren vor.[93] Tatsächlich gibt es zahlreiche Gemeinsamkeiten im ethischen Empfinden: ein menschenwürdiges Leben, Freiheit, Integrität und Solidarität gehören im allgemeinen überall auf der Welt zu den höchsten Werten. Die Unterschiede liegen jedoch in der sachlichen Beschaffenheit dieser Werte, d.h. darin, worin «Menschenwürde» und «Freiheit» für die Menschen verschiedener Kulturen tatsächlich bestehen.

Der ethische Grundkonsens, der zwischen den großen Religionen jenseits aller Unterschiedlichkeiten schon heute besteht, wurde der Weltöffentlichkeit wohl am besten und eindrücklichsten mit der «Erklärung zum Weltethos»[94] vorgelegt: Die Aussage, daß die Wahrheit über den gemeinsamen Bestand der Kernwerte, die die Grundlage für ein Weltethos bilden, «bereits bekannt ist, aber noch mit Herz und Tat gelebt werden muß»,[95] gilt für alle Bereiche menschlichen und gesellschaftlichen Handelns, auch für Unternehmen. Allerdings sind, darauf weist Annemarie Pieper hin, damit noch nicht alle Reflexionserfordernisse erfüllt, denn aus ein und derselben Basisnorm (z.B. der Norm der Menschenwürde) werden in verschiedenen Kulturkreisen unterschiedliche, ja gelegentlich entgegengesetzte Regeln als allgemeine Handlungsanweisungen abgeleitet. Das ist jedoch «kein Einwand gegen die Gültigkeit der Norm, sondern fordert gerade dazu heraus, nach immer vollkommeneren Formen einer gemeinsamen Lebensordnung, nach einer immer besseren humaneren Moral zu suchen.»[96]

Als nicht verhandelbare Grundpfeiler des konfliktfreien Zusammenlebens von Menschen gelten heute zumindest die folgenden:

- Rückbindung des Individuums an das Gemeinwohl;
- individuelle und nicht abwälzbare Verantwortung eines jeden einzelnen für alles, was er oder sie tut;
- universelle Geltung der «Goldenen Regel», der Menschenwürde, des Gerechtigkeitsprinzips, sowie des Gebots, Schwächere zu unterstützen;
- Verpflichtung zu sozialverträglichen, friedensfördernden und naturfreundlichen Lebensformen.

Alle diese Maximen sind auch unternehmensethisch relevant. Wo lokale Praktiken dem widersprechen, was als gewachsene ethische Überzeugung Bestandteil der Grundwerte und des Selbstverständnisses eines Unternehmens ist, müssen die höheren internationalen Standards zur Referenzbasis werden und nicht das, was lokal gang und gäbe ist. Dies gilt vor allem für folgende Sachverhalte:

- Qualitäts- und Sicherheitsstandards für Produkte und Produktionsprozesse;
- verantwortungsvolle Standards zur sozialen Absicherung von Mitarbeitern;
- Ächtung jeder Art von Diskriminierung.

Da man sich trotz aller Vorsicht und Sensibilität irren kann, sollte dies auf der «sicheren» Seite sein, d.h., im Zweifel sollten die «höheren» Standards Vorrang haben. Ein solches Vorgehen ist kein Widerspruch zur Richtigkeit des Erfolgskonzepts, die «headquarter-mentality» zu überwinden, wenn man im internationalen Geschäft tätig ist.[97] Die Kenntnis lokaler Sitten und Gebräuche sowie die Anpassung an lokale Gegebenheiten ist für eine erfolgreiche Unternehmenstätigkeit prinzipiell erforderlich – aber eben nicht um jeden Preis, schon gar nicht, wenn es um die Verletzung universell gültiger Normen geht.

5. Korruption

Mouth smile, money smile better.
Sprichwort aus Ghana[98]

Korruption ist ein gesellschaftliches Problem, das – wenn auch in unterschiedlichem Ausmaß – überall auf der Welt angetroffen werden kann. Die Existenz dieser sozialen Disziplinlosigkeit nur auf Entwicklungsländer reduzieren zu wollen wäre eine zu optimistische Sicht der Dinge. Der Präsident des deutschen Bundeskriminalamtes, Hans-Ludwig Zachert, verglich die Korruption in Deutschland mit «Rostfraß», sie trete zunächst nur an einzelnen Stellen auf und wirke häufig unter der Oberfläche: «Korruption im öffentlichen Dienst ist allen gegenteiligen Beteuerungen von staatlichen Abwieglern zum Trotz keine Angelegenheit von ‹wenigen schwarzen Schafen›, sondern erschreckender Alltag in Deutschland.»[99] Die aufgedeckten Fälle gehen, so Zachert, inzwischen in die Tausende; Hauptprofiteur sei das organisierte Verbrechen, das mit Hilfe bestechlicher Staatsdiener massiv Einfluß auf Behörden zu nehmen suche. Laut Zachert «gibt es praktisch keinen Bereich, der von Korruption und korruptionsnahen Phänomenen verschont ist. Es vergeht kaum ein Tag, an dem nicht neue Fälle bekannt werden.»[100] Würden nicht rechtzeitig Gegenmaßnahmen eingeleitet, so befürchtet Zachert, dann breite sie sich flächendeckend aus und greife auch die tragenden Säulen des Systems an.

Im Juli 1995 berichtete eine deutsche Wochenzeitschrift über den Verdacht, hochbezahlte deutsche Manager der Automobilindustrie hätten sich durch Fordern und Entgegennehmen von illegitimen «Kommissionen» («Kick-backs») bereichert, und sah Hinweise auf eine «Kultur der Korruption»[101] – dies wohlgemerkt in der Bundes- und nicht etwa in irgendeiner «Bananen»-Republik. Andere Korruptionsfälle aus Deutschland wurden gar als Fallstudien zur Untersuchung des Phänomens ausgearbeitet.[102]

In Schwellenländern wie Korea oder Mexiko gerieten (ehemalige) Spitzenbeamte unter Korruptionsverdacht bzw. wurden deswegen verhaftet, ebenso in Frankreich, Italien, Japan und Belgien.[103] Auch US-amerikanische Analysen[104] sehen in der Korruption ein in den Vereinigten Staaten weit verbreitetes Problem; entsprechende Publikationen[105] aus Großbritannien, Japan und Holland sowie eine umfangreiche Berichterstattung über die italienische «Tangentopoli» (in deren Kontext über 1 300 Topmanager verhaftet wurden) legen die Vermutung nahe, daß praktisch jede Gesellschaft auf der Erde bestimmte Formen der Korruption kennt.[106] Die Mitgliedsstaaten der Organisation für wirtschaftliche Zusammenarbeit und Entwicklung (OECD) – also der «Club» der reichen Industrieländer – hat eine Empfehlung veröffentlicht, die jedem ihrer Mitgliedsländer nahelegt, effektive Maßnahmen zur Abschreckung, Verhinderung und Bekämpfung der Korruption im internationalen Geschäftsbetrieb zu ergreifen.[107]

Die globale Verbreitung des Phänomens «Korruption» ist belegt, auch die Tatsache, daß es kein Land auf der Erde gibt, das der Korruption den Status einer wünschenswerten und gemeinwohlverträglichen Handlungsweise gibt. Wie aber läßt sich «Korruption» unzweideutig definieren bzw. sinnvoll eingrenzen?

Versuch einer Definition von Korruption

Ohne Umschweife und euphemistische Verrenkungen kann man Korruption zunächst als «Mißbrauch von Macht für privaten Nutzen»[108] definieren. Diese Macht kann, muß aber nicht «öffentliche Macht» sein. Der «Nutzen» kann Geld sein, aber auch Protektion, Sonderbehandlung, Lob, Beförderung oder Gunst von Frauen oder Männern. Geht man dem Phänomen Korruption etwas differenzierter auf die Spur, so findet man einen höchst vielschichtigen, interkulturell sehr unterschiedlich bewerteten und, was seine Auswirkungen angeht, sehr heterogenen Sachverhalt: In manchen Kulturen sind Geschenke und reziproke persönliche Gefälligkeiten kodifizierter Bestandteil erwarteten gesellschaftlichen Handelns und Verhaltens. In anderen Kulturen kann dagegen eine Person, die Hilfsbereitschaft im professionellen Kontext mit persönlichen Geschenken honorieren möchte, sich und die begünstigte Person sehr schnell suspekt machen.

Beim Versuch einer Definition ist immer ein Blick in Lexika hilfreich. Die «Brockhaus Enzyklopädie» von 1970 widmete dem Stichwort Korruption karge sieben Zeilen:

> «Korruption (von lat. corrumpere ‹verderben, bestechen›) ... seit dem 17. Jahrh. Bezeichnung für Sittenverfall, Bestechlichkeit, häufig angewandt auf Amtsträger eines Staates. Korruption trifft man meist an als Folge der unzureichenden wirtschaftlichen Versorgung, gelegentlich auch der Politisierung des Beamtentums. – korrupt, verdorben, schlecht.»[109]

Die gleiche Enzyklopädie gesteht zwanzig Jahre später dem gleichen Begriff 14mal soviel Raum zu und definiert ihn u. a. so:

> «im allgemeinen Sprachgebrauch ein moralisch verwerfliches Handeln und Verhalten, bei dem bestimmte, allgemein anerkannte gesellschaftliche Normen oder moralische Grundsätze nicht mehr wirksam sind und das je nach Verbreitung und Duldung das gesellschaftliche Leben bestimmen und einen moralischen Verfall bewirken kann. ... Die Politikwissenschaft versteht unter Korruption eine von der geltenden Norm abweichende Verhaltensweise, aufs engste verbunden mit dem Motiv des persönlichen Gewinns auf Kosten der Allgemeinheit. Ökonomische Untersuchungen verwenden eine konkretere Definition: Korruption ist ein für die Beteiligten vorteilhafter Tausch (Leistung für Gegenleistung; materielle oder immaterielle Leistung), der heimlich und freiwillig geschieht, gegen Normen (Gesetze oder allgemeine bzw. für bestimmte Gruppen oder Bereiche geltende Verhaltensnormen) ver-

stößt und bei mindestens einem der Beteiligten (die verschiedenen Staaten angehören können) eine Macht- oder Vertrauensstellung bzw. eine ihm eingeräumte Befugnis im öffentlichen oder privaten Bereich mißbraucht. ... Der Preis für eine korrupte Handlung hängt dabei auch vom Grad des damit verbundenen Risikos ab (z.B. Sanktionen bei Entdeckung, Erpreßbarkeit). Korruption hat es immer und unter allen Staats- und Regierungsformen gegeben. ... Obwohl Korruption ein moralisch verwerfliches Verhalten umschreibt, wird ihr auch Funktionalität zugebilligt, z.B. in dem Sinne, daß durch Korruption ein ‹veraltetes› politisches System an neue gesellschaftliche Umstände angepaßt werden kann.»[110]

Die «Brockhaus Enzyklopädie» von 1990 weist auf die mögliche Koinzidenz von Korruption mit «diskretionärer Verfügungsgewalt» von Beamten hin, z.B. hinsichtlich der Verteilung und/oder des Preises von öffentlichen Gütern und des Zeitpunkts ihrer Bereitstellung, und darauf, daß die Güterversorgung mit Korruption besser oder schlechter sein kann als ohne. Schließlich gibt diese Lexikonausgabe Wettbewerbsverzerrungen zu bedenken, die dadurch entstehen können, daß unterschiedliche Länder mit dem Phänomen Korruption unterschiedlich umgehen: Während man in manchen Ländern Bestechungsgelder als «Betriebskosten» oder «Sonderausgaben» steuerlich absetzen kann, haben andere Länder, z.B. die USA, eine Antikorruptions-Gesetzgebung, die selbst die Bestechung von Ausländern im Ausland unter Strafe stellt. Für Unternehmen unterschiedlicher Provenienz resultieren aus der verschiedenartigen rechtlichen Behandlung unterschiedliche legale Freiheitsgrade im Umgang mit Korruption. Die Tatsache, daß in der Bundesrepublik zwar die Bestechung von Amtsträgern für den Bestochenen (§ 331 und § 332 StGB) wie für den Bestechenden (§ 333 und § 334 StGB) ein strafbarer Tatbestand ist, während, falls sie im Ausland stattfindet, sie noch immer von den Steuern abgesetzt werden kann, weist auf ein seltsames Verständnis des Gesetzgebers hin, insofern er doppelte Standards etabliert.

Das «Schweizer Lexikon» verweist beim Stichwort Korruption auf «Bestechung» und definiert diese als das

«nach Art. 288 StGB strafbare Verhalten desjenigen, der einem Behördenmitglied, Beamten, Richter, Schiedsrichter, amtlich bestellten Sachverständigen, Übersetzer oder Dolmetscher oder einem Angehörigen des Heeres ein Geschenk oder einen anderen Vorteil anbietet, verspricht, gibt oder zukommen läßt, damit er seine Amts- oder Dienstpflicht verletze (aktive Bestechung). Die erwähnten Funktionäre sind ihrerseits nach Art. 315 StGB (Militärpersonen nach Art. 142 des Militärstrafgesetzes) strafbar, wenn sie für künftige pflichtwidrige Amts- bzw. Diensthandlung ein Geschenk oder einen anderen ihnen nicht gebührenden Vorteil fordern, annehmen oder sich versprechen lassen (passive Bestechung).»[111]

Auch sogenannte «Kommissionszahlungen» im Sinne von Gefälligkeitszahlungen im Wirtschaftsverkehr, z. B. an Mitarbeiter eines Unternehmens, die im Rahmen ihrer Pflichterfüllung ein bestimmtes Unternehmen bevorzugt behandeln, sind nach deutschem Recht für den Zahlenden und den Empfänger strafbar (§ 12 des Gesetzes gegen den unlauteren Wettbewerb). Da ein so handelnder Mitarbeiter seinem Unternehmen jedoch mögliche Preisnachlässe vorenthält, ist derartiges Fehlverhalten sinnvollerweise eher als Betrug (§ 263 StGB) bzw. als Untreue (§ 266 StGB) zu definieren und entsprechend zu ahnden. Betriebshygienisch positiv wäre in jedem Fall, Mitarbeiter, die Schmiergelder (oder Sachwerte) von Lieferfirmen des Unternehmens annehmen, zu entlassen. Die Rechtsprechung tendiert ebenso in diese Richtung: Das Deutsche Bundesarbeitsgericht bestätigte im Februar 1996 in einem Revisionsverfahren (2AZR 973/94) die fristlose Entlassung eines leitenden Angestellten, der mehrere Millionen Mark und zusätzliche Sachleistungen von Lieferfirmen des Arbeitgebers erhielt. Da jedoch wegen der Intransparenz des Geschehens und des konspirativen Interesses der beteiligten Parteien (Bestechender und Bestochener sitzen in einem Boot, die geprellte Organisation bleibt außen vor) solche Handlungen ausgesprochen schwer nachweisbar sind, ist ein reines Abstellen auf das Legalitätsprinzip nicht angebracht. Eine Erörterung im unternehmensethischen Kontext ist daher sinnvoll.

Zusammenfassend kennzeichnet sich Korruption vor allem durch folgende vier Merkmale:[112]

• Mißbrauch einer bestehenden Machtstellung;
• Erlangen eines Vorteils derjeniger, die (im aktiven wie im passiven Sinne) diese Handlung begehen;
• unerwünschte Auswirkungen (Externalitäten) auf Dritte;
• Heimlichkeit der Transaktion.

Da sowohl die Dimension der besagten Machtstellung als auch die Vorteile und unerwünschten Auswirkungen sehr unterschiedlich sein können, ist weitere Differenzierung erforderlich.

Bevor wir zur moralischen Unterschiedlichkeit verschiedener Formen der Korruption kommen, sind noch ein paar Bemerkungen angebracht: Nicht alle Unternehmen sind gleichermaßen anfällig für Korruption: Bauunternehmen, die sich auf infrastrukturelle und sonstige Großprojekte spezialisieren, und Anbieter von teuren Anlagegütern (z. B. Turbinen, Flugzeuge) sind erfahrungsgemäß besonderen Gefährdungen ausgesetzt, besonders dann, wenn das Entscheidungsgremium für den Auftrag sehr klein ist oder gar nur aus einer Einzelperson besteht.[113] Marode Unter-

nehmen mit wettbewerbsunfähigen Gütern und Dienstleistungen neigen
eher zu korrumpierendem Verhalten als gesunde Unternehmen, die
durch exzellente Produkte und Dienstleistungen herausragende Marktvorteile haben. Die häufig zu hörenden Generalisierungen z.B. in bezug
auf «die» Entwicklungsländer und «alle», die dort Verantwortung tragen oder Macht ausüben, sind falsch. Das Zahlen von Schmiergeldern
mag in manchen Ländern und bei verschiedenen Amtsträgern häufiger
vorkommen und damit dort eine Bedingung für unternehmerischen
Erfolg sein – dies bedeutet jedoch nicht, daß Korruption in jedem Fall
und überall praktiziert wird und nirgendwo mehr ehrliche Amtsträger zu
finden sind.

Formen der Korruption

Sinnvollerweise sollte bei der Bewertung des Phänomens zunächst einmal
zwischen «kleiner» und «großer» Korruption, also nach rein quantitati-
vem Gesichtspunkt unterschieden werden. Des weiteren sollte danach
differenziert werden, ob Korruption, gleich welcher Dimension, legale
oder illegale Zwecke beabsichtigt.

«Kleine» Korruption

Zur «kleinen» Korruption gehören geringe Zahlungen, mit denen z.B.
der Zahlende eine entscheidungsbefugte Person zu einer schnelleren
Erledigung ihrer Aufgabe bewegen will. Solche Zahlungen werden deshalb geleistet, weil ohne diesen zusätzlichen «Anreiz» entweder nicht
oder nicht in einem akzeptablen Zeitraum gehandelt werden würde.
Deshalb spricht man in diesem Zusammenhang auch von «Beschleuni-
gungs- oder Schmiergeldern». Das Wort «klein» bezieht sich sowohl auf
die Größe der finanziellen Transaktion als auch auf die Dimension der
Gefälligkeit, die mit der Transaktion bewirkt wird.
  In vielen armen Ländern durchdringt die «kleine» Korruption alle gesellschaftlichen Bereiche. Da im Umfeld von Armut viele Menschen in
ihrem alltäglichen Überlebenskampf gezwungen sein können, Dinge zu
tun, die sie bei besserem Einkommen nicht notwendig hätten, wird die
kleine Korruption als eine Art gesellschaftlicher Überlebensstrategie
betrachtet.[114] Was die kleine Korruption konkret bedeuten kann, haben
Mitarbeiter der schweizerischen Entwicklungszusammenarbeit einmal
mit bemerkenswerter Offenheit dargelegt. Sie berichteten, daß

«uns Sachbearbeiter [in Ministerien] große Schwierigkeiten machen [können], indem sie Verfahren verzögern, wenn die Freundschaft nicht erhalten wird – etwa durch eine Einladung zum

1. August[115] oder durch ein kleines Weihnachtsgeschenk. Solche Gefälligkeiten wirken sich jeweils sofort auf die Geschwindigkeit aus, mit der unsere Anliegen in der Verwaltung bearbeitet werden.»[116]

Bleibt eine Person bei Schmiergeldforderungen hart, so wird ihre Arbeit behindert. Dies kann manchmal durch vermehrten eigenen Einsatz kompensiert werden, manchmal aber auch nicht: «... jeder muß selber herausfinden, wie sauber er bleiben will – und wie hart er bleiben kann ...».[117] Welche Folgen es haben kann, wenn man «hart» bleibt, zeigt eine mexikanische Fallstudie:

> «Es ist im ganzen Land schwierig, eine Telefonleitung zu erhalten. Der von der Monopolgesellschaft Teléfonos de Mexico festgelegte Preis beträgt 500 Dollar, inklusive Installation. Nur 5 von 100 Gesuchstellern gehen diesen Weg. Der Rest zahlt lieber 1000 bis 1500 Dollar auf einem riesigen Schwarzmarkt, der von den Arbeitern der Gesellschaft selbst kontrolliert wird. Für 1500 Dollar erhält man die Linie innert Tagen. Zahlt man aber die 500 Dollar an die Teléfonos de Mexico, wartet man im besten Fall 12 Monate. Die Arbeiter, die mit unglaublicher Geschwindigkeit illegal Linien verlegen, verdienen 400 Dollar im Monat.»[118]

Kommentar eines mexikanischen Polit-Analytikers:

> «Alles läßt sich so regeln. Ob es darum geht, ein Kind in der Sekundarschule einzuschreiben, eine Verkehrsbuße zu umgehen oder das Land zu verlassen, ohne seinen Militärausweis zu zeigen. Jeder Sieg über die Hoffnungslosigkeit hat seinen Preis.»[119]

Bei aller gerechtfertigten Entrüstung über Korruption im Kontext humanitärer Hilfe – einfache Lösungen sind bei einer verantworteten Güterabwägung auch in diesem Fall nicht möglich. Ein ehemaliger stellvertretender Direktor der schweizerischen Direktion für Entwicklungszusammenarbeit und humanitäre Hilfe bekannte sich dazu, auch unter Bedingungen der Korruption weiterzuarbeiten: «... Entwicklungszusammenarbeit ist trotzdem nötig. Würde man sagen: in Ländern mit Korruption leistet man gar keine Hilfe mehr, dann könnten wir praktisch nichts mehr tun. Aber es geht ja darum, Verbesserungen zu erzielen.»[120] Eine Beendigung der Entwicklungszusammenarbeit wegen («kleiner») Korruptionsforderungen trifft meist nicht diejenigen, die man damit treffen möchte, sondern jene, deren menschliche Entwicklung in teilweise hohem Maße von humanitärer Hilfe abhängt. Es sind auch hier im Einzelfall die sozialen Konsequenzen alternativen Handelns abzuwägen. Als Beispiel aus der unternehmerischen Praxis soll folgender Fall dienen:

Ein staatlicher Sachbearbeiter der Zentralbank eines Entwicklungslandes verfügt über die Zuteilungsmacht für Importgenehmigungen (Lizenzen). Ein Unternehmen erhielt über eine öffentliche Ausschreibung den Auftrag, lebensrettende Medikamente für die nationalen Krankenhäuser zu liefern, und will diese nun importieren. Für die dafür erforderlichen Devisen ist jedoch eine Importlizenz notwendig – diese will der Sachbearbeiter der Zentralbank jedoch nur ausstellen, wenn er persönlich davon profitiert. Da von der rechtzeitigen Lieferung der Medikamente das Leben von Patienten abhängt, gerät das Unternehmen unter Druck – der Sachbearbeiter aber läßt sich Zeit. Da entschließt sich der Manager des betroffenen Pharmaunternehmens zur Korruption im Sinne einer «Beschleunigungszahlung». Für eine Summe von 500 US Dollar wird die Importlizenz noch am selben Tag gewährt.

Unter solchen Bedingungen kann kleine Korruption unternehmerischen Erfolg direkt beeinflussen. Mit ihrer Hilfe läßt sich das geschäftliche Umfeld positiv verändern; verzichtet man auf dieses Instrument, können sich schwer zu lösende Probleme einstellen: vorsätzliche Verzögerungen oder zeitliche Begünstigungen (z. B. bei Informationen oder Genehmigungen), Zurückhalten von Informationen oder deren zeitlich korrekte Aufdeckung (z. B. bei terminlich sensiblen Angelegenheiten wie der Unterbreitung eines Angebots bei einer öffentlichen Ausschreibung), Nichtbearbeitung von Anfragen versus Erteilen von Genehmigungen (z. B. Import- bzw. Exportlizenzen oder Verkaufsgenehmigungen). All dies kann den entscheidenden Unterschied zwischen unternehmerischem Erfolg und Mißerfolg ausmachen.

Geschenke

Geschenke stellen innerhalb der «kleinen» Korruption eine sensible Sonderproblematik dar. Sie müssen nicht immer mit «Hintergedanken» verbunden sein, sondern sind häufig Bestandteil einer intakten Kultur und somit ein Zeichen persönlicher Aufmerksamkeit. Geschenke, z. B. in Form von Bewirtung, werden in vielen Kulturen als Respekterweisung oder als Beweis freundschaftlicher Beziehungen geradezu erwartet. Ihre Verweigerung kann als Zurückweisung, wenn nicht gar als Affront empfunden werden.

In unseren Gesellschaften wird die Tatsache, daß ein Unternehmen seinen Kunden Geschenke überreicht, in die Nähe der Korruption gestellt, zumindest als ethischer Konflikt problematisiert.[121] Die Problematik liegt aber nicht im Schenken als solchem, sondern im Wert der Geschenke – unterhalb einer gewissen Grenze sind sie noch unbedenklich, jenseits dieser Grenze werden sie suspekt. Und noch etwas ist von Bedeutung: Offen oder gar öffentlich gegebene Geschenke – wie sie in vielen traditionellen Gesellschaften die Regel sein können – sind meist unproblematischer als solche, die im geheimen ausgeteilt werden.

Verschiedene Organisationen haben Richtlinien erstellt, wie Mitarbeiter mit Geschenken umzugehen haben, solchen, die sie an Kunden oder Geschäftsfreunde vergeben, und jenen, die sie u. U. selbst empfangen. Dabei können entweder direkte Verbote verhängt, erläuternde Hinweise für die Angemessenheit[122] gegeben oder Wertgrenzen (z. B. 100 Mark) festgelegt werden, die nicht überschritten werden dürfen. Aufgrund unterschiedlicher Lebensstandards der Schenkenden oder Beschenkten, wegen kultureller Verschiedenheiten und abweichender sozialer Normen oder ganz einfach wegen der Intransparenz des Schenkens und Beschenktwerdens lösen solche Richtlinien das Problem nie ganz. Es bleibt immer ein Interpretations- und Ermessensspielraum, der den betroffenen Personen ein selbständiges ethisches Urteil abverlangt.

Wichtig für die Beurteilung ist immer die Absicht der Schenkenden: Sind Geschenke lediglich in «absichtsloser Güte» als freundliche Geste gemeint und auch zeitlich völlig losgelöst von irgendwelchen Reziprozitäts-Situationen, dann braucht man sich nicht unbedingt etwas dabei zu denken. Ganz unproblematisch sind solche Geschenke allerdings auch nicht, denn selbst in solchen Fällen wird Wohlwollen erzeugt, das sich später in anderem Zusammenhang auszahlen kann (der Soziologe S. Neckel spricht vom «Don-Corleone-Prinzip» und beschreibt die Subtilität der Gewöhnung an Geschenke).[123] Im Zweifel ist immer davon abzuraten, Geschenke zu machen oder anzunehmen. Der zweite Raster, durch den die Akzeptanz von Geschenken gefiltert werden muß, ist der Wert: Es leuchtet ein, daß ein Kugelschreiber oder Füllfederhalter, wenn er nicht gerade von einer Nobelmarke stammt, prinzipiell in einer anderen Beurteilungsebene anzusiedeln ist als etwa Computerausrüstungen für den Privatgebrauch oder bezahlte Flugreisen zu beliebten Ferienorten.

Eine gute Lösung, sich als Beschenkter aus dem Dunst der Bestechlichkeit herauszuhalten, besteht meiner Erfahrung nach darin, Geschenke, die man persönlich erhält, durch Verlosung allen Mitarbeitern zugänglich zu machen: Während meiner Arbeit in einem afrikanischen Entwicklungsland hatte ich nach der völlig unerwarteten Überhäufung mit Geschenken am ersten Jahresende diese im Konferenzzimmer aufgestellt, mit Nummern versehen und unter allen Mitarbeitern verlost. Auf diese Weise kamen vom Nachtwächter über die Sekretärinnen bis zu den anderen Managementmitgliedern alle in den Genuß von ansonsten für sie unerschwinglichen Nettigkeiten. Die meisten Geschenke kamen von Kunden, die wußten, daß bei der Versorgung mit (wegen fehlender Importlizenzen) knappen Waren oder bei der Gewährung von Rabatten gewisse Ermessensspielräume bestanden. Ohne zu unterstellen, daß unsere Kunden mich mit Geschenken in eine bestimmte

Richtung lenken wollten, bleibt die Feststellung, daß die Geschenke aus-
blieben, nachdem sich herumgesprochen hatte, wie mit ihnen verfahren
wurde ...

Als präventives Handeln ist Unternehmen und anderen Institutionen
anzuraten, jene Mitarbeiter, die durch ihre Entscheidungsbefugnisse
besonders exponiert sind, zu verpflichten, über erhaltene Geschenke
gegenüber ihren Vorgesetzten oder der Revisionsabteilung Transparenz
zu schaffen. Aufgrund dieser Transparenz kann entschieden werden, wie
fairerweise mit Geschenken umzugehen ist.

«Große» Korruption

Obwohl die Übergänge von der «kleinen» zur «großen» Korruption
fließend sind, stellt die «große» Korruption einen eigenen Problemkreis
dar.[124] Im schlimmsten Fall nutzt eine parasitäre politische und wirtschaftliche Oberschicht ihre Einflußmöglichkeiten rigoros aus, um riesi-
ge Summen in die eigene Tasche zu wirtschaften. Um an die «großen»
Summen heranzukommen, die hier zur Diskussion stehen, suchen Besto-
chene und Bestecher nach Möglichkeiten, möglichst teure Güter und
Dienstleistungen einzukaufen.

Alle Beteiligten haben ein Interesse: Der Anbieter verkauft teure, vielleicht sogar überteuerte Güter oder Dienstleistungen, und der «Kunde»
partizipiert mit illegitimen «Kommissionen» prozentual daran.[125] Leidi-
ge Resultate solchen Handelns sind in vielen armen Ländern als Ent-
wicklungsruinen zu besichtigen. Es sind meist relativ nutzlose, unan-
gepaßte und sehr kostspielige Anlagen, kolossale Prestigeprojekte und
überdimensionierte Bauvorhaben oder Rüstungsgüter, die weit über das
legitime Verteidigungsbedürfnis hinausgehen. Der reine Kaufakt ist in
den meisten solcher Fälle völlig *legal*. Der illegitime Charakter derartiger
Machenschaften kommt dadurch zustande, daß die jeweiligen Amtsinhaber bzw. Entscheidungsbefugten ihre Treuepflicht gegenüber dem
Gemeinwohl verletzen, dies um so mehr bei allgemeiner Ressourcen-
knappheit. Anstatt die kosteneffektivste Wahl zu treffen, z. B. durch öffentliche Ausschreibung und transparente Auswertung der eingehenden
Angebote, wird die teuerste Variante bevorzugt, da dies die mögliche
«Kommission» erhöht.

Insofern die Summen, die sich solche Menschen erschleichen, im
Normalfall sehr hoch sind und natürlich auch nicht versteuert werden,
ist der direkte Einkommenseffekt für die Nutznießer erheblich. Der
Schaden für das Gemeinwohl ist dagegen meist groß. Solches Handeln
hat in vielen Fällen die Außenverschuldung von Entwicklungsländern
massiv erhöht, selten jedoch einen Beitrag zur Verbesserung der Lebensbedingungen der breiten Masse geleistet. In solchen Fällen erfolgt die
berühmt-berüchtigte «Privatisierung der Gewinne und Sozialisierung der

Verluste», wobei die öffentlichen Kosten der Korruption ihren privaten Nutzen um ein Vielfaches übersteigen.[126]

Die Privatisierung der Gewinne und Sozialisierung der Verluste nimmt eine besonders verwerfliche Dimension an, wenn große Korruption zu *illegalen* Zwecken betrieben wird, d. h. also Zahlungen mit dem Ziel der Gesetzesübertretung geleistet werden. Hierzu ein Beispiel: Ein Unternehmen aus einem Industrieland möchte die hohen Investitionskosten für eine Sondermüll-Verbrennungsanlage sparen und sucht aktiv nach einer anderen, billigeren Entsorgungsmöglichkeit. Da bietet sich ein hoher Ministerieller eines Entwicklungslandes mit folgendem Vorschlag an: Falls er dafür drei Millionen Dollar bekäme, sorge er während fünf Jahren für den reibungslosen Import allen Sondermülls in sein Land. Er ‹sorge› schon für die Entsorgung. In seinem Dorf besitze er genügend Land, das für solche Zwecke gut geeignet sei. Zwar sei der Import (wie seit der «Basler Konvention» auch der Export) der besagten Stoffe offiziell verboten, aber das kümmere ihn, den Vizeminister für Wirtschaftsförderung, nicht – denn erstens könne man den Müll mit anderen Substanzen (z. B. Kies oder Sägemehl) vermischen, und zweitens könnten auf diese Weise noch Arbeitsplätze geschaffen werden. Das nütze den Menschen seines Dorfes. In Anbetracht der wirtschaftlichen Vorteile für das Unternehmen nimmt es das Angebot an ... Wenige Jahre später kommt es durch Vergiftungen am Deponieort zu großem menschlichem Leid. Der Vizeminister für Wirtschaftsförderung beschwört, er habe von der Giftigkeit der Stoffe nichts gewußt und sei vom multinationalen Unternehmen getäuscht worden; dieses wird im Entwicklungsland angeklagt und steht in vielen Industrieländern im Zentrum öffentlicher Proteste ...

Korruption ist, wie schon gesagt wurde, ein weltweites Übel und wird nicht nur in Entwicklungsländern angetroffen. Dort hat sie jedoch besonders destruktive Konsequenzen.

Korruption in Entwicklungsländern: Hintergründe und Folgen

Korruption ist in vielen Entwicklungsländern allem Anschein nach sehr verbreitet und hat schwerwiegende Auswirkungen auf die Wirtschaft und Gesellschaft und somit auf die Lebensqualität der Menschen – besonders der armen und ohnehin benachteiligten.[127]

Im Jahre 1948 sprach Leo Menne, bezugnehmend auf das Nachkriegs-Deutschland, eine Wahrheit aus, die auch für die heutigen Entwicklungsländer gilt: «Kriegs- und Notzeiten haben regelmäßig auch eine Verschlechterung der allgemeinen Moral zur Folge. Not kennt kein Gebot. Das gilt besonders für Bestechlichkeit.»[128] Menne sah einen direkten Zusammenhang zwischen Hitlers faschistischem Führerstaat und dem Verbot, Amtsträger zu kritisieren, gleich, wie böse diese sich verhielten.[129] Ebenso machte er darauf aufmerksam, daß eine ausufernde Tätigkeit des Staates und die damit einhergehende Vermehrung der Beamtenstellen Korruption fördere. Beides, die Existenz von Despoten und ein Staat, der in alle auch nur erdenklichen Sphären ausufert, ist noch immer für viele Entwicklungsländer bittere Realität.

Gunnar Myrdal, der große schwedische Sozialwissenschaftler, hat eine Reihe unerwünschter Auswirkungen von Korruption in Entwicklungsländern benannt, von denen er zwei besonders hervorhob:[130] Zum einen bereitet gewohnheitsmäßige Korruption autoritären Regimen den Weg, da sich diese durch die Aufdeckung von Korruption und durch Bestrafungsaktionen gegen die Täter (vorübergehend) legitimieren können. (Übrigens ein Hinweis auf die wichtige Tatsache, daß die große Masse der Menschen in Entwicklungsländern die Korruption ablehnt, weil sie unter ihr leidet!) Zum zweiten lösen übertriebene Vorstellungen von der Verbreitung der Korruption und der Bestechlichkeit z. B. von Staatsangestellten (Myrdal bezeichnet dies als «Folklore der Korruption») bei den «kleinen Leuten» Resignation und Fatalismus aus und verstärken die Überzeugung, daß diese Form des asozialen Verhaltens normal sei. Myrdal sah die Wurzeln der Korruption in den Überbleibseln der Traditionen vormoderner Gesellschaften, in denen Geschenke, Tribute und andere soziale Verpflichtungen üblich und normaler Bestandteil gesellschaftlicher Beziehungsnetze waren. Wo die ganze Loyalität der Familie, dem Dorf, den Angehörigen der gleichen Religionsgemeinschaft oder der ethnischen bzw. Kastengemeinschaft gilt, haben «Gefälligkeiten» und Begünstigungen für diese Gruppen einen höheren Stellenwert als die Amtstreue gegenüber dem Staat und seinen Organen. Wo Geschenke den Respekt gegenüber Höherrangigen bezeugen und reziproke Fürsorge gegenüber Schutzbefohlenen üblich ist, ist die Abgrenzung zur Korruption besonders schwierig. Hinzu kommt, daß in vielen Entwicklungsländern die Löhne der Staatsangestellten so niedrig sind, daß sie auch für die Finanzierung eines bescheidenen Lebensstandards nicht ausreichen und somit die betreffenden Menschen fast gezwungen sind, Nebeneinkünfte anzustreben. Wo die Lohnzahlungen ausbleiben, hört für viele auch die Treuepflicht gegenüber dem Arbeitgeber auf. Dann wird aktiv nach Möglichkeiten zur Selbstbereicherung gesucht. Myrdal wies darauf hin, daß vor zweihundert Jahren die Korruption in England, Holland und in den skandinavischen Ländern eine weitverbreitete Erscheinung war und erst durch verbesserte Gouvernanz, eine Festigung der Moralauffassungen, besonders beim höheren Beamtentum, aber auch durch Besoldungsreformen zurückgedrängt wurde.[131]

Die Koexistenz von Armut, Relikten entwicklungshemmender Traditionen sowie schlechter Gouvernanz hat verheerende Auswirkungen.[132] Wenn Korruption sich ausbreitet, ist auf Dauer kein Halten mehr; die Gewöhnung an Unehrlichkeit wird den Sinn für Ehrlichkeit zerstören,

Bestechlichkeit sowie Bestechungswille und nicht mehr Qualifikationen werden die Beziehungen zwischen Personen bestimmen, korrupte Amtsführung wird zur groben Mißachtung der Gemeinschaftsinteressen führen. Dies alles geht zu Lasten der sozial Schwachen und Anständigen, denn sie können (oder wollen) sich Ressourcen für korrumpierendes Handeln nicht leisten.[133] So werden den ohnehin unter großem sozialem Streß stehenden Menschen der unteren Schichten selbst ganz normale staatliche Dienstleistungen vorenthalten. Das fängt bei der schikanösen Behandlung von Staatsbürgern an, die eine Geburts- oder Todesbescheinigung brauchen, setzt sich fort, wenn Kinder eingeschult werden, Zeugnisse für Bewerbungen erforderlich sind oder Ämter vergeben werden, und hört auch dort nicht auf, wo in Katastrophenfällen durch den Staat kostenlose oder subventionierte Güter (z. B. im Rahmen von Nahrungsmittelhilfe) abgegeben werden. Der Phantasie sind in dieser Beziehung keine Grenzen gesetzt. Diejenigen, die aufgrund ihrer Beziehungen oder ihres sozialen Status in der Lage sind, finanzielle oder andere Gegenleistungen zu erbringen, haben keine Schikanen zu befürchten. Oftmals müssen sie nicht einmal ihre Steuern oder anderen Abgaben in vollem Umfang zahlen. Regelmäßig kommen auf diese Weise Personen in den Genuß staatlicher Dienstleistungen, von denen sie aufgrund ihrer sozialen Stellung nicht profitieren dürften und schon gar nicht müßten. Als Beispiele können hier alle subventionierten Dienstleistungen im Sozial-, Gesundheits- oder Bildungssektor angeführt werden. Familienangehörige dieser Schichten haben – auch bei mangelhaften Leistungen – keine Zulassungsprobleme an Universitäten, qualifizieren sich anscheinend ohne Schwierigkeiten für stipendienfinanzierte Auslandsaufenthalte und schließlich für lukrative Posten mit Entscheidungs- und Verfügungsmacht. Auch die staatliche Exekutivgewalt (z. B. durch die Polizei) kommt unter korrupten gesellschaftlichen Rahmenbedingungen sozial höchst selektiv zur Ausführung.

Mit den gleichen Mechanismen sind die Unternehmen konfrontiert. Dienstleistungen, die der Staat aufgrund seiner Aufgaben allen Unternehmen ohne Diskriminierung anbieten müßte, kommen nur selektiven «Kundenkreisen» zugute. Genehmigungen werden, obwohl alle gesetzlichen Anforderungen erfüllt sind, bestimmten Unternehmen nicht gegeben. Andere Unternehmen kommen in den Genuß von Genehmigungen, obwohl entsprechende Anforderungen nicht erfüllt sind. Manche Unternehmen werden wundersamerweise während Jahren von Steuerprüfungen oder technischen Kontrollen verschont, obwohl augenfällige Mißstände vorhanden sind; andere müssen solche Prüfungen, ohne Begründung und trotz der Tatsache, daß Mißstände nicht auffindbar sind, drei- bis viermal pro Jahr über sich ergehen lassen. Wenn behördliche Genehmigungen so lange verzögert werden, daß dem Unternehmen Verluste entstehen und es unter Zeitdruck gerät, lassen sich die ökonomischen Nachteile von Abhängigkeiten und Monopolsituationen besonders gut aufzeigen. Was es für Firmen bedeuten kann, in einer staatsdominierten Volkswirtschaft mit ihren überbordenden Fluten von Gesetzen, Dekreten, Vorschriften und Ausführungsbestimmungen zu arbeiten, und wie sich Korruption auf das Wirtschaftsleben auswirken kann, hatte vor einigen Jahren Hernando de Soto am Beispiel Perus eindrücklich beschrieben:[134]

De Soto veranlaßte einen «typisch peruanischen Kleinunternehmer», einen Antrag auf Geschäftserlaubnis für eine Schneiderei zu stellen. Alle legalen Erfordernisse sollten dafür erfüllt werden. Um diese Erlaubnis zu bekommen, mußten nacheinander elf verschiedene ministerielle oder städtische Abteilungen «begrüßt» werden. Zehn von elf Beamten wollten ihre Pflicht nur gegen einen zusätzlichen finanziellen Anreiz erfüllen. Zwei davon drohten gar an, die Akten zu «beerdigen», wenn nicht gezahlt würde. Zuletzt gingen 289 Tage ins Land, und an Ausgaben und verlorener Arbeitszeit flossen 1231 US Dollar den Urubamba hinunter. Diese Summe entspricht dem 32fachen des peruanischen Minimallohnes während dieser Zeit.

Ein anderes Experiment kam zu einem vergleichbaren Ergebnis: Die Erlaubnis, Früchte und Gemüse am Straßenrand zu verkaufen, kostete 43 Tage und 590 US Dollar. Dies alles in einem armen Land ohne ausgebaute Sozialversicherungssysteme, das jede zusätzliche Wirtschaftsaktivität und potentielle Beschäftigungsmöglichkeit hochschätzen sollte.

Die Großbetriebe können Fachleute anstellen, die mit den bürokratischen Hindernissen und der mangelnden Transparenz der Spielregeln fertigwerden. Sie haben auch die finanziellen Mittel, um die administrative Maschinerie eventuell zu «ölen» und langwierige Entscheidungsprozesse zu beschleunigen. Diese Tatsache hat in frühen Auseinandersetzungen mit der Korruption in Entwicklungsländern einige Autoren dazu bewogen, der Korruption auch positive Aspekte abzugewinnen: Sie überwinde bürokratische Indifferenz und beschleunige Entscheidungsprozesse, vermindere Unsicherheit bei Investitionsentscheidungen und trage so dazu bei, die Konsequenzen einer schlechten Regierungspolitik zu mindern.[135]

Fazit

Korruption ist eine globale gesellschaftliche Erscheinung, über deren Verwerflichkeit und Verderbtheit sich die meisten Menschen – und nicht nur im abendländischen Kulturkreis[136] – einig sind.[137] (Es sei denn, sie sind selbst begünstigt.)[138] Korruption ist sozial destruktiv, zerstört den Sinn für Ehrlichkeit und führt zur Mißachtung der Gemeinschaftsinteressen. Sie verzerrt den Wettbewerb auf den bestehenden Märkten bis zur völligen Unwirksamkeit und schadet so der Volkswirtschaft. Durch Kor-

ruption fallen an sich vermeidbare Kosten für Individuen und den Staat
in substantieller Höhe an. Eine italienische Untersuchung schätzt die
Größenordnungen wie folgt:[139]

Handlung	Wirtschaftliche Kosten
Ein Regierungsangestellter akzeptiert ein Beschleunigungsgeld, damit eine Genehmigung schneller erteilt wird.	*–10%
Eine kriminelle Organisation kontrolliert und setzt die Preise auf dem Markt.	*0–15%
Steuerbeamten erlauben gegen Schmiergeld ein niedriger angesetztes Einkommen als Besteuerungsbasis.	– 50% **
Regierungsvertreter bestellen wegen Bestechungsgeldern die teuersten bzw. unnötige Güter.	* 20–100%

* definiert als Abweichung vom normalen Marktpreis
** Verminderung des Steueraufkommens eines Landes

Korruption behindert rationale Entscheidungs- und Handlungsabläufe
und strapaziert dadurch in jedem Land, besonders jedoch in Entwicklungsländern, das ohnehin schwierige wirtschaftliche Interaktionsgefüge.
Die kleinen Betriebe und die armen Menschen haben keine Ressourcen,
mit denen sie Entscheidungsprozesse in ihrem Interesse beeinflussen
könnten; sie sind der Willkür und Korruption hilflos ausgeliefert. Sie
müssen versuchen, in der Illegalität der Schattenwirtschaft zu überleben,
müssen mit dauernder Strafverfolgung rechnen oder «Schutzgebühren»
an Staatsdiener abführen. Die Armen Limas, so wies de Soto nach, aber
auch die anderer Großstädte in Entwicklungsländern, bauten die informelle, die «Schattenwirtschaft» auf, weil sie auf dem «offiziellen» Weg
mit zuviel Staat, zu vielen Auflagen, Genehmigungen und Dekreten,
welche hauptsächlich die Eigeninteressen der Bürokraten befriedigen und
ihnen Korruptionsmöglichkeiten eröffnen, nicht überleben. Korruption
hat eindeutige entwicklungspolitische Nachteile.[140]

Auch aus unternehmerischer Sicht ist Korruption ein Übel. Zum einen
werden alle Bemühungen unterlaufen, durch kundenbezogenes Handeln
Marktvorteile zu erringen. Wer durch bloßes «Schmieren» erfolgreich
sein kann, hat zu Qualitätsbemühungen keinen Anlaß. In einem korrupten Umfeld sind es nicht mehr die Qualität der Produkte oder Dienstleistungen und ihr wettbewerbsfähiger Preis, die über den Erfolg am Markt
entscheiden, sondern die Höhe der Schmiergelder; nicht mehr die Zuverlässigkeit und Integrität des Unternehmens oder andere Kompetenz-
vorteile, sondern die Skrupellosigkeit korrupter Individuen. Korruption
kann u.U. unvertretbar hohe[141] finanzielle und organisatorische Mittel
binden, die anderweitig einzusetzen wären oder die Ertragssituation
verbessern könnten.[142] Schließlich ist es eine menschliche Zumutung für
Mitarbeiter eines Unternehmens, korrumpierende Handlungen ausführen

zu müssen. Besonders Mitarbeiter multinationaler Konzerne gehen dabei
ein hohes persönliches Risiko ein, weil sie in der Regel viel schärfer für
das Zahlen von Schmiergeldern kritisiert werden als Einheimische, die
das gleiche tun.[143] Wenn zwei «das gleiche» tun, wird es eben noch
lange nicht als «gleich» betrachtet.

Keine Gesellschaft kann auf Dauer geordnet überleben, wenn korrupte
Praktiken das wirtschaftliche, gesellschaftliche und politische Leben
bestimmen. Weitverbreitete Korruption behindert und gefährdet auch
Demokratisierungsprozesse.[144] Korruption bedeutet immer das Verschaffen von unfairen Vorteilen durch intransparente Praktiken für eine Seite
zu Lasten anderer. Sowohl der Wirtschafts- und Sozialrat und andere
Gremien der Vereinten Nationen als auch die OECD haben Korruption
verurteilt und geächtet. Legislative Bemühungen zur verschärften Bestra-
fung sind sowohl in Deutschland als auch in der Schweiz im Gange.

Dennoch ist mit heroischem Moralismus ein «Nein» zu jeglicher Art
von Korruption leichter ausgesprochen als verwirklicht. Lösungsansätze
mit nachhaltiger Erfolgswahrscheinlichkeit dürfen daher das Problem
nicht nur auf der unternehmerischen Ebene ansiedeln, sie müssen komplexer konzipiert sein, verschiedene Ebenen einbeziehen und als konzertierte Aktion greifen.

Ansätze zu Lösungen

Verbesserung der Gouvernanz

Praktisch alle theoretischen Erörterungen des Sachverhaltes «Korruption» sehen eine enge Verknüpfung mit schlechter Gouvernanz. Menschen mit unkontrollierter Macht mißbrauchen ihre Entscheidungsbefugnisse zur Korruption. Sie können dies tun, weil die Entscheidungsabläufe
und Rechnungslegungen intransparent sind. Dieselben politischen Gruppen sind in der Lage zu verhindern, daß die Rahmenbedingungen, die
ihre illegitime Bereicherung ermöglichen, verändert werden. Obwohl
Korruption oder anderes unmoralisches Verhalten von Unternehmen
nicht mit dem Verweis auf den Mangel an Gouvernanz legitimiert werden kann, wäre die Annahme naiv, man könne Probleme, die sich nur
unter Bedingungen schlechter Gouvernanz entfalten können, durch die
Umsetzung unternehmensethischer Maximen lösen. Besonders dort, wo
der Staat im Übermaß wirtschaftliche Aktivitäten reguliert, wo ein
Wildwuchs an Gesetzen und kontrollierenden Instanzen jegliche private
Initiative hemmt und Amtsinhaber vorsätzlich zögerlich und destruktiv
arbeiten, um ihren «Markt» für positive Anreize zu schaffen, ist allein
mit moralischen Appellen im unternehmensethischen Kontext wenig
erreichbar.

Ohne Verbesserungen bei der Gouvernanz kann die Korruptionsproblematik nicht gelöst werden.[145] Die im Kontext der Korruptionsbekämpfung relevantesten Gouvernanz-Mängel sind:

- Mangel an klarer Unterscheidung zwischen «öffentlich» und «privat»;
- Intransparenz beim Umgang mit öffentlichen Finanzen, Abwesenheit unabhängiger Kontrollinstanzen und somit Behinderung einer konkreten Beweisführung;
- Abwesenheit verläßlicher rechtlicher Rahmenbedingungen, die eine willkürliche Anwendung von Regelungen und Gesetzen verhindern würden;
- schwache öffentliche Institutionen, keine freie Presse;
- Überregulierung im Sinne einer übermäßigen Anzahl von Regelungen, Erlaubnisnotwendigkeiten und Gesetzen;
- intransparente und auf überaus enger personeller Basis beruhende Entscheidungsprozesse[146] sowie Momente der Willkür bei Eingriffen der politischen Machthaber und deren Machtmißbrauch zur persönlichen Bereicherung.

Generell kann man sagen: Je ineffizienter der Staat und je «mächtiger» seine Bürokratie, desto größer ist die Korruptionsproblematik. Unter solchen Bedingungen bleiben einem einzelnen Unternehmen nur zwei Möglichkeiten offen: Entweder es paßt sich an, oder es zieht sich aus dem betreffenden Land zurück. Beide Alternativen helfen jedoch nicht, den Status quo zu verbessern. Zur Eindämmung der Korruption ist es unerläßlich, daß die betreffenden Länder durch internationale, konzertierte Aktionen dazu «motiviert» werden, ihre politischen Rahmenbedingungen zu verändern. In erster Linie bedeutet dies:

- Abbau der Überregulierung, denn das Übermaß an administrativen Ermessensregeln gibt der öffentlichen Verwaltung auf allen Ebenen die Möglichkeit, ihre Entscheidungsbefugnis nicht nach objektiven sachlichen Erfordernissen auszuüben, sondern je nach der spezifischen Interessenlage des jeweiligen (oft niedrig bezahlten) Amtsinhabers.
- Reform des öffentlichen Dienstes im Sinne der Abschaffung schwerfälliger und intransparenter Arbeits- und Entscheidungsweisen. Statt dessen Einführung präziser und transparenter Rechts- und Verwaltungsvorschriften und effizienter Entscheidungsabläufe, wirksame Rechenschaftspflicht für alle Beteiligten sowie unregelmäßige Personalrotationen bei besonders anfälligen Positionen (allerdings bei Vermeidung von Kompetenzverlust). Schließlich sind auch effektive, schnell und gerecht umgesetzte Disziplinierungs- und Strafmaßnahmen gegen korrupte Beamte und Angestellte erforderlich.
- Veränderte Anstellungsbedingungen im öffentlichen Dienst (z. B. mehr Wettbewerb um Stellen, bessere Bezahlung sowie Ombudsinstanzen),

Verringerung der willkürlich wahrnehmbaren Entscheidungsvollmacht.

• Öffentliche Ausschreibungen von Arbeitsaufträgen des Staates und seiner Behörden sowie aller Planungs- und Beschaffungsaufträge bzw. Einkäufe der öffentlichen Hand, wenn sie über einen bestimmten Betrag hinausgehen. Verpflichtung zur schriftlichen Dokumentation sowie öffentliche und transparente Auswertung der Angebote und Begründung der Entscheidung. Korruption kann nur im Verborgenen und Geheimen blühen – höhere Transparenz ist somit eine der wesentlichsten Voraussetzungen für die Überwindung des Phänomens. Weiterhin hilfreich kann es sein, Unternehmen, die der Korruption überführt sind, auf «schwarze Listen» zu setzen und sie bei weiterer Staatsaufträgen für eine bestimmte Zeit nicht mehr zu berücksichtigen.

• Aufbau bzw. Verbesserung der Innenrevision sowie Kontrolle durch übergeordnete Instanzen (sowohl für die Behörden als auch für den Bereich der Wirtschaft).

• Schaffung unabhängiger Kommissionen nach dem Vorbild Hongkongs und Wahrung der Pressefreiheit. Selbst in Industrieländern sind letztlich große Korruptionsfälle erst durch eine freie und unabhängige Presse ans Tageslicht gekommen.

Alle diese Maßnahmen dienen der Verringerung der Motivation und der Gelegenheiten für Korruption. Darüber hinaus ist vorstellbar, daß Anreize gegen Korruption geschaffen werden, z. B. eine leistungsorientierte Beteiligung von Staatsdienern an den durch sie einzuziehenden Gebühren.[147]

Was mit einem politisch-institutionellen Umfeld der «good governance» und unbestechlichen politischen Führern erreichbar ist, zeigt u. a. das Fallbeispiel Singapur während der letzten 35 Jahre. Entsprechende nationale Initiativen sollten auf jede nur denkbare Art und Weise international unterstützt – gegenteiliges Verhalten z. B. durch eine Reduktion der internationalen Entwicklungszusammenarbeit geahndet werden.

Allerdings ist bei Erörterung von «Gouvernanz»-Defiziten Kohärenz von den Industrieländern anzumahnen: Es ist ein Unding, zur Korruption eingesetzte Mittel steuerrechtlich als «nützliche Abgaben» absetzbar zu machen und somit (z. B. in der Bundesrepublik) etwa die Hälfte vom Staat zahlen zu lassen. Wären solche Mittel nicht absetzbar, so fielen sie mit sehr viel höherem Gewicht in der Kostenrechnung an, dadurch entstünde ein Anreiz zum Sparen. Ebenfalls verdienen die Vorschläge der Berliner Justizsenatorin Lore Maria Peschel-Gutzeit Beachtung, die Strafbedingungen zu verschärfen und u. U. (z. B. bei der Korruption für illegale Handlungen) auch die Kronzeugenregelung einzuführen. Weitere juristische Möglichkeiten liegen in einer Verlängerung der Verjährungs-

frist, bei der Verschärfung des Gesetzes über den unlauteren Wettbewerb, bei der Gewinnabschöpfung bzw. dem Vermögensverfall der
durch Korruption erworbenen Mittel. Schließlich könnte für Korruption
im Ausland – ähnlich wie in den USA – die Inlandsverfolgung eingeführt
werden, so wie das z. b. in Fällen der Unzucht mit Kindern bereits ge-
handhabt wird, also das Personalitätsprinzip anstatt des Territorialprin-
zips zur Anwendung kommen. Hält man das Rechtsgut des «lauteren
Wettbewerbs» für schützenswert, dann sind derartige juristische Ver-
schärfungen angemessen. Die Umwandlung der Korruption in ein
«Offizial»- anstelle eines «Antrags»-Deliktes hätte den Vorteil, daß auch
anonymen Hinweisen nachgegangen werden müßte – Hinweise, die
heute folgenlos bleiben, wenn sich der Anfangsverdacht für die zuständi-
ge Staatsanwaltschaft als zu gering erweist. Der Einsatz von Anti-
Korruptions-Arbeitsgruppen unter Hinzuziehung von Experten aus den
Justizministerien, der Steuerfahndung, des Rechnungshofes und anderer
Fachleute, also die Vernetzung und Bündelung der Informationen verschiedenster Gremien, hat sich in Berlin als äußerst vorteilhaft erwiesen.

Große Koalitionen

Das weltweite Umfeld der Korruption ist ein typischer Fall von Gefangenendilemma. Aus diesem hinaus führt kein isoliertes Handeln einzelner Personen oder Institutionen, sondern nur eine konzertierte Aktion.
Könnten sich ganze Sparten oder doch wenigstens die darin marktfüh-
renden Firmen dazu bereit finden, konsequent auf Korruption als Mar-
ketingmittel zu verzichten, dann wäre das für einzelne Unternehmen
nicht nur sicherer, sondern für das Erreichen des gesetzten Ziels auch
effektiver. In diesem Zusammenhang ist in erster Linie auf die Möglichkeit von Koalitionen unter Einschluß der Transparency International[148]
hinzuweisen. Die Schaffung von «Inseln der Integrität» ist ein äußerst
interessanter und pragmatischer Konzeptvorschlag der Transparency
International, der kooperative Aufmerksamkeit verdient: Basierend auf
der Erfahrung, daß kein bedeutender sozialer Veränderungsprozeß über
Nacht zustande kommt, sondern immer in kleinen Schritten vorwärts
geht, schließt Transparency International in überschaubaren Projekten
mit einer begrenzten Anzahl von Partnern (Unternehmen und Projektauf-
traggebern) einen Anti-Korruptions-Pakt und versucht, diesen durchzuhalten. Erste Erfahrungen sind ermutigend.[149]

Unternehmensethik

Die lange Geschichte der Korruption und die Tatsache, daß nicht einmal
die in manchen Ländern praktizierte Todesstrafe für die Ahndung dieses
Delikts zu seiner Überwindung führte, macht verschärfte Gesetze, ver-

mehrte institutionelle Kontrollen und verbesserte politische Rahmenbedingungen für sich alleine noch nicht zu adäquaten Lösungsansätzen.
Auch bloße moralische Appelle wären idealistische Don Quijoterie. Für
eine effektive Lösung des Korruptionsproblems ist der vernetzte Kampf
an allen Fronten erforderlich – auch an der unternehmerischen Front.
Im Klartext: Unternehmen und die darin Verantwortung Tragenden
kommen letztlich nicht darum herum, ihren eigenen Beitrag zur Korruptionsbekämpfung zu leisten. Wenn Korruption im Sinne der passiven
Bestechung im eigenen Unternehmen vorkommt und Mitarbeiter persönlich Provisionen oder sonstige Vergünstigungen entgegennehmen, so
wird dies in den meisten Verdachtsfällen vom internen Revisorat untersucht und im Falle des Nachweises bestraft. Die Behandlung des gleichen
Phänomens als «Kavaliersdelikt» dann, wenn sie im aktiven Sinne durch
Mitarbeiter des eigenen Unternehmens relevant wird, ist ein klarer Verstoß gegen die Prinzipien Vernunft und Gerechtigkeit.

Ja, es ist richtig, daß sich Korruption in den letzten 35 Jahren wie ein
Krebsgeschwür vermehrt hat und in vielen Ländern ohne «Kommissionen» kaum Geschäfte zu machen sind; es stimmt auch, daß manchmal
fast eine Erpressungssituation besteht, der man in Notwehr nachgeben
muß, um überhaupt im Geschäft zu bleiben. Dennoch: Es ist ethisch
nicht akzeptabel, lediglich auf die Probleme der Korruption aufmerksam
zu machen und darüber Unbehagen zu äußern, die Handlungsverantwor-
tung jedoch an andere zu delegieren. Jeder hat mit den Moralprinzipien
Vernunft und Gerechtigkeit ein wertvolles Instrument in der Hand, mit
dem in einem konkreten Fall von Korruption relativ sicher abgewogen
werden kann, wie zu entscheiden und zu handeln ist. Anhand konkreter
Fallstudien könnte die logische Anwendung dieser Prinzipien eingeübt
werden.

Will man einem Verfall der Sitten nicht untätig zuschauen und durch
Nichtstun mitschuldig werden, ist eigenes Gegensteuern erforderlich.
Beginnen sollte dieses Gegensteuern sinnvollerweise damit, Mitarbeiter,
die im Rahmen ihrer Arbeit in die Gefahr der aktiven oder passiven
Bestechung kommen könnten, vor Versuchungen zu schützen. Präventi-
on setzt da an, wo Korruptionsprobleme entstehen können, also beim
Menschen. Die Arbeitsgemeinschaft für Sicherheit in der Wirtschaft hat
in diesem Zusammenhang «Zehn Regeln» aufgestellt:[150]

1. Geben Sie ein gutes Beispiel. Vermeiden Sie alles, woraus Ihre Mitarbeiter schließen könnten, daß korrupte Praktiken – auch aktive –
   in Ihrem Unternehmen erwünscht oder auch nur toleriert sein könnten.
2. Verpflichten Sie Ihre Mitarbeiter schriftlich auf Richtlinien (Kodizes), die Verbote aktiver und passiver Bestechung enthalten. Machen
   Sie deutlich, daß Verstöße arbeitsrechtliche Konsequenzen haben.

3. Stellen Sie klar, ob und bis zu welchen Grenzen Geschenke, Einladungen oder sonstige Vorteile angenommen werden dürfen.

4. Verlangen Sie von Mitarbeitern in strategischen Positionen Aufklärung über finanzielle oder sonstige Beziehungen zu Lieferanten und Kunden.

5. Führen Sie Mitarbeiterschulungen über Korruptionsgefahren und Korruptionserkennung durch.

6. Bestimmen Sie jemanden in Ihrem Unternehmen, bei dem sich Ihre Mitarbeiter verbindlich über die Reichweite der strafrechtlichen und firmeninternen Verbote beraten lassen können.

7. Bestimmen Sie in Ihrem Unternehmen eine oder mehrere Personen, an die unmittelbar die Mitteilung über korruptionsbezogene Beobachtungen gemacht werden kann. Stellen Sie klar, daß solche Meldungen keine negativen Konsequenzen für den Meldenden haben.

8. Führen Sie soweit als möglich das «Vier-Augen-Prinzip»[151] und, soweit nötig, die Rotation ein. Verlangen Sie eine detaillierte Dokumentation aller Vorgänge.

9. Informieren Sie Ihre Geschäftspartner über die bei Ihnen geltenden Regelungen, und verlangen Sie korrespondierende Vorkehrungen.

10. Stärken Sie die internen Kontrollen durch Anhebung der Ausbildung, des Ansehens und der Prüfungsbefugnisse. Schalten Sie bei Zweifeln externe Prüfer oder Sachverständige ein. Melden Sie Gesetzesverstöße der Polizei und sorgen Sie dafür, daß Strafantrag gestellt wird.

George Moody-Stuart empfiehlt den Unternehmen, die in Entwicklungsländern Geschäfte tätigen und dabei von Spitzenbeamten oder Politikern wegen «Kommissionen» angegangen werden, als Minimalstrategie, sich u. a. nicht an Verkäufen oder an Projektentwicklungen zu beteiligen, die nach eigenem Urteil für den Käufer (bzw. die interessierte Behörde) unvorteilhaft sind. Ferner ist keine Verminderung der eigenen Standards hinzunehmen, auch wenn der Kunde «großzügig» zu sein scheint.[152]

Jeder positive soziale Wandel muß von irgendeiner Seite her initiiert werden. Jedes Unternehmen hat durch eine entsprechende Unternehmenspolitik und jedes Individuum durch verantwortetes Urteilen Freiräume für konsequentes korruptionsfreies Handeln. Daher sollte man sich eventuellen Korruptionsforderungen möglichst verweigern, aber erst recht nicht vorauseilend Schmiergelder anbieten. Die Moralität einer solchen Verweigerung steht außer Zweifel: Korruption ist schlecht für die involvierten Individuen, für das betreffende Unternehmen unvernünftig und der betroffenen Gesellschaft gegenüber ungerecht.

Allerdings gibt es auch in dieser Beziehung keinen «free lunch». Der Verzicht auf Korruption kann ein Unternehmen etwas kosten: Ringt sich ein Unternehmen nicht nur dazu durch, unter keinen Umständen «Schmiergelder» anzubieten, sondern auch dazu, bei nachhaltigen For-

derungen von welcher Seite auch immer auf Korruption als Marketing-
mittel in jedem Falle zu verzichten, gehen mit Sicherheit in einigen Ländern Marktanteile verloren. Das kann auf einem globalen Markt
schmerzhaft sein, besonders wenn Länder mit sehr großer Kaufkraft
oder Nischenmärkte mit hoher Ertragskraft zur Disposition stehen und
Konkurrenzunternehmen keine Skrupel kennen. Diesem betriebswirtschaftlich meßbaren Verlust steht zunächst nur die Befriedigung über das
Durchhalten der eigenen Standards entgegen, denn eine Veränderung des
korrupten Umfelds ist durch das individuelle Handeln höchstens margi-
nal zu erwarten. Zwar besteht Hoffnung, daß sich die korrekte Haltung
des Unternehmens mit der Zeit herumspricht und diesbezügliche Erwartungen und Nötigungen deshalb ausbleiben. Längerfristig besteht auch
die Hoffnung, daß man sich bei gesellschaftlichen «Reinigungsprozes-
sen» derjenigen erinnern wird, die beim fröhlichen cosi fan tutte nicht
mitgemacht haben. Den eigenen Mitarbeitern und dem sozialen Umfeld
wird glaubwürdig vorgelebt, daß im Unternehmen von Werten nicht nur
gesprochen wird, sondern diese auch praktiziert werden. Das positive
(und transparent gemachte) Beispiel eines international reputierten Unternehmens kann andere animieren, es ihm gleich zu tun.

6. *Unternehmen Umwelt*

Die Erfahrungen im Zusammenhang mit der ge-
planten Tiefsee-Entsorgung der Lager- und Verla-
deplattform «Brent Spar» haben uns gezeigt, daß
die Übereinstimmung einer Entscheidung mit Ge-
setzen und internationalen Bestimmungen allein
nicht ausreicht. Hinzukommen muß die notwendige
Akzeptanz in der Gesellschaft.
Deutsche Shell Aktiengesellschaft, Juni 1995

In den letzten 25 Jahren sind die ökologisch destruktiven Folgen gesellschaftlichen und wirtschaftlichen Handelns in Industrie- und Entwicklungsländern zunehmend in den Vordergrund des wissenschaftlichen
Interesses und der öffentlichen Wahrnehmung gerückt. Umweltprobleme beschäftigen heute Enquetekommissionen verschiedener Parlamente,[153] sind Gegenstand wichtiger Publikationen[154] und rangieren auf der
Sorgenliste vieler Menschen mit an vorderster Stelle.[155] Selbst wenn in
Zeiten der Rezession und steigender struktureller Arbeitslosigkeit ver-
ständlicherweise die Sorge um den Lebensunterhalt in den Vordergrund
rückt, so ist doch das Umweltbewußtsein signifikant gestiegen. Und
dies nicht ohne Grund: Die Existenz globaler Umweltprobleme (z. B.
Klimawandel, Verlust der biologischen Vielfalt, Degradierung von Bö-

den, Verknappung von Süßwasser u. a.) ist wissenschaftlich belegt.[156] Diese Tatsache bringt neue Handlungszumutungen – auch für Unternehmen – mit sich.

Das Konzept «Umweltraum»

Im Jahre 1993 wurde in der Studie «Sustainable Netherlands»[157] erstmals das Konzept des «Umweltraums» vorgestellt. Das Wuppertal Institut für Klima, Umwelt und Energie wandte dieses Konzept in seiner Untersuchung «Zukunftsfähiges Deutschland»[158] (1995) auf die Bundesrepublik an. Das dem «Umweltraum» zugrunde liegende Denkmuster ist einfach und überzeugend zugleich:

Für verschiedene Ressourcen- und Emissions-Kategorien (z. B. das Treibhausgas CO_2) wird der heute bzw. für ein zukünftiges Zieljahr akzeptable Pro-Kopf-Verbrauch bzw. die Pro-Kopf-Emission ausgerechnet. Liegen die realen heutigen oder die für das Zieljahr zu erwartenden Werte darüber, so muß der entsprechende Pro-Kopf-Verbrauch bzw. die Pro-Kopf-Emission um einen bestimmbaren Prozentsatz reduziert werden. Da der Treibhauseffekt die vermutlich größte Gefährdung für eine nachhaltige globale Entwicklung darstellt und die anthropogene Klimabeeinflussung in zunehmendem Maße von CO_2 dominiert wird,[159] soll das Konzept des «Umweltraums» an diesem Beispiel erläutert werden.

Man geht heute davon aus, daß die Ozeane und die Biosphäre pro Jahr etwa 14 Milliarden Tonnen Kohlendioxid binden.[160] Wegen der bekannten Gefährdung durch Klimaveränderungen[161] müßte die globale CO_2-Emission auf etwa 14 Milliarden Tonnen pro Jahr begrenzt werden. Die dazu notwendigen Reduktionen sind erheblich: Das World Resources Institute berechnete für das Jahr 1992 eine CO_2-Gesamtemission von etwa 26,4 Milliarden Tonnen. Davon wurden etwa 22,3 Milliarden Tonnen durch industrielle Aktivitäten und den Verkehr verursacht, etwa 3,4 Milliarden Tonnen durch Brandrodung.[162] Wenn wir der rechnerischen Einfachheit halber annehmen, die Zunahme der globalen CO_2-Emissionen habe in den letzten Jahren etwa gleich hoch gelegen wie in den späten achtziger Jahren, dann dürfte die globale Kohlendioxid-Emission heute etwa doppelt so hoch sein wie das aus der Sicht des «sustainable development» erlaubte Maß. Geht man davon aus, daß allen Menschen dieser Erde eine gleich hohe, klimatisch unbedenkliche Kohlendioxid-Emission zusteht, dann wären dies, bei heute (1997) etwa 5,8 Milliarden Menschen, etwa 2,4 Tonnen pro Kopf pro Jahr (= 14 Milliarden Tonnen Kohlendioxid geteilt durch 5,8 Milliarden Menschen), im Jahre 2010 bei dann wahrscheinlich etwa 7 Milliarden Menschen[163] nur noch etwa 2 Tonnen. Vergleicht man diese globalen Sollwerte mit den heute bekannten nationalen Istwerten,[164] so findet man z. B. in der Bundesrepublik eine jährliche Pro-Kopf-Emission von etwa 11 Tonnen pro Jahr und in den Vereinigten Staaten von etwa 19 Tonnen. Die Bewohner des afrikanischen Kontinents oder die Menschen in Indien emittieren dagegen heute lediglich etwa eine Tonne pro Kopf pro Jahr, die Einwohner Chinas etwa 2,2 Tonnen.[165] Fügen wir der quantitativen Bevölkerungsanalyse eine qualitative ökologische Dimension hinzu und zählen dann nicht mehr nur die Anzahl der Menschen, sondern berücksichtigen auch deren CO_2-Emissionswerte, dann verschieben sich die Gewichte ganz massiv: Dann sind nicht mehr 950 Millionen Einwohner Indiens mit 82 Millionen Bundesbürgern zu vergleichen, sondern mit etwa 12mal mehr, also mit über einer Milliarde Deutschen.[166] Wendet man das gleiche Muster auf China und die USA an, so stehen den 1,2 Milliarden Chinesen nicht mehr nur 265 Millionen US-Bürger gegenüber, sondern deren 2,2 Milliarden.[167]

Das Niveau der Umweltbelastung durch die Menschen in den heutigen Industrieländern, d. h. ihr Mobilitäts-, Energieverbrauchs-, Produktions- und Entsorgungsverhalten, entsprach seit dem Zweiten Weltkrieg nie den Anforderungen einer nachhaltigen Entwicklung. Wir Menschen in Westeuropa (und die große Mehrzahl der Menschen in den USA und Japan sowie die Oberschichten in den meisten Entwicklungsländern) gönnen uns im Durchschnitt ein sehr viel größeres Stück vom begrenzten Kuchen der nicht erneuerbaren Ressourcen unserer Erde als die überwiegende Mehrzahl der Menschen in Afrika, Lateinamerika oder in Asien. Vergleicht man z. B. die Vereinigten Staaten mit Indien, so stellt sich heraus, daß die USA pro Kopf etwa 34mal mehr Aluminium verbrauchen, 45mal mehr Kupfer und 31mal mehr Nickel.[168] Beim Phosphat ist das Verhältnis etwa 1:58 und beim Erdöl 1:43. Bei anderen Industrieländern ist das Verhältnis weniger drastisch, jedoch noch immer äußerst ungleich.[169] Die 15 Prozent «reichen» Menschen auf diesem Planeten produzieren auch sehr viel mehr Emissionen und Abfall als die arme Mehrheit der Weltbevölkerung.

Ökologischer Kurswechsel

Ein ökologischer Kurswechsel in den Industrieländern ist für eine nachhaltige Entwicklung der gesamten Lebensgemeinschaft auf dieser Erde unabdingbar. Er würde auch die Entwicklung ökologisch relevanten technischen Fortschritts beschleunigen und dadurch vermehrt Lösungen für die Industrialisierung des Südens zur Verfügung stellen. Nur romantische oder mit der Armut in Entwicklungsländern unvertraute Menschen können der Ansicht sein, die Verbesserung der dortigen Lebensqualität wäre ohne Wirtschaftswachstum und ohne industrielle Entwicklung möglich. Die Frage, ob Indien oder China oder andere bevölkerungsreiche Entwicklungsländer industrialisieren werden, ist rhetorischer Natur. Bleibt diese Industrialisierung eine «nachholende» und verläuft sie somit nach überholtem Muster, so hätte dies für die globale Umwelt fatale Folgen: Vieles von dem, was an ökologischer Belastungsreduktion von den Industrieländern ausgeht, bliebe für die globale Nachhaltigkeit weitgehend irrelevant.

Die Wahrscheinlichkeit, daß Menschen in den heutigen Entwicklungsländern mehrheitlich aus Weitsicht auf Wohlstandszuwachs verzichten, um die bei uns gemachten Fehler zu vermeiden, ist gering. Falls es keine ökologisch bedingten, unausweichlichen Handlungszwänge gibt und sich das «Fortschrittsmodell» der heutigen Industrieländer nicht verändert, tendiert sie gegen Null. Der globale ökologische Kurswechsel muß von den Industrieländern ausgehen, nicht nur aus Vernunft und Gerechtigkeitsgründen, sondern auch aus Gründen der Machbarkeit.

Bedingung für eine globale nachhaltige Entwicklung ist, daß die Industrialisierungsbemühungen der Entwicklungsländer nach den höchsten Standards des heute möglichen Umweltschutzes vonstatten gehen und nicht am ökologisch destruktiven Muster unserer sechziger Jahre orientiert sind. Nur damit entsteht die Möglichkeit, daß die unvermeidlichen lokalen, regionalen und globalen Umweltbelastungen unterhalb der Schwellen bleiben, jenseits deren auf lange Zeit irreversible Schädigungen auftreten. Eine logische Konsequenz dieser Aussage ist, daß – im wohlverstandenen Eigeninteresse der Menschen in Industrieländern – ökologischer Technologietransfer und Technologiekooperation im Rahmen der Entwicklungszusammenarbeit wesentlich ausgeweitet werden müssen. Eine weitere logische Konsequenz ist, daß bei Investitionen multinationaler Unternehmen diejenigen Spitzentechnologien Verwendung finden sollten, die gerade noch mit den verfügbaren Ressourcen finanziert werden können.

Um einzelnen Unternehmen keine unrealistisch hohen Investitionskosten zuzumuten, ist die Suche nach «großen Koalitionen» und Partnerschaften unerläßlich: Wo Mittel der multilateralen oder bilateralen Entwicklungszusammenarbeit ökologischen Technologietransfer unterstützen können, ist es geradezu imperativ, dies auch zu tun. Auch sollten alle effizienten Möglichkeiten der «joint Implementation» genutzt werden, um die Reduktion global relevanter Emissionen global anzugehen und somit freiwillige Zusatzleistungen in einem Entwicklungsland mit anderen Leistungen, z.B. in einem Industrieland, «verrechenbar» zu machen.

Konsequenzen für Unternehmen

Was aus ganzheitlicher und ethischer Perspektive rasch einleuchtet, kann bei der Umsetzung durch individuelle Unternehmen durchaus Probleme schaffen:

Natürlich bietet sich fortschrittlichen Unternehmen die Chance, Umweltpolitik aktiv mitzugestalten, und natürlich resultieren daraus auch Chancen: Solche Unternehmen erhalten nicht nur zukünftigen Generationen eine lebenswerte Umwelt, sie gewinnen schon heute Glaubwürdigkeit und gesellschaftliche Akzeptanz. Immer mehr zeichnet sich ab, daß nachhaltig kohärente Umweltpolitik einem Unternehmen auch dadurch Vorteile ermöglicht, daß Versicherungsgesellschaften eher zu «sauberen» als zu «schmutzigen» Unternehmen neigen bzw. je nach Umweltbelastung gestaffelte Prämien verlangen und Banken eher bereit sind, finanzielle Mittel für die Prävention von Umweltschäden als für deren Reparatur zu verleihen. Schließlich sind die Lehren aus «Bophal» – was immer letztlich auch der konkrete Anlaß für das verheerende Unglück war[170] – noch gut in Erinnerung, nämlich daß man industrielle Prozesse mit höchsten Risiken überhaupt nicht in ein gesellschaftliches Umfeld verlagern darf, das mit solchen Risiken nicht umgehen kann.[171]

Dennoch: Ein einzelnes Unternehmen kann in einem Umfeld, das sich völlig anders verhält, auf Dauer nicht kostspielige Maßnahmen zum Schutz der Umwelt ergreifen, ohne die eigene Wettbewerbsfähigkeit zu gefährden. Die Situation eines weißen Schafes inmitten einer schwarzen Herde ist für ein individuelles Unternehmen weder durchzuhalten, noch verändert sie Wesentliches am Zustand der Umwelt. Ökologisch verantwortliches unternehmerisches Handeln ist eine ausgesprochen vielschichtige und somit kostenintensive Angelegenheit. Folgende Faktoren spielen dabei eine Rolle:

- Umweltverträglichkeit der Herstellungsverfahren, der Produkte und Vorprodukte (bezogen auf Luft, Wasser und Boden);
- Vorkehrungen zur Transport- und Lagersicherheit von umweltproblematischen Stoffen;
- Vorkehrungen für die Bewältigung von Unfällen während der Produktion und des Transports;
- Rohstoff- und Energieintensität des Unternehmens (relative und absolute Entwicklungen);
- Menge und Beschaffenheit der Abfälle (wobei es hier zu gegenläufigen Bewegungen kommen kann, d.h., es können weniger, aber problematischere Abfälle anfallen);
- laufende Bemühungen zur Wiederverwertung von Rohstoffen (Recycling);

• Förderung von öko-effizienten Technologien;
• laufende Überprüfung des Status quo durch Umweltschutz- und Sicherheitsaudits.

Ein ökologisch verantwortungsbewußtes Unternehmen ist auf all diesen Ebenen aktiv und verfolgt weltweit dieselben Ziele. Nach heutigem Stand der Erkenntnis sind Reinigungsprozesse oder Problemkorrekturen am Ende der Produktions- oder Applikationsabläufe («end-of-pipe»-Lösungen) nicht mehr angemessen; Umweltschutz wird als Querschnittsaufgabe bei allen betrieblichen Abläufen aufgefaßt. Er beschäftigt ein Unternehmen von der Forschung über die Entwicklung von Produkten bis zu ihrer Produktion, Anwendung und Entsorgung.

Das Verfolgen einheitlicher Standards muß nicht in jedem Fall auch «identische Technologie» bedeuten: Wenn ein Unternehmen im Industrieland aufgrund des dortigen sozio-politischen Umfeldes durch gesetzliche Grenzwert-Verordnungen gezwungen ist, viele Millionen Mark, Franken oder Dollar beispielsweise für eine Rauchgas-Entstickungsanlage auszugeben, um seine Stickstoffoxid-Emissionen um z.B. zehn Prozent zu senken, so bedeutet dies nicht, daß nun weltweit die gleiche Nachrüstung für die Umwelt erforderlich ist. Mit der gleichen Investitionssumme könnte im Entwicklungsland viel mehr für die dortige Umweltqualität getan werden. Angesichts knapper öffentlicher und unternehmerischer Mittel hat die Kosteneffizienz auch bei Umweltanliegen größte Bedeutung. Das Abgehen von einzelnen Belastungsfaktoren zu einer ganzheitlichen Betrachtung kann völlig zielkonform auch dazu führen, daß (z.B. zur CO_2-Verminderung) nicht in zusätzliche Anlagen investiert wird (falls das technisch möglich wäre), sondern in alternative Verwendungszwecke (z.B. im Rahmen der «joint implementation» in die CO_2-absorbierende Aufforstung in Entwicklungsländern).

Da viele Unfälle mit negativen Umweltkonsequenzen auf menschliches Fehlverhalten zurückgehen, sind nachhaltige Kommunikations-, Ausbildungs- und Motivationsprogramme erforderlich. Dies gilt besonders in Ländern, in denen die schulische Allgemeinbildung Defizite aufweist. Die Förderung von Sensibilisierungsprogrammen, die ökologische Zusammenarbeit mit Behörden und konsequenter Technologietransfer in Sachen Umwelt leisten nicht nur einen Beitrag zur Verbesserung der Umweltqualität, sondern tragen tendenziell auch zur Verbesserung der nationalen Umweltgesetzgebung bei. Dies wiederum hat die Konsequenz, daß Konkurrenzunternehmen mit der Zeit weniger Chancen haben, als ökologische Trittbrettfahrer mit Kostenvorteilen Gewinne zu Lasten des Gemeinwohls zu erzielen.

Unternehmerische Einzelinitiativen sind aus ethischer Perspektive bis an die Grenze des ökonomisch und technisch Machbaren zu fordern. Sie haben intrinsischen Wert – für eine nachhaltige Verbesserung des ökologischen Status quo sind Einzelinitiativen jedoch nur begrenzt hilfreich. Kodizes für ganze Branchen, wie sie z. b. von der chemischen Industrie unter dem Begriff «Responsible Care» erstellt wurden, und die öffentliche Rechenschaft, die über das durch diesen Kodex Erreichte abgeben wird, sind hoffnungsvolle Schritte in der erforderlichen Richtung. Letztlich werden jedoch nur Preise, die die ökologische Wahrheit sagen, einen Kurswechsel auf breiter Front bewerkstelligen können.

Marktgerechte Rahmenbedingungen

Unternehmen sind im Normalfall nicht a priori «grün» und schon gar nicht selbstlos – sie werden tun, was von ihnen verlangt wird bzw. was sie als in ihrem Interesse liegend betrachten. Kurzfristig kostet Umweltschutz immense Ressourcen – und das ist kein Handlungsanreiz, sondern ein motivatorisches Hemmnis. Es zeichnet sich jedoch immer häufiger ab, daß Investitionen in den Schutz der Umwelt *mit der Zeit* auch meßbare wirtschaftliche Vorteile haben.[172] Diese Vorteile werden heute oft für jene Unternehmen transparent, die von ihren «Altlasten» eingeholt werden und teure Sanierungsmaßnahmen treffen müssen. Der Hauptgrund für den heute noch mangelnden Anreiz ist, daß die Preise auf den Güter- und Dienstleistungsmärkten nicht «die ökologische Wahrheit» sagen.[173] Wesentliche Kosten für die Umweltnutzung und -schädigung tauchen nicht voll in der Kostenrechnung der Unternehmen (aber auch der privaten Haushalte und des Staates) auf, sondern werden größtenteils an die Gesellschaft oder zukünftige Generationen weitergegeben (externalisiert).

Umweltpolitik wird heute noch überwiegend «von oben» betrieben, d. h., Regierungen und Behörden setzen über einen «Befehls- und Kontrollansatz» die zum jeweiligen Zeitpunkt für richtig gehaltene Umweltpolitik durch. Wegen der Kostenfolgen und der damit verbundenen negativen Auswirkungen auf die Rentabilität ist in einem globalisierten Wettbewerbsumfeld das unternehmerische Verhältnis zur Umweltpolitik denn auch meist defensiv und reaktiv. Umweltschutz, der über die jeweils nationalen rechtlichen und teilweise unzureichenden lokalen Vorschriften eines Entwicklungslandes hinausgeht, hängt unter diesen Umständen ausschließlich vom Idealismus und den umweltethischen Überzeugungen individueller Führungspersönlichkeiten ab. Würden Märkte und Preise dagegen in vollem Ausmaß die Kosten der Umweltnutzung widerspiegeln, so befänden sich betriebliche Anstrengungen zur Verminderung von Umweltbelastungen in Übereinstimmung mit solchen zur Verminderung von Betriebskosten. Mit einer unternehmerischen und nicht mehr nur juristischen Motivation erhielten wirtschaftliche Akteure einen Anreiz für eine möglichst hohe Öko-Effizienz.[174] Es wäre dann ökonomisch rational, *alle* sich bietenden Möglichkeiten zu nutzen, d. h.,

- umweltverträgliche Technologien einzuführen,
- den Verbrauch an Energie und nicht erneuerbaren Rohstoffen zu senken,
- die Entstehung von Abfall zu minimieren,
- problematische Materialien durch umweltfreundliche zu ersetzen und
- Stoffe zu verwenden, die sich wiederverwenden oder rezyklieren lassen.

Ein solches institutionelles Umfeld hätte weitere positive Auswirkungen auf die Wettbewerbsfähigkeit von Unternehmen: Öko-effiziente Unternehmen brächten andere in Zugzwang, ökologisch «nachzurüsten». Da nachziehende Unternehmen dies nur zu höheren Kosten tun können, würde sich die Übernahme von ökologischer Führungsverantwortung rentieren. Auch der technische Fortschritt zum Schutz der Umwelt und zur Minimierung des Ressourcenverbrauchs würde stimuliert. Eine Internalisierung der Umweltkosten würde sich auch für den Staatshaushalt rentieren: Vieles spricht dafür, daß ökonomische Anreize für den Umweltschutz billiger und wirksamer sind als die traditionellen umweltpolitischen Instrumente, da ein aufwendiger bürokratischer Kontrollaufwand entfällt.[175]

Das Abwägen heutiger und zukünftiger gesellschaftlicher Interessen, z. B. durch das Festlegen von Zielen in der Umweltpolitik, ist – analog anderer staatlicher Aufgaben – nach Recht und Verfassung Aufgabe der Parlamente und Regierungen. Aufgabe der Politik – und nicht der Unternehmen – ist es somit, Umweltgüter mit einem Preis zu versehen, der ihrer Knappheit bzw. der gesellschaftlichen Bewertung ihrer Nutzung in etwa gerecht wird. Durch handelbare Emissionszertifikate, Lenkungsabgaben oder andere vergleichbare wirtschaftliche Instrumente, die diesen Wert widerspiegeln, können marktwirtschaftliche Anreize für den Umweltschutz geschaffen werden. Weitere Desiderata für umweltschützende staatliche Rahmenbedingungen sind Langfristigkeit und Berechenbarkeit, denn ständiger Wandel – je nach tagespolitischer Wahrnehmung der Prioritäten – stiftet unternehmerische Unsicherheit und Verwirrung. Erfolgreiche Umweltpolitik soll auch großräumig ausgerichtet und international koordiniert sein. Solange es zu keiner international koordinierten Internalisierung der Umweltkosten kommt, haben Unternehmen die völlig legale Möglichkeit, ihre Produktion – oder «schmutzige» Teile davon – in solche Entwicklungsländer zu verlagern, die weniger strenge Umweltgesetzgebungen haben und geringere Auflagen machen.

Sondermüllexporte in Entwicklungsländer

Durch die «Basler Konvention»[176] wurde der Export von Sondermüll in Entwicklungsländer international geächtet. Bis zum Jahre 1998 soll es «vollständig» verboten sein, Giftmüll aus den OECD-Staaten zu exportieren. Daß es kriminelle Machenschaften gibt, diese Konvention z.B. durch falsche Deklarationen zu unterlaufen, ist traurige Realität.[177] Illegales Handeln steht hier jedoch nicht zur Diskussion.

Gegen den Geist dieses internationalen Rechts wird in der Praxis auch immer wieder dadurch verstoßen, daß Substanzen (z.B. PCB-haltiges Altöl, das unter die Konvention fiele) mit anderen Stoffen (z.B. Holzspänen) vermischt werden und dann als «Wertstoffe» (z.B. als Betriebsmaterial für Kraftwerke oder als Energieträger in stahlverarbeitenden Betrieben) oder anders definierte «Sekundärvorstoffe» in Entwicklungsländer (oder ehemalige Ostblockländer) exportiert werden und dort gesundheitsgefährdende Verwendung oder Endlagerung finden. Auch in dieser Beziehung ist die ethische Urteilsfindung einfach: Selbst wenn ein solches Vorgehen u.U. gerade noch legal wäre, so ist es illegitim und mit verantwortungsvollem Handeln nicht vereinbar – mehr ist dazu nicht zu sagen.

Nehmen wir jedoch einmal folgenden Fall an: Der Export von Sondermüll in ein Entwicklungsland sei legal, weil es über technisch akzeptable Entsorgungsanlagen verfügt und diese mit ausreichend geschultem Personal zum Erwirtschaften von Devisen kommerziell betreibt. Nehmen wir weiter an, dieses Land grenze an ein Wüstengebiet, in dem kein Mensch lebt und das keiner anderen wirtschaftlichen Verwendung zugeführt werden könnte als derjenigen der Deponie. Und noch eine letzte Annahme: Wegen der niedrigen Löhne, staatlicher Beihilfen und der erwähnten günstigen Landverfügbarkeit könnte Sondermüll zu Preisen entsorgt werden, die bei einem Bruchteil des in Industrieländern Üblichen liegen. Wäre unter diesen Umständen der legale Export von Sondermüll legitim?

Vorausgesetzt, die Entsorgung sei tatsächlich sachgerecht und entspräche dem, was im müllverursachenden Industrieland auch gemacht würde, wäre eine Ablehnung nicht zu begründen. Dennoch sehe ich psychologische und politische Gründe, aufgrund deren international tätige Unternehmen es unterlassen sollten, ihre Sondermüllprobleme in des armen Nachbars Garten zu lösen. Auf die Gefahr hin, daß man mir Ethnozentrismus vorwirft, gehe ich davon aus, daß der verantwortungsvolle Umgang mit Sondermüll in den meisten Entwicklungsländern aus den verschiedensten Gründen (z.B. Defizite bei der Gouvernanz und somit der nachhaltigen Kontrolle richtigen Handelns) größere Probleme aufwirft als in den meisten Industrieländern. Auch bei einer Veränderung des technologischen «state of the art» ist die Wahrscheinlichkeit, daß nachgerüstet wird, im Entwicklungsland kleiner als im Industrieland. Und schließlich: Nicht nur würden ökologisch problematische Transportwege für Sondermüll anfallen, eine Politik des «Aus den Augen, aus dem Sinn» könnte durch einen verringerten Problemdruck auch die Motivation zur umweltgerechten Innovation und zur Verringerung solchen Mülls schmälern.

Globale Produktepolitik?

Für viele entwicklungspolitisch engagierte Zeitgenossen ist die Frage, ob Produkte, die in Industrieländern nicht zugelassen sind, in Entwicklungsländern verkauft werden dürfen, schnell beantwortet, und zwar mit «Nein!». Ganz so einfach sollte man es sich jedoch nicht machen. So kann es sein, daß ein Produkt in Industrieländern nicht registriert ist, weil es nicht auf deren Märkte zugeschnitten ist, wo ganz andere medizinische oder landwirtschaftliche Probleme auftauchen als in Entwicklungsländern. Voraussetzung für die Legitimität des geographisch selektiven Einsatzes von Produkten ist deren Effektivität und Sicherheit. Diese Kriterien sollten auf einer international akzeptablen Nutzen-Risiko-Abwägung beruhen und nicht nur auf der irgendwelcher Registrierungsbehörden. Auf andere Weise ist eine über jeden Zweifel erhabene Produktesicherheit meines Erachtens nicht zu erreichen.

Aber das Verhältnis von Nutzen und Risiken eines bestimmten Produktes kann in einem Entwicklungsland ganz anders liegen als in einem Industrieland. Ein gutes Beispiel für diese Argumentation ist DDT:[178]

Im Jahre 1939 entdeckte Paul Müller, ein Forscher der damaligen Firma Geigy in Basel, die insektentötende Wirkung der Substanz *Dichlordiphenyltrichloräthan*, kurz DDT genannt. Zwischen 1942 und den frühen sechziger Jahren wurde DDT mit dem Ruf eines «Wundermittels» erfolgreich gegen krankheitsübertragende Insekten eingesetzt. Dadurch konnten z. B. bei der Bekämpfung von Malaria, Gelbfieber und Typhus bis dahin unvorstellbare Fortschritte erzielt werden. Allein in Indien wurden zwischen 1953 und 1962 die durch Malaria verursachten Todesfälle dank des intensiven Einsatzes von DDT von 750000 auf weniger als 1600 jährlich reduziert. In Sri Lanka ging die Anzahl der Malariafälle dank DDT von weit über einer Million im Jahre 1947 auf nur noch 17 im Jahre 1963 zurück.[179] Die Anzahl der an Malaria gestorbenen Menschen verminderte sich weltweit dramatisch. Bis heute wurden durch DDT über hundert Millionen Menschen vor Malaria bewahrt, ähnliche Erfolge konnten bei der Gelbfieber- und Typhusbekämpfung erzielt werden. Eine Fallstudie der ETH Zürich zählt DDT

«aus medizinischer Sicht ... zu den größten Errungenschaften unserer Zeit».[180]
Der große und unbestrittene Erfolg von DDT, die breite und lang andauernde Wirksamkeit der Substanz sowie der geringe Herstellungspreis führten zu einer schnellen und weiten Verbreitung der Anwendung des Produktes. Immer mehr wurden auch landwirtschaftliche Kulturen zur Schädlingsbekämpfung mit DDT behandelt. Das zeigte zwar auch die gewünschte Wirkung bei Schadinsekten, förderte jedoch außerdem die Entwicklung einer (relativen) Resistenz bei Malaria übertragenden Anopheles-Stämmen. Dies wiederum verminderte die Wirksamkeit im Kampf gegen diese Krankheit und führte zu steigenden Einsatzmengen von DDT.

Im Jahre 1962 verkündete die amerikanische Ökologin Rachel Carson in ihrem Buch «Der stumme Frühling» («Silent Spring») die Katastrophenbotschaft, DDT sei krebsauslösend und wirke sterilisierend sowie mutagen. Sie zeichnete ein apokalyptisches Szenario, bei dem schließlich das ganze Leben auf unserem Planeten gefährdet schien. Das weltweite Echo war denn auch entsprechend – aus dem viel gepriesenen Musterknaben DDT wurde in kurzer Zeit ein massiv gescholtener Prügelknabe. Carson konnte die meisten ihrer Aussagen bis heute nicht durch wissenschaftliche Daten belegen. Im Gegenteil, es liegen heute viele Daten vor, die eine völlig andere Risikobewertung nahelegen: Weder epidemiologische Untersuchungen an Arbeitern in DDT-Fabriken noch Tierversuche bestätigten den Verdacht, DDT würde Krebs verursachen. Zehntausende von Menschen wurden in Typhuskampagnen mit DDT-Puder eingestäubt, ohne daß sich je klinisch relevante Symptome gezeigt hätten.[181] Nach dem Urteil der ETH Zürich erscheint die krebsauslösende Eigenschaft von DDT heute um so «unwahrscheinlicher, als durch den weltweiten Einsatz von Milliarden Tonnen DDT während der letzten 30 Jahre eine solche Wirkung mit größter Sicherheit hätte bemerkt werden müssen».[182]
Der Mangel an Belegen für die Richtigkeit der apokalyptischen Prognosen verminderte deren Glaubwürdigkeit im Urteil der meisten Leser jedoch nicht; die selektive Problemsicht des Buches «Silent Spring» wurde zur Wirklichkeitswahrnehmung für den Großteil der Gesellschaft und somit der politischen Behörden.[183] Ein monatelanges Hearing der US-Regierung kam zwar zu dem Schluß, daß keine überzeugenden Beweise für die Schädlichkeit von DDT vorlägen, dennoch erwirkte im Jahre 1972 die amerikanische Umweltbehörde EPA ein totales DDT-Verbot für die USA. Dem folgten bald viele (wenn auch längst nicht alle) Industrie- und Entwicklungsländer.
Hier soll nicht behauptet werden, die «DDT-Welt» sei heil. Immerhin kam es durch den unkritischen Einsatz der Substanz zu zunehmenden Resistenzen bei den Schadinsekten und zu einer Anreicherung von DDT

in der Nahrungskette. Obwohl vieles auch darauf hindeutet, daß DDT in tropischen Klimata wesentlich schneller abgebaut wird als in gemäßigten,[184] kann DDT an vielen Orten auf der Erde in menschlichem Fettgewebe – und, was noch problematischer erscheint, in der Muttermilch – nachgewiesen werden. Egal, wie man diese Problematik auch einschätzen mag – beides kann keine wünschenswerte Entwicklung sein. Hinzu kommt, daß verschiedene Untersuchungen darauf hinweisen, daß DDT das Fortpflanzungsverhalten verschiedener Vogelarten stört, die Robustheit ihrer Eierschalen vermindert und somit ihr weiteres Überleben gefährdet. Auch die Toxizität dieser Substanz für Wasserorganismen muß zu großer Zurückhaltung bei der Ausbringung von DDT Anlaß geben. Eine angemessene Risiko-Nutzen-Analyse von DDT muß auch berücksichtigen, daß akute Toxizität meist leichter und genauer nachzuweisen ist als chronische Toxizität. Dies gilt besonders dann, wenn wir es mit sehr geringen Mengen über einen langen Zeitraum zu tun haben, und dies in einem Umfeld, in dem noch viele andere krankheitserregende Substanzen vorhanden sind, deren Interaktion bzw. Kumulation oft verborgen bleibt. Bei aller relativen Ungefährlichkeit ist auch DDT eine Substanz, mit der sorgfältig umgegangen werden muß. Ein unkritischer Einsatz irgendwelcher Chemikalien ist aus ökologischen und wirtschaftlichen sowie aus Gründen der Energieverschwendung in jedem Fall unsinnig.

Die DDT-Geschichte belegt jedoch die Notwendigkeit einer nüchternen und wissenschaftlichen Analyse komplizierter Sachverhalte. Ein Totalverbot wird dem Gesamtkomplex des Problems einfach nicht gerecht. Es ist trotz intensiver Bemühungen bis heute nicht gelungen, für die Bekämpfung insektenübertragener Krankheiten eine Substanz zu finden, die in bezug auf Wirksamkeit, Preis und Verträglichkeit für den Menschen auch nur annähernd vergleichbar wäre. Die Kontrolle krankheitsübertragender Insekten hat (u. a.)[185] aufgrund der Verbannung von DDT massiv an Durchschlagskraft und Effektivität verloren. Nach neuesten Schätzungen der Weltgesundheitsorganisation (WHO) erkranken noch immer jährlich über 500 Millionen Menschen an Malaria.[186] Als Folge davon sterben pro Jahr zwischen 1,5 und 2,7 Millionen Menschen, meist Kinder.

Überspitzt und verkürzt kann man sagen, daß der Einsatz von DDT u. U. zwar Vögel und Wasserorganismen tötet, aber auf jeden Fall Menschenleben rettet. Die sozialen Kosten des DDT-Verbots akkumulierten sich im Laufe der Jahre zu vielen 100 000 Toten und somit zu einer unermeßlichen menschlichen Tragödie. Aus dieser Perspektive hält das Totalverbot einer ethischen Beurteilung nicht stand: Bei der Auflösung eines Dilemmas, bei dem für menschliche Gesundheit mit ökologischen Schäden bezahlt werden muß, ist die Suche nach dem kleineren Übel der zu beschreitende Weg und nicht ein Totalverbot. Somit wäre es sinnvoll, die DDT-Anwendung auf jene wenigen Bereiche zu beschränken, wo sie der öffentlichen Gesundheit dient. Zur eventuellen Risikominimierung ist auch nach Handlungs- und Produkte-Alternativen zu suchen, die von ihrem Ergebnis her vergleichbar, jedoch ökologisch weniger belastend sind. Das können im vorliegenden Fall Umweltmaßnahmen sein, mit denen Brutstätten für die krankheitsübertragenden Insekten vermindert werden (z. B. Austrocknen von Sümpfen, Vermeidung von Schmutzwasseransammlungen), mechanische und biochemische Bekämpfungsmaßnahmen (z. B. Juvenilhormone, Fallen), Maßnahmen, die die Stechhäufigkeit vermindern (Repellentien, Moskitonetze oder geeignete Bekleidung), oder anderes (z. B. verstärkte Forschung nach und Entwicklung von Impfstoffen und verbesserten Medikamenten).

Ist ein alternatives Vorgehen nicht möglich oder sind entsprechende Produkte nicht verfügbar bzw. mit den knappen Mitteln eines Entwicklungslandes nicht zu finanzieren, so ist eine Güterabwägung anzustellen, die zwar auf generelle, wissenschaftlich gesicherte Erkenntnisse abstellt, jedoch landesspezifische Besonderheiten ausreichend in Betracht zieht. Eine Risiko-Nutzen-Analyse sieht für ein Industrieland, in dem Malaria kein Gesundheitsproblem darstellt, logischerweise anders aus als für ein Land, in dem Menschen massenweise an dieser Krankheit leiden und sterben. Eine verantwortete Güterabwägung kann daher durchaus zum Ergebnis kommen, daß ein Unternehmen ethisch akzeptabel handelt, wenn es DDT herstellt und in einem Entwicklungsland für den Einsatz in der Malariakontrolle verkauft.

Allerdings sind nicht alle Entscheidungslagen hinsichtlich des Einsatzes von in Industrieländern verbotenen Produkten derjenigen von DDT ähnlich. In vielen Fällen ist der Sachverhalt klar: Erfolgte das Verbot aufgrund von eindeutigen wissenschaftlichen Erkenntnissen in bezug auf Gesundheitsschädigungen beim Menschen oder irreversible Umweltzerstörungen, so ist vom Unternehmen weltweit kohärent zu handeln: Solche (landwirtschaftliche oder industrielle[187]) Produkte dürfen auch in Entwicklungsländern nicht mehr verkauft werden.

III. Unternehmen Ethik: Anleitung für Einsteiger

Übersicht

In Kapitel 1 wird dargelegt, warum die einseitige Orientierung an «shareholder values» heutzutage nicht mehr ausreicht, wenn eine Firma gesellschaftliche Akzeptanz anstrebt. Je breiter die Aktivitäten eines Unternehmens, desto breiter muß sein Horizont werden in bezug auf seine Verantwortung sowie sein Verständnis vom «Kunden». Die Integrität eines Betriebes kann durch Unternehmensrichtlinien gefördert werden, die festlegen, welche Verantwortungen er gegenüber seinen «Kunden» wahrnehmen kann. In Kapitel 2 wird erörtert, was bei der Erstellung solcher Richtlinien zu beachten ist und welches die Grundlagen für ihre Glaubwürdigkeit sind. Die Empfehlung «Mehr Dialog wagen», die in Kapitel 3 gegeben wird, ist sowohl für die Erstellung konsensfähiger Unternehmensrichtlinien wichtig als auch für den Umgang mit gesellschaftlichen Kontroversen, die manche unternehmerische Entscheidungen mit sich bringen können. Da Dialog nicht zum Selbstzweck oder zum dialektischen Verwirrspiel werden darf, wird eingehend diskutiert, welche dialogischen Fähigkeiten und welche persönliche Einstellung er erfordert. Die Umsetzung von Unternehmensethik ist nicht möglich, wenn ein Unternehmen nicht die moralischen Bedenken berücksichtigt, die Mitarbeiter vorzubringen haben. Wo der Gewissensdruck für Mitarbeiter zu groß wird, bleibt ihnen u. U. kein anderer Ausweg, als sich der Öffentlichkeit zu offenbaren. In Kapitel 4 wird ausführlich der Frage nachgegangen, welche Folgen eine Politik des Vogel Strauß mit sich bringen kann. Die Individualethik, d. h. die Qualitäten von Führungskräften, ihre soziale Kompetenz, ihre Sitten, ihr Umgang mit Macht usw., dürfte für ein Unternehmen wohl die größte Bedeutung haben. In Kapitel 5 werden Verhaltensstrukturen von Führungskräften analysiert, die weder den wirtschaftlichen noch den ethischen Zielen eines Unternehmens nützen. Daher wird der Selektion und der ganzheitlichen Ausbildung des Personals große Bedeutung zugemessen. Den Schluß dieses Buches bildet Kapitel 6, in welchem versucht wird, letzte Zweifler, die ausschließlich mit dem Rechenstift argumentieren, für die Sache des «Unternehmens Ethik» zu gewinnen. Die abschließenden «Grundsätze für Fortgeschrittene» sollen eine Anregung sein für jene Elemente, die in nachhaltigen Unternehmensrichtlinien berücksichtigt werden sollten.

1. Von «shareholder values» und «stakeholder values»

Sowohl einzelne Menschen als auch die Gesellschaft als Ganzes, unsere Umwelt wie auch die Nachwelt, sind vom Handeln eines Unternehmens auf vielfältige Weise betroffen – je größer das Unternehmen, desto größer die Reichweite seiner Auswirkungen. Eine Firma, die sich ihrer moralischen Verantwortung bewußt ist, wird bemüht sein, die positiven Auswirkungen ihres Handelns zu maximieren und negative zu minimieren.

Im englischen Sprachraum gibt es für diese «Betroffenen» zwei Begriffe, für die ich noch keine wirklich passenden deutschen Ausdrücke gefunden habe: *stakeholder* und *constituency*. Der Begriff *stakeholder* hat sich als Abgrenzung bzw. Ergänzung zum Begriff *shareholder* (Aktionär) entwickelt, und zwar aus der Überzeugung heraus, daß ein Unternehmen nicht nur seinen Aktionären, sondern auch anderen (betroffenen) Gruppen verpflichtet ist. Zu diesen «anderen» zählen in erster Linie die eigenen *Mitarbeiter*, aber auch die folgenden Individuen und Institutionen:[1]

- Kunden
- Umweltschützer
- «Nachbarn»
- Lieferanten
- Konkurrenten
- Gewerkschaften
- Verbände
- Behörden und ihre Vertreter
- Vertreter des politischen Lebens

Während *stakeholder* eine Art Überbegriff für das gesellschaftliche Umfeld eines Unternehmens ist, wird das Wort *constituencies* im Zusammenhang mit konkreten Interessengruppen gebraucht.

Stakeholdergruppen sind selten einheitlich, sondern in sich wieder verschiedenen Unter-Interessen verpflichtet. Die Stakeholder-Analyse muß daher auf die einzelnen Untergruppen und ihre spezifischen politischen, wirtschaftlichen, sozialen, ökologischen und technologischen Interessensphären eingehen. So muß z.B. politischen Anliegen auf der Bundesebene anders begegnet werden als auf der Länder- oder Gemeindeebene. Auch verschiedene Aktionärsgruppen (Individuen, Pensionskassen, ethische Investment-Fonds, Stiftungen etc.) haben unterschiedliche Erwartungen an das Unternehmen.

Alle Stakeholder haben legitime, aber unterschiedlich strukturierte Interessen an den Aktivitäten eines Unternehmens und – wenn auch in unterschiedlichem Maße – ein Anrecht auf die Berücksichtigung ihrer Anliegen. Das Spektrum ihrer Anliegen reicht von der Personalpolitik über Produkte- und Marketingpolitik bis zum ethisch verantworteten

Verhalten bei Akquisitionen, Fusionen und Werkschließungen.[2] Genauso, wie sie Betroffene des Unternehmens sind, ist das Unternehmen von ihnen betroffen.

Eine im unternehmensethischen Kontext häufig vernachlässigte, aber dennoch wichtige Tatsache ist, daß Aktionäre und Mitarbeiter sowie Kunden die *primären* Stakeholder eines Unternehmens sind. Aktionäre sind prioritär daran interessiert, daß ihr eingesetztes Kapital angemessen verzinst wird; die Mitarbeiter erwarten vom Unternehmen die Sicherheit ihres Arbeitsplatzes und eine möglichst hohe Qualität der Arbeitsbedingungen; Kunden beanspruchen sichere und preiswerte Produkte und Dienstleistungen. Für die *sekundären* Stakeholder stehen unter anderem Tier- und Umweltschutz, Verteilungsgerechtigkeit zwischen Nord und Süd, Gerechtigkeit zwischen den Geschlechtern und den Angehörigen verschiedener Rassen im Vordergrund. Moderne pluralistische Gesellschaften haben die Tendenz, ein stetig wachsendes Interessenspektrum zu entwickeln; die meisten, wenn auch längst nicht alle, haben für Unternehmen Bedeutung.

Wie schwierig es für ein Unternehmen sein kann, allen Ansprüchen in einer Gesellschaft gerecht zu werden, belegt die Aufzählung der Rechte, auf die laut Archie Carroll heute in den USA Anspruch erhoben wird: Bürgerrechte, Minderheitenrechte, Frauenrechte, Behindertenrechte, Rechte älterer Menschen, Rechte religiöser Vereinigungen, Mitarbeiterrechte, Konsumentenrechte, Aktionärsrechte, Recht auf die Privatsphäre, Recht auf Sicherheit, Recht auf Leben, Raucherrechte, Nichtraucherrechte, Aids-Opfer-Rechte, Kinderrechte, Rechte der Föten, Rechte der Embryonen, Tierrechte, Schwulenrechte, Recht auf Abtreibung, Täterrechte, Opferrechte u. a.[3] Der Widerstreit zwischen den verschiedensten Interessen, zwischen Politik und Ökonomie, Bürgerrechten und Wirtschaftswachstum ist schlechthin *der* moderne soziale Konflikt.[4]

Die Stakeholder-Analyse eruiert zunächst, welche Personen, Gruppen, Institutionen, Werte etc. durch die Unternehmensaktivitäten betroffen sind. Durch eine professionelle Auseinandersetzung mit den Anliegen der jeweiligen Stakeholder (im eigentlichen Sinne «Issues Management»[5]) kann verhindert werden, daß die Risiken und Nutzen eines spezifischen Handlungsmusters ausschließlich aus dem Blickwinkel des Unternehmens gesehen werden. Gerade große Unternehmen sollten sich diese Analyse leisten:[6]

- Wer sind die Stakeholder und was sind ihre Anliegen?
- Welche positiven Möglichkeiten und welche bedrohlichen Potentiale gehen von ihnen aus?
- Welche (wirtschaftlichen, sozialen, ökologischen und anderen) Verantwortungen resultieren aus dem Beziehungsgeflecht, welches das Unternehmen mit ihnen hat?

• Was ist die richtige Strategie im Umgang mit diesen Menschen und ihren Anliegen?

Die Beantwortung dieser Fragen ist nicht nur aus unternehmens-ethischer Sicht erforderlich, sie ist logischer Bestandteil jeder profes-sionellen unternehmerischen Standortbestimmung. Letztlich hängt das Ausmaß der gesellschaftlichen Akzeptanz unternehmerischen Handelns wesentlich davon ab, wie sorgfältig die Stakeholder-Analyse durchge-führt wurde und inwieweit daraus Konsequenzen für die Unter-nehmensaktivitäten gezogen wurden. Defizite bei der Kenntnis der verschiedenen Interessengruppen und ihrer Anliegen führen zu Ent-scheidungssituationen mit suboptimaler Datenbasis. Sie bergen das Risiko unangenehmer Überraschungen in sich. Es ist richtig, daß dort, wo nachhaltig nur die selektiven Interessen eines einzelnen Stakehol-ders befriedigt werden, früher oder später Friktionen mit den anderen ins Haus stehen. In der unternehmerischen Praxis sind jedoch längst nicht alle Stakeholder und auch nicht alle Interessensphären für das Unternehmen gleichermaßen wichtig: Mitarbeiter und Aktionäre haben als konstituierende Elemente des Unternehmens unter allen Stakehol-dern das größte Gewicht.

Mitarbeiter

Zwischen den Mitarbeitern und dem Unternehmen besteht überall auf der Welt ein Verhältnis der gegenseitigen Abhängigkeit. Das Unterneh-men kann seinen Auftrag nur mit Hilfe seiner Mitarbeiter erfüllen und hängt deshalb von deren Arbeitseinsatz, Loyalität und Leistungsbereit-schaft ab. Die Mitarbeiter sind insofern vom Unternehmen abhängig, als sie zur Finanzierung ihres Lebensunterhaltes und ihrer sozialen Sicher-heit eine regelmäßige Beschäftigung und damit einhergehend einen ge-rechten Lohn brauchen, ebenso Sozialleistungen (z. B. im Krankheitsfall) und andere betriebliche Leistungen (z. B. Pension). Wo Arbeitsplätze für ältere Arbeitnehmer (und das Prädikat «älter» wird heute schon ab Mitte vierzig verliehen!) verlorengehen und bereits große Beschäfti-gungsprobleme in einer Volkswirtschaft bestehen, wächst die soziale Verantwortung der Unternehmen in besonderem Maße, die z. B. in Form finanzieller Abfindungen, Beratungen für die Arbeitssuche oder Ver-mittlung in neue Arbeitsverhältnisse («Outplacement») wahrgenommen werden muß.

Als Gegenleistung schulden Mitarbeiter dem Unternehmen zumindest Fleiß, Loyalität, Disziplin und Sorgfalt bei ihrer Arbeit. Mit einer be-stimmten Entlohnungsstruktur, mit Leistungsanreizen und Sozialleistun-gen sowie einem attraktiven Arbeitsumfeld kann das Unternehmen die Leistungsbereitschaft in gewissem Maße über die reine Pflichterfüllung hinaus fördern. Ob Mitarbeiter zusätzlich auch ein möglichst hohes Maß an innerer Befriedigung aus ihrer Arbeit ziehen können, hängt neben den Bemühungen des Unternehmens auch von der inneren Einstellung der Mitarbeiter selbst ab.

Aufgrund des gegenseitigen Abhängigkeitsverhältnisses muß zwischen den Mitarbeiter- und den Unternehmensinteressen ein Ausgleich gefunden werden, der einerseits den unternehmerischen Erfolg im internationalen Wettbewerbsumfeld ermöglicht, andererseits den Erwartungen der Mitarbeiter entspricht. Für die Arbeit in wirtschaftlich und sozial unterentwickelten Ländern kommt beim Verhältnis zwischen Mitarbeitern und Unternehmen ein Aspekt hinzu, der sich graduell (nicht prinzipiell) von den Bedingungen in Industrieländern unterscheidet: Bei wirtschaftlicher Unterentwicklung und großen Beschäftigungsproblemen haben Unternehmen eine tendenziell größere Verhandlungsmacht als die Mitarbeiter, d. h., es besteht zwar eine gegenseitige Abhängigkeit, diese hat jedoch ein eindeutiges, meist starkes Gefälle zu Lasten der Mitarbeiter. In dem Maße, wie durch die Globalisierung der Weltwirtschaft strukturelle Arbeitslosigkeit entsteht, gewinnt dieses Gefälle auch für viele Industrieländer an Bedeutung.

Aktionäre

In letzter Zeit und ganz besonders im Zusammenhang mit Fusionen, betrieblichen Redimensionierungen und partiellen Unternehmensverkäufen bzw. Werkschließungen hat die Diskussion um die Stellung der Aktionäre auch in Westeuropa stark zugenommen. Unstrittig ist, daß die gerechte Berücksichtigung der Interessen der Aktionäre von zentraler unternehmensethischer Bedeutung ist: Aktionäre sind über ihre Kapitaleinlagen Miteigentümer des Unternehmens. Die Verpflichtung, das Geld der Anleger effizient einzusetzen und marktgerecht zu verzinsen, gehört zu den prinzipiellen Pflichten jeder Geschäftsleitung. Diese explizite Erwähnung der legitimen Interessen der Aktionäre scheint mir deshalb erforderlich, weil sich viele Veröffentlichungen zum Thema Unternehmensethik entweder überhaupt nicht mit den Interessen der Aktionäre befassen oder jene als pathologisch geldgierige und nur auf kurzfristige Gewinne versessene Menschen ohne soziales Verantwortungsgefühl karikieren. Oft werden solche Diskussionen in simplistisch polarisierenden Termini geführt, so, als ob es entweder nur «shareholder values» oder nur soziale und ökologische Belange gäbe.[7]

Nun kann man vermutlich sehr unterschiedlicher Ansicht darüber sein, was ein «angemessener» Gewinn ist. Finanzanalytiker haben in dieser Hinsicht legitimerweise eine dezidiert andere Auffassung als Kirchentags-Präsidenten. Natürlich gibt es zwischen der Dividenden-Ausschüttung und wirtschaftlichen, sozialen und ökologischen Investitionen ein Spannungsverhältnis. Überall, wo mehrere Ziele zur gleichen Zeit erreicht werden sollen, entsteht eine Konkurrenz um die zur Verfügung stehenden Ressourcen. Die Anerkennung von Spannungsverhältnissen zwischen Zielsetzungen bedeutet jedoch nicht die Unausweichlichkeit neuer Klassen- oder anderer Verteilungskämpfe. Sie bedeutet aber, in einem verantworteten Abwägungsprozeß die zu einem bestimmten Zeitpunkt notwendigen Prioritäten zu setzen und die verschiedenen Interessen mittel- und langfristig miteinander in Einklang zu bringen. Dabei steht eines außer Frage: Mit betrieblichen Verlusten ist weder kurz- noch langfristig irgendeinem Stakeholder gedient. Ohne ausreichende Erträge und ohne eine möglichst hohe Effizienz des Kapitaleinsatzes kann ein Unternehmen weder seine eigenen Überlebensinteressen noch Kundenbedürfnisse befriedigen, geschweige seiner sozialen und ökologischen Verantwortung nachkommen. Sieht man von Rauschgiftherstellung, Bordellbetrieben, Waffenschieberei oder anderen gesellschaftlich unerwünschten «Unternehmen» einmal ab, können Verluste in niemandes Interesse liegen.

Entgegen der weitverbreiteten Meinung, Aktionäre kümmerten sich «weniger um den Zustand der menschlichen Gesellschaft im kommenden als um ihre Dividendenschecks im gegenwärtigen Jahrhundert»,[8] gibt es deutliche Hinweise für das Gegenteil. Eine rasch wachsende Anzahl von «kritischen» Aktionären macht sich um die soziale und ökologische Verträglichkeit der Gewinnentstehung Gedanken und zieht daraus Konsequenzen. Für Aktionäre, die – im Gegensatz zu kurzfristig orientierten Spekulanten – am langfristigen Wohlergehen ihres Unternehmens interessiert sind, besteht im Sinne von Adam Smith ein wohlverstandenes Eigeninteresse an der sozialen und ökologischen Verträglichkeit unternehmerischen Handelns.

Umwelt- und entwicklungspolitische Gruppen

In den letzten zwei Jahrzehnten nehmen Bürgergruppen, die sich für den Schutz der Umwelt und andere Aspekte einer nachhaltigen Entwicklung einsetzen, unter allen anderen sekundären Stakeholder-Gruppen das größte Gewicht ein. Sie konfrontieren Unternehmen zum einen mit «traditionellen» Umweltanliegen (z. B. eine weitestmögliche Reinhaltung von Luft, Wasser und Boden, Vermeidung von Lärmbelästigung), zum anderen mit «modernen» Anliegen wie dem Erhalt der Artenvielfalt und Einsparungen beim Verbrauch nicht-erneuerbarer Ressourcen. Seit der Umweltkonferenz in Rio (1992) hat sich die Forderung nach einer ganzheitlichen, systemischen Umgestaltung der Industriegesellschaft, einem ökologischen Kurswechsel[9] ein noch größeres Gehör verschafft als bisher, mit Verweis auf die Rechte zukünftiger Generationen und die der Menschen in Entwicklungsländern. In der Tat ist ohne einen solchen

Kurswechsel – mit all seinen ordnungspolitischen, wirtschaftlichen, technischen und verhaltensmäßigen Konsequenzen – die nachhaltige Entwicklung der globalen Lebensgemeinschaft in Frieden und Gerechtigkeit nicht zu denken. Daraus resultiert, daß die Auswirkungen heutigen unternehmerischen Handelns im Lichte derartiger Forderungen moralisch beurteilt werden.

Soziale Interessengruppen

Die wichtigsten Anliegen dieser Stakeholder betreffen die Arbeitsbedingungen, die multinationale Unternehmen in Entwicklungsländern schaffen. Dazu gehören z. B. Fragen der physischen Sicherheit am Arbeitsplatz, Löhne und Gehälter, Sozialleistungen (z. B. Weiterzahlung des Lohns im Krankheitsfall) und Spezialprobleme (z. B. Kinderarbeit, strukturelle Schlechterbehandlung von Frauen etc.). Eine besondere Schwierigkeit bei der Güterabwägung liegt in der Frage, welche Standards für das ethische Urteil anzulegen sind: diejenigen des Entwicklungslandes, die eines spezifischen Industrielandes oder global ganzheitliche.

Zur Berücksichtigung von Stakeholdern und ihren Betroffenheiten

Zu den schwierigsten ethischen Dilemmata gehören Situationen, in denen ein und dieselbe unternehmerische Entscheidung mit möglichen oder tatsächlichen Vor- und Nachteilen für die eine oder andere Stakeholder-Gruppe verbunden ist. Die Stakeholder-Analyse hilft einem Unternehmen dabei, diese Berührungspunkte zu identifizieren, sie leistet aber noch keinen Beitrag zur gerechten Güterabwägung. Die Aussage, alle Stakeholder seien gleich wichtig, hilft hier nicht weiter, sie macht die Entscheidung sogar noch schwieriger. Zum Setzen von ethisch vertretbaren Prioritäten ist deshalb nicht nur zu untersuchen, wer von einer bestimmten Entscheidung des Unternehmens betroffen ist, sondern auch auf welche Art und mit welcher Intensität. Die Analyse der Art und Intensität der verschiedenen Auswirkungen, das Durchleuchten der verschiedenen (gewollten und ungewollten, offensichtlichen und versteckten) Wirkungen und Nebenwirkungen, die durch legitime unternehmerische Bestrebungen anfallen, ist äußerst wichtig. Allerdings ist sie in der Praxis gar nicht so einfach: Schon bei der Faktensammlung besteht oft Uneinigkeit über die «wirkliche Wirklichkeit».

Wie wirklich ist die Wirklichkeit?

Die Ergebnisse des Kommunikationsforschers Paul Watzlawick und vieler anderer Autoren legen nahe, daß Menschen dazu neigen, nach einer Ordnung im Ablauf der Geschehnisse zu suchen.[10] Sobald eine bestimmte Ordnung in die Dinge hineingelesen ist, wird die betreffende Weltschau und Wirklichkeitswahrnehmung durch selektive Aufmerksamkeit selbstbestätigend. So kommt es häufig, daß Menschen sich an die eigene Wahrnehmung der Wirklichkeit klammern, selbst auf die Gefahr hin, Tatsachen verdrehen zu müssen, damit sie der jeweiligen Wirklichkeitsauffassung nicht widersprechen.

Watzlawick unterscheidet daher in eine *Wirklichkeit erster Ordnung* und in eine solche *zweiter Ordnung*: Die Wirklichkeit erster Ordnung bezieht sich auf physische Fakten, d. h. auf jene Wirklichkeitsaspekte, die sich auf den Konsensus der Wahrnehmung und vor allem auf experimentelle, wiederholbare und daher verifizierbare Nachweise beziehen. Die Wirklichkeit zweiter Ordnung beruht ausschließlich auf der Zuschreibung von Sinn und Wert der Dinge. Diese «zweite» Wirklichkeit ist von gegenwärtigen und vergangenen Erfahrungen und dem Wissensstand der Menschen geprägt, von ihren Wünschen, Träumen und Alpträumen. Jene Faktoren beeinflussen der Menschen Vorstellungen über «gut» und «böse», ihre Definition von Weisheit und Dummheit. Im Bereich der Wirklichkeiten zweiter Ordnung ist es sinnlos, darüber zu streiten, was *wirklich* wirklich ist.

Für Vertreter des Konstruktivismus gibt es keine absolute oder objektive Wirklichkeit, sondern nur «subjektive, zum Teil völlig widersprüchliche Wirklichkeitsauffassungen, von denen naiv angenommen wird, daß sie der ‹wirklichen› Wirklichkeit entsprechen».[11] So gehen viele vom Konstruktivismus beeinflußte Gesellschaftsforscher und Philosophen davon aus, daß sich jedes Individuum mit Präjudizen seine subjektive Wirklichkeit «konstruiert».[12] Wer ausschließlich seine eigene Wirklichkeitsauffassung für richtig hält, folgert zwangsläufig, daß andere böswillig, dumm oder gar verrückt sein müssen, wenn sie die Dinge ganz anders sehen. Auch im Zusammenhang mit unternehmensethischen Erörterungen haben unterschiedliche Beurteilungen ihre Ursache nicht in unterschiedlichen moralischen Überzeugungen der Menschen, sondern in der Verschiedenartigkeit ihrer Wirklichkeitswahrnehmung. Laura Nash geht dieses Problem mit Fragen an, von denen ich zwei zentrale zitiere: «Haben Sie das Problem richtig definiert?» und «Wie würden Sie das Problem definieren, wenn Sie auf der anderen Seite des Zaunes stünden?»[13]

Das Prinzip Verantwortung

Hans Jonas setzt dem Blochschen «Prinzip Hoffnung»[14] sein «Prinzip Verantwortung[15]« entgegen. Dieses betrachtet nicht so sehr die utopische Neugestaltung und Veränderung der gesellschaftlichen Rahmenbedingungen als dringlich, sondern die konkrete Verantwortung für das jetzt Gegebene und seine Auswirkungen auf die Zukunft. Jonas war der Überzeugung, daß sich mit der modernen Technik etwas Entscheidendes verändert hat:

> «Die moderne Technik hat Handlungen von so neuer Größenordnung, mit so neuartigen Objekten und so neuartigen Folgen eingeführt, daß der Rahmen früherer Ethik sie nicht mehr fassen kann. ... Gewiß, die alten Vorschriften der ‹Nächsten›-Ethik – die Vorschriften der Gerechtigkeit, Barmherzigkeit, Ehrlichkeit, usw. – gelten immer noch in ihrer intimen Unmittelbarkeit für die nächste, tägliche Sphäre menschlicher Wechselwirkung. Aber diese Sphäre ist überschattet von einem wachsenden Bereich kollektiven Tuns, in dem Täter, Tat und Wirkung nicht mehr dieselben sind, wie in der Nahsphäre, und der, durch die Enormität seiner Kräfte, der Ethik eine neue, nie zuvor erträumte Dimension der Verantwortung aufzwingt.»[16]

Angesichts der völlig neuartigen Möglichkeiten moderner Technologien forderte Hans Jonas eine neue Ethik – eine Ethik, die den kategorischen Imperativ von Kant um die Ehrfurcht vor zukünftigem menschlichen Leben erweitert: «Handle so, daß die Wirkungen deines Handelns verträglich sind mit der Permanenz echten menschlichen Lebens auf Erden»; oder, negativ ausgedrückt: «Handle so, daß die Wirkungen deiner Handlung nicht zerstörerisch sind für die künftige Möglichkeit solchen Lebens»; bzw. «Schließe in deine gegenwärtige Wahl die zukünftige Integrität des Menschen als Mit-Gegenstand deines Wollens ein.»[17] Diese Ehrfurcht vor zukünftigem Leben erfordert neues Wissen über Betroffenheiten, die auf den ersten Blick nicht ersichtlich sind – über Fernwirkungen, die heutige Generationen den zukünftigen ungefragt zumuten. Jonas plädiert daher für eine «Heuristik der Furcht» und die Aufbietung des «rechten» Gefühls, das mit der Vorstellung des «Fürchtenswertesten» («worst-case-Szenario») verbunden ist.[18] Nur so könne die richtige Motivation für moralisches Handeln entstehen. Wer Jonas' Mahnungen über die Ungewißheit aller Fernprognosen und seinen Appell, der «Unheilsprophezeiung» mehr Gehör zu geben als der Heilsprophezeiung»,[19] nur zu belächeln wüßte, wäre wohl selbst beweinenswert. Daß das «einmal Begonnene ... uns die Gesetze des Handelns aus der Hand [nimmt], und die vollendeten Tatsachen, die das Beginnen schuf, kumulativ zum Gesetz seiner Fortsetzung [werden]»,[20] will uns nicht zuerst und zuletzt die klassische Literatur lehren – etwa mit Goethes Faust, Shakespeares Macbeth oder Schillers Vers: «Das eben ist der Fluch der bösen Tat, daß sie fortwährend Böses muß gebären.» Die Moral einer solchen Geschichte ist ja, daß das Moralische nicht im Gegensatz zum (gesunden) Eigeninteresse steht. Wenn daher Unternehmen in ihre Nutzen-Risiko-Abwägungen die ganzheitliche Potenz ihrer angewandten Technologien einbeziehen und sich nicht nur auf vordergründig technische und kurzfristig wirtschaftliche Aspekte konzentrieren, hat dies mit Klugheit und Weitsicht im menschlichen Eigeninteresse zu tun – und das ist mit Moral gemeint.

Wenn Hans Jonas als fortschrittsfeindlich betrachtet würde, weil er sagte, man müsse «nach mehreren Jahrhunderten postbaconischer, prometheischer Euphorie ... dem galoppierenden Vorwärts die Zügel anlegen»,[21] wäre das meiner Meinung nach eine falsche Sicht. Ich zumindest lege ihn so aus, daß für seinen Begriff von Fortschritt das Wesentliche die ethische Vollendung des einzelnen und der Gesellschaft als Ganzes ist. In diesem Fortschrittsbegriff hat auch der materielle Fortschritt seinen Platz; was er ablehnt, ist die materielle Blindheit gegenüber allen immateriellen – menschlichen und menschenwürdigen – Werten. Hans Jonas gehört somit in die gleiche Kategorie wie Albert Schweitzer, der sagte, daß der universelle Fortschrittswille sich des höchsten Wertes des Ethischen bewußt sein muß, um als Fortschritt gelten zu können:

> «Bei aller Bedeutung, die den Errungenschaften des Wissens und Könnens zukommt, ist doch offenbar, daß nur eine ethischen Zielen zustrebende Menschheit des Segens materieller Fortschritte in vollem Maße teilhaftig und der mit ihnen gegebenen Gefahren Herr werden könne.»[22]

Einfühlen – nicht nur Reindenken

Schwerwiegende Dinge, die in geographischer Ferne geschehen, andere Menschen betreffen oder erst in der Zukunft zu erwarten sind, gehen für uns «normale» Menschen mit geringerem Gewicht in eine Güterabwägung ein als geringfügige Vorkommnisse, von denen wir unmittelbar und heute betroffen sind. Hans Jonas fordert uns auf, für die ethische Beurteilung neben Fakten und Vernunft auch empathische Gefühle in die Güterabwägung einzubringen. Auf die Notwendigkeit der Mobilisierung von Gefühlen wies vor über 200 Jahren schon Adam Smith mit den folgenden Worten hin:

> «Stellen wir uns vor, daß das große chinesische Reich mit all seinen Myriaden von Einwohnern plötzlich durch ein Erdbeben verschlungen würde, und überlegen wir, wie ein human gesinnter Mensch in Europa, der keinerlei Beziehung zu jenem Weltteil hät-

te, dadurch berührt werden würde, wenn er von diesem fürchter-
lichen Unglück Kenntnis erhielte.»[23]

Zwar, so Smith, würde dieser Mensch wohl in allerlei trübselige Betrachtungen verfallen und seinen humanen Gefühlen geziemend Ausdruck
verleihen, aber

> «dann würde er seinem Geschäft oder seinem Vergnügen nachge-
> hen, sich seiner Erholung oder seiner Zerstreuung widmen und
> alles das mit der gleichen Gemächlichkeit und Ruhe, als ob kein
> derartiger Vorfall sich ereignet hätte. Der geringfügigste Unfall,
> der ihm selbst zustoßen könnte, würde in ihm eine weit stärkere
> Beunruhigung hervorrufen. Das Bewußtsein, daß er morgen sei-
> nen kleinen Finger verlieren müßte, würde ihn schon heute nacht
> nicht schlafen lassen; dagegen wird er bei dem Untergang von
> hundert Millionen seiner Brüder mit der tiefsten Seelenruhe
> schnarchen ...»[24]

Der Gedanke, der dem Physiker Hans-Peter Dürr zugeschrieben wird,
muß hier zur Erläuterung empathischen Vermögens der Menschen genügen: Wir würden uns sicher öfter einmal mit dem Hammer auf
den Daumen hauen, wenn der Schmerz erst nach einem Jahr eintreten
würde...

Die Schwere der Betroffenheit eines Individuums, einer Gruppe von
Menschen oder der Schädigung der Natur ist ein wesentliches Kriterium
einer verantworteten Güterabwägung. Die ästhetische Beeinträchtigung
(z. B. einer Fluß-Landschaft durch den Bau einer Fabrik) kann durchaus
eine Verminderung der Lebensqualität für dort lebende Menschen
darstellen. Die mit der Fabrik entstehenden Arbeitsplätze und anderen
Vorteile können jedoch diese Beeinträchtigung kompensieren. Etwas
schwieriger kann es schon bei zeitweiligen, unvermeidbaren Lärm- und
Geruchsbelästigungen sein; und noch einmal anders ist es bei gesund-
heitsgefährdenden Emissionen: der Verlust von Gesundheit oder Menschenleben kann durch wirtschaftliche Vorteile nicht aufgewogen werden. Der Zweck heiligt nicht alle Mittel und deren «Nebeneffekte».

Als Daumenregel gilt, daß mit der Schwere und Intensität der Auswirkungen für Gesellschaft und Umwelt der Legitimationsbedarf unternehmerischen Handelns steigt. Zumutungen gegen den Willen von Betroffenen bedürfen in jedem Fall der besonderen Legitimation, ansonsten
stellen sie moralische Defizite unternehmerischen Handelns dar. Die
Freiheit der Menschen besteht eben auch darin, daß nicht andere, sondern sie selbst über den Wert und Rang ihrer Wünsche und Interessen zu
entscheiden haben.[25]

Zur ethischen Urteilsfindung

Oswald von Nell-Breuning wies darauf hin, daß «Wirtschaft kein Höchst- oder Letztwert, richtig verstanden nicht einmal ein Selbst- oder Eigenwert, sondern nur ein Dienstwert ist».[26] Wo Menschen in den Konflikt zwischen Eigeninteresse und Verpflichtung gegenüber dem Ganzen kommen, soll, so von Nell-Breuning, das sachlich Notwendige mit dem geringsten Maß an sittlicher Belastung gewählt werden.[27] Die Verbindung von Sachgerechtem mit dem Menschengerechten stellt hohe Anforderungen an diejenigen, die eine Entscheidung letztlich zu fällen haben.

Tödt hat sechs methodische Schritte zur «sittlichen Urteilsfindung» vorgeschlagen, von denen wir versuchen sollten im Zusammenhang mit Unternehmensethik zu profitieren:[28]

1. Problemwahrnehmung:
   Worin besteht das ethische Problem? Ist es überhaupt ein ethisches Problem, oder liegt die Problematik auf einer völlig anderen Ebene? Dabei ist in jedem Fall eine ganzheitliche Wahrnehmung des Problems erforderlich, d. h., Teilprobleme sind in einen weiteren Zusammenhang zu integrieren, damit ihre ethische Bedeutung erkannt werden kann.
2. Situationsanalyse:
   Was sind die relevanten Zusammenhänge? Wer ist durch das in dieser spezifischen Situation sich stellende Problem in einer besonderen Verpflichtung oder Verantwortlichkeit?
3. Beurteilung von Verhaltensoptionen:
   Wie sind, in einer Welt von Unsicherheiten und Widersprüchlichkeiten, kurzfristige und scheinbar selbstverständliche technische und pragmatische Problemlösungen langfristig in ethischer Hinsicht zu beurteilen? Was sind die Alternativen, was sind deren Folgen und Nebenwirkungen?
4. Prüfung von Normen, Gütern und Perspektiven:
   Welche Normen und Maßstäbe sind bei der Festlegung möglicher Verhaltensalternativen und der Bewertung der Vorzugslösung anzuwenden? Welchen Gütern ist in bestimmten Situationen der Vorrang zu geben?
5. Prüfung der sittlich-kommunikativen Verbindlichkeit:
   Können andere Menschen in dieser Situation und unter gleichen lebensgeschichtlichen Voraussetzungen sich so verhalten, wie es der in Aussicht genommene Urteilsentscheid gebietet?
6. Urteilsentscheid:
   Was ist das Fazit aus dem Erwägen und Verknüpfen der vorangegangenen fünf Sachmomente? Zu welchem Verhalten führt die Einsicht und der Entschluß?

Generelle und generalisierende Urteile ohne einen methodischen Urteils-
findungsprozeß erweisen sich meist als Vorurteile, wenn nicht gar als
Vorverurteilungen. Kaum eine Situation ist so eindeutig, daß es in der
Güterabwägung nicht auch Gründe für eine Handlungsalternative gäbe.
Deshalb ist eine Hierarchisierung der Wertigkeiten von Betroffenheiten
erforderlich.

Welche und wessen Interessen gehen im Zweifel vor?

Da aus unternehmerischer Perspektive keine Äquidistanz zu den verschiedenen Stakeholdern besteht, werden bei eventuellen Interessenkonflikten
und bei Pflichtenkollisionen meist Prioritäten zugunsten von Unterneh-
menszielen gesetzt, die die Interessen der Aktionäre und Mitarbeiter be-
vorzugen. Wie aber steht es mit der ethischen Relevanz dieser Priorität?
    Soll z.B. ein Flugzeug-Unternehmen einem Land, das Bevölke-
rungsminderheiten oder seinen Nachbarn gegenüber nicht friedfertig
ist, Technologie verkaufen, die als «dual-use»-Technologie[29] sowohl für
den öffentlichen Gesundheitssektor (zum Sprayen gegen krankheitsübertragende Insekten) als auch für kriegerische Zwecke eingesetzt werden kann? Welche Elemente müssen in solchen Fällen mit welchem Gewicht in die Güterabwägung einer Unternehmensführung einfließen?
Macht es einen Unterschied für die Entscheidung, ob es dem Unternehmen wirtschaftlich gut geht und es auf diesen Auftrag nicht angewiesen ist oder ob das weitere Überleben des Unternehmens und
somit die Existenz Hunderter von Arbeitsplätzen von diesem Auftrag
abhängt? Und, wenn der zweite Fall zutrifft, mit welchem Gewicht soll
das Wohlergehen der Mitarbeiter und ihrer Familien sowie der Aktionäre
in den Abwägungsprozeß eingehen? Mit welcher Art der Wahrscheinlich-
keitsrechnung soll festgelegt werden, wie sich die politischen Verhältnisse
im Empfängerland zugunsten einer größeren Friedfertigkeit verändern?
Last but not least: Macht es einen Unterschied für die Entscheidung des
Unternehmens, ob ein Konkurrent nur darauf wartet, daß man den Auftrag nicht erfüllt, um in die entstandene Lücke zu springen, also auf jeden
Fall vergleichbare Flugzeuge ins Land geliefert werden?
    Wenn nun das Unternehmen die Interessen der Aktionäre und Mitar-
beiter höher gewichtet als die ungewissen Annahmen über die Friedfertigkeit der gegenwärtigen Regierung und deshalb den Auftrag (unter
politischen, jedoch nicht einklagbaren Auflagen) ausführt, bedeutet dies,
daß das Unternehmen unmoralisch handelt? Wie steht es mit dem Verkauf von Chemikalien, die man sowohl für die Produktion von Basis-
Medikamenten als auch als Foltermittel gegen politische Gefangene
einsetzen kann? Wie ist zu verfahren mit Werkzeugmaschinen, mit denen
zwar wichtige Ersatzteile für die Produktion von Basisgütern herstellbar
sind, aber auch Waffenteile?

Da politische Einschätzungen kaum je völlig objektiver Natur sind, sind generelle Ratschläge in solchen Situationen äußerst schwierig. Natürlich sollte Zurückhaltung geübt und auch der Rat externer Fachleute eingeholt werden. Bei vernünftigen Zweifeln über die Friedfertigkeit der Empfänger-Regierung dürfte nicht verkauft werden; was allerdings «vernünftige Zweifel» sind, wird in vielen Fällen großem Meinungspluralismus unterliegen. Aus ethischer Perspektive ist Zurückhaltung und im Zweifel der Verzicht auf das Geschäft zu empfehlen. Das gilt auch für Arzneimittel: Wenn sich aufgrund der vom Hersteller langjährig gesammelten Daten herausstellt, daß ein auf dem Markt befindliches Produkt unerwartete Gefahren für die Konsumenten birgt, die bei der Einführung oder in der frühen Verkaufsphase nicht bekannt waren, so besteht Handlungsbedarf, auch wenn kein behördlicher Druck besteht. Zweifellos muß das Unternehmen auch die Behörden und die (professionelle) Öffentlichkeit informieren. Dennoch bleiben Fragen, die vom Unternehmen aufgrund der eigenen ethisch reflektierten Güterabwägung beantwortet werden müssen: Wie ist zu verfahren, wenn von den neu bekannt gewordenen Nebeneffekten nur wenige Menschen betroffen sind, diese jedoch lebensgefährlich? Wie sind die lebensgefährdenden Nebeneffekte für die wenigen abzuwägen gegen die erwünschten positiven Auswirkungen für die große Mehrheit der Patienten? Welches Nutzen/Risiko-Verhältnis ist verantwortbar, wenn der Nutzen lediglich im «Wohlbefinden» von Patienten besteht, das Risiko aber im Tod? Hier bleiben Fragen offen, die vom jeweiligen Arzt und Patienten mit größter Wahrscheinlichkeit anders beantwortet werden als z.B. von Kritikern der Pharmaindustrie.

Die Praxis kennt Negativbeispiele, wo eindeutig lebensgefährliche Produkte aus rein kommerziellen Interesse und gegen besseres Wissen auf dem Markt blieben und durch ihren Gebrauch das Leben und die Gesundheit vieler Menschen zerstörten.[30] Dagegen stehen allerdings auch positive Beispiele, bei denen Produkte früh, allein aufgrund einer verantworteten Güterabwägung der unternehmerischen Verantwortungsträger und gänzlich ohne behördlichen oder Konsumentendruck zurückgezogen wurden. Zu nennen wäre die vorbildliche Rückrufentscheidung der Firma Johnson & Johnson im Fall der vergifteten Tylenol-Kapseln, aber auch z.B. die Rücknahme defekter Rundfunkempfänger von J. C. Penney in den frühen sechziger Jahren oder der Ausstieg von Johnson Wax aus Fluorkohlenwasserstoffen im Jahre 1975 (!).[31]

Noch problematischer wird die Güterabwägung, wenn Preisfragen über das Wohl von Patienten entscheiden. Nehmen wir an, ein neues Medikament gegen Tuberkulose habe im Vergleich zu einem seit Jahren auf dem Markt befindlichen Produkt ein sehr viel günstigeres Nutzen/Risiko-Verhältnis. Der Preis dieses neuen und besseren Medikaments sei jedoch so hoch, daß es für arme Menschen in Entwicklungsländern unerschwinglich ist. Gehört nun der Preis dieses Arzneimittels auch in die unternehmensethische Abwägung, oder soll sich das Unternehmen nur an denen ausrichten, die am Markt als kaufkräftige Nachfrager auftreten? Darf man überhaupt kommerzielle Interessen gegen Überlebensinteressen der in absoluter Armut lebenden Menschen abwägen, oder fällt die Versorgung mit Arzneimitteln in die Verantwortung des Staates? Die konventionelle Analyse wird hier auf die Gesetze des Marktes verweisen – für die unternehmensethische Reflexion reicht dies jedoch nicht aus. Obwohl die prinzipielle Ausrichtung eines Unternehmens immer diejenige auf den Markt sein muß und obwohl viele Entwicklungsländer trotz offensichtlicher Defizite bei der Grundbedürfnisbefriedigung ihrer Bevölkerung immense Mittel in unsinnige Rüstungsausgaben und Prestigekonsum investieren, geht die Verantwortung eines Unternehmens weiter als lediglich kaufkraftorientiertes Anbieten auf Märkten. Der Verweis, das jeweilige Entwicklungsland habe nicht einen prinzipiellen Mangel an Ressourcen, sondern lediglich falsche Prioritäten bei der Allokation knapper Mittel, ist zwar gerechtfertigt – löst jedoch das Problem als solches nicht.

Besonders dort, wo monopolartige Situationen bestehen – sagen wir einmal, ein Unternehmen fände ein wirksames Medikament gegen AIDS –, darf aus ethischer Sicht nicht allein die Kaufkraft über Leben und Tod entscheiden. Wo ein Anspruch auf ethisches Handeln erhoben wird, muß kreativ nach Möglichkeiten gesucht werden, auch jene Patienten zu versorgen, die mangels Kaufkraft oder aufgrund verantwortungslosen Ausgabeverhaltens des Staates keinen Zugang hätten. Im unternehmerischen Alleingang ist dies meist nicht möglich. Daher sind Unternehmen in solchen Situationen gut beraten, nach größeren Koalitionen zu suchen, d.h., Preiskonzessionen zu machen und zur Finanzierung «joint ventures» mit Hilfswerken und anderen Organen der bilateralen und multilateralen Entwicklungszusammenarbeit einzugehen. Eine Zusammenarbeit mit humanitären Organisationen würde dazu beitragen, daß im Land selbst eine Kontrolle bei der Verteilung stattfindet und nicht etwa ein lukrativer Re-Export zum Verkauf auf grauen Märkten.

Es gibt sicher viele Fälle, in denen die moralisch richtige Entscheidung relativ einfach ist, die Mehrzahl der Fälle, in denen kommerzielle Argumente mit menschlichen Betroffenheiten konfligieren, sind jedoch komplex.

Ethische Dilemmata und Kompromisse

Ethische Dilemmata sind Zwangslagen, in denen zwischen zwei oder mehreren Handlungsalternativen entschieden werden muß, wobei jede ein gewisses Maß an Schuld mit sich bringt. Es gibt eine Reihe sehr tragischer Entscheidungssituationen, mit denen dieser Sachverhalt erhellt

werden kann – Entscheidungen, in denen es um Leben und Tod geht und
so oder so menschliches Leid unvermeidlich wird.[32] Ein solches Beispiel,
es wurde mir von einem befreundeten Pater erzählt, ist die folgende
Geschichte:

Gegen Ende des Zweiten Weltkrieges kam es in Oberitalien zu einem
Zwischenfall, bei dem eine Gruppe deutscher Soldaten von italienischen
Partisanen angegriffen wurde, wobei ein deutscher Offizier ums Leben
kam. Der kommandierende Offizier befahl, im nächstliegenden Dorf
zwanzig Männer zu verhaften und standrechtlich zu erschießen. Als die
zwanzig Männer zur Exekution geführt wurden, sprach einer aus der
deutschen Soldatengruppe, ein äußerst frommer und christlichen Werten
verpflichteter Mann, seinen Kommandeur auf das Mißverhältnis an,
zwanzig Männer wegen des einen gefallenen Offiziers erschießen zu lassen. Der Kommandeur machte ihm daraufhin das zynische Angebot,
neunzehn Männer zu verschonen, wenn er persönlich einen Mann exe-
kutiere. Der fromme Mann konnte dies aus Gewissensgründen nicht tun;
es wurden alle zwanzig erschossen. Noch über fünfzig Jahre danach
leidet dieser Mann unter seiner Entscheidung. Seine Güterabwägung
ersparte ihm direkte persönliche Schuld, hatte aber den Tod von zwanzig
unschuldigen Menschen zur Folge, von denen neunzehn am Leben ge-
blieben wären, hätte er sich schuldig gemacht.

Im Unternehmenskontext gibt es kaum Beispiele vergleichbarer Tra-
gik, wohl aber Situationen, in denen die Allokation knapper Ressourcen
zu Begünstigungen oder Benachteiligungen führt. Ein Beispiel in dieser
Hinsicht sind Entlassungen, um den Bankrott des Unternehmens zu
verhindern bzw. dessen Rentabilität wiederherzustellen und dadurch die
Vernichtung aller Arbeitsplätze zu vermeiden. Ein anderes Beispiel sind
Tierversuche, durch die im Rahmen der pharmazeutischen Forschung
liebens- und schützenswerten Kreaturen Schmerz zugefügt wird. Dieses
Übel wird dadurch gerechtfertigt, daß die Ergebnisse dieser Forschung
den Menschen zugute kommen.

Ethische Dilemmata sind also Situationen, in denen die Wahl zwischen
ethisch gebotenem und verbotenem Handeln gar nicht besteht, sondern
nur die Wahl zwischen zwei oder mehreren Übeln. Auch Nichthandeln
bzw. Dulden einer bestimmten problemhaften Situation kann eine Wahl
sein, die ethisch unzulässig ist. Die Güterabwägung für das ethisch *klei-
nere Übel* rückt hier ins Zentrum. Georges Enderle schlägt dafür folgende vier Regeln vor:[33]

1. Entscheide vom Standpunkt der Unparteilichkeit aus.
2. Entscheide im Rahmen eines Ziel-Rechte-Systems so, daß die unmittelbar Betroffenen in ihren Grundrechten so weit als möglich respektiert werden und ihr Wohlbefinden nicht durch externe Nutzen-
   überlegungen beeinflußt wird.

3. Entscheide so, daß die Fairneß-Ansprüche der einzelnen Betroffenen beachtet werden.
4. Entscheide so, daß die Ressourcen unter Respektierung der drei genannten Regeln optimal genutzt werden.

Lösungen von ethischen Dilemmata verlangen oft einen Kompromiß. Sie werden so zu etwas, dem viele Menschen ein diffuses Unbehagen entgegenbringen, denn der Begriff «Kompromiß» ist im deutschen Sprachgebrauch oft negativ überlagert. Man unterstellt intuitiv einen «faulen» Kompromiß. Dies ist jedoch kein adäquater Ansatz. Martin Honecker weist in seiner «ethischen Bewertung des Kompromisses» auf zwei problematische Möglichkeiten hin:

- die «prinzipielle Kompromißlosigkeit» zur Wahrung einseitiger Interessen;
- die «prinzipielle Kompromißsucht», die aus Bequemlichkeit und Resignation auch den Preis des Verzichts auf sittliche Werte und Güter zu zahlen bereit ist.[34]

In pluralistischen Gesellschaften ist das Schließen von Kompromissen praktisch unumgänglich. Aus diesem Grund seien Hinweise darauf, wie man sich einem «guten» Kompromiß annähert, erlaubt: Im Rahmen einer verantworteten Güterabwägung muß es zunächst zu einer Festlegung der Wertordnung kommen, damit klar wird, welche Güter Vorrang haben. Mit der so gewonnenen Wertvorzugsregel wird es möglich, niedrige Güter einem höheren zu opfern. Solche Kompromisse sind unproblematisch.[35] Kompromisse, die höhere Werte einem niedrigeren opfern, sind dagegen ethisch nicht akzeptabel, erst recht nicht Kompromisse, die, wie Honecker formuliert, «Unaufgebbares aufgeben», sie können vor dem Gewissen nicht verantwortet werden.[36]

Die Grenzen der Verantwortung von Unternehmen

Kontrovers und letztlich auch nicht abschließend zu beantworten ist die Frage nach den Grenzen der Verantwortung. Unstrittig ist, daß Menschen für das verantwortlich sind, was in ihrer Handlungsmacht liegt. Diese Handlungsmacht ist jedoch selten «Vollmacht» und muß es auch nicht sein: Verantwortung tragen auch diejenigen, denen lediglich indirekte, geringfügige und nur bedingt erfolgreiche Einflußnahme möglich ist.[37] Das kann z.B. durch eine aktive, gut vorbereitete und kenntnisreiche Teilnahme an Teamsitzungen zur Entscheidungsfindung über einen spezifischen Sachverhalt stattfinden, ebenfalls durch aktive «Einmischung» anstatt passiver Hinnahme von Entscheidungen, an denen man nicht direkt beteiligt ist. Aber: so wie Individuen nicht für alles und jedes verantwortlich sein können, gibt es auch Grenzen der Verantwortung für Unternehmen. Verantwortlich kann man nur für das sein, was nach menschlichem Ermessen und bei größter Sorgfalt voraussehbar war. In dieser Hinsicht gelten allerdings strenge Maßstäbe: Angesichts eines immer schneller wachsenden Wissens und der immer perfekter werdenden Kommunikations- und Informationsmöglichkeiten wird es, besonders für Institutionen mit gut ausgebauten Kompetenz-Infrastrukturen und modernen Kommunikationstechnologien, immer schwerer, sich glaubwürdig auf Unwissen zu berufen. Jede Wahrnehmung von Verantwortung muß ihrerseits wieder verantwortet werden, d. h., «es muß ex ante sichergestellt – und ex post Rechenschaft darüber abgelegt – werden, daß die Wahrnehmung der Verantwortung nicht etwa den Einsatz von Mitteln oder die Inkaufnahme von Folgen impliziert, die ihrerseits Verantwortlichkeiten (oder andere anerkannte Verbindlichkeiten) verletzt.»[38] Dazu gehört einerseits, daß die Wahrnehmung ökologischer oder sozialer Verantwortung nicht die wirtschaftliche Existenz des Unternehmens gefährden darf, andererseits, daß seine Bemühungen um einen möglichst hohen Gewinn im Rahmen der sozialen und ökologischen Verträglichkeit bleiben.

Schließlich muß die Übernahme von Verantwortung zumutbar sein: «Niemand kann aus bloßer Solidaritätsverantwortung verpflichtet sein, den sicheren oder hochgradig wahrscheinlichen Tod in Kauf zu nehmen; ein geringfügiges Todes- und Gesundheitsrisiko – z. B. das Narkoserisiko bei einer Knochenmarkspende, die einem anderen das Leben rettet – wird hingegen zweifellos als zumutbar gelten müssen.»[39] Das unternehmensethisch relevante Pendant dieser Aussage ist, daß zwar ein (z. B. Pharma-) Unternehmen in Notfällen und bei Katastrophen verpflichtet ist, auch unentgeltlich oder bei nicht abgeklärter Finanzierungssituation lebensrettende Medikamente zu liefern, um vermeidbares Sterben und sinnloses Leiden zu verhindern; unzumutbar wäre jedoch die Forderung, ein solches Unternehmen müsse generell seine Medikamente unentgeltlich abgeben, wenn Menschen zu arm sind, diese zu kaufen.

Die Verantwortung von Unternehmen hört auch dort auf, wo Menschen Produkte mißbrauchen – wider besseres Wissen, wohlgemerkt. Es ist eine erwiesene Tatsache, daß z. B. Pflanzenschutzmittel, aber auch Schlaf- und Beruhigungsmittel in vielen Entwicklungsländern gezielt für Selbstmord-Zwecke eingesetzt werden. Insofern kann nicht behauptet werden, die Menschen (selbst die ärmsten und nicht lesekundigen) seien sich nicht der Giftigkeit dieser Mittel bewußt. Zwar muß in solchen Fällen von einem Unternehmen erwartet werden, daß es seiner Aufklärungspflicht in bezug auf die vielfältigen Charakteristika derartiger Produkte nachkommt, es kann jedoch für den absichtlichen Mißbrauch seiner Erzeugnisse nicht verantwortlich gemacht werden.

Entscheidungen auf eine breitere Basis stellen

Unterschiedliche Wertprämissen beeinflussen nicht nur die Auswahl der für die Entscheidung herbeigezogenen Argumente, sondern auch die Definition von Risiken und infolgedessen ihre ethische Bewertung.[40] Was dem einen als moralisch inakzeptabel erscheint, kann von anderen als unbedenklich erachtet werden.[41] So kann ein und derselbe Sachverhalt, sagen wir z. B. Tierversuche in der medizinisch-pharmazeutischen Forschung, bei verschiedenen Menschen sehr unterschiedliche Reaktionen auslösen. Diese reichen von völliger Indifferenz bis zur vehementen moralischen Entrüstung über die Verletzung von «Grundrechten der Tiere» («animal rights») mit entsprechend militantem Verhalten und Rechtsbruch wie z. B. dem Einbruch in Tierversuchs-Anstalten.[42]

Wenn sich Unternehmen nicht ständig derartigen Konflikten aussetzen wollen, sollten sie ihre Entscheidungen von gesellschaftlicher Relevanz auf der Basis eines möglichst breiten Konsenses treffen. In komplexen Entscheidungsprozessen sind immer «dissident voices» einzubeziehen – alles muß auf den Tisch, nicht nur alle Fakten, sondern auch alle möglichen Meinungen, so unbeliebt sie auch sein mögen. Widersprüche von Querdenkern, auch wenn sie noch so ungelegen kommen und dem allgemeinen Meinungstrend entgegenstehen, müssen in Gruppendiskussionen rational widerlegt bzw. überwunden und nicht etwa diskussionslos oder mit ideologischer Begründung unter den Tisch gekehrt werden. Die Analyse verschiedenster früherer Fehlentscheidungen legt immer wieder den Mangel an kompetenten, analytisch begabten Stabskräften offen, die höchste Entscheidungsträger mit unabhängigem Rat in der Entscheidungsfindung unterstützen.[43] Unverwässerte, unverzerrte und von systemimmanenten Interessen freie Informationen und Analysen sind für eine hohe ethische Qualität unternehmerischer Entscheidungen unverzichtbar. Da die Beurteilung ethischer Sachverhalte und der Wertigkeit verschiedener Handlungsalternativen zwischen Industrie- und Entwicklungsländern besonders unterschiedlich ist,[44] ist auch auf eine interkulturelle «Durchmischung» von Entscheidungsgremien zu achten.

2. Unternehmensrichtlinien: Das festgeschriebene Gewissen?

«Unternehmensrichtlinien» sind ethische Orientierungs- und Handlungs-leitlinien, die von einem Unternehmen aus eigener Initiative, d. h. ohne gesetzlichen Zwang, aber dennoch für alle Mitarbeiter bindend in Kraft gesetzt werden. Sie sollen dazu beitragen, daß wirtschaftliche, soziale und ökologische Ziele eines Unternehmens auf eine möglichst harmoni-sche Art und Weise angestrebt und erreicht werden. Solche Richtlinien können vor allem für international tätige Konzerne, die sich mit unter-schiedlichen rechtlichen, sozialen und kulturellen Bedingungen auseinan-dersetzen müssen, äußerst wichtig sein. Wichtig aus folgenden Gründen:

• Sie helfen einem Unternehmen, seine nicht-ökonomischen Verantwort-lichkeiten zu erkennen und zu definieren.
• Sie geben Orientierung in ethisch mehrdeutigen Situationen und ver-meiden so willkürliche Ad-hoc-Entscheidungen.
• Sie wirken einer fortschreitenden Reglementierung durch den Staat und seine Behörden entgegen und erhalten so unternehmerische Frei-heit.
• Sie vermindern gesellschaftliche Transaktionskosten.

Mit gut formulierten Richtlinien kann ein Unternehmen eine beachtliche Strecke auf dem langen Weg zur Umsetzung ethischer Ambitionen zu-rücklegen. Dabei muß der Geltungsgrad der Kodizes nicht bei den eige-nen Mitarbeitern aufhören, sondern kann Zulieferanten und andere Geschäftspartner gleichermaßen verpflichten: So hat z. B. Levi Strauss & Co. nicht nur zu so sensiblen Sachverhalten wie Kinderarbeit, Arbeit von Strafgefangenen und Umgang mit kulturellen Minderheiten eine dezi-dierte, klare Stellung bezogen, sondern einen Verhaltenskodex aufge-stellt, nach dessen Kriterien auch seine Geschäftspartner ausgewählt werden. Das Unternehmen hat damit weltweite Anerkennung und Auf-merksamkeit gewonnen.[45] Auch Ciba hat den Geltungsbereich seines Ökologie-Verständnisses über das eigene Unternehmen hinaus auf Zulie-ferfirmen und Kunden ausgedehnt.

Unternehmensrichtlinien dürfen, wenn sie glaubwürdig sein sollen, nicht nur schön klingende und attraktiv aufgemachte Absichtserklärun-gen sein. Um ihnen eine möglichst starke handlungsleitende Kraft zu verleihen, sind eine Reihe von Kriterien zu deren Formulierung und Implementierung einzuhalten.[46]

Zur Formulierung und Implementierung von Unternehmensrichtlinien

Bei der Formulierung von Unternehmensrichtlinien ist große Sorgfalt erforderlich: Einerseits sollten sie eine Lösung für konkrete Probleme anbieten und nicht nur im abstrakten «Guten» verbleiben, andererseits dürfen sie kein dickes «Gesetzbuch» sein. Unternehmensrichtlinien sollten

- über geltende Gesetze hinausgehen – sonst sind sie irrelevant!
- über «branchenübliche» Sitten und Gebräuche hinausgehen – sonst sind sie ebenfalls irrelevant!
- eindeutige Prinzipien beinhalten. Schlampiges, verschwommenes oder gar nicht vorhandenen Tiefsinn vorschützendes, gestelztes Formulieren schadet nur.[47]
- diejenigen Aktivitäten des Unternehmens berühren, die die größten gesellschaftlichen Kontroversen implizieren.
- ehrlich sein – d.h., sie sollten keine Versprechungen machen, die in der Praxis nicht eingehalten werden können.
- regelmäßig daraufhin überprüft werden, ob sich der ihnen zugrunde liegende Wissensstand verändert hat, und bei wesentlichen Veränderungen angepaßt werden.

Die Qualität von Unternehmensrichtlinien kann erheblich verbessert werden, wenn kompetente firmeninterne und -externe Personenkreise ihren Beitrag dazu leisten können. Da Unternehmensrichtlinen auch Sachverhalte regeln müssen, die von besonderer gesellschaftspolitischer Sensibilität sind, bedürfen sie der Konsensfähigkeit. Die Konsensfähigkeit unternehmensethischer Verfahrensformen kann aber nur im Dialog mit relevanten Gesellschaftsgruppen gefunden und getestet werden. Externe Gruppen geben übrigens ein klareres und kritischeres Feedback als interne Abteilungen, wie ein Unternehmensberater von McKinsey festgestellt hat.[48] Dies macht den Dialog zu einem der wichtigsten unternehmenspolitischen Instrumente.

Man kann Unternehmensethik nicht von «oben» dekretieren – das funktionierte bisher nicht einmal bei den Zehn Geboten, obwohl nicht nur deren Gemeinwohlverpflichtung unbestritten ist, sondern sie bekanntlich auch von höchster Autorität übergeben und empfohlen wurden. Dennoch spielt «oben» eine Rolle: Von größter Bedeutung für das konzernweite Umsetzen von Unternehmensrichtlinien ist, daß deren Geist und Buchstabe von «oben» vorgelebt und nicht lediglich gepredigt wird. Das Verhalten des Managements prägt das Verhalten der Mitarbeiter im guten wie im bösen.[49] Schwierigkeiten mit der Umsetzung von Unternehmensrichtlinien entstehen um so mehr dann, wenn sie mit den Signalen, die von «oben» ausgehen, nicht übereinstimmen: Wenn die Führungsetage soziale und ökologische Ziele zwar verbal hervorhebt, aber in der Realität nur am finanziellen Ergebnis mißt, werden Verhaltenskodizes im besten Fall irrelevant. Im schlechteren Fall wird eine Scheinsicherheit verbreitet; im schlimmsten Fall werden die Richtlinien zum Gegenstand zynischer oder abfälliger Kommentare. Empfehlungen zur optimalen Implementierung sind daher:

- Ein Kommunikationsprogramm muß stattfinden, bei dem die wesentlichen Inhalte der Kodizes und ihre Bedeutung für den Unternehmensalltag erklärt werden und die Mitarbeiter Rückfragen stellen können. Informationskampagnen, bei denen Richtlinien mit der internen Post verschickt werden, reichen nicht aus.
- Um sicherzustellen, daß die «Botschaft» von allen Mitarbeitern verstanden wurde, ist eine schriftliche Bestätigung empfehlenswert. Es sollten keine Zweifel offen sein, daß Verstöße gegen unbedingt verpflichtende Regeln personelle Konsequenzen bis hin zur Entlassung nach sich ziehen – und zwar unabhängig davon, ob der Verstoß für das Unternehmen positive oder negative wirtschaftliche Konsequenzen hatte.
- Die vom Kodex betroffenen Manager müssen rechenschaftspflichtig sein. D. h., sie sollten bei ihrer Mitarbeiterbeurteilung auch an ihrem Beitrag zur Verwirklichung unternehmensethischer Ziele gemessen werden.
- Audit-Komitees, Ombudspersonen, ein «vertrauliches Telefon» oder andere Einrichtungen sollten sicherstellen, daß ein Mitarbeiter ein Anliegen auch an «höherer» Stelle vorbringen kann, wenn Interventionen bei unmittelbaren Vorgesetzten nicht das gewünschte Ergebnis bringen.

Zu den Nachteilen von Unternehmensrichtlinien

Das Gefangenen-Dilemma

Einer der größten Nachteile von Unternehmensrichtlinien ist, daß sie nur das implementierende Unternehmen an ein ethisch reflektiertes Handlungsmuster binden, nicht aber alle Unternehmen der gleichen Branche. Verhält sich die Branche insgesamt völlig anders (hier im Sinne von «unmoralischer»), so kann das «moralisch handelnde» Unternehmen deutliche Wettbewerbsnachteile haben, ohne daß das anvisierte Problem als Ganzes gelöst wird (z. B. Korruption). Ohne dieses Argument gering bewerten zu wollen, legitimiert es nicht die Entscheidung, bei besserem Wissen und höher entwickelter moralischer Überzeugung auf ethische Selbstverpflichtungen zu verzichten. Wettbewerbstaktisch wäre es geschickter, wenn ein Unternehmen versuchen würde, die Konkurrenz in der Branche von der Richtigkeit ethischen Verhaltens zu überzeugen und den daraus resultierenden Wandel bei spezifischen Geschäftspraktiken branchenweit zu vollziehen. Wenn dies jedoch trotz bester Bemühungen nicht möglich ist, dann verpflichtet die Führungsverantwortung zu einem Alleingang. Da eine solche Situation in der Nähe des «Gefangenen-Dilemmas» liegt, soll dieses hier kurz rekapituliert werden.

Das Gefangenen-Dilemma ist das Kern- und Lehrstück der Spiel-theorie, die davon ausgeht, daß Situationen mit dieser Grundstruktur im sozialen Leben allgegenwärtig sind. Es funktioniert folgenderma-ßen:[50]

Individuum A und Individuum B haben zusammen eine Import-Export-Firma gegründet. Sie arbeiten dabei mit den schmutzigsten Tricks, um das Zoll- und Subventionsrecht der EG auszunutzen. Trotz ihrer Ausgefuchstheit geraten sie in Verdacht und werden in Untersu-chungshaft genommen. Die beiden werden in getrennte Zellen gesperrt, so daß sie nicht miteinander reden und sich auf eine gemeinsame Strate-gie festlegen können. Um zu einem revisionsfreien Urteil zu kommen, bietet der Staatsanwalt während eines separaten Verhörs beiden an, demjenigen Straferlaß zu gewähren, der gegen den anderen aussage. Derjenige, der nicht kooperiere, würde mit der ganzen Strenge des Ge-setzes bestraft. Wenn beide gestehen, bekommt jeder 5 Jahre Haft; wenn keiner gesteht, jeder nur 1 Jahr. Für A und B gibt es – in der Isolation ihrer Zelle – drei mögliche Handlungsalternativen:

1. Beide schweigen aus Solidarität zueinander. So hätten beide nur 1 Jahr Haft zu erwarten.
2. Beide versuchen, ihren Eigennutz zu maximieren und gestehen. Dies hat die Konsequenz, daß sie verurteilt werden, jedoch nur zu je 5 Jah-ren.
3. Einer verläßt sich auf die Solidarität seines Kumpels und schweigt, während der andere mit dem Staatsanwalt kooperiert. So kommt der Geständige in den Genuß der Straffreiheit – sein Komplize wird je-doch zu zehn Jahren Freiheitsentzug verurteilt.

Was wäre nun die beste Wahl, die A oder B treffen könnten? Auf den ersten Blick scheint die Entscheidung völlig klar: Beide schweigen hart-näckig und kommen mit einem Jahr davon. Aber keiner weiß vom ande-ren, was in dessen Kopf vorgeht, ob der Kumpel tatsächlich Kumpel bleibt und nicht doch seinen Eigennutz maximieren möchte. Daher brächte für jeden das Schweigen ein zu hohes Risiko mit sich – zehn Jahre Haft. Die dominante Strategie – egal, was der andere machen wird – ist also das Geständnis, mit der Chance, entweder straffrei auszugehen (wenn der andere schweigt) oder nur fünf Jahre zu bekommen (wenn der andere ebenfalls gesteht). Das Paradoxe an der Situation ist, daß zwar beide am meisten profitieren würden, wenn sie sich solidarisch verhielten und schwiegen, die individuell «rationale» Variante jedoch diejenige ist, ohne Rücksicht auf die Interessen des anderen das Eigeninteresse zu maximieren. Würde man das Eigenschaftswort «rational» mit Moralvor-stellungen aufladen, so daß es nicht mehr um «Nützlichkeit» (utilitas), sondern um Ehre und Sittlichkeit (honestas) geht, würden sich beide für eine solidarische Strategie entschließen. Das würde jedoch voraussetzen, daß sittliche Normen, kooperative Grundhaltungen oder Pflichtgefühle zur Charakterausstattung von A und B gehören.

Wo in einer Gesellschaft, einem spezifischen Wettbewerbsumfeld oder in einer Gruppe von Individuen sittliche Normen an Geltungskraft verlieren, ist gegenseitiges Vertrauen gar nicht mehr möglich. Das einzige, worauf man sich dann noch verlassen kann, ist die Unzuverlässigkeit des anderen. Das Gefangenen-Dilemma kann letztlich nur überwunden werden, wenn eine einigermaßen hohe Erwartungssicherheit über das Verhalten der anderen «Mitspieler» besteht. Dies kann durch Kommunikation zwischen verschiedenen «Mitspielern» (Unternehmen) geschehen, aber auch durch eindeutiges Verhalten am Markt. Eine öffentliche Problematisierung von unternehmerischen Zwangslagen oder die Kooperation (wie z. B. ein Beitritt zu den Inseln der Integrität der Transparency International[51]) betroffener Unternehmen wäre wohl am effektivsten. Während das «klassische» Gefangenen-Dilemma ein einmaliges ist, kehrt es im Unternehmensalltag in irgendeiner Form immer wieder zurück – und damit die Chance, es endlich aufzubrechen.

Das festgeschriebene Gewissen: Kein gutes Ruhekissen

Unternehmensrichtlinien können bei Menschen mit der Sehnsucht nach stabiler Ordnung die Illusion wecken, sie seien mit dem Regelkatalog vor jeglichen Problemen gefeit. Dieses Gefühl der Sicherheit erweist sich jedoch als Scheinsicherheit. Unternehmensrichtlinien sind keine standardisierte «Anleitung zum ethischen Handeln», nach deren Lektüre allfällige Grenzsituationen oder gar ethische Dilemmata auf alle Zeit gemeistert wären. Besonders Arthur Rich weist darauf hin, daß die ethische Grundfrage «immer, wo sie konkret wird, eine Frage [ist], auf die es keine in dem Sinne eindeutige, glatte und die Konflikte harmonisierende Antwort gibt, daß man in ihr zur Ruhe kommen könnte».[52] Absolute Sicherheit böten Richtlinien nur dann, wenn sie für jede mögliche Situation eine strikte Handlungsanweisung parat hätten. Alle vorstellbaren Situationen und das jeweils richtige politische, soziale, ökologische und wirtschaftliche Verhalten können jedoch keine Richtlinien der Welt erfassen. Eine zu hohe Regeldichte würde letztlich auch paralysierend wirken. Die einzige Ausnahme sind Fälle, in denen das explizit ausgeschlossen wird, was das Unternehmen als eindeutig inakzeptables Verhalten definiert. Also im Sinne von Wilhelm Busch: «Das Gute – dieser Satz steht fest – ist stets das Böse, das man läßt.»

Unternehmensrichtlinien können deshalb immer nur einen «Korridor» zwischen «falsch» und «richtig» aufzeigen. Bestenfalls besitzen sie eine «Kompaßfunktion», d. h., sie geben zwar Orientierung, reichen aber für die Wegfindung nicht aus:

«Wer einen Kompaß benutzt, um an sein Ziel zu gelangen, hat dieses Instrument mißverstanden, wenn er meint, darauf seinen Standpunkt und den Weg zu seinem Ziel einfach ablesen zu können. Weder über das eine noch über das andere gibt der Kompaß eine direkte Auskunft; er zeigt immer nur in eine Richtung, nämlich nach Norden. Trotzdem führt er den Wanderer ans Ziel, vorausgesetzt, er weiß, wohin er will, und somit auch die Himmelsrichtung, in der sich von seinem Standpunkt aus gesehen sein Ziel befindet. Der Kompaß schreibt somit nicht direkt den richtigen Weg vor, sondern gibt an, wie der richtige Weg zu ermitteln ist.»[53]

Jede ethisch akzeptable Lösung komplexer Probleme erfordert mehr als ein Buch, in dem man nachschlagen kann. Auch das Lesen in der Bibel reicht für sich allein nicht aus, ein christliches Leben zu führen. Daher ist die *individuelle Fähigkeit* zu einer verantworteten Güterabwägung gefragt. Auf die überragende Bedeutung der Persönlichkeitsdimension wies schon Johann Heinrich Pestalozzi vor fast 200 Jahren hin. Er vertrat die Auffassung, keine Regierungsform eines Landes könne etwas taugen, wenn seine Bürger nichts taugen. Werner Lachmann übertrug diesen Gedanken auf die Wirtschaftsordnung, die nur so gut funktionieren könne, «wie der Mensch ist, der in ihr handelt».[54] Es bleibt hier anzufügen: Auch Unternehmensrichtlinien sind nur so gut wie die Führungskräfte, die sie anwenden.

Im nächsten Abschnitt soll auf ein strategisches Instrument eingegangen werden, das sich zur Entwicklung konsensfähiger Unternehmensrichtlinien anbietet: der *Dialog* mit den verschiedenen relevanten Gesellschaftsgruppen. Der Dialog hat nicht nur intrinsischen unternehmenspolitischen Wert, sondern bietet auch die einzigartige Möglichkeit eines Lernprozesses.

3. Mehr Dialog «wagen»

Was alle angeht, können nur alle lösen.
Friedrich Dürrenmatt, Die Physiker

Längst nicht nur Unternehmen, sondern wahrscheinlich alle Institutionen dieser Erde haben die Tendenz, *selbstreferentiell* zu sein. Dies bedeutet, einem eher geschlossenen Werte- und Interessensystem anzugehören und dieses für die ganze Wirklichkeit zu halten. Wer davon ausgeht, daß seine Überzeugungen die einzig richtigen, seine Ideen die besten und seine Vorschläge die überzeugendsten sind, läuft – wie alle Narzißten – Gefahr, Chancen und Risiken nicht mehr vernünftig abwägen zu können und so vermeidbare Fehler zu machen. «Noli me tangere!» könnte die Devise heißen. Ideologische Demarkationslinien oder fundamentalistische Zurückweisungen wirken wie Zaunbretter, die unbequeme Dinge von der Wahrnehmung fernhalten, jedoch nicht aus der Welt schaffen. Angesichts der Dringlichkeit und der Komplexität vieler heutiger Problemkreise ist eine solche Beschränktheit der Problemanalyse und daraus abgeleiteter Lösungsansätze genauso gefährlich wie das simplifizierende Denken in «Links/Rechts»-Kategorien. Ein Unternehmen, das nicht mit sich reden läßt, hat bald nichts mehr zu sagen, denn wo Zuhören als Zeitverlust und nicht als Informationsgewinn betrachtet wird, droht Isolation.

Die Tatsache, daß man um Positionen streitet, belegt doch nur die Gemeinsamkeit der Anliegen; Meinungspluralismus und Meinungswettbewerb sind Ausdruck eines vitalen geistigen Umfeldes. Daher ist Georg Simmels behauptete *Unvermeidlichkeit des Streites*, ja sogar dessen Wünschbarkeit richtig: Eine Gruppe, die schlechthin zentripetal und harmonisch wäre, würde keinen eigentlichen Lebensprozeß aufweisen.[55] Mehr noch: Wenn Gesellschaften ihre Gesamtanstrengung einseitig konzentrieren, wie z.B. in Kriegen oder bei einseitiger wirtschaftlicher Aktivität, dann ergibt sich auf den anderen sozialen Gebieten ein Abzug von Energien und eine Art negativer sozialer Harmonie.[56]

Den Pluralismus nutzen

Aus gesellschaftlichem Interessenpluralismus entstehen nicht nur Konflikte, sondern ungeahnte Chancen. Schließlich leben Industrie und Handel ja von der Unterschiedlichkeit der Bedürfnisse und Interessen. Warum sollte dieser Pluralismus nicht genutzt werden, wenn es gilt, Unternehmensrichtlinien zu entwickeln, die gesellschaftspolitisch sensiblen Sachverhalten Rechnung tragen sollen? Problemlösungen mit Anspruch auf Nachhaltigkeit dürfen nicht nur den engen Horizont der obersten Führungsschicht reflektieren, sondern müssen unterschiedliche Lebenserfahrungen und Interessenkonstellationen berücksichtigen.[57] Probleme durch Wahrnehmungsdefizite entstehen dort, wo Menschen oder Institutionen *ihre Sicht* der Dinge mit *den Dingen* verwechseln. In dem Maße, wie von Vertretern von Organisationen eine soziale Wirklichkeit nicht unmittelbar getestet werden kann, sind sie auf die Kommunikation mit Referenzpersonen angewiesen. Die Lebenserfahrung zeigt, daß bei verschiedenen Betroffenheiten die jeweils betroffenen Gruppen selbst am besten in der Lage sind, ihre Wertprämissen darzulegen, Interessen zu artikulieren und Wege zu ihrer Wahrung aufzuzeigen.

In vielen Fällen bewerten selbst ausgewiesene Fachleute – je nachdem, ob sie Befürworter/innen oder Gegner/innen des strittigen Sachverhalts sind – ein und dieselben Fakten völlig unterschiedlich. Die Existenz akzeptierter «Denkschulen» übt in der Regel einen gewissen Konformitätsdruck aus. Abweichende Überzeugungen – weil «institutionell inakzeptabel» oder unbequem – werden vom Tisch gewischt.[58] Daß gegen den «aktuellen Wissensstand» (state of the art) schwer anzukommen ist, hatte Bertolt Brecht in seinem «Galilei» eindrücklich beschrieben.[59] Es gab in der Vergangenheit keine «apriorische Identität von Machthabern und Rechthabern»,[60] es wird sie auch in Zukunft nicht geben.

Viele fachliche und gesellschaftspolitische Positionen, die vor zehn oder fünfzehn Jahren von damals ausgrenzbaren Minoritäten vertreten wurden, genießen nunmehr generelle Akzeptanz. Liest man die heutigen Broschüren mancher Unternehmen zum Umweltschutz und vergleicht sie mit den frühen Manifesten «grüner» Gruppen, stellt man verblüffende Ähnlichkeiten fest. Zwischenzeitlich gingen jedoch Jahre ökologisch destruktiven Verhaltens vorüber. Küng nennt diese Tatsache (in anderem Zusammenhang)[61] «Ungleichzeitigkeiten des Bewußtseins». Die gesellschaftliche Lernzeit kann zum Nutzen des Gemeinwohls maßgeblich verkürzt werden, wenn alle, die etwas Wesentliches zur Lösung eines relevanten Problems beizutragen haben, am gemeinsamen Erkenntnisfortschritt mitarbeiten könnten.

Konflikte werden durch Dialoge nicht ausbleiben, sie können jedoch auf konstruktive Art und Weise geregelt werden – zumindest in den meisten Fällen. Die einst von Ralf Dahrendorf genannten vier Voraussetzungen für die rationale Regelung von Konflikten sind dabei von größter Bedeutung:[62]

• Konflikte müssen als berechtigt und sinnvoll anerkannt werden, denn sie können durchaus sinnvollen sozialen Wandel einleiten oder beschleunigen.
• Jeder Eingriff in Konflikte muß sich auf die Regelung seiner *Formen* beschränken.
• Konflikte müssen organisiert und kanalisiert sein (z. B. in Parteien, Gewerkschaften, Unternehmerverbänden usw.).
• Es muß Einigkeit über «gewisse Spielregeln» bestehen, nach denen der Konflikt ausgetragen wird.

Dennoch bleiben Dialoge ein offener Prozeß.

Der Dialog – ein offener Prozeß

Der Begriff «Dialog» ist hier definiert als Verständigung über Geltungsansprüche und als Befolgung des moralischen Prinzips der «Anerkennung von Rechten der anderen, die durch mein Handeln beeinträchtigt werden.»[63] Dialoge sind «offene Prozesse», d.h., der Ablauf ist vorher nicht planbar, und die Auswirkungen und Konsequenzen sind nur begrenzt überschaubar.

Seit Sokrates wissen wir, daß Menschen dazu neigen, ihre (subjektiven) *Gewißheiten* mit der (objektiven) *Wahrheit* zu verwechseln. Sokrates sah in dieser Verwechslung den Grund allen Übels, das Menschen einander zufügen. *Gewißheiten* sind u. a. durch unsere psychischen und sozialen Bedürfnisse bestimmt (etwa durch das Bedürfnis, die Selbstachtung nicht zu verlieren, dazuzugehören oder Erfolg zu haben) sowie durch Interessen, Erwartungen und Stimmungen.[64] *Wahrheit* dagegen erfordert intersubjektive Geltung, weil sie Irrtum und Täuschung ausschließt. «Eine wahre Aussage ist für jeden Menschen wahr, der in der Lage ist, den geäußerten Sachverhalt zu erkennen, und dem Satz gleiche (oder doch sehr ähnliche) Bedeutungen beilegt wie der Aussagende.»[65]

Bei Dialogen über kontroverse Sachverhalte stehen sich zunächst einmal nur die unterschiedlichen Gewißheiten der Beteiligten gegenüber. Das kann intellektuell unterhaltsam sein, bringt jedoch noch kein Ergebnis für gemeinsam zu lösende Probleme. Die einzige Möglichkeit, Konsens zu erreichen, bietet sich, wenn beide Seiten den Willen haben, sich auf den Pfad eines gemeinsamen Erkenntnisfortschritts zu begeben, um so (vielleicht) zu einer neuen – diesmal gemeinsamen – Gewißheit zu gelangen.[66] Das dafür schon in der Antike aufgestellte Verfahrensschema ist auch heute noch nützlich:[67]

- Zunächst ist der Basiskonsens festzustellen.
- Über den verbleibenden Dissens wird mit dem Willen, Konsens zu erzielen, diskutiert.
- Es wird der Diskussionskonsens ermittelt.
- Der verbleibende Dissens wird festgestellt. Meist handelt es sich um verschiedene Prioritäten bei einer Güterabwägung oder um unterschiedliche Erwartungen im Bereich von Entscheidungen unter Unsicherheit.
- Es wird ein fairer Kompromiß angestrebt.

Wenn hier vom «fairen Kompromiß» die Rede ist, dann meine ich nicht die rechnerische Mitte zweier Standpunkte. Könnte man jedes Vorhaben in sich reduzieren, dann bestünde die Erfolgsregel ganz einfach darin, jeweils das Doppelte vom eigentlich Angestrebten zu verlangen. Der faire Kompromiß besteht jedoch in einer vernünftigen, d.h. argumentativ vermittelten Gemeinsamkeit des Handelns, das auf einem elementaren Interesse am konfliktfreien Miteinanderleben basiert. Und genau dies gestaltet die Auswahl von Dialogteilnehmern so problematisch.

Einerseits sollte das gesamte gesellschaftliche Meinungsspektrum vertreten sein, andererseits macht der Einbezug fundamentalistischer Verfechter partikulärer Interessen meiner Erfahrung nach wenig Sinn.

Letztere scheinen so sehr mit der «Ideologisierung ihrer eigenen Auto-stereotype»[68] und deren öffentlicher Wirkung beschäftigt, daß sie sich durch Kompromisse geradezu kompromittiert fühlen würden und daher dem Zwang unterliegen, bloß nicht nachzugeben. Wenn jemand nicht nur eigene, sondern auch *anvertraute Interessen* zu vertreten hat, ist es zwar lobenswert, daß er um jeden Zentimeter Entgegenkommens seines Kompromißpartners kämpft. Aber auch anvertraute Interessen müssen im Rahmen des Gemeinwohls gesehen und entsprechend relativiert wer-den. Sogenannte «Issue-Champions» scheinen sich vielfach den Luxus der Objektivität nicht leisten zu können: Sie haben sich das für *ihr* Publikum wirksame Meinungsprofil eingemeißelt – der geringste Kom-promiß könnte zum Gesichtsverlust, zur Identitätskrise führen. Das Rollenmandat, über das sie sich definieren, nimmt also selbst die Funk-tion einer Hypothese ein, welche jeder Akt verifiziert, der sie nicht falsi-fiziert.[69] «Es ist nicht allein, daß sie tatsächlich um ihre berufliche Stellung fürchten müßten ..., es ist vor allem die gesamte Ausrichtung des Denkens auf den Beweis von Sätzen, die dem Denken selbst voraus-liegen»:[70]

> «das ideologische Denken übernimmt eine gegebene These als an
> sich bestehende Wahrheit, und es ist ihm nur noch darum zu tun,
> mit den Mitteln des zeitgenössischen Denkens nach Gründen zu
> suchen, warum jene These wahr sein muß: Das zu Beweisende
> setzt sich im ideologischen Zirkel selbst zum Grund seiner Grün-
> de ...»[71]

Der offensichtliche Evidenzmangel und der ideologische Handlungs-zwang werden dabei mittels Rhetorik zu vertuschen gesucht. Was dann vom *consensus* noch übrigbleibt, ist – wenn überhaupt etwas – oft nicht mehr als «die Sicherung des Nicht-Widerspruchs, des Nicht-Zerbrechens der Konsistenz des Hingenommenen, das im politischen Tagesjargon deshalb gern eine ‹Plattform› genannt wird.»[72]

Der Ausschluß von Ideologen ist meist schwierig, da diese oft beson-ders lautstark hervortreten und jene übertönen, die im Ringen um opti-male Lösungen eher leise, aber sachkundig argumentieren. Trotzdem sollte bei der Auswahl von Dialogteilnehmern Sachkompetenz rhetori-scher Brillanz vorgezogen und auf eine konstruktive Grundeinstellung geachtet werden.

Voraussetzungen für einen fruchtbaren Dialog

Toleranz und Verzicht auf Superioritätsansprüche

Toleranz gehört wohl zu den wichtigsten Charakterzügen, die Dialogteilnehmer aufweisen sollten. Sie unterscheidet sich fundamental von Gleichgültigkeit, Standpunktlosigkeit oder «Harmoniesucht». Toleranz setzt vielmehr voraus, daß man feste Überzeugungen hat und trotzdem die anderer respektiert. Dialogfähigkeit und Standfestigkeit sind keine Gegensätze.[73] Toleranz beginnt, wie Atteslander einmal richtig bemerkte, mit der Vorsicht des Beobachtens.[74] Die Radikalität des Fragens darf nicht mit Destruktivität der Einstellung gleichgesetzt werden.

Das Toleranzgebot richtet sich besonders an diejenigen, die wegen ihrer großen finanziellen und institutionellen Ressourcen über mehr Macht verfügen. Sind die Dialogpartner ungleich stark, besteht die Gefahr, daß dialogischer Konsens mehr auf Druck als auf Vereinbarung beruht. Solcher Druck ist nicht nur unfair, sondern mobilisiert beim Unterlegenen auch alle verfügbaren Kräfte zum Gegendruck. Der Satz, daß Macht meist korrumpierend wirke und totale Macht gewöhnlich total korrumpiere, bedarf daher der Ergänzung, daß gleiches für die Ohnmacht gilt.

Zur Toleranz gehört auch der Verzicht auf die Maßgeblichkeit der eigenen Moral. Besonderen Belastungen sind Dialoge ausgesetzt, wenn fehlendes Sachwissen mit moralischen Superioritätsansprüchen zu kompensieren versucht wird. Sachverhalt und ethisches Werturteil werden oft nicht genügend auseinandergehalten. Gerade diejenigen, die ethische Ziele verfolgen, sollten ihrem Werturteil die kompetente Sachverhaltsklärung voranstellen. Die Fähigkeit, die Dringlichkeiten sachlicher Aufgaben überhaupt richtig einzuschätzen, ist auch eine moralische Qualität.

Herrschaftsfreie Kommunikation

Wo Herren und Knechte miteinander oder gar übereinander sprechen, herrscht ein anderer Ton als zwischen Freien und Gleichen. Das gilt für das Innenverhältnis eines Unternehmens genauso wie für die Kommunikation mit externen Stakeholdern. «Herrschaftsfreie Kommunikation» bezeichnet eine idealtypische Situation, in der nicht von «Herrschendem» zu «Beherrschtem» versucht wird, Geltungsansprüche für die «Wahrheit» durchzusetzen, sondern sich alle Beteiligten mit symmetrischen Chancen äußern können. Es ist dies eine Situation, in der die Sprecher weder sich noch andere über ihre Intentionen täuschen dürfen und Privilegierungen im Sinne einseitig verpflichtender Handlungsnormen ausgeschlossen sind.[75]

Zur herrschaftsfreien Kommunikation gehört selbstverständlich der rechtzeitige Austausch von Informationen, damit vom gleichen Wissensstand ausgegangen werden kann. Menschen, die Informationen als «Machtressource» betrachten, werden mit diesem Vorschlag Schwierigkeiten haben: Wenn sie etwas davon abgeben, dann höchstens mit der Geste des «Belohnens», was nichts weiter als ein Ausdruck der gleichen Dünkelhaftigkeit ist, mit der alle, die ohne diese Informationsbasis zu anderen Schlußfolgerungen kommen müssen, als Ignoranten abgetan werden.

Schließlich ist die Wahrhaftigkeit der gemachten Äußerungen[76] für herrschaftsfreie Kommunikation ausschlaggebend. Daß die Öffentlichkeit in eine Vertrauenskrise zur Wissenschaft und all denen, die damit zu tun haben, geraten ist, hat viele Gründe; die folgenden gehören dazu: Eine große Problematik liegt heute darin, daß es selbst innerhalb wissenschaftlicher Kreise zu jedem Sachverhalt mindestens zwei entgegengesetzte Meinungen gibt. Wem nun Vertrauen geschenkt werden kann, vermögen Laien oft nicht zu entscheiden. Gerne wird darauf verwiesen, daß es verschiedene Wirklichkeiten gebe (auch ich selbst vertrete diese Theorie) – aber aufgrund dessen zu behaupten, es gebe keine gültigen Wahrheiten, ist schlicht falsch. Ein Zeichen für die Wirksamkeit dieses Arguments ist, daß bei Hearings meist schon gar nicht mehr nach dem Wahrheitsgehalt von Aussagen gefragt wird, sondern daß man sich der Meinung dessen anschließt, der einem wichtiger erscheint, der einem sympathischer ist oder dessen «Wirklichkeit» der eigenen am ähnlichsten ist.

Was ebenfalls Vertrauen kostet, ist die Tatsache, daß viele «Experten» meinen, sich kraft ihres «überlegenen Denkvermögens» zu Problemen äußern zu können, die gar nicht im Zentrum ihres eigenen Faches liegen.[77] Der häufige Gebrauch von Fremdwörtern, von Jargon, der dem eigenen Fach fremd ist, soll ihnen dabei die Weihe sämtlicher Zünfte verleihen. «Der Fußtritt, der dem konventionell um ‹Verstehen› bemühten Zuschauer verpaßt wird, demonstriert ihm, daß zu Recht besteht, was er nicht versteht, und zwar an der ‹Stelle› dessen, was einmal zu verstehen war oder von der einschlägigen Instanz jetzt verstanden wird.»[78] Die «laienhaften», «diffusen» Einwände und Argumente der Nicht-Experten (weil weniger eloquent vorgetragen!) sind dann nichts weiter als «unzureichende Gründe». Vor der voreiligen Anwendung dieses «Hauptsatzes» aller Rhetorik, welche «Logik» für sich in Anspruch nimmt, warnt Hans Blumenberg mit folgender, höherer Schlüssigkeit:

«Aber das Prinzip des unzureichenden Grundes ist nicht zu verwechseln mit einem Postulat des Verzichtes auf Gründe, wie auch ‹Meinung› nicht das unbegründete, sondern das diffus und methodisch ungeregelt begründete Verhalten bezeichnet. Mit dem

Vorwurf der Irrationalität muß man dort zurückhaltend sein, wo unendliche, unbestimmbar umfangreiche Verfahren ausgeschlossen werden müssen; im Begründungsbereich der Lebenspraxis kann das Unzureichende rationaler sein als das Insistieren auf einer ‹wissenschaftsförmigen› Prozedur, und es *ist* rationaler als die Kaschierung von schon gefallenen Entscheidungen durch wissenschaftstypisierende Begründungen.»[79]

Dennoch wäre alles menschliche Handeln lahmgelegt, wenn von der Wissenschaft «letzte Erkenntnisse» erwartet würden, bevor Handlungen Zustimmung fänden – das gerade versuchte auch Hans Blumenberg verständlich zu machen. Alles Handeln, auch das Handeln, das auf wissenschaftlichen Theorien gründet, teilt die «Schwäche der Vorläufigkeit».[80] Vielleicht ist *das* aber gar nicht das eigentliche Problem von uns Menschen, denn mag «der Unsicherheitsbereich wissenschaftlicher Aussagen ... noch so schmal werden ... auf ihn wird gesetzt werden, wo Theorie der Praxis unzumutbar und unerträglich erscheint.»[81]

Der Mangel an Konsensfähigkeit so mancher Entscheidung muß also nicht unbedingt an der Qualität der Entscheidung selbst liegen, sondern könnte zumindest auch teilweise mit Mangel an der Fähigkeit zum herrschaftsfreien Dialog, mit Feindbildhaltungen und einer «Scheinwerfer»-Optik zusammenhängen.

Verzicht auf Feindbildhaltungen und «Scheinwerfer»

Es kann immer wieder beobachtet werden, daß Menschen eine Feindbild-Haltung einnehmen, wenn sie mit ihrer Meinung auf Widerstand stoßen. Es wird nicht mehr offen nach Denkanstößen aus anderen Richtungen geforscht, sondern nur das an Argumenten wahrgenommen, was vom jeweiligen «Freund» kommt und deshalb im Einklang mit eigenen A-priori-Überzeugungen steht: Tritt z. B. in einem Dialog über Nutzen und Risiken einer Müllverbrennungsanlage ein älterer, konservativ gekleideter Wissenschaftler aus der chemischen Industrie auf und argumentiert mit mathematisch belegten und in Formeln gekleideten infinitesimal kleinen Eintretenswahrscheinlichkeiten gegen Risikobefürchtungen, so wird das ohne Zweifel einen Teil des Publikums, nämlich «seines», überzeugen. Wird die Gegenargumentation von einem als freier Berater arbeitenden Endzwanziger in Jeans, Strickjacke und Birkenstock-Sandalen vertreten, der – ohne Hellraumprojektor und andere technische Hilfsmittel – tiefe Unbehagensgefühle über die veränderte Qualität menschlichen Handelns in einer sich global verschlechternden Umwelt artikuliert und seiner Wut über das Ausgeliefertsein an die Profitinteressen der Chemiebosse Ausdruck verleiht, so wird er «seinem» Teil des Publikums glaubwürdig sein.

Die Bestimmungsgründe für die Akzeptanz oder Ablehnung von Argumenten liegen dann nicht mehr auf der faktischen Ebene, sondern werden durch zwei Hypothesen bestimmt:

- Die «*Freund-Vermutungs-Hypothese*», die es dem Menschen erlaubt, allem ihm unmittelbar Bekannten und Begreifbaren Vertrauen entgegenzubringen, und
- die «*Feind-Vermutungs-Hypothese*», mit deren Hilfe alles unmittelbar Unbekannte, Unbegreifbare als potentieller Feind angesehen wird, dessen Handeln es zu verhindern gilt.[82]

Wer im konkreten Fall «Freund» oder «Feind» ist, hängt von individuellen Erfahrungen und Interessen sowie von gesellschaftlichen Vorurteilen ab. Die Wahrheit kommt also «nicht ungeschminkt daher ... ist niemals so daher gekommen. Sie muß in der ihr angemessenen Kleidung auftreten, sonst wird sie nicht anerkannt, mit anderen Worten: ‹Wahrheit› ist so etwas wie ein kulturelles Vorurteil. Jede Kultur beruht auf dem Grundsatz, daß sich die Wahrheit in bestimmten symbolischen Formen besonders glaubwürdig ausdrücken läßt, in Formen, die einer anderen Kultur möglicherweise trivial oder belanglos erscheinen.»[83]

Karl Popper hat mit seiner «Scheinwerfertheorie der Wissenschaft» auf die Tatsache hingewiesen, daß nicht nur Laien für Vorurteile anfällig sind, sondern auch jede wissenschaftliche Beschreibung von Tatsachen selektiv ist und stets von Theorien abhängt:

> «Die Situation kann am besten durch den Vergleich mit einem Scheinwerfer verdeutlicht werden. ... Was der Scheinwerfer sichtbar macht, das hängt ab von seiner Lage, von der Weise, in der wir ihn einstellen, von seiner Intensität, Farbe und so fort; es hängt natürlich auch weitgehend von den Dingen ab, die von ihm beleuchtet werden. In ähnlicher Weise hängt eine wissenschaftliche Theorie zum Großteil von unserem Standpunkt, von unseren Interessen ab, und diese sind in der Regel mit der Theorie oder der Hypothese verbunden, die wir überprüfen wollen – aber sie hängt auch von den beschriebenen Tatsachen ab. ... jede Theorie hilft uns, die Tatsachen zu ordnen und auszuwählen.»[84]

Die praktischen Grenzen des Dialogs

Dialoge können in der Praxis nicht so lange geführt werden, bis auch der letzte potentiell oder aktuell Betroffene überzeugt ist. Deshalb müssen nicht nur – beiderseitig anerkannte – Regelungen über technische (z.B. Anfang, Ende, Unterbrechung, aber auch hinreichende Kenntnis des Argumentationsgegenstandes) und inhaltliche (z.B. Abgrenzung des Themas) Dinge getroffen werden, sondern es muß auch Mehrheitsregelungen geben: Qualifizierte Mehrheiten müssen für eine Entscheidung ausreichen, sonst wird praktisches Handeln z.B. in technischen Grenzbereichen unmöglich. «Dieses Recht der Mehrheit ruht nicht auf der irrigen Annahme, die Mehrheit hätte immer in der Sache recht. Es beruht auch nicht auf der Annahme, es gäbe eine natürliche Autorität einer Gruppe von Menschen über eine andere, nur weil die erstere zahlreicher ist. Es beruht vielmehr umgekehrt auf der Abwesenheit von so etwas wie einer höheren Ermächtigung ...»[85]

Dialoge sind nicht Selbstzweck. Auch hier gilt das, was Jens Reich einmal in einem völlig anderen Zusammenhang gesagt hat: «Der Dialog ist nicht das Hauptgericht, sondern die Vorspeise. Es geht nicht um artiges Gerede, sondern darum, daß die Konflikte in unserer Gesellschaft ... ohne Umschweife ausgetragen werden.»[86] In gleichem Sinne äußern sich in ihrem Kontext zwei Befreiungstheologen, Leonardo Boff und Marcos Arruda:

> «Der Akt der Erkenntnis ist ein Weg zum Verständnis der Wirklichkeit; die Erkenntnis an sich verändert die Wirklichkeit nicht; nur die Umsetzung der Erkenntnis in Taten verändert die Wirklichkeit. ... Der Akt der Erkenntnis hat somit keinen Zweck in sich, erst das bewußte, kritische und kreative *Sein und Tun* verleiht der Erkenntnis Sinn.»[87]

Wenn sich Dialogpartner über gewisse Sachverhalte «betroffen» zeigen und mit belegter Stimme soziale oder ökologische Besorgnisse artikulieren, muß der Betroffenheit und der Besorgnis auch verändertes Handeln zur Überwindung der zur Betroffenheit führenden Situation folgen. Die stoische Haltung «bei großen Dingen genügt es, sie gewollt zu haben», ist nichts anderes als jene ins Leere verlaufende Romantik des intellektuell Interessanten ohne alles sachliche Verantwortungsgefühl, die Max Weber schon vor fast achtzig Jahren kritisierte.[88] Dialoge ohne das, was Jürgen Habermas einmal «vorkommunikative Handlungsabsicht»[89] nannte, verkommen leicht zur Alibi-Übung von Machiavellisten, die an einem veränderten praktischen Handeln keinerlei Interesse haben. Für diese ist Dialog lediglich Hinhaltetaktik und Zeitgewinn. Die Tatsache, daß Nichthandeln u.U. weitreichendere negative Konsequenzen haben kann als suboptimales Handeln, kann gerade im Kontext des «sustainable development» aufgezeigt werden.

Im Idealfall können Dialoge einen Interessenausgleich bzw. einen Konsens herbeiführen. Allerdings ist es schwierig, die dazu notwendigen Dialogbedingungen[90] zu schaffen. Schon die in der Literatur gestellten Anforderungen an die Personen, die den Dialog führen sollen, entsprechen nicht den «real existierenden Menschen».[91] Unvoreingenommenheit oder Alterozentriertheit würden zu den gesuchten Eigenschaften gehören, kommen jedoch in der Praxis der heutigen Dialoge relativ selten vor. Oder es stehen die Leute, die für das kritisierte Handeln faktische Verantwortung tragen, nicht für Dialoge zur Verfügung. Statt Praktikern werden «Sprecher» delegiert, die mit dem anstehenden Thema gar nicht in der erforderlichen Tiefe vertraut sind und daher im schlechtesten Fall mit ideologischen Vorgaben an die Arbeit gehen müssen. Auf keinen Fall haben sie genug Einfluß, um das, was im Dialog gemeinsam vereinbart wurde, im Unternehmen durchzusetzen. Es gibt auch Beispiele dafür, daß Interessengruppen die Ergebnisse nicht akzeptieren können, die ihre Vertreter im Dialog erzielt haben – nicht etwa, weil das Erfordernis des gemeinsam beschlossenen Handelns nicht zutage gelegen hätte, sondern weil es an der wortgetreuen Übereinstimmung mit ihrem institutionalisierten «Standpunkt» fehlte.[92] Wie das Wort «Standpunkt» ja bereits andeutet, wäre jede Beweglichkeit des Denkens, jedes Gestalten und jeder konstruktive Schritt auf den anderen zu ein Widerspruch in sich selbst. Daher ist mein Vorschlag, daß die für die Handlungspraxis verantwortlichen Mitglieder der betreffenden Institutionen *selbst* am Dialog teilnehmen. Leider haben diese oft andere Prioritäten oder fühlen sich zu wichtig, um sich mit Andersdenkenden «abzugeben»; als lobenswerte Ausnahme wäre hier der Dialog Kirche – Wirtschaft in der Schweiz hervorzuheben, bei dem sich u.a. Verwaltungsratspräsidenten und Konzernleitungsvorsitzende zur Verfügung stellen.

4. Kritik, die «von innen» kommt:
Ihre Formen und der Umgang mit ihr

> *Die Freiheit den Mund aufzumachen besteht auch*
> *dort wo andere schreien: Denen wird der Mund zu-*
> *gemacht!*
>   Erich Fried

«Manchmal muß man etwas angreifen, um es zu retten; manchmal muß man etwas zerstören, um es zu befreien; manchmal läßt es sich nicht vermeiden, weh zu tun, um zu heilen.» Diese Worte befinden sich im Klappentext des Buches «Kleriker»[93] von Eugen Drewermann, dessen Bemühungen um eine Erneuerung der katholischen Kirche harte Sanktionen für ihn zur Folge hatten. Er teilt dieses Schicksal nicht nur mit ehemaligen Amtskollegen[94] und anderen ebenso berühmten wie gescheiterten «Revolutionären», sondern auch mit «stillen Helden» wie z.B. dem, der in dem autobiographischen Roman «Noli me tangere»[95] (Rühr mich nicht an!) sogar mit dem Leben bezahlt – genau wie sein Autor José Rizal. All diese Menschen haben «Unberührbares» berührt: Moralismen wurden entlarvt, um der Moralität neue Kraft zu verleihen; aufgesetzte Verbindlichkeiten wurden abgelehnt, im Glauben an unbedingte

Verbindlichkeiten; überlieferte Illusionen wurden desillusioniert, um das Bewußtsein für tatsächliche Werte zu wecken. Sie wollten nicht alte Werte durch neue ersetzen, sie wollten sie nur aus anderen Gründen rechtfertigen.

Institutionen – die Verkörperung von «Handlungsformen der Gewohnheit»[96] – sind in Gefahr, ihre Legitimation zu verlieren, wenn sie das kritische Bewußtsein für Normen und die subjektive Verpflichtung des Gewissens ihrer Mitglieder einzuschränken versuchen. Weil kritisches Bewußtsein unbequemer ist und einen lange als selbstverständlich akzeptierten Zustand ändern will, wird es häufig einfach als «untragbar» abqualifiziert. Dabei hat nichts eine stärkere konservative Kraft als die Fähigkeit zum Wandel, das gilt nicht nur für kirchliche Institutionen, sondern auch für Unternehmen. Menschen, die sich aus ethischer Überzeugung für einen Wandel ihrer Institutionen einsetzen, oder gegen untragbare Mißstände angehen, müssen schon ein gehöriges Maß an Beherztheit aufbringen.

In diesem Kapitel werden nun Beispiele dafür angeführt, wie in Unternehmen mit Kritik, die «von innen» kommt, umgegangen wird. «Von innen» ist im doppelten Sinne zu verstehen: von Mitarbeitern *innerhalb* des Unternehmens und aus dem *Inneren* dieser Mitarbeiter heraus. Zum einen sollten Unternehmen Kritik von innen als Chance betrachten statt als Bedrohung und sie der Kritik von außen vorziehen. Denn das, was heute noch im verborgenen geschieht, wird morgen ohnehin von den Dächern gerufen (vgl. Mt. 10,27; Lk. 12,3). Zum anderen sollten sie die innere Absicht der Mitarbeiter, die Kritik üben, als das erkennen, was sie ist: als mutige Entscheidung, das zu denken, zu sagen und zu tun, was ihrem Empfinden und ihrer Erfahrung nach als Erfordernis des Handelns zutage liegt.

In der englischsprachigen Literatur zur Unternehmensethik wird das interne Vorbringen von Kritik «whistle blowing» genannt. Ich kenne dafür kein gutes deutsches Äquivalent. Verschiedene Autoren arbeiten mit Begriffen wie «Alarm-Pfeifen», «Nebelhorn-Blasen», «Alarmglocken läuten» oder gar «Verpfeifen». Keiner dieser Begriffe gefällt mir so richtig, einige sind sogar negativ besetzt, was der Sache nicht unbedingt gerecht wird. Da ich den Ausdruck aber auch nicht besser «eindeutschen» kann, bleibe ich beim *whistle blowing*.

Profilneurotische Besserwisser, nörgelsüchtige Pedanten, professionelle Anschwärzer, Rachelüstige, Dummschwätzer, Denunzianten, Frustrierte und Neidhammel sind relativ einfach von seriösen *whistle blowers* zu unterscheiden. Sie gehen in der Regel nicht direkt vor, sie lassen vorgehen. Sie nicken bei allem, was «von oben» kommt, und stacheln «von unten» an. Sie projizieren ihre persönliche Unzufriedenheit in andere hinein und sehen scheinbar gelassen zu, wie ihre Konflikte von Manipulierbaren ausgetragen werden. Sie machen das beeinflußbare Umfeld zum Symptomträger ihrer eigenen Neurose. Sollten solche Leute tatsächlich einmal *whistle blowing* betreiben, ist es meist nicht mehr als ein Akt verbaler Demonstration zu einem Zeitpunkt, an dem der Gewarnte ohnehin davon Abstand genommen hat, den Akt zu vollziehen, vor dem er gewarnt wird.

Menschen, die seriöse Besorgnisse uneigennützig vorbringen möchten, brauchen eine Art «Minderheitenschutz». Daher plädiere ich für die Einrichtung einer Ombuds-Stelle, damit mit interner Kritik richtig umgegangen wird und die Beseitigung ethischer Probleme nicht «umgangen» wird. Unternehmensinterne Kritik in Form des *whistle blowing* kann auf verschiedenen Ebenen stattfinden und deshalb sehr unterschiedliche Auswirkungen auf das Unternehmen und die involvierten Personen haben.

Ebenen des whistle blowing

Whistle blowing auf der gleichen hierarchischen Ebene

Dieser Sachverhalt kann am besten durch ein Beispiel erhellt werden: Nehmen Sie an, Sie bemerkten durch Zufall, daß ein Kollege, mit dem Sie auf einer Geschäftsreise waren, Reisespesen abrechnet, von denen Sie sicher wissen, daß sie in der Höhe des angegebenen Betrages nicht entstanden sind. Sie haben an diesem Kollegen in der Vergangenheit schon mehrere Male ein exzessives Ausgabeverhalten beobachtet, und zwar immer dann, wenn das Unternehmen dafür geradezustehen hatte. Wie verhalten Sie sich? Wenden Sie sich ab oder mischen Sie sich ein?

Wo die «Schmerzgrenze» eines spezifischen Handelns liegt und Intervention unausweichlich ist, ist schwer festzulegen: Gehört schon der private Gebrauch von Firmenkugelschreibern zu den Dingen, die Anstoß erregen sollten, oder erst der elektronische Rechner oder gar PC? Sind kurze private Telefongespräche während der Arbeitszeit noch legitim, Ferngespräche auf Firmenkosten jedoch Anlaß zu *whistle blowing*? Dürfen Fotokopiermaschinen im Unternehmen überhaupt für private Kopien benutzt werden, oder entsteht ein Problem erst jenseits einer gewissen Anzahl oder Regelmäßigkeit? Die Anzahl der hier zu erörternden Verhaltensweisen ist vermutlich endlos, die Konsequenz für das Unternehmen jedoch in jedem Fall klar: Auch kleine und scheinbar vernachlässigbare «Großzügigkeiten» im Umgang mit Firmeneigentum addieren sich zu gewaltigen Summen, wenn sie zum Allgemeinverhalten werden.[97] Während also die kurze Antwort «Geschäftseigentum ist für private Zwecke nicht zu nutzen!» in jedem Fall richtig ist und im Unternehmen durchgesetzt werden sollte, entsteht beim *whistle blowing* oder jeder anderen Form der Einmischung durch Kollegen die Notwendigkeit, deren Verhältnismäßigkeit zur «Tat» zu prüfen.[98] In Fällen, die jenseits seiner Toleranz liegen, steht nun jeder Mitarbeiter eines Unternehmens vor der Wahl, sich seinen Teil zu denken und zur Tagesordnung überzugehen oder den Kollegen auf sein illegitimes Handeln anzusprechen. Aus unternehmensethischer Sicht wäre letzteres erforderlich, denn illegitimes oder gar illegales Handeln stillschweigend zu dulden, käme einer heimlichen Komplizenschaft gleich, die dem Unternehmen und somit auch den Mitarbeitern und Aktionären schadet. Eine direkte und ultimativ gestaltete persönliche Aussprache würde vermutlich zwar zu einer Belastung des persönlichen Verhältnisses führen, eventuell jedoch auch zur Lösung des konkreten Problems. Wenn die Aussprache zu keinem oder zu keinem befriedigenden Ergebnis führt, stellt sich die Frage, ob die nächsthöhere hierarchische Ebene involviert werden soll. Dies ist ein Vorgehen, das die Situation ohne Zweifel verschärft, da nun eventuell empfindliche Sanktionen, vielleicht gar größere Nachteile für die inakzeptabel handelnde Person entstehen können.

Das Interesse an effizientem Arbeiten in einem kollegialen Klima und der gesunde Menschenverstand legen nahe, daß Probleme auf der Ebene gelöst werden sollten, auf der sie anfallen. *Whistle blowing* vor Vorgesetzten darf nicht leichtfertig geschehen, immer muß eine Güterabwägung zwischen der Schwere des Fehlverhaltens und der zu erwartenden Konsequenzen erfolgen. Ohne diese Güterabwägung begibt sich ein *whistle blower* in den Verdacht des Denunziantentums oder neurotischer Wichtigtuerei. Zur Selbstprüfung von Personen, die potentiell als *whistle blower* in Frage kommen, schlägt J. Vernon Jensen verschiedene Fragen in bezug auf die persönliche Motivation und Ethik bzw. Integrität vor, ebenfalls in bezug auf die Sorgfalt der Informationsbeschaffung, der Abklärung anderer, subtilerer Möglichkeiten, das Korrekturziel zu erreichen.[99] Mit einer solchen Selbstprüfung soll verhindert werden, daß Selbstgerechtigkeit und Projektion zur tragenden Motivation des *whistle blowing* werden.

Whistle blowing gegenüber Vorgesetzten

Nehmen wir an, in einer Abteilung würden zur Erreichung des jährlichen Verkaufsbudgets wichtige Dokumente gefälscht, Berichte zurück- oder vordatiert, Abrechnungen frisiert, Waren mit abgelaufenem Verfallsdatum dennoch verkauft usw. Nehmen wir ebenfalls an, die Wahrscheinlichkeit, daß das Fehlverhalten entdeckt werden würde, sei gering (z. B. weil es in einer Tochtergesellschaft in einem Entwicklungsland geschieht). Es ginge hier also um ein Handeln, das nicht nur gegen das Gesetz verstößt, sondern auch gegen die Richtlinien des Unternehmens. In diesem Fall steht es wohl außer Frage, daß sowohl aus ethischer Sicht als auch aus wohlverstandenem Unternehmensinteresse Einmischung und Widerstand dringend erforderlich sind. Vermutlich würde eine Intervention auf gleicher hierarchischer Ebene hier nicht viel bringen. Daher muß die jeweils nächsthöhere unternehmensinterne Instanz eingeschaltet werden – und zwar ohne Rücksicht auf Verstimmungen mit den betreffenden Kollegen, die wahrscheinlich negative Sanktionen zu erwarten hätten. Das Unternehmensinteresse ist individuellen Loyalitäten übergeordnet. In jedem «normalen» Unternehmen wäre dieser Mißstand spätestens jetzt beseitigt – die folgenden hypothetischen «Steigerungen» sind daher ziemlich unwahrscheinlich, aber dennoch möglich:

Nehmen wir also weiterhin an, der Einbezug vorgesetzter Instanzen hätte nicht die erforderliche Korrektur gebracht und alle anderen unternehmensinternen Bemühungen wären ebenfalls gescheitert. Die illegalen und illegitimen Handlungen gingen also weiter, weil sie betriebswirtschaftlich lukrativ sind. Dann ist der für solche Fälle vorgesehene «Dienstweg» und der Marsch durch die internen Institutionen zu Ende. Nun muß erwogen werden, ob der Weg nach außen angetreten werden soll.

Vor diesem Schritt gilt es erst recht, eine sorgfältige Güterabwägung vorzunehmen. Schließlich hätte dieses Vorgehen nicht nur für das Unternehmen großen Ansehensverlust und Schadensersatzansprüche zur Folge, auch der *whistle blower* geht hohe persönliche Risiken ein. Dennoch können ethische und materielle Werte bzw. Gebote und Verbote nicht so gegeneinander abgewogen oder verrechnet werden, daß schließlich aus Bösem Gutes wird.

Whistle blowing gegenüber firmenexternen Instanzen

Es gibt eine Reihe von Beispielen, bei denen Firmenangestellte aus vorgegebener oder tatsächlicher Gewissensnot ihr intern nicht lösbares Problem externen Behörden anvertrauten oder sich einschlägig bekannten Unternehmenskritikern bzw. den Medien offenbarten. Einer der bekanntesten Fälle ist wohl Dan Gellert, der mit der alarmierenden Botschaft, das L-1011 Flugzeug seines Arbeitgebers Lockheed entspreche nicht den amerikanischen Sicherheitsbestimmungen, an die Öffentlichkeit ging.[100] Ein anderer Fall ist Frank Camps, der die öffentliche Aufmerksamkeit auf die mangelnde Fahrzeugsicherheit des Ford Pinto lenkte.[101] Weitere Beispiele aus anderen Branchen sind dem interessierten Leser zugänglich.[102]

In solch prominenten Fällen können *whistle blowers* zu öffentlichen Helden werden – unternehmensintern werden sie jedoch meist als Verräter oder wichtigtuerische Feiglinge wahrgenommen, die aus Geltungssucht oder anderen niedrigen Motiven nicht alle internen Möglichkeiten zur Behebung des Problems ergriffen haben. Das Charakterbild solcher

Personen wird wohl auch in Zukunft von Gunst und Haß der Parteien verzerrt bleiben.

Die Risiken, die der *whistle blower* mit dem Schritt in die Öffentlichkeit eingeht, sind unter Umständen erheblich. Die Literatur ist voll von Fallstudien, in denen nicht etwa die für das Problem verantwortliche Person entlassen wurde, sondern der *whistle blower* selbst. Längst nicht alle Geschichten haben in der Realität das Happy End, das Arthur Hailey in seinem Roman «Bittere Medizin» gewählt hat: Dort wird die Person, die aus Protest gegen das unmoralische Handeln des Unternehmens die Firma verließ, schließlich mit allen Ehren und in eine höhere Position zurückgeholt.[103] Allerdings ist auch der Ausgang des Filmdramas Silkwood, in dem eine Frau einem Medienvertreter über Sicherheitsmängel in einem Atomkraftwerk berichten will und deshalb ermordet wird, realistischerweise am extremen anderen Ende der statistischen Normalverteilung anzusiedeln.

Die Politik des Vogel Strauß

Whistle blowing war immer und ist bis heute eine kontrovers beurteilte Angelegenheit. In den frühen siebziger Jahren machte der amerikanische Anwalt und Unternehmenskritiker Ralph Nader in einer öffentlichen Debatte um *whistle blowing* erstmals auf die Tatsache aufmerksam, daß es die Mitarbeiter von Unternehmen sind, die als erste Bescheid wissen, wenn ein Unternehmen defizitäre und somit letztlich verbrauchergefährdende Produkte verkauft, unerlaubte Umweltbelastungen verursacht, illegale Absprachen mit Konkurrenzunternehmen macht oder unangenehme Daten, z. B. über Nebenwirkungen von Arzneimitteln oder anderes, verschwinden läßt.[104] Nader sprach schon damals diejenigen Fragen an, die von potentiellen *whistle blowers* vor dem Gang in die Öffentlichkeit zu beantworten sind. Das sind insbesondere die Richtigkeit und Vollständigkeit der verfügbaren Daten, die Verletzung ethischer Normen bei Handeln und Nichthandeln sowie die Abwägung aller Nutzen und Risiken der Gangbarkeit interner versus externer Wege.[105] *Whistle blowing* wird auch heute noch als «last line of defense» verstanden, nachdem andere Wege nicht mehr offenstehen oder strukturelle Gewalt gegen die intern kritisierenden Mitarbeiter ausgeübt wird. Nader fordert im öffentlichen Interesse das Recht für Mitarbeiter, «to go public», nachdem alle verfügbaren internen Kommunikationskanäle ausgeschöpft sind und das Problem dennoch unverändert bestehen bleibt.

Natürlich handelt es sich auch bei *whistle blowers* um Menschen mit Stärken und Schwächen. Nicht alle *whistle blowers* haben höhere und edlere Motive wie z. B. den Schutz von Mensch und Umwelt; nicht alle Sachverhalte, auf die *whistle blowers* aufmerksam machen, sind so negativ, wie sie sie darstellen. Es besteht auch keineswegs immer die Notwendigkeit, zum Märtyrer zu werden, der unter Aufopferung des persönlichen Lebensglücks keinen anderen Weg mehr sieht als den, an die Öffentlichkeit zu gehen. Sowohl das betroffene Unternehmen als auch die alarmierte Öffentlichkeit bzw. die involvierten Medien sollten daher immer die Glaubwürdigkeit der Motivation und die inhaltliche Richtigkeit der übermittelten Informationen prüfen. Unnötige Panikmache durch Horrorgeschichten von Chaoten, die aus persönlichen Gründen oder aufgrund unrealistischer Karriereerwartungen einen «starken Abgang» aus dem Unternehmen suchen, könnte durch saubere Recherchen vermieden werden. Der immaterielle und finanzielle Schaden, der dem denunzierten Unternehmen durch unseriöse und reißerische Medienberichterstattung[106] entsteht, kann unter Umständen enorm sein. Der Argwohn in unseren Gesellschaften, daß doch irgend etwas an der Sache dran sein könnte – besonders wenn der Vorwurf zwar nicht bewiesen, aber auch nicht widerlegt werden kann –[107], verbunden mit einem blindwütigen Kampf der Medien um Einschaltquoten und Auflagehöhen, kann vom betroffenen Unternehmen letztlich nur durch «vorauseilende Information und Kommunikation» vermieden werden. Solche Reparaturbemühungen sind jedoch immer schwieriger und weniger erfolgreich als der Skandaleffekt, auch wenn das Unternehmen seine «Unschuld» beweisen kann.

Ein Gang an die Öffentlichkeit wiegt immer schwerer als interne Kritik. Wer Loyalität dem Unternehmen und der Sache gegenüber als Motivation für sich beansprucht, sollte daher zuvor alles versuchen, um das Problem unternehmensintern zu lösen.[108] Oberstes Motiv eines jeden *whistle blowers* muß es sein, eine problematische Situation zu beseitigen und nicht dem Menschen, der diese Situation hervorgerufen hat, oder dem Unternehmen Schaden zuzufügen, bestünde dieser Schaden auch nur in der Blamage. Die Fälle, bei denen das Gemeinwohl in Gefahr ist, dürften ohnehin in der Minderheit sein. Die meisten Probleme, so unakzeptabel und unangenehm sie auch sein mögen, spielen sich doch auf Abteilungs- oder persönlicher Ebene ab. Sie schaden in erster Linie dem Unternehmen und den darin arbeitenden Menschen. Wer zur Lösung solcher Mißstände in guter Absicht interne Unterstützung braucht und sucht, wird sie auch finden. In den meisten Firmen, so meine ich, lassen sich vertrauenswürdige Menschen in einflußreicher Position finden, die das Problem ernst nehmen und beseitigen, ohne es unnötig breitzutreten.

Leider gibt es auch eine Reihe gut dokumentierter Fälle, in denen gutwillige und konstruktiv argumentierende Mitarbeiter sich nach bestem Wissen und Gewissen dafür einsetzten, daß illegitime oder gar illegale Handlungsweisen im Unternehmen gestoppt werden, jedoch mit ihren Vorschlägen auf keinen Widerhall beim Management stießen oder gar in archaischer Manier als Überbringer der schlechten Nachricht «hingerichtet» wurden.[109] In einigen solcher Fälle scheiterten Menschen, die auf teilweise monströse Fehler stießen und alles unternahmen, diese firmenintern – im Interesse des Unternehmens und der Sache – zu korrigieren, auf tragische Weise mit höchst negativen persönlichen Konsequenzen. Dies trat besonders dann ein, wenn, als *ultima ratio*, Außenstehende um Hilfe gebeten wurden. Anstatt mit einer frühzeitigen Intervention das Leben und die Gesundheit von Menschen sowie enorme Unternehmensressourcen zu retten, reagierte das Topmanagement beleidigt, brandmarkte die betreffenden Personen als Verschwörer bzw. Verräter und verfügte die Entlassung. In all diesen Fällen bestätigte sich später die Richtigkeit der von den *whistle blowers* vorgebrachten Kritik: Es kam teilweise zu tragischen Unfällen mit großen menschlichen Verlusten. Bekannte Beispiele dafür sind die vermeidbare Explosion der Raumfähre Challenger,[110] die Unglücksfälle des Ford Pinto[111] oder die aufgrund der Firestone 500 Reifen.[112] In allen Fällen kam es *nach* den vermeidbaren Tragödien zu großen finanziellen Schäden für die betroffenen Unternehmen.

Auch auf der weniger dramatischen Ebene kann sich ein *whistle blower* persönliche Nachteile einhandeln: Loyale Mitarbeiter, die unliebsame Tatsachen zur Sprache bringen, wie z. B. die, daß ihre Kollegen Spesenabrechnungen fälschen, Unternehmenseigentum für private Zwecke mißbrauchen, während der Arbeitszeit betrunken sind oder anderen Unappetitlichkeiten frönen, machen sich gewöhnlich unbeliebt. Ausgrenzung – bis hin zum skrupellosen Rufmord – erfuhren insbesondere Frauen, die sich wegen sexueller Belästigung zum *whistle blowing* entschlossen.[113] Auch wenn die Unangemessenheit des inkriminierenden Sachverhalts bestätigt wurde, reagierte das Umfeld oft ungehalten und nahm «Verrat» übel.

Externes *whistle blowing* wird gemeinhin als illoyale Denunziation betrachtet, selten als präventives Handeln zum Schutz des Gemeinwohls. Wo «right or wrong, my company» – also falsch verstandene, weil unkritische Firmenloyalität – höchstes Gut ist, wird oft als Reaktion auf das öffentliche Alarmsignal die Aufforderung zur Kündigung vorgebracht («Soll er/sie doch gehen, wenn es ihm/ihr hier nicht paßt!»). In anderen Fällen wird gewartet, bis ein anderer Grund vorgeschoben werden kann, das Arbeitsverhältnis zu beenden. Anstatt die dringliche Frage zu untersuchen, warum dem Mitarbeiter denn nichts anderes übrigblieb, als diesen für das Unternehmen äußerst unangenehmen Schritt nach außen zu tun, und anstatt sich möglichst umgehend mit dem zur Korrektur anstehenden Sachverhalt zu beschäftigen, wird oft die ganze Energie auf die Ausgrenzung des Mitarbeiters verwendet.[114]

Eine empirische Analyse der Einstellung US-amerikanischer Angestellter zum *whistle blowing* gibt interessante Hinweise zur Wahrnehmung des Sachverhalts:[115] Es gibt eine akzeptierte Hierarchie des *whistle blowing*, der gefolgt werden soll, nämlich zunächst alle internen Möglichkeiten zu nutzen, wenn dies nichts hilft, die Polizei einzuschalten und erst danach an die Medien heranzutreten. *Whistle blowing* in bezug auf illegales Handeln wird eher akzeptiert als solches in bezug auf unethisches Handeln. Der Glaube, daß *whistle blowers* ein hohes Risiko der Entlassung eingehen, ist weit verbreitet, deshalb wird Rechtsschutz gefordert.

Wie sollten sich whistle blowers verhalten?

Über die richtige Vorgehensweise für den Fall, daß Individuen innerhalb einer Institution ein moralisches Problem empfinden, gibt es ausführliche Erörterungen. Die Skala der Möglichkeiten umfaßt ein großes Spektrum:[116]

- nicht darüber nachdenken;
- sich dem ethisch unangemessenen Verhalten opportunistisch anschließen und damit zurechtkommen;
- Protest einlegen;
- gewissenhaft Einwände erheben;
- das Unternehmen verlassen;
- anonym auf den Mißstand aufmerksam machen;
- öffentlich auf den Mißstand aufmerksam machen;
- anonym damit drohen, öffentlich auf den Mißstand aufmerksam zu machen;
- die Durchführung des als unethisch empfundenen Handelns sabotieren;
- mit den betroffenen Akteuren verhandeln und schrittweise einen Konsens für ethisch angemessenes Handeln aufbauen.

Einige dieser Vorgehensweisen sind schlichtweg bequem, feige, unmoralisch; andere wiederum sind für die Durchsetzung der gerechten Sache völlig unbrauchbar und für den ernsthaft besorgten *whistle blower* auch keine befriedigende Lösung.

Die Reaktion, die Firma zu verlassen, mag zwar einem Unternehmen signalisieren, daß ein Problem existiert, und es veranlassen, das Problem zu beseitigen. Die Wahrscheinlichkeit ist jedoch größer, daß das Signal nicht empfangen oder verstanden wird, und da die meisten Mitarbeiter eines Unternehmens realistischerweise ersetzbar sind, fallen außer der – kurzfristigen – inneren Befriedigung des besorgten Mitarbeiters keine weiteren Vorteile an.

Die Variante, anonym auf den Mißstand aufmerksam zu machen, kann den Vorteil haben, daß die kritisierbare Handlungsweise verändert wird, ohne daß sich der *whistle blower* in die Gefahr möglicher Vergeltungsaktionen begeben muß. Allerdings kann dadurch im Unternehmen eine Mißtrauens-Atmosphäre entstehen, die dem Betriebsklima schadet und das Vertrauensverhältnis zwischen unbeteiligten Menschen zerstört. Ähnliche Konsequenzen hat die schärfere Gangart dieser Version, nämlich anonym zu drohen, öffentlich auf den Mißstand aufmerksam zu machen.

In Abwägung aller Argumente bietet die Variante, mit den betroffenen Akteuren über den Sachverhalt zu verhandeln und einen Konsens für ethisch angemessenes Handeln aufzubauen, aus jeder Perspektive die meisten Vorteile. Nicht nur kann so das Problem dort angegangen werden, wo es am besten gelöst werden kann, es entstehen auch keine Rufschädigungen. Natürlich ist auch mit dieser Strategie noch lange nicht gesagt, daß es tatsächlich zu den erwünschten Veränderungen kommt, aber sie verbessert die Transparenz des Problems und die Entscheidungsbasis für alle beteiligten Parteien. Sie hebt auch die Glaubwürdigkeit des *whistle blowers*, der sich nach einem eventuellen Scheitern der Veränderungsbemühungen an die Öffentlichkeit wenden muß.

Mitarbeiter in Unternehmen haben keineswegs nur eine wehrlose Opferrolle gegenüber unethischen Handlungszumutungen, sondern sind sehr wohl in der Lage, sich zu wehren und Veränderungsprozesse in Gang zu bringen. Erst und nur dann, wenn alle Anstrengungen nichts fruchten und durch Nichthandeln Menschenleben geopfert[117] oder durch unprofessionelles Handeln unabschätzbares Unglück verursacht würde,[118] steht als *ultima ratio* kein anderer Weg als der an die Öffentlichkeit zur Verfügung. Wäre dies vor der Challenger- oder Tschernobyl-Katastrophe geschehen, hätte viel menschliches Leid und großer wirtschaftlicher Schaden vermieden werden können. Kein Mitarbeiter schuldet seinem Betrieb das Vertuschen illegalen Handelns (z.B. das Herstellen von Designerdrogen in einem Unternehmen der Chemiebranche). Loyalität, Treuepflicht und das Befolgen von Anordnungen ist nur innerhalb bestehender Gesetze verpflichtend. Keine Gemeinschaft, nicht einmal die Kirche, geschweige denn ein Unternehmen, darf einem Menschen zumuten, gegen sein Gewissen zu handeln: «Die Gemeinschaft, die sich vermäße, das Gewissen zu vergewaltigen, vergriffe sich an einem persönlichen Wert des Menschen, der hoch über jedem Gemeingut irgendeiner (irdischen) Gemeinschaft steht.»[119]

Dort, wo Unternehmen legal und im Einklang mit den Wertvorstellungen der großen Mehrzahl einer Gesellschaft handeln, spezifische Mitarbeiter jedoch aus ihrer individuellen Wertekonstellation dies als illegitim empfinden (z.B. Tierversuche in der Forschung), ist zwar das Drängen auf mögliche Verbesserungen des Status quo zu unterstützen (im vorliegenden Beispiel die Verminderung der Anzahl der Tierversuche). Das Problem wird für diesen Mitarbeiter letztlich jedoch nicht lösbar sein, ohne daß er innerhalb oder außerhalb des Unternehmens eine alternative Beschäftigung sucht.

Angemessenes Vorgehen für das Unternehmen

Ohne Zweifel ist *whistle blowing*, erst recht gegenüber firmenexternen Instanzen, für betroffene Unternehmen außerordentlich unangenehm. Da es vermutlich immer Probleme geben wird, die zum *whistle blowing* führen können, sollte jedes Unternehmen offiziell anerkannte Beschwerdewege einrichten, die jeder gehen kann, der eine ernsthafte Kritik an unternehmensethisch relevanten Sachverhalten anbringen möchte. Nur so besteht die Möglichkeit, unethisches Verhalten ohne den Einbezug externer Parteien zu korrigieren. Erforderliche Korrekturen sind durch internes Handeln nicht nur schneller durchführbar, sie sind für das Unternehmen auch mit weniger Kosten und Prestigeverlust verbunden. Auch dies sind Gründe für einen loyalen Mitarbeiter, die internen Wege zu beschreiten. Umstände, unter denen ein aus moralischen Gründen besorgter Mitarbeiter keinen anderen Ausweg mehr sieht, als öffentlich auf einen Mißstand aufmerksam zu machen, sollte ein Unternehmen auf jeden Fall vermeiden, dies nicht nur dem Unternehmen selbst zuliebe, sondern auch aus Verantwortung gegenüber dem betroffenen Mitarbeiter, dessen Schritt für ihn und seine Familie womöglich harte Konsequenzen hat.

Es gibt etliche Formen, die eine solche Beschwerdeinstanz annehmen kann: z.B. Richtlinien für Führung und Zusammenarbeit, die einem ernsthaft motivierten Mitarbeiter erlauben, Stufe für Stufe bis zum Vorsitzenden des Aufsichtsrates vorzudringen; interne Ombudsinstitutionen; «Kummerbriefkästen» oder «Sorgentelefone». Andere Möglichkeiten sind unternehmenszugewandte, aber extern angesiedelte Kontrollgremien, z.B. externe Aufsichtsratsmitglieder, Revisionsgesellschaften oder anderes. Von größter Wichtigkeit ist, daß eine (offene, aber auch anonyme) Möglichkeit besteht, kritische Sachverhalte schnell und mit Schadensbegrenzung für alle betroffenen Parteien zu korrigieren.

Der richtige Umgang mit *whistle blowing* liegt also nicht in der Stigmatisierung oder Ignorierung derjenigen, die sich dazu gezwungen sehen, sondern in institutionellen Vorkehrungen, die konstruktive Auswege aus dem Dilemma ermöglichen. Es sollte «Chefsache» sein, periodisch zu begutachten, welche Probleme mit welchem Gewicht zur Kenntnis gebracht wurden, welche Maßnahmen getroffen wurden und mit welchen Ergebnissen. Dies ist ein wichtiger Beitrag für eine ethische Risiko-Analyse. Des weiteren wäre es sinnvoll, nach eventuellen «roten Fäden» zu suchen, damit strukturelle Defizite beseitigt werden können. Personen, die mit Ombudsfunktionen betraut sind, müssen eine ausreichend hohe hierarchische Position und somit firmeninterne Unabhängigkeit haben, damit ihre Einschüchterung oder gar Nötigung unwahrscheinlich ist. Sie müssen auch in der Lage sein, falls eigene Korrekturversuche scheitern, direkt die oberste Geschäftsleitung einzuschalten.

Mit einer Institutionalisierung des *whistle blowing* kann ein Unternehmen auch deutlich machen, in welchen Fällen man auf vorgebrachte Beschwerden *nicht* eingeht: Nader et alia schlugen folgende Kriterien vor:[120]

- wo die vorgebrachten Fakten unvollständig oder gar gefälscht sind;
- wo persönliche Streitigkeiten, Eifersüchteleien oder Neid der Hintergrund der Initiative sind und Rachefeldzüge das eigentliche Motiv;
- wo finanzielle oder sonstige «Belohnungen» für belastende Informationen verlangt werden – wo also Erpressung vorliegt;
- wo *whistle blowing* als Vorwand zur Abwendung einer ansonsten gerechtfertigten Entlassung benutzt wird.

Das oft vorgebrachte Argument gegen die Einrichtung von Ombudsinstitutionen, nämlich daß verantwortungsethische und fähige Vorgesetzte in einem Unternehmen solche Probleme im Ansatz vermeiden können und daher Lösungen bei der Personalpolitik und nicht bei der Schaffung neuer Institutionen lägen, ist prinzipiell richtig. Allerdings, so macht es zumindest den Anschein, sind so idealtypische Vorgesetzte nicht in jedem Fall zum erforderlichen Zeitpunkt am notwendigen Ort. Die Schaffung institutioneller Vorkehrungen wäre auch bei bester Personalpolitik ein sinnvolles «Sicherheitsnetz», das vermeidbare «Abstürze» auffangen könnte.

5. Die Bedeutung der Individualethik

Ich will bei der Wahrheit bleiben. Ich will mich keiner Ungerechtigkeit beugen. Ich will frei sein von Furcht. Ich will keine Gewalt anwenden. Ich will guten Willens sein gegen jedermann.
Mahatma Gandhi

Alle Bemühungen, die ethische Qualität unternehmerischen Handelns mit Hilfe von Unternehmensrichtlinien zu erhöhen, und alle Intentionen, die mit der Einrichtung von Ombudsinstitutionen verbunden sind, müssen in der Praxis scheitern, wenn die Mitarbeiter, insbesondere die in Führungspositionen, individualethische Defizite aufweisen. Daraus nun die Schlußfolgerung zu ziehen, man müsse eben einfach nur «gute» Menschen mit Führungsverantwortung betrauen, dann erübrige sich jede weitere Erörterung unternehmensethischer Sachverhalte, wäre jedoch verfehlt. Wie Max Weber schon sagte, hat niemand das Recht, bei anderen Menschen Güte und Vollkommenheit vorauszusetzen; es muß immer mit den «durchschnittlichen Defekten der Menschen» gerechnet werden.[121] Wie überall in der Gesellschaft gibt es auch in Unternehmen «ein paar Gauner und ein paar Heilige, aber die meisten fallen irgendwo dazwischen.»[122] Die «Gauner» unter den Unternehmensführern ziehen allerdings mehr Aufmerksamkeit auf sich als die «Heiligen». Der Erfolg von Büchern wie «Nieten in Nadelstreifen»,[123] «Die Abzocker»[124] u. a. ist aber meines Erachtens eher ein Hinweis auf den höheren Unterhaltungswert schwarzer Schafe als eine Bestätigung des Verdachts, Angehörige des Topmanagements stellten in menschlicher Hinsicht eine negative Selektion dar.[125]

Unternehmensethik wäre eine unrealistische Disziplin, würde sie vom «idealen» Menschen ausgehen und Wünschbarkeits-Hitparaden aufstellen. Die in Unternehmen vorhandenen Charaktereigenschaften und Moralvorstellungen unterscheiden sich nicht von denen einer Gesellschaft. Trotzdem sollte zumindest beim Führungspersonal auf fachliche *und* menschliche Qualitäten geachtet werden. Es werden dort Menschen benötigt, die den guten Willen haben, unternehmensethische Maximen umzusetzen. «Guter Wille» bedeutet die grundsätzliche Bereitschaft, sich nicht nur auf Argumente einzulassen, sondern das als gut Erkannte auch tatsächlich zum Prinzip des eigenen Handelns zu machen.[126] Das ist *keine* unzumutbare Forderung, denn es ist nicht nur bewiesen, daß es solche Persönlichkeiten in Betrieben gibt, sondern auch, daß sie das ethische Klima im ganzen Unternehmen positiv beeinflussen können.[127]

Mitarbeiter sehen in ihren Vorgesetzten eine wesentliche Referenz-Gruppe für die ethischen Standards ihres eigenen Handelns.[128] Daher würde Führungspersonal mit pathologischen Persönlichkeitsstrukturen wie denjenigen eines «Eichmann» (reflexionslose Verwalter), eines «Richard III.» (kalkulierte Bosheit und Heimtücke) oder eines «Faust» (Wahl illegitimer Mittel zum eigenen Nutzen)[129] im ganzen Unternehmen zersetzend wirken.

Führungspersönlichkeiten statt bloßer Fachspezialisten

Schon in klassischen Texten wird fachliches Wissen und Können bei Führungspersönlichkeiten zwar als notwendig vorausgesetzt, jedoch keineswegs als ausreichend erachtet. Seit Menschengedenken wird von Kaisern, Königen, Feldherren, Regierenden oder eben auch von Managern beinahe schon sehnsuchtsvoll das gleiche Anforderungsprofil verlangt. Hier lohnt sich ein Rückblick auf historische Texte – sei es auf den vorgeschlagenen Weg des Laotse,[130] die Gespräche des Konfuzius,[131] die indische Geheimlehre der Upanishaden,[132] das Standardwerk von Sun Tzu, der die Eigenschaften von Führern mit Intelligenz, Vertrauenswürdigkeit, Menschlichkeit, Mut und Strenge beschrieb,[133] oder das Werk Platons, der die zur Weisheit entwickelte Vernunft, Gerechtigkeit,

Tapferkeit und Besonnenheit für die wesentlichen Tugenden hielt.[134] Ferner geben die Ausführungen von Max Weber, insbesondere in «Politik als Beruf»,[135] auch achtzig Jahre nach ihrer Niederschrift noch wertvolle Anregungen. Im Vordergrund solcher Texte stehen die sogenannten *primären Tugenden*. Dazu zählen Kardinaltugenden wie Gerechtigkeit, Tapferkeit, Maß und Klugheit sowie jene persönlichen Grundhaltungen, die man mit den Begriffen Zivilcourage, Konfliktfähigkeit, Toleranz und Fähigkeit zum konstruktiven Ungehorsam umschreiben kann.[136] Dabei bezieht sich der Begriff «Tugend» nicht nur auf die sittliche Verfassung eines Individuums, Tugendhaftigkeit entfaltet sich immer erst im Kontext und unter Einbezug der Interaktion des Individuums mit seiner sozialen Handlungsgemeinschaft.[137]

Mit einer anspruchsvollen Personalselektion, besonders für hohe Positionen, und einer geeigneten Beförderungspraxis kann ein Unternehmen Einfluß darauf nehmen, daß diejenigen, die es nach innen und außen repräsentieren, bestimmte qualitative Wesensaspekte (Tugenden) haben, die sich zumindest nicht prinzipiell von den idealtypischen in der oben zitierten Literatur unterscheiden. In Georges Enderles Verständnis von «Führungsautorität» besteht diese aus drei gleich wichtigen Dimensionen, nämlich Fach-, Persönlichkeits- und Positionsautorität:

> «Ethisches Führungsversagen kann in jeder der drei Formen auftreten und zu weitreichenden Führungsproblemen führen. Mangelnde Fachkompetenz kann zur Überbetonung der Positionsautorität und Überbeanspruchung der Sanktionsgewalt verleiten. Eine schwache Persönlichkeit hat zu wenig Ausstrahlung und vermag das für die Führung nötige Vertrauen nicht zu schaffen. Wenn der Führer mit einer zu geringen Positionsautorität ausgestattet ist, kann er seine Verantwortung für die Verwirklichung des Unternehmensziels nicht voll wahrnehmen.»[138]

Es ist nicht zuviel verlangt, wenn wir uns Führungspersönlichkeiten wünschen, die mit denjenigen charakterlichen Qualitäten ausgestattet sind, die wir von Menschen selbstverständlich erwarten würden, von deren Entscheidungen unser eigenes Wohlergehen und das unserer Familien abhängt. Das wären Führungskräfte, die sich ihrer vollen Verantwortung für alles, was sie tun oder unterlassen, bewußt und darüber hinaus sittlich orientiert sind. «Sittlich orientiert» ist eine Persönlichkeit, die ihre handlungsleitenden Werte ethisch verantwortet übernimmt und ernsthaft versucht, ihr Leben danach einzurichten.[139] Menschen, die von unstillbaren Machtgelüsten bedrängt sind, deren Befriedigung zu Lasten ihrer Mitarbeiter und der Erreichung der Unternehmensziele geht, scheiden nach diesen Kriterien als Führungskräfte ebenso aus wie solche, deren Charakterogramm sich aus Willkür, Selbstgerechtigkeit, Opportunismus und Unmäßigkeit zusammensetzt. Die Auswahl entsprechender

Führungspersönlichkeiten auf allen Ebenen der Hierarchie ist bei weitem nicht nur in unternehmensethischer Hinsicht wichtig. Angemessene Führungskräfte sind die unabdingbare Voraussetzung für eine Dezentralisierung der Verantwortung im Sinne der Subsidiarität, so, wie sie vor vielen Jahrzehnten in der Enzyklika «Quadragesimo anno» definiert wurde:

> «Angelegenheiten von untergeordneter Bedeutung, die nur zur Abhaltung von wichtigeren Aufgaben führen müßten, soll die Staatsgewalt [hier: die Unternehmensleitung, KML] ... den kleineren Gemeinwesen [hier: der jeweils untersten Stufe im Unternehmen, KML] überlassen. Sie selbst steht dadurch nur um so freier, stärker und schlagfertiger da für diejenigen Aufgaben, die in ihre ausschließliche Zuständigkeit fallen, weil sie allein ihnen gewachsen ist: durch Leitung, Überwachung, Nachdruck und Zügelung, je nach Umständen und Erfordernis.»[140]

Nach der Hervorhebung der *primären Tugenden* nun ein paar Worte zu den *sekundären Tugenden*: Dem Wort «Sekundärtugend» haftet schon semantisch etwas Abwertendes an. Die negative Konnotation wurde vor einiger Zeit von einem SPD-Politiker aus der «Toskana-Fraktion» noch verstärkt, indem dieser meinte, man könne mit Sekundärtugenden wie Pflichtgefühl und Ordnungsliebe auch ein Konzentrationslager betreiben. Das Verächtlichmachen sekundärer Tugenden mag vielleicht für einen auf Lebenszeit beamteten Staatsdiener zum Kokettieren dienen – richtig ist es nicht: Angesprochen sind nämlich Ideale und Lebenseinstellungen wie Treue, Tüchtigkeit, Ordnungsliebe, Ehrlichkeit, Sparsamkeit, Verläßlichkeit, Sauberkeit, Pünktlichkeit – also jene Tugenden, die zu den Grundvoraussetzungen für den Erfolg der frühen industriellen Entwicklung Europas und Nordamerikas gehörten und heute die Säulen des wirtschaftlichen Erfolgs asiatischer Schwellenländer bilden.[141] Cora Stephan sieht zu Recht im «Verschwinden der Pflicht» eine problematische Begleiterscheinung der «postmateriellen Werterevolution», denn mit «Selbstverwirklichung», «Lust», «neuer Nachdenklichkeit» und mit leeren Betroffenheitsgesten sind Probleme nicht lösbar, sie werden einfach nur weggeredet.[142] Gerade, wenn es um den Erhalt internationaler Wettbewerbsfähigkeit und die Sicherung von Industriestandorten geht, sind sekundäre Tugenden unverzichtbar. Unbestritten bleibt allerdings, daß Sekundärtugenden nur in Verbindung mit Primärtugenden segensreich sein können. Gerade im Wettbewerb mit z. B. asiatischen Schwellenländern, deren Menschen sich durch Fleiß, Disziplin, gute Ausbildung und bescheidene Ansprüche auszeichnen, müssen wir uns wieder auf den Wert «altmodischer» Tugenden besinnen. Wenn Menschen nur noch darüber nachdenken, was ihnen zusteht, jedoch vergessen, was dafür zu leisten ist (ein Defizit in bezug auf die Primärtugend Gerechtigkeit!), sinkt nicht nur die Wettbewerbsfähigkeit und steigt die Arbeitslosigkeit, sondern es degeneriert die ganze Gesellschaft.

Die «ideale» Führungspersönlichkeit

Trotz der Weberschen Mahnung, mit den «durchschnittlichen Defekten der Menschen» zu rechnen, lohnt sich ein Blick auf die «ideale» Führungspersönlichkeit. Denn: Wer das Ideale erst gar nicht anstrebt, wird nicht einmal das Mittelmäßige erreichen. Max Weber selbst beschreibt in seinem Vortrag «Politik als Beruf» drei Qualitäten als die für Politiker entscheidenden: Leidenschaft, Verantwortungsgefühl und Augenmaß.[143] Sie sind im unternehmerischen Kontext nicht weniger wichtig, denn auch dort hat Führungsverantwortung politischen Charakter. Weber setzt diese drei Qualitäten folgendermaßen zueinander ins Verhältnis:

«Mit der bloßen, als noch so echt empfundenen Leidenschaft ist es ... nicht getan ... wenn sie nicht, als Dienst an einer ‹Sache›, auch die *Verantwortlichkeit* gegenüber ebendieser Sache zum entscheidenden Leitstern des Handelns macht. Und dazu bedarf es ... des *Augenmaßes*, der Fähigkeit, die Realitäten mit innerer Sammlung und Ruhe auf sich wirken zu lassen, also: *Distanz* zu den Dingen und Menschen. ‹Distanzlosigkeit›, rein also solche, ist eine der Todsünden jedes Politikers ...»[144]

Eine weitere Passage in Webers Vortrag scheint mir wichtig, nämlich die, in der er die *Eitelkeit* anspricht, von der wir ja alle nicht frei sind. Er sieht in ihr einen «ganz trivialen, allzu menschlichen Feind». Eitelkeit sei die Todfeindin aller sachlichen Hingabe und aller Distanz, vor allem der Distanz sich selbst gegenüber.[145] Für Weber beginnt die «Sünde gegen den heiligen Geist» da, wo Machtstreben unsachlich und ein Gegenstand rein persönlicher Selbstberauschung wird, anstatt ausschließlich in den Dienst einer «Sache» zu treten:

«Denn es gibt letztlich nur zwei Arten von Todsünden auf dem Gebiet der Politik: Unsachlichkeit und – oft, aber nicht immer, damit identisch – Verantwortungslosigkeit. Die Eitelkeit: das Bedürfnis, selbst möglichst sichtbar in den Vordergrund zu treten, führt den Politiker am stärksten in Versuchung, eine von beiden, oder beide, zu begehen.»[146]

Daß auch dies nicht nur für Politiker im engeren Sinne des Wortes gilt, bedarf keiner weiteren Erläuterung. Der Club of Rome hat vor einiger Zeit neue Führer mit einem neuen Profil[147] verlangt, die die folgenden Fähigkeiten aufweisen sollen:

- strategische Visionen zu entwickeln;
- innovativ zu handeln und sich Veränderungen anzupassen;
- ethische Perspektiven zu entwickeln;
- Entscheidungen zu treffen und für deren praktische Umsetzung zu sorgen;
- zu lernen;
- die eigene Meinung zu ändern, wenn tiefere Einblicke in Verhältnisse und Probleme gewonnen werden;
- strategische und taktische Überlegungen als Mittel und nicht als Zweck zu behandeln, und
- Systeme zu errichten, über die sie sich informieren können, welche Bedürfnisse die Menschen in ihrem Umfeld haben, welche Ängste, Forderungen und Vorschläge.

Auch der Frankfurter Unternehmensberater und Pater Rupert Lay[148] hat einen Anforderungskatalog für Führungskräfte. Darin betont er z. B. die *Teamfähigkeit*, die beinhaltet, mit anderen durch gemeinsamen Erkenntnisfortschritt Konsens zu erreichen. Ein weiteres Kriterium ist die *Anpassungsfähigkeit*. Diese setze voraus, daß man soziale Gegebenheiten erkennt und sich dementsprechend auf sie einstellt. Notwendige Konflikte sollten mit sinnvollem Aufwand (gemessen am Ertrag) durchgestanden und im richtigen Augenblick beendet werden. Dazu müsse man die notwendigen Techniken beherrschen und über die Fähigkeit verfügen, mit eigenen und fremden Ängsten sinnvoll umzugehen. *Toleranz*, besonders gegenüber Meinungen, die von der «Norm» abweichen, und gegenüber Menschen, denen keine Sympathie entgegengebracht wird, gehört auch bei Lay zu den wichtigsten Qualitäten von Führungskräften. Schließlich sei noch die *Fähigkeit zur passiven Aktivität* erwähnt. Dies bedeutet, zuhören, zuschauen, abwarten, nachdenken und Geduld üben zu können, anstatt ausschließlich darauf fixiert zu sein, zu kämpfen, zu siegen und sich durchzusetzen.

Zu selten wird in der Hektik unserer gesellschaftlichen und betrieblichen Realität jenes «Geistestraining durch Achtsamkeit» geübt, das uns der große deutsche Buddhist Nyānaponika Mahāthera anempfohlen hat:

> «Ein großer Teil des Leidens in der Welt entsteht nicht so sehr durch bewußte Schlechtigkeit als durch Unachtsamkeit, Unüberlegtheit, Voreiligkeit und Unbeherrschtheit. Ein einziger Moment der Besinnung würde oft genügen, um eine weitreichende Verkettung von Unheil oder Schuld zu verhindern.»[149]

Wo das Ziel besteht, unternehmensethische Maximen in der betrieblichen Praxis umzusetzen, wird «Professionalität» von Führungskräften ganzheitlich definiert: Zusätzlich zum ökonomischen Sachverstand, zur Fähigkeit der verantworteten Güterabwägung und zum verantwortungsvollen Umgang mit den anvertrauten Ressourcen des Unternehmens werden spezifische Charaktereigenschaften und Handlungsweisen besonderer Qualität wichtig, auf die ich im folgenden eingehen möchte.

Soziale Kompetenz und gute Sitten

Zu den wichtigsten Eigenschaften von Führungspersönlichkeiten gehört «soziale Kompetenz», d.h. die Fähigkeit zur Empathie, Altero-Zentriertheit und die Fähigkeit, andere Menschen unabhängig vom gegenwärtigen Eigeninteresse und von deren hierarchischer Einstufung als *Menschen* zu respektieren. Soziale Kompetenz ist weder freischwebende «Gefühlsduselei», die unzureichenden Arbeitseinsatz, mangelnde Disziplin oder andere Defizite bei der Arbeitseinstellung von Mitarbeitern kritiklos hinnimmt, noch beliebiges Verfügen nach utilitaristischen Kriterien.

Soziale Kompetenz manifestiert sich bereits in ganz äußerlichen Umgangsformen, die wir «gute Manieren» nennen, und erstreckt sich bis zum innerlich gegründeten Takt. Beides scheint aus der Mode gekommen – betont lässige Flegelhaftigkeit bis hin zu plumper, dummdreister Impertinenz oder subtilere Formen der Respektlosigkeit scheinen heute Rollenideale zu sein, mit denen verwöhnte «Jung-Dynamiker», aber auch aufgeblasene «Alt-Yuppies», meinen, sich selbst und andere von ihrer Wichtigkeit und Unersetzlichkeit überzeugen zu müssen. Anstand und Höflichkeit lassen sich gewiß nicht befehlen; sie lassen sich jedoch anerziehen und sollten anerzogen werden, weil sie die Vorbedingungen des «zivilisierten Verkehrs» sind, wie Hans Jonas sagt. Obwohl ein «guter Stil» im Umgang mit anderen Menschen noch gar nichts mit eigentlicher Moral oder dem Gutsein edler Personen zu tun hat,

> «so wirkt doch dieser der rohen ‹Wahrheit› aufgenötigte *Schein*, sogar die darin ritualisierte Heuchelei, als das unerläßliche Schmieröl, das die inneren Reibungen der Infrastruktur des Sozialmechanismus, die in der zwischenpersönlichen Grundschicht, genügend mildert, um ihre Mitglieder für das Hinaustreten in die überpersönliche, öffentliche Sphäre und ihre Kollektivverantwortungen freizumachen.»[150]

Die guten Sitten, die – wie Hans Jonas formuliert – als «unentdeckte Zukunftswerte» für die Welt von morgen nötiger sind denn je, werden von den «Vulgäraposteln eines entlarvenden Wissens als Einengung der persönlichen Freiheit verschrien, und ihre demonstrative Nichtachtung genießt das Prestige emanzipatorischer, die Aufklärung vollendender Kühnheit.»[151] Die «dunkelsten Zeiten», so Jonas weiter, seien die, wo schon «die einfache Anständigkeit ungewöhnlichen Opfersinn oder Mut erfordert und ihre Bewährung zur leuchtenden Ausnahme in der Flut der allgemeinen Erbärmlichkeit wird».[152]

Besonders im Extremfall, wenn Personalabbau aus betrieblichen Gründen erforderlich wird, zeigt sich, wie weit es mit sozialer Kompetenz her ist. In erster Linie ist die Würde der negativ betroffenen Menschen zu wahren, nach dem Prinzip der Goldenen Regel: Benimm Dich stets so, daß du bei wechselseitiger Rollenübernahme dein Benehmen auch gegen dich selbst gelten lassen würdest![153] Stets sollte daran gedacht werden, daß es sich bei vielen Mitarbeitern um Menschen handelt, die die längste Zeit ihres Lebens im Betrieb verbracht haben, die mit Herzblut an ihrer Arbeit hängen und sich der Firma vielleicht gar mehr verbunden fühlen als so mancher MBA-etikettierte Jungmanager. Sie werden nicht nur aus ihrem gewohnten Umfeld herausgerissen, sondern auch in bezug auf ihre soziale Sicherheit, ihr Einkommen, ihren innerbetrieblichen und gesellschaftlichen Status negativ betroffen. Daher sollten bei Personalentscheidungen immer personale Schadens- und betriebliche Nutzengrößen gegeneinander abgewogen werden. Wenn Personaleinsparungen unumgänglich werden, ist dies sozial verträglich zu gestalten und möglichst durch innerbetriebliche Umschichtungen, Fortbildungsprogramme und, als letztes Mittel, mit Outplacement-Programmen abzufedern, anstatt einfach nur Entlassungen mit dem Verweis auf die schlechte Geschäftslage vorzunehmen. Kapital und Arbeit sind zwar juristisch gleichrangige Produktionsfaktoren, nicht jedoch ethisch gleichwertig. Das Wohl von Menschen bzw. die Verhinderung von Schaden für Menschen hat höhere ethische Wertigkeit als die Mehrung von Kapitalressourcen. Auf dem Hintergrund dieser Wertehierarchie ist es die Aufgabe des Topmanagements, einen Interessenausgleich zwischen den Produktionsfaktoren Kapital und Arbeit zu finden.

Obwohl es als antiquiert und nicht mehr dem Zeitgeist entsprechend klingen mag, ist es unerläßlich, darauf hinzuweisen, daß Loyalität und Bereitschaft zur Übernahme von Verantwortung auf Gegenseitigkeit beruhen: Der Mitarbeiter schuldet dem Unternehmen gleichermaßen konstruktives Verhalten wie das Unternehmen dem Mitarbeiter. Wenn Menschen, die einen Arbeitsplatz haben und dafür gerecht bezahlt werden, nicht die ihnen mögliche Leistung erbringen, wenn sie mit den ihnen anvertrauten Vermögenswerten und Entscheidungsfreiheiten nicht verantwortungsvoll umgehen oder sich gar zu Lasten des Unternehmensganzen persönlich bereichern, gehören zur sozialen Kompetenz eben auch negative Sanktionen bis hin zur Entlassung.

Menschen ohne soziale Kompetenz, also jene, die sich als besonders «harte Kerls»[154] gerieren, sich im Umgang mit ihren Mitarbeitern allüren- und dünkelhaft, zynisch, kalt und launisch verhalten, Freude daran empfinden, andere zu verletzen oder zu brüskieren, und dies alles mit dem Gewinninteresse des Unternehmens rationalisieren, sind nicht nur asoziale Zeitgenossen und Zeitgenossinnen, sie sind auch schlicht und einfach schlechte Manager. Vorgesetzte, die ihre Mitarbeiter in serielle Nullen verwandeln, übersehen, daß sie sich selbst als deren Vorzahl im Minusbereich befinden. «Coaching» – d. h., Mitarbeiter und Kollegen bei der Erreichung ihrer Ziele mit Blick auf das übergeordnete Ganze zu unterstützen, in Kommunikationsgemeinschaften zu entscheiden, Kritik konstruktiv (d. h. aufrichtend, nicht richtend!), sachlich und lösungsorientiert zu üben und bei zwischenmenschlichen Konflikten die Sach- und Gefühlsebene auseinanderzuhalten – ist nicht nur unternehmensethisch relevant, sondern auch betriebswirtschaftlich: Motivierte und zufriedene Menschen leisten mehr als unterdrückte und geschundene.

Auch Manager mit dem «Pontifex-Maximus-Komplex», die sich im Besitz der ewigen Wahrheit wähnen und konstruktiver Kritik nicht mehr zugänglich sind, stellen ein innerbetriebliches und unternehmensethisches Problem dar. Meist sind dies Menschen, die ihre hierarchische Positionierung mit einer höheren Qualität des Menschseins verwechseln. Solch ein Größenwahnsinn äußert sich z. B. auch darin, daß man in Zeiten notwendiger Kostensenkungen Arbeiter entläßt und sich bei Tarifverhandlungen durch eine Politik des kalten Herzens profiliert, während man für sich selbst teure Direktionsprivilegien (z. B. Assistenten, Chauffeur, Firmenlimousine) und – beim Absprung nach erwiesener Inkompetenz – «Goldene Fallschirme» für selbstverständlich hält. Man gönnt sich ja sonst nichts ...

Asoziales Verhalten, Macht- und Imponiergehabe mögen helfen, für kurze Zeit den Unrat innerhalb der eigenen Seele zu vergessen und das gähnende Loch der eigenen Hohlheit zu füllen. Beeindrucken kann man damit fast niemanden mehr, zumindest nicht lange. Ein Hinweis darauf, daß solche Menschen ihre Verhaltensweisen in der Tiefe ihres Ichs selbst nicht für richtig halten, mag sein, daß sie meist völlig erstaunt sind und larmoyant reagieren, wenn ihnen am eigenen Leibe widerfährt, was sie selbst jahrelang anderen zumuteten.

Zivilcourage statt «Groupthink»

> *Um die Stammler als einen der ihren reden zu lehren*
> *lernte ich fließend stammeln. Warum verprügeln sie*
> *mich?*
> Erich Fried

Zivilcourage ist der Mut, sich für eigene Überzeugungen und Werte einzusetzen, und zwar auch dann, wenn das jeweilige soziale Umfeld andere Überzeugungen und Werte favorisiert. Sie ist die Furchtlosigkeit, für das einzutreten, was man nach verantworteter Güterabwägung für richtig und wahr hält, auch wenn dies jenen mißfällt, von deren Gunst man sich Vorteile oder Förderung erhofft. Die Tatsache, daß Zivilcourage zu unerfreulichen Sanktionen «von oben» führen kann, ist definitorischer Bestandteil des Sachverhalts, sonst wäre ja kein «Mut» erforderlich.[155]

Gruppenentscheidungen zu ethisch relevanten Problemkreisen haben zwar in der Regel eine höhere moralische Qualität als Einzelentscheidungen, da eine breitere Informations-, Erfahrungs- und Wertebasis vorhanden ist.[156] Trotzdem können Wahrnehmungsverzerrungen auftreten: Viele in menschlicher und materieller Hinsicht teuere Fehler waren letztlich auf ein archaisches Gesetz der Gruppendynamik zurückzuführen, bei dem Objektivität an den Grenzen der Gruppenegozentrik endete (z. B. Selbstgefälligkeit vor dem Angriff auf Pearl Harbour, Wunschdenken vor der Schweinebucht-Invasion und bei der gescheiterten Befreiung der amerikanischen Geiseln in Teheran, Vertuschungsversuche des Watergate-Einbruchs u. a.).[157] Die Gruppendynamik verstärkte sich in dem Maße, wie der tatsächliche oder vermeintliche Druck von außen wuchs. Das hatte zur Folge, daß sich die Gruppen riskanter und weniger verantwortungsbewußt verhielten, als Gruppenmitglieder dies als Individuen getan hätten.[158] Das Gefühl für die persönlichen Maßstäbe nahm ab, Gefühle von Anonymität wurden entwickelt, die Abhängigkeit von äußeren Richtungssignalen stieg.[159] Die Neigung zur vorauseilenden Konformität gegenüber Vorgesetzten oder das resignierende Schweigen bei tatsächlichen oder vermeintlichen Gruppenmehrheiten wirkte dabei ebenso zirkulär ansteckend wie die Furcht, bei (wiederholtem) Widerspruch von der Gruppe unvorteilhaft beurteilt und letztlich von weiteren Entscheidungen ausgeschlossen zu werden. Daß dies nicht nur «Liebesentzug» und Verminderung des Selbstbewußtseins, sondern auch Macht- und schließlich Einkommensverlust bedeuten kann, ist offensichtlich.

Diese Erfahrung wurde nicht nur im Zusammenhang mit politischen und militärischen Desastern der westlichen Industrieländer gemacht, sondern – wie seit 1989 deutlich wird – mindestens ebensosehr im ehemaligen Ostblock. Auch dort kam es durch «Groupthink» und Mangel an Zivilcourage zu vermeidbarem Unglück. Man hat, so beschreibt Vittorio Hösle seine Eindrücke,

> «vorgegeben, bestimmte Prinzipien zu akzeptieren, die man im Inneren längst verworfen hatte und von denen man genau wußte, daß auch der Gesprächspartner sie geistig ablehnte; nichtsdestotrotz hatte man an Kommunikationsritualen teilzunehmen …, bei denen man einander feierlich die Wahrheit jener Prinzipien beschwor und bei denen jeder wußte, aber niemand sagte, daß der Kaiser nackt ist.»[160]

Joachim Gauck, der Bundesbeauftragte für die Staatssicherheits-Akten der ehemaligen DDR, sagte beim ZEIT-Symposium aus Anlaß des

75. Geburtstags von Helmut Schmidt: «Die Züchtung der Untertanen ist machbar. ... Probate Mittel zur Erreichung des Zuchterfolgs: Einsatz von Angst und Machtmitteln einer sich selbst möglichst wenig relativierenden Machtzentrale, Verschleierung der tatsächlichen Machtverhältnisse durch organisatorische Begleitmaßnahmen ... Nackte Lüge ist erkennbar, geschickte Rationalisierung, Nivellierung und Bagatellisierung sind effizienter.»[161] Gauck meinte, der erste Schritt zum Widerstand sei, die Begeisterung zu verweigern.

Der Aufruf zu mehr Zivilcourage gilt weit über den politischen Entscheidungsbereich und über soziale Systemgrenzen hinaus: Die Analyse aller größeren Katastrophen der letzten Jahre zeigt, daß es lange vor der Tschernobyl-Katastrophe, dem «Three-Miles-Island»-Unglück, dem «Exxon-Valdez»-Desaster oder dem Untergang der Fähre Estonia kritische Stimmen und mahnende Hinweise auf die später zutage getretenen Schwachstellen gab. Die Mahner hatten jedoch nicht genügend Durchsetzungskraft. Besonders die detailliert aufgearbeitete Ex-post-Analyse des Challenger-Unglücks[162] zeigt, daß empfundene Denk- und Handlungszwänge unter Streß ein weit höheres Gewicht einnehmen können als nüchterne technisch-wissenschaftliche Fakten, deren Akzeptanz eine tragische Fehlentscheidung hätte verhindern können.

Warum wurden deutlich formulierte und höchst wertvolle Informationen nicht zur Kenntnis genommen oder unzureichend bewertet? Wie kann man verhindern, daß ansonsten seriöse, gut informierte und intelligente Menschen in Arbeitsgruppen und Entscheidungsgremien vorhandene Zweifel verschweigen und sich dem «Gruppendenk»[163] unterordnen, anstatt ihr volles kritisches Potential einzusetzen? Wo liegt die Erklärung dafür, daß ein an feuchtfröhliche Männerrunden erinnernder Korpsgeist die nüchterne Urteilsfähigkeit ausschaltet? Die Antwort auf diese Fragen ist nicht allein in der blanken Manipulation herrschsüchtiger Vorgesetzter oder im hemmungslosen Opportunismus von Untergebenen zu suchen. Was hier hineinspielt, sind äußerst subtile, selbst auferlegte Intra-Gruppen-Zwänge, welche Vorgesetzte – gewollt oder ungewollt – verstärken.[164] Außerdem werden informelle Normen für die Erhaltung freundlicher Intra-Gruppen-Beziehungen entwickelt, die Bestandteil einer versteckten Tagesordnung werden. Janis zeigt als konformitätsfördernde und kritikhemmende gruppendynamische Mechanismen die folgenden auf:[165] Die Gruppe wendet sich in ihrer Gesamtheit gegen den «Abweichler» und verstärkt ihre Kommunikation mit ihm oder ihr, und zwar so lange, als die Hoffnung besteht, er oder sie könnte doch noch einknicken. Wird diese Hoffnung aufgegeben, vermindert sich die Kommunikation mit dem Dissidenten schlagartig. Wirkt die Isolierungsstrategie auch nicht, dann wird der «Abweichler» schrittweise aus weiteren Entscheidungen ausgeschlossen, um die Gruppenharmonie wiederherzustellen.

Wenn Gruppenloyalität zur höchsten Form der Moralität wird, getraut sich kein Mitglied mehr, kontroverse Sachverhalte anzusprechen und schwache Argumente zu hinterfragen. Auf diese Weise entsteht ein Gefühl der Unverwundbarkeit der Gruppe; übertriebener Optimismus greift um sich, und die Neigung, Risiken einzugehen, steigt. Die Gruppenmeinung wird als selbstverständlich angesehen, andere Meinungen werden abqualifiziert. Ein selbsternannter «Meinungswächter» («mindguard») geht in vorauseilendem Gehorsam gegen potentielle oder tatsächliche Abweichler vor und versucht, sie durch Einschüchterung wieder einzubinden; dazu eine Erfahrung Eugen Drewermanns:

> «Was er als seine Überzeugung ausgibt, ist im Grunde nichts weiter als eine Radikalisierung des *common sense* der jeweiligen Bezugsgruppe ...: er ist ihrem eigenen Ungeist stets noch ein Stück weit voraus – ein prophylaktisches Chamäleon, dessen Angst vor Ablehnung dazu nötigt, am heftigsten mit denjenigen Erwartungen der anderen sich zu identifizieren, deren Erfüllung die höchste Belohnung verspricht. Die Übererfüllung bestimmter Gruppennormen, ursprünglich aus der Angst vor Ablehnung entstanden, wird schließlich auf dem Wege eines demonstrativen Imponiergehabes zu einem Mittel der Einschüchterung.»[166]

Voten sind in dieser Situation nicht mehr unabhängig und kritisch, sondern gruppieren sich, wie George Orwell dies so schön beschrieben hat, «wie Kavalleriepferde beim Hornsignal, automatisch in die gewohnte, immer gleiche Marschordnung.»[167] Die Pferde wissen selber, wie sie sich aufstellen müssen, sie brauchen nur ein Signal ...

Die Entscheidungsqualität von Gremien kann durch ganz normale Unzulänglichkeiten (z. B. menschliches Unvermögen, Scheuklappen, Ermüdung, emotionaler Streß, falsche oder unvollständige Informationsbasis u. a.) vermindert werden, «Gruppendenken» birgt jedoch darüber hinaus besondere Gefahren:[168]

- Die Diskussionen sind, ohne das ganze Spektrum möglichen Handelns auszuleuchten, auf ein paar wenige Handlungsalternativen (oft nur zwei) beschränkt.
- Die eigentlichen Zielsetzungen und deren implizite Werte werden keiner Prüfung mehr unterzogen.
- Die Gruppe re-evaluiert die ursprünglich von der Gruppenmehrheit bevorzugte Vorgehensweise später nicht mehr in bezug auf eventuell versteckte Risiken und Nachteile.
- Die Gruppenmitglieder machen keine oder wenig Anstrengungen, Informationen von Experten zu erhalten, die Schätzungen über Kosten und Nutzen alternativer Handlungsweisen einbringen könnten.
- Die Gruppe reagiert selektiv auf Fakten und Bewertungen: Wirkliches Interesse wird nur für diejenigen Fakten und Urteile gezeigt, die die

ursprünglich von der Gruppe favorisierte Handlungsoption unterstützen.

• Die Gruppenmitglieder verwenden wenig Zeit auf die Identifikation äußerer Faktoren, die die Durchführung ihres Planes negativ beeinflussen könnten. Es werden daher weder Gegenmaßnahmen noch Ausweichpläne erarbeitet, die für die Steuerung des Vorhabens notwendig wären.

Janis faßt seine zentrale These im folgenden «Gesetz» zusammen: «Je größer die Liebenswürdigkeit und je stärker der Korpsgeist im Innenverhältnis der Mitglieder eines politischen Entscheidungsgremiums, desto größer ist die Gefahr, daß unabhängiges kritisches Denken durch ‹Gruppendenken› ersetzt wird und dies in irrationalen und entmenschlichenden Handlungen gegen Außengruppen resultiert.»[169] Die Tatsache, daß Probleme, deren Existenz niemandem paßt, nicht nur nicht verschwinden, wenn man sie nicht anspricht, sondern tendenziell schlimmer werden, beschreibt wohl am eindrücklichsten Albert Camus in seiner Erzählung «Die Pest».[170] Bei allem Verständnis für Kollegialität und Loyalität – sachlicher Widerspruch muß möglich sein. Schon einfache organisatorische Maßnahmen (z. B. die Institution des in der katholischen Kirche während vieler Jahrhunderte als höchst wertvoll empfundenen «advocatus diaboli») könnten dazu beitragen, «Groupthink» mit all seinen unerwünschten Folgen zu verhindern.[171]

Wozu Autoritätshörigkeit führen kann, beweisen u. a. die Experimente von Stanley Milgram:[172] Er suchte nach dem Zufallsprinzip Freiwillige aus, unter dem Vorwand, sie sollten helfen, die «wissenschaftliche» Hypothese zu prüfen, daß das Lernvermögen von Menschen verbessert werden könne, wenn sie für einen Fehler jedesmal bestraft würden. Die sogenannten «Schüler» (von denen die Freiwilligen nicht wußten, daß sie Schauspieler waren) wurden dabei auf einen «elektrischen Stuhl» gefesselt. Die als «Lehrer» eingesetzten Versuchspersonen bekamen vom Versuchsleiter den Befehl, gegen schlecht lernende «Schüler» in «zunehmend strenger Weise» vorzugehen. Konkret bedeutete dies, Elektroschocks von 15 bis 450 Volt zu verabreichen – was die «Lehrer» auch taten. Die schauspielernden «Schüler» stießen verzweifelte Schreie aus und flehten darum, nicht mehr länger mitmachen zu müssen. Jenseits von applizierten 330 Volt erfolgte von seiten der «Schüler» keinerlei Lebensreaktion mehr! Je größer die (akustische und visuelle) Distanz zum «Opfer» wurde, desto größer war die Bereitschaft zum Befolgen der (potentiell todbringenden) Befehle. Zunehmende Nähe war mit abnehmender Gehorsamsbereitschaft gekoppelt. Eine wesentliche Erkenntnis der Milgram-Experimente war der eklatante Schwund des individuellen Verantwortungsbewußtseins in Befehlssituationen. Es zeigte sich, daß «Menschen, die im Alltagsleben verantwortungsvoll und anständig handelten, durch die Zurschaustellung von Autorität, durch Beeinflussung ihrer Wahrnehmungen und durch die unkritische Hinnahme der Definition, die der Versuchsleiter von der Situation gab, dazu verführt [werden können], grausame Handlungen zu begehen».[173] Die aus dem Jerusalemer Eichmann-Prozeß[174] in Erinnerung gebliebene stereotype Schutzbehauptung, «man habe ja nur seine Pflicht getan», wurde als Reaktion auf moralische Vorhaltungen auch bei Milgram vorgebracht.

Milgram zieht aus verschiedenen Vorfällen, in denen Autoritätshörigkeit zu ethischen Katastrophen führte, eine Reihe genereller Lehren, von denen die folgenden auch im Zusammenhang mit unternehmensethischen Erörterungen von Bedeutung sind:[175]

* Es gibt immer Menschen, die ihre Aufgabe pflichtgemäß, aber ohne nachzudenken, erfüllen, weil sie von einem funktionalen anstatt von einem moralischen Prinzip beherrscht sind. Das Verantwortungsbewußtsein verschiebt sich in der Vorstellung solcher Untergebener unweigerlich an die vorgesetzte Stelle.
* Die Wertbegriffe des einzelnen wie Loyalität, Pflichtgefühl und Disziplin leiten sich von den technischen Erfordernissen der Hierarchie her, sie werden vom einzelnen jedoch als persönliche moralische Imperative empfunden.
* Eine Zunahme von Ersuchen um «Autorisation» ist ein Frühkennzeichen für die Vermutung des Untergebenen, daß Moralgesetze durchbrochen werden.
* Moralisch zweifelhafte Aktionen werden retrospektiv nahezu stets mit einer Reihe von konstruktiven Zielvorhaben gerechtfertigt und im Lichte irgendeines hohen ideologischen Zwecks als edel betrachtet.
* «Gehorsam» erfolgt nicht nach einer dramatischen Konfrontation zweier einander widerstreitender Willensäußerungen, sondern ist eingebettet in einen größeren Existenzbereich, in dem soziale Bezüge, Karrierehoffnungen und technische Routineverfahren den Ton angeben. Typisch ist nicht die heroische Gestalt, die mit ihrem Gewissen kämpft, oder der Mensch mit pathologischen Aggressionen, der erbarmungslos eine Machtposition ausnutzt – *typisch ist eher der Funktionär, dem man eine Aufgabe übertragen hat und der sich abmüht, den Eindruck zu erwecken, daß er in seiner Arbeit kompetent sei.*

Milgram spricht von einer «geradezu unvermeidlichen» Fähigkeit des Menschen, seine Menschlichkeit abzustreifen, wenn er seine individuelle Persönlichkeit mit übergeordneten institutionellen Strukturen verbindet: «Dies ist ein fataler Defekt, den die Natur uns Menschen eingebaut hat, und auf lange Sicht läßt er unserer Art nur eine bescheidene Überlebenschance.»[176] Milgram betrachtet es als bittere Ironie, daß die (Sekundär-) Tugenden der Loyalität, der Disziplin und der Selbstaufopferung, die wir am einzelnen so hoch schätzen, genau diejenigen Eigenschaften sind, die

Menschen dazu verleiten können, ihre individuellen Moralvorstellungen hintanzustellen und nur noch auf Signale seitens der Autorität zu achten. Es gibt jedoch auch eine positive sozialpsychologische Erkenntnis aus der Arbeit Stanley Milgrams: Nicht alle Menschen gehorchen Befehlen, selbst wenn ihr Ungehorsam mit schweren Strafen bedroht wird. Eine konsequent agierende Minderheit kann einen Schneeballeffekt auslösen, der andere mitreißt, der Konformität zu entfliehen.[177] Solche Zivilcourage, also das mutige Handeln nach eigenen moralischen Überzeugungen – auch und gerade dann, wenn das Umfeld zu Entscheidungen in einer anderen Richtung tendiert –, setzt ein hohes Maß an Konfliktfähigkeit voraus.

Die systematische innerbetriebliche Förderung von kritischen und nüchternen, jedoch mit sozialer Intelligenz und Zivilcourage ausgestatteten Führungspersönlichkeiten trägt dazu bei, die Risiken des Groupthink zu vermindern. Weitere Maßnahmen sind flache Hierarchien, Empowerment, systematische Nutzung von «Spielverderbern» bzw. «des Teufels Advokaten» sowie das Bestellen verschiedener Arbeitsgruppen zur gleichen Problematik, und zwar unter der Führung verschiedener Topmanager, die zuhanden der endgültigen Entscheidungsgruppe unterschiedliche Handlungsoptionen gleichermaßen professionell und unparteiisch aufbereiten.

Wie im Zusammenhang mit den Ausführungen zum dialogischen Konsens bereits erwähnt, ist Standfestigkeit eine der Zivilcourage zugeordnete Tugend, beide haben im Verhältnis «nach oben» ihre besondere Bedeutung. Die Standfestigkeit «nach unten» fällt wegen des Machtgefälles leichter als die Selbstbehauptung und das mutige Durchhalten «vor dem Königsthron». Wo aufgrund des praktizierten Führungsstils Mitarbeiter demotiviert oder gar verängstigt werden, wird nicht nur die Zivilcourage abnehmen, sondern auch die Fähigkeit eines Unternehmens, aus gemachten Fehlern zu lernen, denn diese werden ja dann nicht mehr offengelegt. Von daher ist nicht nur ein Mehr an Zivilcourage zu fordern, sondern auch ein Führungsstil und hierarchische Strukturen, in denen der Zivilcourage konstruktiv und nicht existenzvernichtend begegnet wird.

Verantwortung statt Gesinnung

Gesinnungs- und Verantwortungsethik wurde von Max Weber[178] folgendermaßen differenziert:

> «Wir müssen uns klarmachen, daß alles ethisch orientierte Handeln unter *zwei* voneinander grundverschiedenen, unaustragbar gegensätzlichen Maximen stehen kann: es kann ‹gesinnungsethisch› oder ‹verantwortungsethisch› orientiert sein. Nicht daß

Gesinnungsethik mit Verantwortungslosigkeit und Verantwortungsethik mit Gesinnungslosigkeit identisch wäre ... Aber es ist ein abgrundtiefer Gegensatz, ob man unter der gesinnungsethischen Maxime handelt – religiös geredet: ‹Der Christ tut recht und stellt den Erfolg Gott anheim› – *oder* unter der verantwortungsethischen: daß man für die (voraussehbaren) *Folgen* seines Handelns aufzukommen hat. ... Wenn die Folgen einer aus reiner Gesinnung fließenden Handlung üble sind, so gilt ihm [dem Gesinnungsethiker, KML] nicht der Handelnde, sondern die Welt dafür verantwortlich, die Dummheit der anderen Menschen oder der Wille Gottes, der sie so schuf. Der Verantwortungsethiker dagegen rechnet mit eben jenen durchschnittlichen Defekten der Menschen – er hat, wie *Fichte* richtig gesagt hat, gar kein Recht, ihre Güte und Vollkommenheit vorauszusetzen, er fühlt sich nicht in der Lage, die Folgen eigenen Tuns, soweit er sie voraussehen konnte, auf andere abzuwälzen. Er wird sagen, ‹diese Folgen werden meinem Tun zugerechnet.› ‹Verantwortlich› fühlt sich der Gesinnungsethiker nur dafür, daß die Flamme der reinen Gesinnung, die Flamme z. B. des Protests gegen die Ungerechtigkeit der sozialen Ordnung, nicht erlischt. Sie stets neu anzufachen, ist der Zweck seiner ... Taten.»[179]

Während sich also Gesinnungsethik nach dieser Definition ohne Rücksicht auf die möglichen Folgen ausschließlich an der Reinheit der eigenen Gesinnung orientiert, will die Verantwortungsethik möglichst alle praktischen Folgen bedenken und in die Entscheidung einbeziehen. Die Abgrenzung der Verantwortungsethik von der Gesinnungsethik ist in dieser absoluten Form höchstens als Idealtypus haltbar, Menschen leben in beiden Bezügen. Gleichwohl ist die Unterscheidung von Gesinnungs- und Verantwortungsethik für die unternehmerische Praxis bedeutungsvoll. Das Maß der in einem und durch ein Unternehmen praktizierten Ethik bemißt sich nicht an der Qualität des sittlichen Wollens, sondern an den praktischen Resultaten der unternehmerischen Aktivitäten.

Gesinnungsethik kann im unternehmensspezifischen Zusammenhang mit einer kurzfristigen kommerziellen Erfolgsethik gleichgesetzt werden, die alle Mittel «heiligt», welche einen Beitrag zu Umsatz oder Gewinn leisten. Verantwortungsethisches unternehmerisches Handeln prüft die entstehenden Auswirkungen für die Umwelt, Mitwelt und Nachwelt und bringt diese in eine verantwortete Güterabwägung ein. Das kann zu unternehmerischen Selbstbeschränkungen mit betriebswirtschaftlich unerwünschten Konsequenzen führen. Es gibt eine Reihe von Firmen, die auf beispielhafte Art und Weise Verantwortungsethik praktiziert haben. Zu nennen sind hier zumindest Levi Strauss wegen der überaus fairen und großzügigen Behandlung seiner Mitarbeiter und der begrüßenswert klaren Einstellung gegenüber Kinderarbeit und Strafgefangenenarbeit;[180] IBM z.b. wegen ihrer Arbeit für das Gemeinwesen und besonders der Unterstützungsprogramme für Minderheiten und Behinderte; Dayton Hudson wegen ihrer «5-Prozent-Politik für korporative Philanthropie»,[181] aber auch andere.

Nach Max Weber wurden weitere Verantwortungsethiken vorgelegt,[182] von denen in der Gegenwart die von Hans Jonas die prominenteste ist.[183] Allen Verantwortungsethiken gemeinsam ist der Appell an das sorgfältige Evaluieren aller gegenwärtigen und zukünftigen Auswirkungen einer Entscheidung. Besondere Anforderungen an eine solche Güterabwägung werden bei ethischen Dilemmata gestellt, denn

> «keine Ethik der Welt kommt um die Tatsache herum, daß die Erreichung ‹guter› Zwecke in zahlreichen Fällen daran gebunden ist, daß man sittlich bedenkliche oder mindestens gefährliche Mittel und die Möglichkeit oder auch die Wahrscheinlichkeit übler Nebenfolgen mit in Kauf nimmt, und keine Ethik der Welt kann ergeben: wann und in welchem Umfang der ethisch gute Zweck die ethisch gefährlichen Mittel und Nebenerfolge ‹heiligt›.»[184]

In solchen Situationen führe, so Max Weber, Gesinnungsethik nicht weiter, denn sie habe logischerweise nur die Möglichkeit, *jedes* Handeln, welches sittlich gefährliche Mittel anwendet, zu *verwerfen*. Es sei nicht möglich, ethisch zu dekretieren, welcher Zweck *welches* Mittel heiligen solle.[185] Für diese Entscheidung sind unternehmerische Persönlichkeiten gefordert, die in der Lage sind, eine ethisch reflektierte Güterabwägung vorzunehmen und entsprechend zu handeln.

Ist das zuviel verlangt? Ist die Forderung nach solchen Persönlichkeiten weltfremd, weil ihr Auffinden unwahrscheinlich ist? Ich meine nein, denn Menschen können nicht nur im positiven Sinne gefordert werden, sie sind auch, wie Hannah Arendt formulierte, in der Lage, immer wieder auf unerwartete Art und Weise positiv zu handeln:

> «Der entscheidende Unterschied zwischen den ‹unendlichen Unwahrscheinlichkeiten›, auf denen alles Leben auf der Erde und alles natürlich Wirkliche beruht, und den Ereignis-Wundern innerhalb menschlicher Angelegenheiten ist natürlich, daß es hier einen Wundertäter gibt, den wir kennen, daß der Mensch nämlich auf eine höchst geheimnisvolle Weise dafür begabt scheint, Wunder zu tun. Im gewöhnlichen Sprachgebrauch nennen wir diese Begabung das Handeln.»[186]

Über den Umgang mit Macht

Macht und Herrschaft sind Sonderformen der sozialen Beziehung – Sonderformen deshalb, weil zwischen den Handelnden eine Hierarchie besteht. In der Definition Max Webers ist Macht «jede Chance, innerhalb einer sozialen Beziehung den eigenen Willen auch gegen Widerstreben durchzusetzen, gleichviel worauf diese Chance beruht.» [187] Diese Chance kann z. B. auf Gewalt oder anderen Mitteln basieren, über deren Gebrauch zwischen den Handelnden kein Konsens bestehen muß. Anders bei der Herrschaft, welche nach Max Weber jene Chance bedeutet, «für einen Befehl bestimmten Inhalts bei angebbaren Personen Gehorsam zu finden.» [188] Im Gegensatz zur Macht sucht die Herrschaft nach einer wie auch immer gearteten Form der *Legitimität,* denn sie setzt ein *sachliches* Interesse der «Beherrschten» an ihrem Bestehen voraus. Fällt dieses Interesse weg, kann es zu Verweigerungshaltungen wie «Dienst nach Vorschrift», selektiver Weitervermittlung von Informationen, «innerer Kündigung» oder sonstigen unkooperativen Verhaltensweisen kommen.[189]

Daß Herrschaft auch innerhalb von Betrieben ausgeübt wird, ist unstrittig,[190] aber ihr Bestehen bzw. ihre Legitimität ist ebenfalls davon abhängig, daß «sachliche» Interessen an ihr bestehen. Ein solches Interesse ergibt sich aus der Notwendigkeit, die Gesamtaufgabe des Unternehmens in verschiedene Teilbereiche zu gliedern, die jeweils einem Verantwortungsträger zugewiesen werden. Neben dieser horizontalen Gliederung wird eine vertikale Aufteilung in Vorgesetzte und Mitarbeiter notwendig, weil nur so eine am Unternehmensganzen orientierte Koordination verschiedener Aufgabenbereiche möglich ist. Dadurch werden Menschen in verschiedener Hinsicht voneinander abhängig, was unvermittelt in Herrschaftsbeziehungen umschlägt, die ihrerseits wieder der Legitimation bedürfen. Die wichtigste liegt in ihrer Selbstbegrenzung, sowohl nach unten wie nach oben: Legitime Macht setzt Rechte für andere.[191] Sie ist daher korreliert mit moralischer Verantwortung, Gewissenhaftigkeit, Disziplin und sozialer Kompetenz. Jemand, der mit Führungsverantwortung betraut wird, hat auch Sorgfaltspflichten gegenüber seinen Mitarbeitern. Da man zur Durchsetzung von Recht und rechtem Geschehen sowie zur Realisierung von Ideen jedoch eines Minimums an Macht bedarf, findet sie auch nach unten ihre Begrenzung.[192] Nicht nur die totale Macht korrumpiert total, sondern auch die Ohnmacht.[193]

Weitere Voraussetzungen zur Legitimation von innerbetrieblichen Herrschaftsbeziehungen sind Führungsqualität, fachliche Kompetenz und der funktionale Leistungszusammenhang, in dem Macht ausgeübt wird. Das Fehlen dieser Voraussetzungen – oder ein Mangel daran – ist nicht nur unwirtschaftlich und betriebsschädigend (besonders weil hohe Positionen mit hohen Löhnen und zahlreichen Privilegien verbunden sind), sondern führt auf Dauer auch zur totalen Ablehnung von Einordnung oder Unterordnung seitens der Mitarbeiter.

Ferner ist es zur Förderung und dem Erhalt individueller Kreativität, Innovationskraft und Initiative unumgänglich, Macht zu teilen. Wenn Angestellte, die über keine Macht verfügen, als ineffektiv und passiv angesehen werden, so muß das nicht notwendigerweise an mangelndem Potential liegen. Es kann durchaus sein, daß die von ungeteilter Macht ausgehende «strukturelle Gewalt» ihre lähmende Wirkung zeitigt, indem Mitarbeiter in die innere Resignation verfallen. Wo Mitarbeiter in unternehmerische Entscheidungsprozesse einbezogen werden, wo sie Verantwortung übernehmen können und über eine Erfolgsbeteiligung auch am Gewinn partizipieren, entsteht eine andere Dynamik als in einer Sklavenwirtschaft. Dort sind Mitarbeiter auch in schlechten Zeiten bereit, eigene Opfer zu erbringen. Wo Mitarbeitern zugehört wird, weil man davon überzeugt ist, daß sie etwas Bedeutungsvolles zu sagen haben, wo die Bereitschaft besteht, alle für das Unternehmen wichtigen Informationen und Daten mit ihnen zu teilen, entstehen Loyalitäten anderer Qualität als dort, wo man eine restriktive Informationspolitik praktiziert und Informationsvorsprünge als Machtinstrumente mißbraucht. Daher ist nicht nur aus unternehmensethischer, sondern auch aus wirtschaftlicher Perspektive eine «Versachlichung» der kooperativen zwischenmenschlichen Beziehungen, die jede über sachliche Kompetenzen und Funktionen hinausgehende persönliche Herrschaftsbeziehung ausschaltet, geradezu notwendig.

Machtmißbrauch und Mobbing

Jede Form gesellschaftlicher Über- und Unterordnung geht, von wenigen Ausnahmen abgesehen, auf ein archaisches Machtverhältnis zurück, das dem jeweils «Höheren» höheres Ansehen und größere soziale Wertschätzung verleiht. Vorformen gesellschaftlicher Über- und Unterordnung finden wir bereits in der «Hackordnung», die, wie auf dem Hühnerhof häufig, das Gemeinschaftsleben unter paritätischen Gruppen gestaltet – angefangen im Kindergarten, in der Schule, aber auch unter Arbeitskollegen in Werkstatt und Büros.

In diesem Zusammenhang war in den letzten Jahren vermehrt das Thema «mobbing» Gegenstand öffentlicher Diskussion. *Mobbing* unterscheidet sich von den «normalen» Konflikten in Organisationen insofern, als es, meist von mehreren Tätern ausgehende und gegen Einzelpersonen gerichtete, Aggressionen sind, die über einen längeren Zeitraum andauern, eher hinterhältig destruktiv als offen ausgetragen werden und das Opfer letztlich krank machen.[194] *Mobbing*, aber auch Cliquenbildung und tolerierte Ausgrenzung von Personen oder ganzen Abteilungen beinhalten jede Art der Menschenverachtung:[195] kränkende

Andeutungen, Gehässigkeiten oder schlechtes Reden hinter dem Rücken der davon Betroffenen, berechnende Intrigen und ungerechtfertigte Kritik sowie die systematische Destabilisierung von Kollegen und Kolleginnen bis hin zum Psychoterror. Der Organisationssoziologe Norbert Paris hat dazu wichtige Forschungsergebnisse vorgelegt:[196] Aus vielen gesellschaftlichen und institutionellen Zusammenhängen ist bekannt, daß es opportunistische Scharfmacher gibt, die sich Anerkennung (bei wem auch immer) dadurch erschleichen wollen, daß sie gegen irgendwelche Personen, die als «Außenseiter» oder «im Abwind Befindliche» empfunden werden, aggressiv hetzen, übel klatschen und hinterhältig sticheln. Paris belegt, daß dabei die Wertschätzung bzw. die Abwertung von Menschen keineswegs auf rational nachvollziehbaren Kriterien beruht, sondern opportunistisch übernommen wird. Unter Umständen wird bei Opfern genau das negativ gedeutet, was bei denen, denen man imponieren will, positiv vermerkt wird. Diese Scharfmacher (oder nennen wir sie weniger ehrfürchtig «Teilchen-Beschleuniger» oder «Durchlauferhitzer») gehen – dies sei ein kleiner Trost – selbst ein hohes Risiko ein, denn, «wenn die Herrschaft konsolidiert und die Dreckarbeit getan ist, lassen die Etablierten ihre Einpeitscher gern wieder fallen.»[197]

Eine besonders niederträchtige Form des Machtmißbrauchs ist die sexuelle Belästigung. In europäischen unternehmensethischen Erörterungen weitgehend verdrängt, ist die sexuelle Belästigung ein Sachverhalt, über den nach einer neueren bundesdeutschen Untersuchung 81 Prozent der befragten Frauen klagten.[198] Auch amerikanische Studien legen eine große Häufigkeit sexueller Belästigung nahe.[199] Die Bandbreite dessen, was als «sexuell» und was als «Belästigung» definiert wird, ist individuell unterschiedlich – Belästiger haben vermutlich andere Definitionen von «Belästigung» als Belästigte. Da es schwierig ist, objektive Schwellen zu bestimmen, jenseits deren eindeutige Belästigung zu konstatieren ist, empfiehlt sich als Regel immer ein «Mehr» an Distanz als ein «Weniger» sowie ein «Im-Zweifel-Nicht». Auf diese Weise muß erst gar nicht herausgefunden werden, wo Grenzen liegen könnten.

Larmoyantes Beklagen der Schlechtigkeit des Menschen und entsprechende Appelle an die Besserung haben wenig Aussicht auf Erfolg. Es gibt effektivere Maßnahmen gegen Machtmißbrauch und *Mobbing*. Zunächst einmal müssen klare Signale von «oben» kommen, die konsequente und empfindliche Sanktionen einschließen. Alles, was auf Einschüchterung, Unterdrückung oder andere Arten der Menschenverachtung hinausläuft, und alles, was Menschen wegen ihres Alters, Geschlechts oder ihrer Rasse diskriminiert, ist negativ zu sanktionieren.[200] Ein Abbau von Kommunikationsbarrieren würde erheblich zur Verbesserung des Betriebsklimas beitragen. Darüber hinaus sind Ombudsinstitutionen ein wichtiger Bestandteil von Bemühungen, «Mindermächtige» zu schützen, denn im Normalfall müssen diese bei der Durchsetzung ihrer Interessen meist erhebliche Hindernisse überwinden. Wer dagegen hierarchisch etabliert ist,

> «muß sich nicht besonders echauffieren, um seine Macht zu behaupten ... wer fest im Sattel sitzt, braucht, um weiterhin oben zu bleiben, einfach nur gutes Sitzfleisch. Weil er keine Veränderung der Machtverhältnisse anstrebt, braucht er sich nur aufs passive Zementieren des Status quo zu beschränken. Er demonstriert Indolenz und Gelassenheit; übertriebener Eifer, wortreiches Herumfuchteln mit Schimpf und Schande würden da nur irritieren: Es würde den Argwohn wecken, daß sich der Mächtige vielleicht doch nicht so sicher fühlt, wie er nach außen immer vorgibt.»[201]

Machtmißbrauch zur Selbstprivilegierung

In Unternehmen bestehen zwischen den oberen und den unteren Einkommenskategorien erhebliche Differenzen. In der heutigen Erörterung solcher Einkommensdifferenzen wird oft die Ansicht vertreten, daß sehr hohe Löhne für das Topmanagement vertretbar, ja sogar geboten seien, weil die betreffenden Personen über besondere und für den Betrieb wichtige Fähigkeiten verfügen oder besonders hohen Belastungen ausgesetzt seien. Hinzu kommen Vergünstigungen und Privilegien kleineren oder größeren Umfangs: Sie beginnen z. B. bei garantierten Firmenparkplätzen, gehen weiter mit Firmenwagen und Chauffeur, teuren Clubmitgliedschaften usw. und arten aus in Spesenkonti ohne Nachweiserfordernis und jährliche Aktienoptionen, mit denen ein Vielfaches zum «normalen» Jahreslohn hinzuverdient werden kann. Solche Privilegien können natürlich nur von den Nutznießern selbst geschaffen und implementiert werden, was in den letzten Jahren zunehmend zu kritischen Aktionärsinterventionen geführt hat.[202]

Die Schönheit mag im Auge des Betrachters liegen, es ist jedoch rational – geschweige denn sozialethisch oder vom Standpunkt der Verteilungsgerechtigkeit aus gesehen – nicht mehr begründbar, wenn Firmenchefs in einem Jahr über 50 oder gar über 200 Millionen Dollar verdienen, während anderswo in den gleichen Unternehmen Arbeitsplätze mit der Begründung mangelnder Profitabilität abgebaut oder Gehälter gekürzt werden.[203] Wo durch besonders skrupellose Vertreter der Gattung durch firmenbezahlte, extravagante Privilegien das System ausgebeutet wird, vertiefen sich nicht nur ungerechte Einkommensunterschiede, sondern explodieren auch die Gemeinkosten des Unternehmens.

Wer sich und anderen seinen vorzüglichen gesellschaftlichen Status beweisen möchte, indem er seinem Umfeld demonstriert, daß nur die besten Speisen und Weine in den besten Lokalitäten oder andere kostspielige Formen demonstrativen Konsums zum «angemessenen» Lebensstil gehören, soll dies tun – allerdings auf eigene Kosten. Infantile Prestigesucht oder überholtes Zunftdenken sollte mit Firmengeldern nicht unterstützt werden. Wo Verfügungsmacht über Firmenressourcen für private Zwecke mißbraucht oder private Vergnüglichkeiten als Spesen abgerechnet werden, sind schon aus betriebshygienischen Gründen die bestehenden juristischen Normen anzuwenden. Es ist nicht nachvollziehbar, warum ein Arbeiter, der für seinen privaten Hobbyraum eine Bohrmaschine «mitgehen läßt», im Normalfall mit Sanktionen bis zur Entlassung zu rechnen hat, während ein hochgestellter und gut bezahlter Manager, der mit persönlichen Freunden auf Geschäftskosten ein Feinschmeckerlokal besucht oder sich Geschäftsreisen durch extravagante Ausgaben fürstlich gestaltet, mit dem Verweis auf «branchenübliches Verhalten» auf Verständnis rechnen kann. Schließlich wäre auch der inflationäre Usus von Abstandszahlungen («golden handshake» oder «golden parachute») aus der Gerechtigkeitsperspektive zu beleuchten, besonders wenn krasse Fehlleistungen der Entlassung vorausgegangen sind.

Natürlich sind wie bei allen anderen Machtmißbräuchen auch hier Schwarz-Weiß-Situationen leichter zu erörtern als Grauzonen. Es ist überdies verständlich, daß ein Unternehmen im Zweifel lieber vereinzelte «Sünder» in Kauf nimmt, als die ganze Firma durch ein enges Überwachungs- und Kontrollnetz zu «stalinisieren».[204] Dennoch ist bei Mißständen einzuschreiten, und zwar nicht nur aus Gerechtigkeitserwägungen, sondern auch aus Verantwortung gegenüber den Interessen der Aktionäre. Auch hier gehen ethische und Effizienzüberlegungen Hand in Hand. Bei falsch verstandener Toleranz würden falsche Standards gesetzt, falsche Signale ausgesendet und über eine «cosi-fan-tutte»-Mentalität eine exorbitante Kostenlawine ausgelöst.

Ganzheitliche Personalentwicklung

Es ist vielleicht auf den ersten Blick nicht ganz einsehbar, warum ein Unternehmen neben berufsspezifischer Aus- und Weiterbildung auch noch die Aufgabe sittlicher Elementarbildung übernehmen sollte, von der zu erwarten wäre, daß sie jeder Mensch aus Kinderstube und Schule mitbringt. Schließlich nimmt eine ganzheitliche Personalentwicklung unter Umständen erhebliche betriebliche Ressourcen in Anspruch. Wenn also Versäumnisse in bezug auf die Ausbildung einer moralischen Gesinnung von Menschen zu beklagen sind, so müßte die Kritik vorher ansetzen – beim Familien- und Erziehungswesen[205] und nicht beim Unternehmen.

Dennoch muß man sehen, daß gerade durch die Dynamisierung der wirtschaftlichen Entwicklung und des gesellschaftlichen Lebens vieles, was den Menschen in seiner Ganzheit ausmacht, einem Bildungstypus des «technisch trainierten, sachgemäß reagierenden Funktionärs» geopfert wurde:

«Der Schrei nach der Eliminierung ‹unnützen› Lernstoffes ist immer der nach der ‹Erleichterung› der funktionellen Umsetzungen. Zwar ist die Umständlichkeit des Anspruches zu wissen, was man tut, noch nicht die Garantie einer humanen oder moralischen Einsicht, aber doch als Typus einer verzögerten Reaktion potentiell der eines ‹bewußten› Handelns. Ich unterstelle, daß ‹Bildung› – was immer sie sonst noch sein mag – etwas mit dieser Verzögerung der funktionalen Zusammenhänge zwischen Signalen und Reaktionen zu tun hat. Dadurch werden ihre Inhalte, ihre ‹Werte› und ‹Güter›, sekundär. Die Diskussion um diese Werte wird meistens mit einer ungeprüften Beweislastverteilung geführt: wer tradierte Bildungsgüter verteidigt, soll beweisen, was sie noch wert sind.»[206]

Ein weiteres Problem stellt der immense Wissenszuwachs dar, der eine zunehmende Fragmentierung einzelner Disziplinen notwendig macht. Wir mußten zwar schon immer die Dinge in ihre Einzelteile zerlegen, um sie in handhabbare Größenordnungen zu verwandeln; aber wir haben lange geglaubt, die Fragmente seien relativ unabhängig voneinander – ein Trugschluß, der z.B. zur ökologischen Krise beitrug. Als man dies erkannte, wurde der Ruf nach «Interdisziplinarität» laut, der diese Spezialgebiete zusammenfassen sollte; letztlich sind daraus aber noch weitere Themenbereiche entstanden, so daß die Zahl der Fragmente eher zugenommen hat. Die Gewohnheit des Unterteilens ist uns Menschen so verinnerlicht, daß in unserem Denken ein fragmentiertes Selbst-Weltbild sitzt, das wir für die ganze Welt halten.[207]

Große Unternehmen, die in verschiedenen Ländern und auf zahlreichen Gebieten hoch spezialisiert und hoch arbeitsteilig tätig sind, sind die Verkörperung der Fragmentierung schlechthin. Es ist geradezu unvorstellbar, wie solche Konzerne ihre Identität, die über die Einheitlichkeit des Firmen-Logos und des Briefpapiers hinausgeht, bewahren können, wenn nicht über gemeinsam geteilte ethische Werte und Normen. Wie wichtig eine Identität ist, zeigt sich bereits am einzelnen Menschen: Das Individuum selbst ist zusammengesetzt aus den verschiedensten, manchmal antagonistischen Interessen, Wünschen, Zielen, Plänen und Eigenschaften. Geht diese innere Fragmentierung über ein «normales» Maß hinaus, verliert das Individuum seine Identität und wird schizoid, paranoid oder sonstwie psychotisch.

Schon von daher ist die Empfehlung an Unternehmen nicht abwegig, sich auf eine identitätserhaltende, ethische Wertebasis zu besinnen und diese in internen Kursen weiterzuvermitteln. Hinzu kommt, daß jede

Handlung zur Reaktion verkommen muß, wenn die menschliche Arbeit ihren ethischen Sinngehalt verliert und Management nur noch als Krisenmanagement wahrgenommen werden kann.

Auf die Frage, ob sich diese Mühe auch lohne, ob «Moral» überhaupt erlernt werden könne, gibt es divergierende Antworten. Immanuel Kant äußerte sich eher pessimistisch: «aus so krummem Holze, als woraus der Mensch gemacht ist, kann nichts ganz Gerades gezimmert werden.»[208] Philosophen verschiedener Schulen haben sich seither immer wieder skeptisch in bezug auf die moralische Verbesserbarkeit der Menschen geäußert. Viele sind der Meinung, daß die Ausbildung der moralischen Urteilsfähigkeit bei jungen Erwachsenen weitestgehend abgeschlossen ist. Das wiederum könnte bedeuten, daß auch noch so gut gemeinte spätere Ethikbildung, wenn überhaupt, nur einen vorübergehenden und oberflächlichen Einfluß haben kann. Die Tatsache, daß die heutigen Beratungsmärkte reihenweise «Instant-Kurse» in Sachen «Ethik» anbieten, ist daher um so bedauerlicher. Eine «Schnellbleiche» wird weder der Komplexität ethischer Problemkreise gerecht, noch resultiert sie in einer Verbesserung der moralischen Qualität von Handlungen. Sie kostet nur Geld bzw. bringt einschlägigen Instituten Umsatz. Wenn schon, dann müssen Ausbildungsbemühungen nachhaltig, d.h. über mehrere Bildungsperioden angelegt sein.[209]

Was den Einbezug von Ethik in das Management Development angeht, kann sowohl auf positive[210] wie auf negative[211] Erfahrungen verwiesen werden. Ganzheitliches Management Development vermittelt – zusätzlich zum gewöhnlich angebotenen Fachwissen – ethisches Orientierungswissen und übt dies mit Fallstudien. Wenn sich ein Unternehmen durch seine Personal- und Beförderungspolitik Führungspersönlichkeiten mit einer «postkonventionellen» Urteilsebene[212] im Kohlbergschen Sinne sichert – also mit Menschen, deren Urteilsbildung nicht auf blinder Unterwerfung unter bestehende Gesetze und Regeln beruht, sondern auf sittlich verantworteter Güterabwägung –, dann können diese von Ausbildungsbemühungen der hier erörterten Art profitieren. Das ist kein Wunschdenken, dafür gibt es empirische Evidenz.[213]

Orientierungswissen und Fallstudien

> *Alles Nachdenken über Ethik hat eine Hebung und*
> *Belebung der ethischen Gesinnung zur Folge.*
> Albert Schweitzer[214]

In der Moralphilosophie werden heute zahlreiche Ethiktheorien vertreten, so daß der «normale» Mensch relativ rasch die Orientierung verliert, anstatt sie zu gewinnen. Jede dieser Theorien basiert auf einem höchsten Moralprinzip. Sie lassen sich grob in drei Grundformen unterscheiden: die theologische, die teleologische und die deontologische Ethik.[215] Trotz zum Teil fundamentaler Unterschiede zwischen diesen Theorien sind Moralprinzipien zu finden, die allen gemeinsam sind. Dieser Minimalkonsens herrscht zumindest in bezug auf zwei fundamentale sittliche Werte: *Vernunft* und *Gerechtigkeit*.

Vernunft ist eine Fähigkeit, die nicht mit Intelligenz gleichgesetzt werden darf. Vernunft setzt zwar Intelligenz voraus, aber Intelligenz hat auch ein «Schimpanse, der zwei Stäbe ineinandersteckt, um an die Banane heranzukommen».[216] Vernunft hingegen ist die Fähigkeit, auf der Basis definierter Werte ethische Normen aufzustellen, die genauso gültig sind wie alle anderen Urteile, die sich aus der Vernunft herleiten. Nach diesem Verständnis wäre eine vernünftige Entscheidung jene, die auf Werturteilen basiert, die für alle anderen vernünftigen Personen Gültigkeit haben.

Das Kriterium der *Gerechtigkeit* einer Entscheidung ist dann erfüllt, wenn die Interessen aller von einer Entscheidung Betroffenen berücksichtigt wurden und die Konsequenzen für zukünftige Generationen sowie für die Umwelt sittlich verantwortbar sind.

Diese beiden Kriterien, Vernunft und Gerechtigkeit, sollten also zunächst einmal als «Basismoral» herausgegriffen werden, um den Einstieg zu erleichtern. Wenn unternehmerische Entscheidungen und Richtlinien an diesen zwei Moralprinzipien orientiert sind, ist schon eine weite Wegstrecke zur praktischen Unternehmensethik zurückgelegt.

Inhaltlich sollte die Vermittlung dieser Basismoral über kommentierte «Literatur-Hausaufgaben» vorgenommen werden und nicht intern durch Vorlesungen über die verschiedenen philosophischen Schulen seit den Vor-Sokratikern. Vorlesungen dieser Art sind zwar geistig erhebend und auch intellektuell anspruchsvoll – sie haben jedoch den Nachteil, daß der Bezug zur betrieblichen Praxis meist nicht sichtbar gemacht werden kann und so das eigentliche Ziel nicht erreicht wird. Mitunter stellen auch Filme klassische Lehrstücke dar.[217]

Besonders wertvoll ist die Bearbeitung und gemeinsame Erörterung von Fallstudien.[218] Das können Fallstudien allgemeiner Art sein,[219] aber auch solche, die dem Kontext unternehmerischen Handelns nachempfunden sind und dort ethische (nicht unterhaltsame oder harmlose)[220] Problemkreise aufgreifen. Um die Arbeit mit Fallstudien möglichst effektiv zu gestalten, sind an sie verschiedene Anforderungen zu stellen: Sie gewinnen an Qualität und pädagogischem Wert, wenn ethische Dilemmata, wie sie in den komplexen Abläufen der unternehmerischen Praxis immer wieder vorkommen, zur Diskussion gestellt werden und somit Lösungen nach dem «Schwarz-Weiß-Muster» unmöglich sind. Äußerst wertvoll sind auch Fallstudien, die ex post Fehlentscheide anderer (wie z. B. im Kontext des Challenger Unglücks[221]) oder des eigenen Unternehmens analysieren und ethisch reflektieren. Ebenfalls gut geeignet sind Fallstudien mit unternehmerischen Entscheidungssituationen, die dem Gefangenendilemma ähneln. Schließlich geben Fallstudien, in denen eine ethisch risikoreiche unternehmerische Gesamtentscheidung in viele Einzelentscheidungen fraktioniert ist, die Gelegenheit, aufzuzeigen, daß die moralische Qualität spezifischer Einzelschritte jeweils unbedenklich, ihre Addition jedoch problematisch sein kann.

Unternehmensspezifisch erarbeitete Fallstudien können die in der jeweiligen betrieblichen Praxis potentiell vorkommenden Grenzsituationen realistisch darstellen. Die im eigenen Unternehmen gemachten Fehler und daraus resultierenden Konsequenzen sollten, wo immer möglich, explizit aufgearbeitet werden, denn, wie Philip Johnson sagt: «Business Ethics is an Inside Job.»[222] Dies trägt nicht nur dazu bei, daß solche Fehler nicht wiederholt werden müssen, sondern erhöht auch die Glaubwürdigkeit der gemachten Anstrengungen.

Saul Gellerman ging der Frage nach, warum «gute» Manager «schlechte» ethische Entscheidungen fällen – Entscheidungen, die letztlich auch für die betroffenen Unternehmen mit großen Nachteilen, wenn nicht sogar mit dem Ruin verbunden waren.[223] Gellermans Ergebnisse zeigen, daß es überwiegend vier Wirklichkeitswahrnehmungen sind, die Führungskräfte dazu verleiten, vom Pfad der Tugend abzuweichen:

1. der Glaube, die betreffende Aktivität sei nicht «wirklich» unethisch, sondern gerade noch innerhalb der ethischen und juristischen Grenzen;
2. der Glaube, die betreffende Aktivität sei im besten Interesse des Individuums oder des Unternehmens, mit anderen Worten, «man» erwarte irgendwie, daß so gehandelt werde;[224]
3. der Glaube, die betreffende Aktivität sei «sicher», weil sie von niemandem je herausgefunden oder gar publiziert werden könne;
4. der Glaube, daß die betreffende Aktivität der Firma helfe und diese deshalb stillschweigend darüber hinwegsehe oder bei der Aufdeckung die unmoralisch handelnde Person beschütze.

Welches Verhalten «gerade noch» akzeptabel ist bzw. wo die Grenzlinie zwischen «cleverem» und unethischem Handeln liegt, wird in der Praxis oft erst herausgefunden, wenn die Grenze überschritten und der Fehler gemacht wurde. Dabei würden meist zwei einfache Fragen an die jeweiligen Verantwortungsträger genügen, ethische Zweifel vorher aufzudecken:

• Können Sie Ihre Entscheidung ohne Mühe und kosmetische Korrekturen Ihrer Familie oder guten Freunden plausibel machen?
• Würden Sie sich wohl fühlen, wenn über Ihre Entscheidung sowie deren Hintergründe und Auswirkungen offen in einem Nachrichtenmagazin der Presse oder des Fernsehens berichtet würde?

Gerät die befragte Person ins Grübeln, so ist dies mit großer Wahrscheinlichkeit ein Hinweis auf ethische Risiken.

Was den zweiten von Gellerman aufgezeigten Problemkreis angeht, so dürften in jedem Unternehmen konkrete Erfahrungen vorliegen, von denen die eigenen Mitarbeiter lernen können. Gellermans diesbezügliche Erfahrung ist die «traurige Wahrheit», daß viele kurzfristig Brillierende befördert werden und dann – doppelt ungerecht – ein unglückseliger Nachfolger die geschaffenen Probleme auszubaden hat. Ungewöhnlich gute und von den bestehenden Rahmenbedingungen her nicht erklärbare Resultate sollten daher stets auf die Art ihres Zustandekommens hin überprüft werden.

Zum dritten von Gellerman problematisierten Sachverhalt ist zu sagen, daß tatsächlich immer und überall ein Teil unmoralischen Verhaltens nicht entdeckt wird. Eine als niedrig empfundene Wahrscheinlichkeit der Aufdeckung könnte bei u.U. hohen persönlichen Vorteilen eine große Versuchung für normale Sterbliche sein. Gellermans Rat «Macht Verfehlungen leichter entdeckbar!» ist daher richtig. Schon die Tatsache, daß öfters Revisionen oder unangemeldete Kontrollen stattfinden, kann ausreichend abschreckend wirken. Prävention, d.h. die Abschreckung unmoralischen Verhaltens, ist besser als Korrektur nach der Entdeckung. In Fallstudien könnte die betriebsinterne Durchführbarkeit dieses Rates erörtert werden.

Schließlich kann durch die Bearbeitung von Fallstudien auch mit dem Glauben aufgeräumt werden, die betreffende unmoralische Aktivität helfe der Firma und diese würde deshalb stillschweigend darüber hinwegsehen bzw. die unmoralisch handelnde Person gar beschützen. In Fallstudien (und natürlich erst recht in der gelebten betrieblichen Praxis) sollte klargemacht werden, daß die Loyalität zum Unternehmen dort ihre Grenzen hat, wo Rechte anderer verletzt werden.

Im Verlauf der Erörterung von Fallstudien tritt meist als zusätzlich erwünschter Nebeneffekt ein, daß ein gängiges Vorurteil gegenüber Kollegen und Kolleginnen überwunden wird: Umfragen ergeben immer wieder, daß Individuen glauben, sie selbst handelten moralisch besser als die Mehrzahl ihrer Kollegen und Kolleginnen.[225] Übrigens halten sich – empirisch nicht belegbar – weibliche Manager meist für moralischer als ihre männlichen Kollegen.[226]

Die Bedeutung religiöser Überzeugungen

Auf die Gretchen-Frage: «Nun sag, wie hast Du's mit der Religion?», hatte schon Dr. Faust ausweichend reagiert. Auch vielen heutigen Menschen ist es eher peinlich, über ihre religiöse Verankerung zu sprechen. In unseren Gesellschaften haben christliche Werte in den letzten Jahrzehnten deutlich an Verpflichtungskraft verloren.[227] Auch bei Führungskräften in der Wirtschaft ist – glaubt man den Ergebnissen einer Umfrage über Ethos und Religion bei Führungskräften im bayerischen Raum – eine signifikante Erosion des religiösen Bewußtseins und der religiösen Orientierung festzustellen:[228]

• Das Christentum gehört nicht mehr zu den allgemein geteilten Grundwerten, sondern ist eine partikuläre Orientierung geworden.
• Alle Anzeichen deuten darauf hin, daß nur noch eine Minderheit (ca. 40 Prozent) aller Führungskräfte ein stabiles Verhältnis zu ihren Kirchen aufweist. Diese Abwendung ist bei der jüngeren Generation eher festzustellen als bei der älteren.
• Die sittlichen Normen und Werte, denen man sich verbunden fühlt, sind sozial vermittelt durch Erziehung, Milieueinfluß, Zeitströmungen und persönliche Erfahrungen. Sie werden nicht als religiös reflektierte Verpflichtung empfunden.
• Nicht Kirchen- oder Religionsfeindlichkeit charakterisiert das Einstellungsspektrum, sondern sich ausbreitende Gleichgültigkeit und sinkende Relevanz religiöser Orientierung.
• Ein hoher Grad individualistischer Werte-Orientierung bzw. religiöser Opportunismus sowie eine unterdurchschnittliche Bereitschaft zum praktischen Engagement für Dritte wird als «neues Ethos» artikuliert.

Zwar antworteten auf die Frage «Wie kann man für seine eigenen Entscheidungen erkennen, was gut und was böse ist?» noch immer 92 Prozent der in der Eigenwahrnehmung «kirchenfesten» Führungskräfte: «Indem man auf sein Gewissen hört». Jedoch nur noch 37 Prozent hielten in diesem Zusammenhang die «Zehn Gebote» für relevant, lediglich 20 Prozent die «Orientierung an den Lehren der Kirche». Jeder sechste hielt in der Umfrage Entscheidungen für eine «reine Gefühlssache», und 10 Prozent glaubten gar, es gebe «keine allgemeingültigen Maßstäbe».[229]

Die Ergebnisse der bayerischen Umfrage deuten auf eine Schwächung der Kirche als moralische Instanz hin. Menschen, die in Wirtschaft und Verwaltung Verantwortung tragen, erwarten mehrheitlich für die Bewältigung ihrer Gewissensfragen keine wesentliche Hilfe vom kirchlichen Lehramt.[230] Spezifisch christliche Inhalte üben auf die Entscheidungen von Führungskräften nur einen geringen Einfluß aus.[231] Das sittliche Entscheidungsfeld ist überwiegend vorgeformt durch die Rechtsordnung und betriebliche Verhaltenserwartungen.[232]

Daher wird die Frage, ob im Kontext der Unternehmensethik auch religiöse Sachverhalte eine Rolle spielen sollen, unterschiedlich beantwortet: Jürgen Habermas wendet ein, daß Moralprinzipien nicht unbedingt mit dem «persönlichen Erlösungsinteresse» verknüpft sein müssen.[233] Angesichts der Tatsache, daß heute der Bezug auf religiöse Normen, auf jenseitige Rechenschaftspflicht, auf Verantwortung vor Gott und Ehrfurcht vor dem Schöpfer immer öfter am säkularen Schutzwall der Aufklärung abprallt, könnten religiöse Bezugspunkte in unternehmensethischen Erörterungen als «Sonntagspredigt» oder Frömmelei verkannt werden und somit dem Ziel schaden. Hinzu kommt, daß Fragen der Religiosität und das persönliche Verhältnis eines Menschen zu Gott höchst private Angelegenheiten sind. Sie in einer – auch nur betriebsinternen – Öffentlichkeit zu problematisieren, kann – vielleicht – nicht jedem zugemutet werden. Da letztlich die praktischen Konsequenzen, die aus der unternehmensethischen Reflexion in der täglichen Arbeit gezogen werden, wichtiger sind als die Erörterung von Weltanschauungen, sollte von Fall zu Fall entschieden werden, wie mit dem Thema Religion umgegangen wird. Alles, was dem Ernstnehmen des Themas Ethik schadet, sollte außen vor bleiben. Im Zweifel gilt die Weisung Max Webers: «Wer ‹Predigt› wünscht, gehe ins Konventikel.»[234] Wer zur Überzeugung kommt, daß der Einbezug religiöser Bezugspunkte nicht sinnvoll ist, kann Wege finden, entsprechende Normen über säkulare Referenzen in die Arbeit einzubringen. Eine Möglichkeit wäre die Erörterung bestehender verbindlicher Werte, unverrückbarer Maßstäbe und persönlicher Grundhaltungen, wie sie in der «Erklärung zum Weltethos»[235] festgehalten sind.

Wie Albert Schweitzer schon sagte, kommen für die Suche nach dem Grundprinzip des Sittlichen alle, sowohl die religiösen als auch die nichtreligiösen, ausgesprochen philosophischen Versuche in Frage. Genau wie er bin aber auch ich der Meinung, daß die Trennung zwischen religiöser und philosophischer Ethik letztlich eine Scheintrennung ist, denn:

> «Die Verschiedenheit ist nur relativ. Wohl beruft sich die religiöse Ethik auf übernatürliche Autorität. *Aber dies ist mehr die Form, in der sie auftritt.* Tatsächlich sucht auch sie, je höher sie sich erhebt, nach einem in sich begründeten Grundprinzip des Sittlichen. In jedem religiösen Genius lebt ein ethischer Denker und jeder tiefere philosophische Ethiker ist irgendwie religiös.[236] ... Die Tiefe, nicht die Art ethischen Denkens entscheidet.»[237] (Herv. KML)

Der Trennungsversuch von religiöser und anderer Ethik liegt wohl daran, daß die eine als nicht-wissenschaftliche und die andere als objektive, wissenschaftliche Ethik gesehen wird. Viele anti-religiöse Einwände berufen sich auf die Naturwissenschaften; dabei gibt es gerade unter den bedeutendsten Naturwissenschaftlern Menschen, für die der Glaube an den Schöpfungsakt Gottes nicht nur in keinem Gegensatz zu naturwissenschaftlichen Erkenntnissen steht, sondern ohne ihn gar nicht zu denken ist. Es sei jedem Menschen selbst überlassen, worin er seine seelische Erbauung findet; aber jene Schein-Aufgeklärten, zu deren emanzipatorischem Chic es beinahe schon als «Muß» gehört, echte Religiosität durch Verächtlichmachung zu untergraben, sollten sich nicht auf die Naturwissenschaften berufen. Max Planck, Nobelpreisträger für Physik

– wohl die exakteste unter den Naturwissenschaften –, gab einmal folgenden Kommentar:

> «Unter diesen Umständen ist es nicht zu verwundern, wenn die Gottlosenbewegung, welche die Religion als ein willkürliches, von machtlüsternen Priestern ersonnenes Trugbild erklärt und für den frommen Glauben an eine höhere Macht über uns nur Worte des Hohnes übrig hat, sich mit Eifer die fortschreitende naturwissenschaftliche Erkenntnis zunutze macht und im angeblichen Bunde mit ihr in immer schnellerem Tempo ihre zersetzende Wirkung auf die Völker der Erde in allen ihren Schichten vorantreibt. Daß mit ihrem Siege nicht nur die wertvollsten Schätze unserer Kultur, sondern, was schlimmer ist, auch die Aussichten auf eine bessere Zukunft der Vernichtung anheimfallen würden, brauche ich hier nicht näher zu erläutern.»[238]

Max Planck kann in Physik und Transzendenz keine Antagonismen erkennen, sondern eher Komplementaritäten. Er betont allerdings die verschiedenen Rollen, die Religion und Naturwissenschaften in unserem Leben einnehmen, ja sogar einnehmen *müssen*. Denn die Naturwissenschaften leisten das Ihre, die Religion ein anderes, weshalb auch ich der Überzeugung bin, daß wir für unseren ganzheitlichen Fortschritt beides dringend benötigen: «Die Naturwissenschaft braucht der Mensch zum Erkennen, die Religion aber zum Handeln.»[239] Mit wissenschaftlicher Erkenntnis allein können wir uns den heutigen mannigfachen Anforderungen und Nöten gar nicht verantwortlich stellen. Die Abwendung von der Religion, so bemerkt Hans Küng, sei meist auch ein Indiz für Prinzipienlosigkeit anderer Art: «Wo die Religion abhanden gekommen und die christliche Orientierung nicht mehr mehrheitsfähig ist, ist es oft leider auch mit dem Kantischen Pflichtethos und der Orientierung am Gemeinwesen nicht weit her.»[240]

Daß religiöses Wissen und kirchliche Dokumente Substantielles zur Unternehmensethik beigetragen haben, darf nicht vergessen werden.[241] Die bewußte Reflexion religiöser Themen im Kontext unternehmensethischer Erörterungen kann die Erkenntnis fördern, daß bestehende Probleme nicht nur rein technische oder wirtschaftliche Lösungen haben und Menschen nicht nur rein materielle Bedürfnisse. Religion könnte dabei helfen, (wieder) einen gesellschaftlichen Basiskonsens zu finden über das, was letztlich gilt, welche Grundwerte und Grundhaltungen für konkretes Verhalten und Entscheiden letzte Begründung und Motivation liefern.

Nach diesem Plädoyer sei jedoch noch eine Warnung ausgesprochen: Individuelles und unternehmerisches Handeln werden nicht ethischer, wenn der «Gebetsriemen verbreitert» und der Ehrensitz in der Kirche eingenommen wird (vgl. Mt. 23, 6–7). Mit der «Bergpredigt» und ihren Inhalten ist «nicht zu spaßen», wie Max Weber sagte:

«Von ihr gilt, was man von der Kausalität in der Wissenschaft gesagt hat: sie ist kein Fiaker, den man beliebig halten lassen kann,
um nach Befinden ein- und auszusteigen. Sondern: ganz *oder* gar
nicht, *das* gerade ist ihr Sinn, wenn etwas anderes als Trivialitä-
ten herauskommen soll.»[242]

Interkulturelles Management

Multinationale Unternehmen sehen sich im Ausland mit zahlreichen
sozialen, bildungsmäßigen, technologischen und kulturellen Verschiedenheiten konfrontiert. Dies stellt besondere Anforderungen an Menschen, die in fremden Ländern unternehmerische Verantwortung
übernehmen sollen.[243] Nur sehr bedauernswerte, ethnozentrisch soziali-
sierte oder ausgesprochen dumme Menschen können verleugnen, daß
auch andere Kulturen und die Erkenntnisse ihrer geistigen Elite wichtige
Impulse für das eigene Handeln geben können.[244] Aber kulturelle An-
dersartigkeit kann auch eine Quelle potentieller Mißverständnisse und
problematischer Begegnungen sein.

Eine Priorität, die im innerbetrieblichen Zusammenhang immer wieder auf Probleme stößt, ist die aus westlicher Sicht oft übergroße Loyalität gegenüber der eigenen Familie oder ethnischen Gruppe. So werden
z. B. Kauf- oder Personalentscheidungen, die Standortwahl für Investitionen oder andere Entscheidungen u. U. nicht für das Unternehmen,
sondern für die Familie oder die eigene ethnische Gruppe optimal getroffen. Weniger tragisch, aber immer noch störend, kann der unterschiedliche Wert sein, der der Zeit zugemessen wird. Als besonders zeitbewußt
und pünktlich gelten gemeinhin die Deutschen und Schweizer, während
die Afrikaner ein anderes Verhältnis zur Zeit haben. Wo Pünktlichkeit
von Alter und Status abhängt, wird z. B. von Untergebenen erwartet, daß
sie exakt auf die Minute erscheinen, während es das Privileg des Höherrangigen oder Älteren ist, verspätet zu kommen. Das kann betriebliche Abläufe empfindlich stören.

Für den richtigen Umgang mit fremden Kulturen ist die Kenntnis traditioneller Werte und Normen von großer Bedeutung, aber auch das
Verständnis für die z. T. völlig anders strukturierten Weltanschauungen,
auf denen das Erkennen, Handeln und Beurteilen der Menschen basiert.
Alle kulturell determinierten Elemente beeinflussen die Wahrnehmung
der Wirklichkeit und die Kommunikationsmöglichkeiten der Menschen.
Kommunikation beinhaltet nicht allein die Landes- oder Stammesspra-
che oder Dialekte, sie ist der Austausch von Informationen *und* Gefühlen
und spielt sich sowohl auf der kognitiven wie auch auf der emotionalen
Ebene ab. Die Botschaft erhält ihre Bedeutung somit nicht nur durch
ihren Inhalt, sondern auch durch die Art der Mitteilung. Interpersonelle
Kommunikation ist irreversibel, d. h., das einmal Gesagte kann nicht

zurückgenommen werden. Man kann vielleicht näher erklären, differenzieren oder relativieren, aber man kann nicht auswischen, was man im nachhinein lieber nicht gesagt hätte. Ein europäischer Manager, der einem Asiaten in Gegenwart anderer scharf widerspricht oder auf eine andere Weise gegen kulturell determinierte Regeln verstößt, begeht eine «Unhöflichkeit», die, wenn überhaupt, nur sehr schwer wiedergutzumachen ist.[245] Aus diesen Gründen ist es wichtig, die kulturelle Dimension verbaler und nonverbaler Kommunikation zu erkennen, und zwar sowohl bei sich selbst als auch bei Personen anderer Kulturen.[246]

Niemand kann von Managern multinationaler Unternehmen erwarten, daß sie Anthropologen oder Spezialisten für interkulturelle Verständigung werden. Dennoch werden an Führungskräfte, die in einem interkulturellen Spannungsfeld arbeiten, sehr hohe Persönlichkeitsanforderungen gestellt. Einerseits müssen sie, zusätzlich zu den Problemen, die ihnen ihr ganz normales Arbeitsumfeld stellt, in der Lage sein, sich in unterschiedliche und zum Teil stark von den eigenen Vorstellungen abweichende Rollen und Standpunkte hineinzudenken, ohne dadurch handlungsunfähig zu werden. Andererseits müssen sie mit Frustrationen und Konflikten aufgrund interkultureller Mißverständnisse (z. B. unerfüllte Erwartungen, nicht eingehaltene Versprechen, völlig unerwartete Enttäuschungen) umgehen können, ohne daß Aggression oder Repression ausgelöst werden. Der Umstand, daß Kollegen, Freunde, Vorgesetzte oder Kunden aus einer anderen und nicht aus der uns vertrauten Kultur kommen, bedeutet ja keineswegs, daß sie keine Kultur haben. Sie deshalb, weil sie aus einem wirtschaftlich unterentwickelten Land stammen, als «unterentwickelte» Menschen abzustempeln, ist weder aus der unternehmerischen noch aus der unternehmensethischen Sicht akzeptabel. Interkulturelle Toleranz und das dafür erforderliche Verständnis können geweckt werden, wenn im Rahmen des Management Development auch den interkulturellen Aspekten unternehmerischen Handelns Rechnung getragen wird.

Ganzheitliche Anreizsysteme und Kriterien für die Mitarbeiterbeurteilung

> *Managers think in the short run because they are evaluated by both their superiors and peers on short-term results.*
>
> Robert Jackall[247]

In vielen Unternehmen werden zur Evaluation der Leistungen regelmäßig Mitarbeiter-Beurteilungen vorgenommen. Sie geben in bestimmten Zeitabständen Vorgesetzten und Mitarbeitern die wichtige Gelegenheit, in aller Ruhe und zwanglos über die Arbeit und alle damit im Zusammenhang stehenden Aspekte zu reden. Sie sind ein Führungsinstrument und geben Anlaß für eventuell mögliche Beförderungen und veränderte Lohnfestsetzungen. Ebenfalls weit verbreitet sind innerbetriebliche Anreizsysteme, mit denen, je nach dem Grad der Zielerreichung, Einkommensvorteile möglich werden. Beide Instrumente haben Einfluß auf die Leistungsmotivation und sind daher von großer Bedeutung für Mitarbeiter und Unternehmen.

Wenn Unternehmensethik kein Lippenbekenntnis sein soll, müssen auch entsprechende Signale bei der Leistungsbeurteilung und in Anreizsystemen gegeben werden. Geschieht dies nicht, so ist es naiv oder idealistisch zu glauben, daß ethischen Prinzipien in der Praxis nachgelebt wird: Menschen bemühen sich in der Regel eher, bei denjenigen Aspekten ihrer Leistung gute Resultate zu zeigen, an denen sie gemessen werden und von deren Messung sie Vorteile haben. Führungskräfte in multinationalen Unternehmen werden im Laufe ihrer Karriere meist in verschiedenen Verantwortungsgebieten auf ihr Leistungsvermögen getestet. Ihr Einkommen und ihre weitere Karriere hängen somit u. U. maßgeblich von *kurzfristig* sichtbaren Resultaten ab. *Management by Objectives* und anderes *alleiniges* Führen durch quantifizierte Zielvorgaben können dazu verleiten, zur Erreichung ehrgeiziger Ziele auch unmoralische Handlungsoptionen zu berücksichtigen. Die Versuchung, z. B. durch Verkauf über die Absorptionskapazität eines Kunden hinaus ambitiöse Umsatzziele zu erreichen und damit die Referenzbasis für den Jahresbonus oder für die nächste Beförderungsrunde zu verbessern, wäre ein Beispiel in dieser Hinsicht. Solange Mitarbeiter ausschließlich an finanziellen Resultaten gemessen werden, könnten sich diese gezwungen sehen, in ethisch ambivalenten Situationen zugunsten ihres eigenen finanziellen oder karriereorientierten Vorteils und gegen die Stimme ihres Gewissens zu handeln. In einer solch menschenunwürdigen Situation scheinen sich viele zu befinden.[248]

Bei unzureichend breit konzipierten Anreiz- und Bewertungssystemen besteht die Versuchung, dem kurzfristig Nützlichen den Vorrang vor dem langfristig Notwendigen zu geben.[249] Ist dies der Fall, so werden Investitionen, von denen zwar langfristig die Leistungsfähigkeit sowie die soziale und ökologische Verträglichkeit des Unternehmens abhängen, unterlassen, weil sie kurzfristig nur Kosten verursachen und (oberflächlich betrachtet) die Bilanz verschlechtern. Aus diesem Grund sind, zusätzlich zu den üblichen Bewertungs- bzw. Anreizkriterien, qualitative Elemente einzubringen. Da sich die ethische Qualität unternehmerischen Handelns oft nicht direkt und kurzfristig in monetären Einheiten messen läßt, müssen mit der in Unternehmen zur Verfügung stehenden Kreativität zusätzliche Variablen gesucht werden, mit denen Verhalten positiv beeinflußt und Güterabwägungen komplexer gestaltet werden können. Arbeitet eine Firma mit Anreizen in dieser Hinsicht, dann steht nicht nur das Ziel, sondern auch der Weg dahin zur Beurteilung an. Auch moralische Normen sind um so eher wirksam, je konsequenter ihre Befolgung überprüft und ihre Einhaltung belohnt wird bzw. Verstöße negative Konsequenzen zur Folge haben.[250] Es liegt in der Natur der Menschen, daß für sie, wie Hans Jonas dies ausdrückt, «Kurz- und Nahinteressen» zunächst einmal wichtiger sind als «Fernpflichten».[251] Viele kurzfristig gut aussehende Resultate sind mittel- und langfristig mit unerwünschten Auswirkungen verbunden. Ein Lösungsansatz für die Vermeidung kurzfristiger Scheinerfolge könnte sein, daß dort, wo angebracht und möglich, Mitarbeiterbeurteilungen in kurz-, mittel- und langfristige Komponenten unterteilt werden. Vergleichbares gilt bei der Beurteilung des Kostenverhaltens. Werden Mitarbeiter lediglich daran gemessen, wieviel Kosten sie einsparen, so besteht die Gefahr, daß auch dort gespart wird, wo z. B. wegen negativer Implikationen für die Gesundheit von Menschen oder eine intakte Umwelt nicht gespart werden darf. Die kurzfristig günstige Kostenperformanz hat in solchen Fällen unerwünschte langfristige Konsequenzen für Mensch und Umwelt, oft jedoch später auch finanzielle Folgeschäden für das Unternehmen.

Kriterien zu finden, mit denen man moralisches Verhalten in Mitarbeiterbeurteilungen messen und über Anreizsysteme belohnen kann, ist nicht leicht. Falls z. B. ein Verkaufsmanager seine Zielvorgabe nicht erreicht hat, kann dies sowohl auf ethische Überlegungen zurückzuführen sein als auch auf Ineffizienz oder Faulheit. Unzweifelhaft besteht die Gefahr, daß ineffiziente oder faule Mitarbeiter das System ausnützen und der hart Arbeitende auf der Strecke bleibt. Diese Lücke zu schließen dürfte jedoch bei gutem Willen möglich sein. Die Anstrengung würde lohnen, denn wenn diejenigen, die durch unmoralische Mittel und Wege ihren geschäftlichen Erfolg erzielen, diejenigen sind, die befördert oder sonstwie belohnt werden, sind alle Anstrengungen zur Erhöhung der moralischen Qualität unternehmerischen Handelns völlig unproduktiv. Alle unternehmensethischen Reflexionen und die Anmahnung daraus abgeleiteter Pflichten können letztlich nicht viel bewirken,

> «wenn es nicht gelingt, ... die innere Struktur der Unternehmen derart zu ändern, daß das moralisch gebotene Handeln sich auch unter egoistischen Gesichtspunkten lohnt, weil alle nach den neuen Normen handeln – kurz, wenn es nicht gelingt, dafür zu sorgen, daß der Gute nicht mehr der Dumme ist.»[252]

6. Moral bringt Kapital

Unternehmen Ethik und der Rechenstift

Viele Praktiker gehen davon aus, daß Unternehmensethik zumindest auf kurze Frist mit Kostenerhöhungen und Umsatz- sowie Gewinneinbußen verbunden ist. Damit haben sie wohl auch recht. Es wäre unrealistisch, ja unredlich, dies in Abrede zu stellen. Mancher wird auch erklären, unternehmensethische Forderungen seien wegen der gegenwärtigen moralischen Verfaßtheit der Gesellschaft nicht erfüllbar. Wenn es denn tatsächlich so sein sollte, daß viele Gesellschaftsglieder die einer vernünftigen Argumentation zugehörigen ethischen Normen nicht erkennen können, so sollte daraus nicht der Fehlschluß gezogen werden, die wahre Vernunft basiere nicht auf der Erkenntniskraft natürlicher Moralnormen. Genauso falsch wäre die Annahme, Unternehmensethik würde ökonomischen Sachverstand ausschließen. Wirtschaftliche Rationalität ist vielmehr Teil ethischen Handelns – Ethik und ökonomischer Sachverstand bilden eine Einheit, keine Gegensätze.

Was den Unterschied zwischen reiner Ökonomie und Unternehmensethik ausmacht, ist, daß erstere meint, ihre Aufgabe erschöpfe sich in der Wohlstandsmaximierung, die keiner ethischen Rechtfertigung bedürfe. Unternehmensethik hingegen strebt das umfassende menschliche Wohlergehen aller an – und legt dabei Wert darauf, daß sie ökonomischen Zielen gerecht wird, denn sonst könnte sie ihren humanen Zweck nicht erfüllen. Während reine Ökonomie also bei dem *Ziel* materiellen Erfolges aufhört, wird sich Unternehmensethik des *Zweckes* materiellen Erfolges bewußt. Der Unterschied zwischen beiden liegt in der *Reichweite* ihres Denkens und Handelns.

Daß Moralprinzipien wie die der Vernunft und Gerechtigkeit sachlich begründet sind, zeigt sich allein darin, wenn man sich ausrechnet, welche gesellschaftlichen Kosten massive Arbeitslosigkeit mit sich bringt. Dabei dürfen nicht nur die direkt spürbaren Kosten einbezogen werden, sondern auch die Kosten des moralischen gesellschaftlichen Zerfalls durch sinkenden Bildungsstand, Kriminalität, Drogenmißbrauch etc. Es wird ein Teufelskreis in Gang gesetzt, der sich letztlich wieder wirtschaftlich niederschlägt. Mangels gut ausgebildeter Arbeitskräfte sinkt die wirtschaftliche Leistungsfähigkeit der Unternehmen, und mangels ausreichender Kaufkraft in der Gesellschaft schwinden die Erträge. Wenn man sich den Verlauf einer solchen Spirale nur lange genug vorstellt, wird man ihre deflatorische Tendenz erkennen. Wenn die Prinzipien Vernunft und Gerechtigkeit nicht auf die gleich hohe Ebene gestellt werden wie das Leistungsprinzip, so nützen auch alle Anstrengungen nichts, die

Produktivität durch Senkung von Lohnkosten, fortgesetzte Mechanisierung der Arbeit und Verlagerung der Produktionsstandorte zu steigern. Letztlich wird es ein Nullsummenspiel – mehr Muskelkraft wird nicht helfen, wenn man in die falsche Richtung rudert. Das gleiche gilt für die Ökologie. Der Marktmechanismus wird letztlich versagen, wenn soziale und ökologische Anliegen ausgeklammert werden, wenn das *sachbegründete* Gute nicht getan wird, wenn man es beim Ziel beläßt und den Zweck nicht erfüllt.

Daher ist meiner Überzeugung nach auch die Verarbeitung religiöser Handlungsnormen durchaus rational gerechtfertigt, denn das *sachbegründete* Gute, welches Voraussetzung für menschengerechtes, entwicklungsfähiges Leben in größtmöglicher Freiheit für alle ist – auch für Unternehmen –, läßt sich aus diesen Normen ableiten, zumindest für uns Angehörige der christlich-abendländischen Kultur. Krisenhafte soziale, ökologische und wirtschaftliche Entwicklungen als Folge unmoralischer Handlungsweisen vermindern die Handlungsoptionen und die wirtschaftliche Gestaltungsfreiheit, sie resultieren im Bankrott und tragen den verheerenden Keim totalitärer Prozesse in sich.

Wem diese Argumentation bereits zu teleologisch dünkt und wer meint, sie transzendiere schon die Grenzen des heute Erfahrbaren, dem seien auch ein paar «naheliegendere» Gründe für die Ansicht genannt, daß ethische Leitmotive jeder gesunden, *rationalen* Unternehmenspolitik entsprechen.

Verminderung von Interaktions- und Friktionskosten

«Kunden» können heute nicht mehr nur im engeren Sinne als Abnehmer von Produkten und Dienstleistungen begriffen werden. Die ganze Gesellschaft empfindet sich als direkt betroffen von Produktionsprozessen sowie von Produkten und deren Konsum. Eine dementsprechend breitere Dimension hat die «Befriedigung von Kundenbedürfnissen» erlangt: Neben der Qualität von Produkten und Dienstleistungen wird von Unternehmen heute vermehrt auch die Übernahme einer weitergehenden Verantwortung gegenüber Umwelt und Gesellschaft sowie ein sinnvoller Beitrag zur Erreichung sozialer Ziele erwartet.[253] Was diese Verantwortung letztlich ist, kann eine Firma nur teilweise selbst bestimmen. Es ist die Summe der Stakeholder, die das Verantwortungsspektrum eines Unternehmens in seiner ganzen politischen und gesellschaftlichen Dimension definiert.

Mit der Zunahme sozialer und ökologischer Probleme erhöht sich auch die gesellschaftliche Sensibilität in bezug auf die Umwelt- und Sozialverträglichkeit unternehmerischer Aktivitäten. Wenn eine große Mehrzahl von Menschen «eine grundlegende Veränderung der Moral»[254] fordert, so spricht sie damit auch Unternehmen an. Nehmen

Unternehmen diese Erwartungen nicht oder nicht umfassend genug ernst, kommt es zu Akzeptanzproblemen und als Folge davon zu unternehmenskritischen Aktionen und Demonstrationen bis hin zu Boykottaufrufen. Viele Firmen haben diesbezüglich schmerzhafte Erfahrungen gemacht. Ob nun eine kritisch engagierte Öffentlichkeit vor Werktoren demonstriert, Kirchen zum Boykott aufrufen, Hilfswerke Klagemauern errichten oder die Medien durch kritische Berichterstattung «Druck aufsetzen»[255] – es bedeutet meist, daß Managementkapazität für defensive Aktivitäten gebunden und somit nicht frei ist für die Gestaltung der Zukunft. Davon auszugehen, nur eine übersättigte Wohlstandsgesellschaft leiste sich den Luxus eines post-materiellen Wertewandels[256] und werde in Zeiten von Rezessionen und Arbeitsplatzgefährdung von alleine wieder anspruchsloser, wäre reichlich naiv. Denn die Probleme verschwinden nicht, indem man sie negiert – der Vogel Strauß, der seinen Kopf in den Sand steckt, vergißt, daß ihm jeden Augenblick ins ausgestreckte Hinterteil getreten werden kann. Ohne unternehmerischen Beitrag werden sich Umwelt- und Sozialprobleme verschärfen – unternehmerische Gestaltungsfreiheit und Handlungsoptionen werden eingeschränkt, alles verkommt zum «Krisenmanagement». Obwohl Krisen immer auch eine Chance sind, weil sie aufrütteln, den Blick für das Wesentliche schärfen, zum Setzen von Prioritäten zwingen und somit auch katalysatorische Funktion für neue Lösungen haben, kann deren Inkaufnahme keine rationale Strategie für ein Unternehmen (oder die Gesellschaft!) sein.

Eine dialogischen Konsens anstrebende Stakeholder-Orientierung ist ein permanentes politisches, soziales und ökologisches Frühwarnsystem, institutionalisierte Unternehmensethik ist umfassende Krisenprophylaxe. Beides erspart dem Unternehmen unnötige Friktionskosten mit dem gesellschaftlichen Umfeld. Ohne gute Produkte oder Dienstleistungen, die mit klugem Management gewinnbringend auf den globalen Märkten angeboten werden können, wird zwar auch Unternehmensethik keinen kommerziellen Erfolg herbeiführen – aber ohne Unternehmensethik läßt sich kommerzieller Erfolg trotz bester Produkte längerfristig nicht garantieren.

Die gesellschaftliche Akzeptanz unternehmerischer Erfolge oder, weniger wertneutral ausgedrückt, des «Profits» hängt letztlich nicht von dessen absoluter Höhe ab, sondern von dessen «Angemessenheit». Diese jedoch bezieht sich nicht nur auf die Höhe des Gewinns, sondern auch auf seine von der Gesellschaft wahrgenommene Sozial- und Umweltverträglichkeit. Man kann davon ausgehen, daß der Vorwurf «exzessiver Profite» dort nicht oder sehr viel seltener erhoben wird, wo der unternehmerische Beitrag zum Gemeinwohl außer Frage steht.

Stabilität des Unternehmens

Zumindest für vernunftbegabte Unternehmer beinhaltet unternehmerischer Erfolg mehr als ausschließlich die Höhe des jeweiligen Jahresgewinns. Einzelne Jahresgewinne könnten in vielen Fällen ohne große unternehmerische Anstrengungen durch Verzicht auf Zukunftssicherung (z. B. Streichung von Investitionen, Forschungsprojekten oder Ausbildungsaktivitäten) wesentlich erhöht werden. Niemand, der nachhaltigen unternehmerischen Erfolg anstrebt, wird jedoch auf zukunftssichernde Investitionen ohne Not verzichten. Auch die Umsetzung unternehmensethischer Maximen in der betrieblichen Praxis hat den Charakter zukunftssichernder Investitionen. Gewinnerzielung bedeutet für Unternehmen, was die Nahrungsaufnahme für Menschen ist: eine absolute Notwendigkeit, denn ohne Nahrung kann man nicht überleben. Nur wenige (kranke!) Menschen würden jedoch die Nahrungsaufnahme als zentralen Sinn der menschlichen Existenz betrachten. Der gute Ruf eines Unternehmens ist einer seiner wertvollsten Aktivposten – auch wenn er nicht direkt in der Bilanz erscheint und sich nur auf subtile Art und Weise auf den kommerziellen Erfolg auswirkt. Der gute Ruf eines Unternehmens ist – wie alle wesentlichen Dinge im Leben – im Normalfall jedoch nicht zum Nulltarif zu haben.

Somit erfordert die Umsetzung unternehmensethischer Maximen Mut zum Setzen und Durchsetzen hoher Standards, sei es in Forschung, Marketing, bei Personalfragen, in der Lohn- und Gehaltspolitik, der Umweltpolitik oder dem Produktesortiment. Sie erfordert auch die permanente Entschlossenheit, auf allen Ebenen die Voraussetzungen dafür zu schaffen, daß diese Standards in der Praxis erreicht werden. Dies verursacht Kosten und Mühe. Für nachhaltigen unternehmerischen Erfolg nützen jedoch temporär hohe Gewinne, die zu Lasten der Gesellschaft, der Umwelt oder der Mitarbeiter erzielt wurden, wenig. Die damit einhergehenden sozialen und ökologischen Lasten, die das Unternehmen irgendwann als «Altlasten» einholen, und die verspielte gesellschaftliche Akzeptanz vermindern zukünftige Gewinnerwartungen.

Motivation der Mitarbeiterinnen und Mitarbeiter

Auch Mitarbeiterinnen und Mitarbeiter bewerten ein Unternehmen heute nicht mehr allein nach dem Kriterium des Salärs, das durch ihre Anstellung möglich wird. Verschiedene empirische Studien[257] belegen einen positiven Zusammenhang zwischen angewandter Unternehmensethik und der Motivation von Angestellten. Ein Unternehmen, welches sich um die Erfüllung ethischer Handlungsmaximen bemüht, weil es ein glaubwürdiges Topmanagement hat und Mitarbeiter und Mitarbeiterinnen bei der Umsetzung ethischer Prinzipien unterstützt, erreicht eine höhere Motivation und einen stärkeren Identifikationsgrad als ein Unternehmen, das häufig im Zentrum öffentlicher Kritik steht. Klinisch kühle Angestelltenverhältnisse inspirieren nicht zu außerordentlichen Anstrengungen und jenem anhaltenden Engagement, das für beständige Höchstleistungen erforderlich ist. Dafür sind Mitarbeiter mit einer starken emotionalen Bindung und Identifikation mit den Zielen ihres Unternehmens erforderlich.[258] Menschen wollen nicht nur für eine Firma arbeiten, sie wünschen auch, daß ihrem Tun Sinn verliehen wird. Sie möchten einer Institution angehören, auf die sie mit Stolz blicken können. Ob sich diese Sinnerfüllung nun aus exemplarisch praktizierter Umweltverantwortung ableitet, aus einem nachhaltigen humanitären Engagement oder aus anderen Formen praktizierter Gemeinwohlverpflichtung, ist letztlich unwichtig. Mitarbeiter, die spüren, daß es dem Unternehmen ein ernsthaftes Anliegen ist, die Moralität seines Handelns zu erhöhen, sehen in ihrer Arbeit mehr als lediglich eine «Erwerbstätigkeit». Die Ziele des Unternehmens werden zur persönlichen Sache. Wo dem Tun der Angestellten Sinn verliehen wird, wo Menschen in Firmen das Gefühl haben, zu etwas Wertvollem einen ganz persönlichen Beitrag leisten zu können, entsteht nicht nur eine größere Identifikation mit der zu leistenden Arbeit, sondern auch eine Motivation, mehr und besser zu arbeiten.[259] Entsprechende Betriebe haben auch weniger Personalwechsel zu verkraften, und in ihnen sind weniger Krankmeldungen zu verzeichnen.[260] Die gemeinhin mit unternehmensethischen Bemühungen einhergehende größere Partizipation der Mitarbeiter auf allen Ebenen führt zu teilweise signifikanten Effizienzverbesserungen und Einsparungen.[261] Eine aus ethischer Perspektive defizitäre Unternehmenspolitik kann dagegen darauf hinauslaufen, daß überdurchschnittlich motivierte Mitarbeiter resignieren, innerlich kündigen oder die Firma verlassen.

Dies gilt nicht nur für die heutigen Mitarbeiter eines Unternehmens, sondern auch für zukünftige: Unternehmen werden in modernen Gesellschaften auch als Arbeitgeber nicht mehr nur daran gemessen, was sie herstellen, sondern darüber hinaus daran, was sie darstellen. Unternehmen, die in ethischer Hinsicht einen guten Ruf genießen, gelten als attraktivere Arbeitgeber als solche, die in der Öffentlichkeit negative Aufmerksamkeit erregen. Für die Wahl des Arbeitsplatzes vieler junger Menschen, besonders jener, die es sich aufgrund ihrer guten Ausbildungs- und Leistungsnachweise auch in wirtschaftlich schwierigen Zeiten leisten können, wählerisch zu sein, haben Kriterien wie «Spaß an der Arbeit», «gutes Betriebsklima» oder «sinnvolle Tätigkeit» große Bedeutung. Dies sind Faktoren, die dort nicht anzutreffen sind, wo Greenpeace vor dem Werktor protestiert oder Kirchen zum Boykott aufrufen.

Die Stärke solcher Argumente schwankt realistischerweise mit dem Wirtschaftsklima in einem Land: Wo sich die Arbeitsmarktlage zuungunsten der Stellensuchenden entwickelt, wo weltwirtschaftlich beding-

ter Strukturwandel die Anzahl der Arbeitsplätze schrumpfen läßt, wird
das Sicherheitsmoment der Beschäftigung Vorrang haben vor qualitativen Erwägungen in bezug auf das Unternehmen. Das sagt jedoch wenig
über den Gesamttrend aus: Eine steigende Anzahl von Bürgern, gleich ob
als Angestellte oder Konsumenten, nehmen ethische Gesichtspunkte
ernst – ernster oder expliziter ernst als noch vor zehn oder zwanzig
Jahren.

Praktizierte ethische Verantwortung spricht sich herum und kann sogar zum Gegenstand seriöser firmenexterner Publikationen und universi-
tärer Fallstudien werden.[262] Dies hat – besonders in einem ansonsten
eher anonym grauen Wettbewerbsumfeld – kumulativ weitere positive
Auswirkungen, nicht nur auf das direkte Umfeld (Anwohner, Kom-
mune), das mit Freude und Stolz auf das Unternehmen blickt, sondern
auch auf Kunden und seriöse Investoren. Erfolge an diesen Fronten
verstärken wiederum die positive Identifikation der Mitarbeiter mit dem
Unternehmen. Was Jacob Burckhardt einmal für den einzelnen Menschen formulierte, gilt auch für Firmen: Sie sind nicht bloß das, was sie
sind, sondern auch, was sie sich zum Ideal gesetzt haben. Auch wenn sie
diesem nicht völlig entsprechen, wird doch schon durch das bloße Wollen ein Teil ihres Wesens bezeichnet.[263]

Dies gilt gleichermaßen im Außenverhältnis wie im Innenverhältnis
des Unternehmens: Ob anstandsvoller Respekt und faires Verhalten
gegenüber allen Kollegen und Mitarbeitern – gleich, welchen hierarchischen Status oder momentan empfundenen Nützlichkeitsgrades – Ausdruck gelebter Unternehmensethik sind oder ganz einfach Zeichen
persönlichen Formats, guten Stiles und guter Kinderstube, sei dahinge-
stellt. Tatsache ist, daß in Unternehmen mit menschengerechten Umgangsformen im allgemeinen ein größerer Arbeitsfrieden herrscht,
Angestellte einen höheren Identifikationsgrad und niedrigere Absenzen
aufweisen sowie eine größere Bereitschaft, in Krisenzeiten für das Unternehmen Opfer zu bringen. Gerade in schwierigen Zeiten wird die Seriosität unternehmensethischer Ambitionen getestet – gerade dann sind
Unternehmen und Topmanagement hinsichtlich ethisch reflektierter
Güterabwägungen besonders gefordert. Das kann sich z.B. dadurch ma-
nifestieren, daß sich ein Unternehmen innovativ und kreativ bemüht, auf
wirtschaftliche Probleme, Akquisitionen oder Fusionen nicht mit Entlassungen, sondern im Rahmen des gerade noch Möglichen mit Frühpen-
sionierungen, Umschulungen und der Suche nach anderen Einsatzmög-
lichkeiten sowie mit «Outplacement»-Bemühungen und Unterstützung
bei Unternehmensgründungen zu reagieren.[264]

Eine «corporate identity», die Mitarbeitern ein positiv besetztes
«Wir»-Gefühl vermittelt, benötigt mehr als extrovertierten Aktionismus
in Form von Vereinheitlichung des Firmensignets auf Briefbögen oder
die Verlautbarung inhaltsloser Weisheiten. Sie wird erst durch gemein-

sam getragene Wertvorstellungen geschaffen, die sich in kohärenten Verhaltensweisen auf allen hierarchischen Ebenen ausdrücken. Auch für ein Unternehmen und seine Mitarbeiter gilt die Aussage von Oswald von Nell-Breuning, daß die Verbundenheit durch Werte aus einem «Haufen nebeneinander oder durcheinander, wenn nicht gar gegeneinander laufender einzelner» eine Gemeinschaft mache und daß «das Teilhaben an Werten den Menschen hebt, ihm höheren Rang und höhere Würde verleiht, und dies um so mehr, je höher, reicher und umfassender die Werte sind, an denen er teilhat, und je mehr er selbst an der Verwirklichung dieser Werte beteiligt ist.»[265]

Wahrung unternehmerischer Freiheit

Viele Unternehmen klagen über eine heute schon zu hohe und teilweise noch zunehmende Regelungsdichte durch Gesetze und behördliche Auflagen. Unternehmerische Freiheit könne in einem immer enger werdenden Korsett staatlicher Vorschriften nicht mehr verwirklicht werden – zu hohe Regelungsdichte gefährde den Standort Europa. In der Tat haben Sorgen dieser Art eine reale Grundlage; «weniger Staat» in den verschiedensten Bereichen könnte sich spürbar belebend auf unternehmerisches Engagement auswirken.

Zur Vermeidung sozialer Härten und zum Schutz der Demokratie muß in der heutigen Zeit deutlich davor gewarnt werden, wesentliche Teile des Gesellschaftsvertrages einseitig aufzukündigen, sei es durch den Abbau von staatlichen Sozialleistungen, durch Verminderung des Schutzes von Arbeitnehmern im Krankheitsfall oder im Falle der Kündigung. Dennoch gibt es viele Argumente für einen «schlankeren Staat» und den Abbau unnötiger Regulierung. Was im Bereich der Umweltregulierung gilt – nämlich die Notwendigkeit höchster Kosteneffektivität gesellschaftlichen Handelns –[266], trifft auch für die Regulierung allgemeiner unternehmerischer Aktivitäten zu. Man kann «Unternehmensethik» nur unzureichend in Gesetzen kodifizieren, ohne ein Ausufern des Staates in alle Bereiche menschlichen Handelns in Kauf zu nehmen. Wo die Regulierung zunimmt, wird nicht nur unternehmerisches Handeln eingeschränkt, sondern auch eine durch Steuermittel zu finanzierende Bürokratie für Überwachung und Kontrolle aufgebläht. Ob die damit verbundenen Kosten durch das erzielbare Ergebnis zu rechtfertigen sind, ist zweifelhaft. Freiwilliges Beachten ethischer Leitlinien, das Schaffen von Transparenz und das Berichten über die gemachten Erfahrungen im Sinne von Fortschritten und Rückschlägen wäre die kosteneffektivere Lösung.

Wer eine weitere Regulierung der Wirtschaft vermeiden will und zur Korrektur verfehlter Rechtsentwicklungen beitragen möchte, muß zu seiner Glaubwürdigkeit ethisch verantwortungsvolles Verhalten unter

Beweis stellen.[267] *Freiheit* ist immer nur mit dem Korrelat *Verantwortung* einzufordern; wo unternehmerische Freiheit mißbraucht wird, gewinnt der Ruf nach Kontrolle und Überwachung an Attraktivität. Behörden müssen (und Politiker wollen) darauf reagieren. Die Freiheit zur technischen Entwicklung, zur wirtschaftlichen Entfaltung und zur Nutzung von Umweltressourcen muß eingebunden sein in das Netz der gesellschaftlichen Normen, ansonsten wird sie illegitim. Die Alternative zu zunehmender Regulierung durch den Staat ist also Selbstregulierung. Für die Tatsache, daß unternehmerisches Fehlverhalten nicht nur Bußen und Rechtsverfahren nach sich zieht, sondern auch zunehmende Regierungsinterventionen, gibt es viele Beispiele in allen Branchen. Gorbatschows Ausspruch, daß das Leben denjenigen bestrafe, der zu spät komme, ist genau so einfach wie wahr. So waren die Automobilhersteller in den frühen sechziger Jahren noch praktisch frei von jeglichen Regierungsauflagen, während sie sich Ende der siebziger Jahre mit Dutzenden von Überwachungsbehörden herumschlagen mußten – sie hatten es versäumt, rechtzeitig auf sich entfaltende gesellschaftliche Bedürfnisse zu reagieren.[268]

Unternehmen, die mit Verweis auf die geltende Gesetzeslage und mit hinhaltenden Rückzugsgefechten Positionen verteidigen, die vielleicht vor vielen Jahren einmal stillschweigend hingenommen wurden, handeln nicht unternehmerisch, sondern unterlasserisch. Sie werden zu Recht als «Totengräber der Marktwirtschaft»[269] bezeichnet, weil sie denjenigen gesellschaftlichen Kräften Argumente an die Hand geben, die mehr Kontrollen, engere Gesetzesmanschetten und mehr staatliche Bürokratie fordern. Das hat sich besonders in den neuen Bundesländern Deutschlands[270] gezeigt, aber auch in anderen Ländern, die versuchen, auf die Marktwirtschaft umzustellen. Doch auch die demokratische Parteienlandschaft nimmt Schaden: Wo die Marktwirtschaft durch Negativschemata karikiert wird, fällt es ihren Verteidigern schwer, Wähler zu mobilisieren.

Internationale Wettbewerbsvorteile

Im Grunde sind es die Konsumenten, die den Maßstab für die Qualität von Unternehmen setzen, nicht regulierende Behörden. Durch die Öffnung nationaler wirtschaftlicher Grenzen und den vermehrten Zugang zu Informationen werden Märkte transparenter, gewinnen Konsumenten an Souveränität. Das Feedback externer Kunden ist härter als das interner Abteilungen – ihr Kaufverhalten bestimmt über unternehmerischen Erfolg oder Mißerfolg. Kurzfristiges Gewinnstreben zu Lasten gesellschaftlicher Akzeptanz kann daher leicht zum Pyrrhussieg werden.

Es mehren sich die Hinweise, daß das «Ansehen» eines Unternehmens zum kommerziell nützlichen Konkurrenzvorteil wird, weil ein «positiver

Beiwert» entsteht.[271] Dies kann besonders dort zu einem entscheidenden Marktvorteil werden, wo ein Unternehmen Produkte und Dienstleistungen anbietet, die in Qualität und Nützlichkeit mit denen anderer Unternehmen vergleichbar sind. In den USA z. B. stellen sogenannte «grüne Konsumenten» («green consumers») eine zunehmend wichtige Nische auf verschiedenen Absatzmärkten dar. Unternehmen, die sich über die gesetzlichen Vorschriften hinaus ökologisch vorbildlich verhalten, erzielen daraus Marktvorteile. Nach einer Umfrage des Walker Research Instituts vermieden im Jahre 1994 etwa 78 Prozent der amerikanischen Konsumenten Produkte von Unternehmen, von denen sie eine negative Wahrnehmung hatten. 48 Prozent dieser Konsumenten sagten, daß die moralische Qualität der Geschäftspraktiken ihre Kaufentscheidung beeinflußt.[272] Besonders bei älteren Konsumenten scheinen ethische Erwägungen ein großes Gewicht zu haben[273] – ein Faktor, der im Licht der großen Zunahme älterer Menschen in unseren Gesellschaften an Bedeutung gewinnt.

Ebenfalls gibt es eine Reihe empirischer Beispiele dafür, daß unmoralisches unternehmerisches Verhalten kurzfristig mit einem erheblichen gesellschaftlichen Aufschrei und sogar mit einer Intervention der Behörden verbunden sein kann.[274] In den letzten Jahren gewann «ethical shopping» aus sozialer Perspektive (z. B. Teppiche, die nicht durch Kinderarbeit zustande kamen, aber auch Jeans und andere Textilien) an Bedeutung. Vorbildlich handelnde Unternehmen erhielten nicht nur eine positive Medienberichterstattung, sondern erwarben sich auch meßbare geschäftliche Vorteile. Firmen wie Levi Strauss, Wal-Mart, Sears, Reebok, The Gap, Nordstrom sowie Ikea und C&A bekamen durch internationale Berichterstattung über praktizierte soziale Verantwortung in Entwicklungsländern kostenlose Reklame und verkaufsfördernde Unterstützung in heiß umkämpften Märkten.[275] Die Ereignisse um die zunächst geplante, dann jedoch wegen massiver internationaler Proteste nicht durchführbare Versenkung einer Ölverlade-Plattform in der Nordsee seien – was immer sich im Nachhinein als Ergebnis einer neutralen Abklärung als richtig herausstellen wird – als Gegenbeispiel angeführt: Der am deutschen Kirchentag ausgerufene Boykott der Produkte jenes Unternehmens führte in kurzer Zeit zu erheblichen Verkaufsrückgängen und einem schmerzhaften Verlust von Goodwill – Goodwill, der über Jahre durch teure Image-Kampagnen aufgebaut worden war.

Die kritische Auseinandersetzung mit gesellschaftlichen Interessen versus unternehmerischen Handlungsnotwendigkeiten, von Eugen Buß als «kommunikative Marktöffentlichkeit»[276] bezeichnet, ist in den letzten Jahren zu einem bedeutenden Steuerungsprinzip wirtschaftlichen Handelns geworden. Ein Unternehmen, das im internationalen Wettbewerb bestehen will, muß seine Kunden und deren Bedürfnisse in allen Märkten nicht nur kennen, sondern auch in der Lage sein, sie zu befriedigen.

«Kundennähe» und die Entwicklung enger und dauerhafter Beziehungen sind die Basis klugen Managements. Es betrachtet Kunden als informierte und ernst zu nehmende Bürger und nicht als abstrakte wirtschaftliche Nachfrageeinheiten. Wer seine Kunden ständig am Rande der Legalität behandelt oder gar zur Gewinnerhöhung hinters Licht führt, wird sie verlieren. Diese Tatsache ist offensichtlich, wo es um «Kunden» im engeren Sinn der Definition geht. Unternehmensethische Ambitionen erweitern die Definition des Kunden zum Stakeholder. Wird bei diesen Verläßlichkeit im Geschäftlichen mit einem moralischen Firmenprofil assoziiert, entsteht sogar ein «überökonomisches Vertrauensverhältnis»[277] – ein Mehrwert, der mit dauerhafter Kundentreue im engeren wie im weiteren Sinn belohnt wird. In einer globalisierten Wirtschaft gilt, daß dann, wenn alle Mitbewerber mit denselben Waffen kämpfen, sich die Produkte ähnlicher werden und die Gewinnspannen sinken.[278] Unternehmensethisches Verhalten fügt dem unternehmerischen Instrumentarium etwas Positives hinzu.

Und schließlich: Unternehmen, die ihr Handeln einer ethischen Reflexion unterziehen und entsprechend agieren, nehmen in vielerlei Hinsicht Investitionen und Handlungsweisen vorweg, die Jahre später über Gesetze und behördliche Auflagen auch der Konkurrenz aufgezwungen werden. Das proaktiv ethisch reflektierende Unternehmen setzt damit nicht nur die Maßstäbe zukünftigen Branchenverhaltens, es spart in vielen Fällen auch erhebliche Kosten, die dazu beitragen, seine Wettbewerbssituation weiter zu verbessern.[279] Eine wachsende Anzahl empirischer Untersuchungen[280] belegt, daß zwischen angewandter Unternehmensethik und wettbewerbsfähigen Gewinnen kein Widerspruch bestehen muß.[281]

Vorteile am Kapitalmarkt

Es muß nicht sein, daß Unternehmen, die bei unmoralischem Handeln ertappt wurden, direkt durch fallende Erträge und Aktienkurse «bestraft» werden. In der Regel sind die Gewinne des jeweiligen Geschäftsjahres weitgehend unbeeindruckt von solchen Dingen. Auch eventuell infolge negativer Publizität gesunkene Aktienkurse erholen sich gewöhnlich nach einiger Zeit oder aufgrund generell guter Börsenentwicklungen. Folgte die «Strafe», in welcher Form auch immer, routinemäßig auf den Fuß der Missetat, so wären die Kosten unmoralischen Handelns schon in einem Maße internalisiert, daß das Eingehen moralischer Risiken schon rein geschäftlich gesehen eine Dummheit wäre. Aber, wie gesagt, das ist oft nicht so.

Die Tage, in denen Anlageentscheidungen in einem moralischen und sozialen Vakuum getroffen wurden, sind jedoch vorbei. Das ist nicht die Wunschvorstellung von unverbesserlichen Idealisten, diese Feststellung wurde vielmehr in einem Editorial der Wirtschaftszeitung Financial

Times gemacht.[282] Tatsächlich haben «ethische Investitionen» in den letzten Jahren erheblich an Bedeutung gewonnen.[283] Immer öfter werden Gelder aus kirchlichem Vermögen, aber auch aus ganz normalen Pensionsfonds, nach moralischen Kriterien angelegt. Sie berücksichtigen u. a. die Struktur der Unternehmenstätigkeit, die Umweltperformanz, die Stellung der Frau im Unternehmen, das Produkteportfolio (z. B. Tabak, Alkohol, Waffen, Glücksspiele oder Atomenergie als «kritische» Produktelinien), aber auch Produktsicherheit und -qualität. Zusätzlich werden von manchen «ethical investment funds» Menschenrechtsaspekte und ethisch kontroverse Sachverhalte wie z. B. Tierschutz analysiert.[284] Schließlich spielt auch die Art und Weise der Geschäftstätigkeit mit und in Entwicklungsländern eine bedeutende Rolle, da der Einfluß multinationaler Unternehmen auf die sozio-ökonomischen sowie ökologischen Bedingungen des Gastlandes als überaus bedeutungsvoll beurteilt wird.

Folgende Fragen stehen bei der entwicklungspolitischen Analyse im Vordergrund:[285]

* *wirtschaftliche und soziale* Auswirkungen, wie z. B. Verflechtung mit der lokalen Wirtschaft, Fluß von Gütern und Dienstleistungen, Technologietransfer, lokale Beschäftigungseffekte, Arbeitsbedingungen, Lohnstandards, Standards für die Sicherheit am Arbeitsplatz;
* *kulturelle und politische* Auswirkungen, wie z. B. die Rolle von Unternehmen als Katalysator für sozialen Wandel und Modernisierung, Veränderung der Konsummuster und Verhaltensweisen, Einfluß auf die gesellschaftliche Rolle der Frau, Qualität des interkulturellen Managements u. a.;
* *ökologische* Auswirkungen, z. B. die Frage, ob die betreffenden Unternehmen zur Erhöhung ökologischer Standards beitragen oder von zu niedrigen Standards profitieren.

Um Transparenz über «ethische» Geldanlagemöglichkeiten zu schaffen, gibt es in vielen Ländern Informations- und Beratungszentren. Frühe Beispiele dafür sind die US-Institutionen Council on Economic Priorities (New York, seit 1969), das Interfaith Center on Corporate Responsibility (New York, seit 1971) oder das Investors' Responsibility Research Center (Washington, D. C., seit 1972). Auch die Bedeutung europäischer Institutionen wie das Ethical Investment Research Center (London, seit 1983), das Ecumenical Committee for Corporate Responsibility (London, seit 1989), OSACI/OIKOS (Utrecht, seit 1975), das Centre Info[286] (Fribourg, seit 1990) oder Südwind (Siegburg, seit 1991) ist in den letzten Jahren stetig angestiegen.[287]

Das Gesamtvolumen der in amerikanischen Ethik- und Umweltfonds angelegten Mittel betrug schon 1993 mehr als zehn Milliarden Dollar.[288] Allein die im «Jahrbuch für ethisch-ökologische Geldanlagen» aufgeführten Institutionen spiegeln ein Finanzvolumen von mehreren Milliarden Deutsche Mark wieder. Schätzungen für Großbritannien belaufen sich für das Jahr 1994 auf etwa 800 Millionen Pfund.[289] Das Jahr 1994 wird von vielen Beobachtern als Trendwende für den Erfolg von ethischen Geldanlagen betrachtet, zumindest in den USA: Am 15. Juni 1994 nahm die mit 80 Milliarden US Dollar größte Pensionskasse der USA, das California Public Employees Retirement System, soziale und ethische Kriterien auf.[290] Der Grund lag nicht in der Validität ethischer Kriterien per se, sondern in der Tatsache, daß moralische Unternehmen über mehrere Jahre besser rentierten als der Durchschnitt der Standard & Poors-Index-Firmen: Vergleicht man die Aktienkurse von Firmen, die von ethischen Anlagefonds empfohlen werden, mit der durchschnittlichen Performanz der Aktien (z. B. dem Dow-Jones-Index oder dem Standard & Poors 500-Index), dann schneiden die «guten» Unternehmen über einen Zeitraum von zehn Jahren kumulativ um mehr als 180 Prozent besser ab.[291] Diese Korrelation ist besonders ausgeprägt in bezug auf die Wahrnehmung ökologischer Verantwortung: Das Washingtoner Investors' Responsibility Research Center fand heraus, daß die finanzielle Performanz der «low-pollution»-Unternehmen zwischen 1987 und 1991 in 73 von 90 Fällen höher lag als die von «high-pollution»-Unternehmen.[292]

Die Wertentwicklung ethischer Pensionsfonds in Großbritannien lag mit 14,2% im 5-Jahres-Durchschnitt höher als der Durchschnitt aller Pensionsfonds (13,4%). Die besten Ethikfonds (z. B. Friends Provident Stewardship) befanden sich sowohl kurzfristig als auch über einen Zeitraum von acht Jahren wesentlich über dem Durchschnitt.[293] Auch der 5-Jahres-Vergleich konventioneller Anlagefonds in den USA mit den ethischen ergibt klare Vorteile für die ethische Geldanlage – kumulativ rentierten sie mit 95% etwa 15% mehr als die konventionellen.[294]

Natürlich spiegelt die Börsenbewertung immer auch viele andere Faktoren wider, und vermutlich verstecken sich hinter den Aggregaten «low-pollution» und «high-pollution» auch gewinnrelevante strukturelle Verschiedenheiten. Dennoch zeigt der Vergleich der Aktienkurse, daß die Berücksichtigung ethischer Gesichtspunkte zumindest auf Dauer kein Schaden für die Aktionäre sein kann. Damit entfällt ein wichtiges Argument von Gegnern expliziter unternehmensethischer Bemühungen, nämlich daß man die Rentabilität der anvertrauten Mittel zu maximieren habe und auf andere Desiderata keine Rücksicht nehmen könne.

Die heute für ethische Investitionen zur Verfügung stehenden 100–150 Milliarden Dollar mögen, angesichts der über 10000 Milliarden Dollar, die weltweit nach kurzfristig rentablen Anlagemöglichkeiten suchen, wenig sein. Wegen der Kurzfristigkeit des Anlagehorizontes ist auch nicht auszuschließen, daß Unternehmen bevorzugt werden, deren kurzfristige Resultate wegen mangelnder Sozial- und Umweltverträglichkeit besonders attraktiv sind. Dennoch: Wenn alle anderen Anlagekriterien gleich sind, ist es eine signifikante Anlagemasse, die durch Empfehlung ethischer Anlagefonds den Ausschlag für überdurchschnittlich attraktive Kurse geben kann. Auch das Gegenteil ist belegt: Wo Verkaufsempfehlungen ethischer Anlagefonds ausgesprochen werden, führte dies zu signifikanten Kursverlusten.[295]

Die Zukunftsaussichten für ethisch-ökologische Geldanlagen werden aus verschiedenen Gründen als äußerst positiv bewertet:[296] Erstens sind ethische Investitionsmöglichkeiten ein inzwischen etablierter und stark expandierender Markt. Verschiedene Untersuchungen zeigen, daß wahrscheinlich eine Mehrheit von Aktionären bereit wäre, in gewissem Maße Einschränkungen bei der Gewinnhöhe hinzunehmen, wenn damit eine Erhöhung der moralischen Performanz des Unternehmens verbunden wäre.[297] Zweitens ist mit großer Sicherheit anzunehmen, daß genereller gesellschaftlicher Druck auf die Durchsetzung höherer moralischer Standards auch auf wirtschaftliche Aktivitäten überschwappt. Wer hier Startvorteile hat, wird überdurchschnittlich von veränderten Denk- und Verhaltensweisen bei Konsumenten profitieren. Dies wiederum spricht dafür, daß auch in Zukunft bei ethisch orientierten Anlagefonds ein höherer wirtschaftlicher Erfolg erwartet werden kann als bei konventionellen Kapitalanlagen.

Allerdings sind auch hier keine vereinfachten Schlußfolgerungen möglich: Es ist nicht so, daß Investitionen, bei denen die moralische Performanz am höchsten ist, immer und in jedem Fall auch die profitabelsten sind[298] – vielleicht wäre das ja auch zuviel verlangt ...

Grundsätze für «Fortgeschrittene»

Von «Shareholder Values» zu «Stakeholder Values»

Kunden

Alle Kunden, ob sie nun als direkte Kunden des Unternehmens oder als indirekte Kunden am Markt auftreten, haben Anspruch auf respektvolle Behandlung sowie auf Güter und Dienstleistungen, die in höchstmöglicher Qualität auf ihre Bedürfnisse zugeschnitten sind. Sie haben überdies Anspruch auf Fairneß und Redlichkeit bei allen geschäftlichen Transaktionen, auf vollste Zufriedenheit und zuvorkommende Bedienung und Beratung sowie auf die umgehende Behebung von Fehlern.

Das Unternehmen hat alle Anstrengungen zu machen, um die Gesundheit und Sicherheit seiner Kunden nicht nur nicht zu gefährden, sondern zu erhalten und zu fördern. Desgleichen soll das Unternehmen die Qualität der Umwelt, in der seine Kunden leben, mit seinen Produkten nicht gefährden, sondern zu bewahren und zu verbessern helfen.

Das Produkte- und Dienstleistungsangebot des Unternehmens sowie seine Marketing- und Werbemaßnahmen haben die Menschenwürde zu respektieren und die kulturelle Integrität seiner Kunden zu schützen.

Angestellte (einschließlich der Arbeiterschaft)

Alle Angestellten haben Anrecht auf die Respektierung ihrer Menschenwürde und auf die Wahrung ihrer Interessen. Die moralische Verantwortung eines Unternehmens für seine Mitarbeiter besteht daher darin,

* Arbeitsplätze zu schaffen und zu erhalten sowie Löhne zu zahlen, die die Lebensbedingungen der Angestellten verbessern;
* für ein Betriebsklima und Arbeitsbedingungen zu sorgen, die der Menschenwürde entsprechen und die Angestellten vor vermeidbaren Krankheiten und Verletzungen schützen;
* mit den Angestellten aufrichtig zu kommunizieren, Informationen offen mit ihnen zu teilen, eingeschränkt nur durch gesetzliche und kompetitive Geheimhaltungspflichten;
* den Ideen, Vorschlägen, Anregungen, Fragen und Beschwerden der Angestellten offen gegenüberzustehen, ihnen zuzuhören und wenn möglich danach zu handeln;
* in guten Treuen mit Angestellten und ihren Vereinigungen zu verhandeln, wenn Konflikte auftreten;
* Diskriminierung aufgrund von Geschlecht, Alter, Rasse, Religion und anderer Unterschiede weder zu dulden noch zu praktizieren;
* die Angestellten je nach ihren Fähigkeiten optimal einzusetzen, ihre Fähigkeiten zu fördern sowie sie darin zu ermutigen und zu unterstützen, ihr Wissen und Können zu erweitern;
* bei allen unternehmerischen Entscheidungen Sorgfaltspflicht gegenüber den Angestellten zu üben sowie mit Seriosität und Sensibilität die ernsthaften sozialen Probleme von Arbeitslosigkeit zu behandeln.

Investoren

Das Unternehmen soll dem Vertrauen, das seine Investoren ihm entgegenbringen, gerecht werden. Es hat daher die moralische Verantwortung

* für eine professionelle, sorgfältige und innovative Geschäftsführung, die die Rentabilität des von den Investoren eingesetzten Kapitals sicherstellt;
* für die Erhaltung und Vermehrung des Vermögens seiner Investoren;
* für eine offene Kommunikation mit Investoren und für ihre Information über alle relevanten Angelegenheiten, die nicht aus gesetzlichen oder wettbewerblichen Gründen unter Verschluß zu halten sind;

- die Anfragen, Vorschläge, Beschwerden und formalen Resolutionen der Investoren zu respektieren und ihren Bedürfnissen soweit wie möglich nachzukommen.

Lieferanten und Vertragspartner

Das Verhältnis eines Unternehmens zu seinen Lieferanten und Vertragspartnern muß auf gegenseitigem Vertrauen und Respekt basieren. Das Unternehmen hat daher die moralische Verantwortung,

- bei der Auswahl seiner Lieferanten und Vertragspartner darauf zu achten, daß sie in sozialer und ökologischer Hinsicht Verantwortung übernehmen und daß ihre Anstellungsbedingungen die Menschenwürde respektieren;
- langfristige Beziehungen zu Lieferanten zu pflegen, deren Produkte und Dienstleistungen in bezug auf Wert, Qualität und Sicherheit sowie Zuverlässigkeit konkurrenzfähig sind;
- bei allen Geschäftsbeziehungen mit Lieferanten und Vertragspartnern fair, zuverlässig und in guten Treuen zu handeln;
- Zwang und unnötige Rechtsstreitigkeiten zu vermeiden bzw. friedlich beizulegen;
- Lieferanten und Vertragspartner mit relevanten Informationen zu bedienen und sie in Planungsprozesse einzubeziehen;
- Lieferanten pünktlich und vereinbarungsgemäß zu bezahlen.

Konkurrenzunternehmen

Fairer Wettbewerb gehört zu den Grundfesten einer gesunden Marktwirtschaft, ohne die eine Erhöhung der allgemeinen Wohlfahrt und die gerechte Verteilung von Gütern und Dienstleistungen nicht möglich sind. Jedes Unternehmen hat daher die moralische Verantwortung,

- die Öffnung von Märkten für Handel und Investitionen zu unterstützen;
- überall zur Schaffung und zum Erhalt einer sozial und ökologisch verträglichen Marktwirtschaft beizutragen und sie durch die Beachtung ihrer Regeln zu fördern und zu schützen;
- gegenüber Mitbewerbern auf dem Markt Fairneß und Respekt zu demonstrieren;
- nicht nach fragwürdigen Zahlungen oder Gefälligkeiten zu trachten oder solche zu leisten, um unfaire Wettbewerbsvorteile zu erhalten;
- materielle oder intellektuelle Eigentumsrechte zu respektieren;
- wirtschaftsrelevante Informationen nicht mit unehrlichen oder unethischen Methoden zu beschaffen;

- Konkurrenzunternehmen und andere Branchen dazu zu motivieren, die gleichen Prinzipien anzuwenden und sie in ihren Bemühungen zur Umsetzung unternehmensethischer Maximen zu unterstützen.

Die Gesellschaft

Unternehmen haben den Einfluß und die Mittel sowie als Teil der globalen Gemeinschaft auch die Verantwortung, alle bestehenden Reformkräfte zur Verwirklichung der Menschenrechte zu unterstützen. Sie haben ferner die Pflicht, auf allen ihnen möglichen Ebenen eine Vorreiterrolle im Schutz und in der Verbesserung der globalen Umwelt zu übernehmen.

Da das wirtschaftliche Leben unseren Gesellschaften ihre prägende Struktur verleiht, tragen Unternehmen eine immense ethische Kulturverantwortung, deren wesentliches Element in der Vollendung einer humanen Gesellschaft liegt – einer Gesellschaft, die sich des Ethischen als höchstem Wert bewußt ist. Weil nur eine Gesellschaft, die ethischen Zielen zustrebt, des materiellen Fortschritts in vollem Maße teilhaftig werden und seiner gegebenen Gefahren Herr werden kann, haben Unternehmen die herausragende Verantwortung zur Bewahrung gesellschaftlicher Moral durch ihre eigene Vorbildlichkeit. Sowohl für die Gesellschaft als auch für Unternehmen selbst ist ihr Beitrag zu sozialem Frieden und Gerechtigkeit wichtig, weil sie gleichzeitig Vertragstreue und Ehrlichkeit beinhalten.

Darüber hinaus haben Unternehmen die legitimen Interessen von Regierungen anzuerkennen und eine Politik zu unterstützen, die eine nachhaltige menschliche Entwicklung anstrebt und eine harmonische Beziehung zwischen Wirtschaft und Gesellschaft fördert. Sie haben nach Kräften mit jenen gesellschaftlichen Gruppen zusammenzuarbeiten, deren Engagement darauf abzielt, die Gesundheit, die Bildung, den wirtschaftlichen Wohlstand sowie die soziale Sicherheit von Menschen zu erhöhen, Gerechtigkeit und Frieden zu fördern sowie die Qualität der Umwelt zu verbessern und zu bewahren.

Schließlich gehört es für Unternehmen als gute Mitglieder der globalen Gemeinschaft zur Pflicht, wo immer möglich humanitäre Hilfe, karitative Spenden, Beiträge zur Bildung und Kultur zu leisten sowie ihren Mitarbeitern zu ermöglichen, sich an Gemeinde- und Bürgeraktivitäten und Initiativen zu beteiligen.

Zum Schluß sei den Verantwortung tragenden Menschen in Unternehmen noch ein Gedicht von Erich Fried[299] ans Herz gelegt:

Kleines Beispiel

Auch ungelebtes Leben
geht zu Ende
zwar vielleicht langsamer
wie eine Batterie
in einer Taschenlampe
die keiner benutzt

Aber das hilft nicht viel
Wenn man
(sagen wir einmal)
diese Taschenlampe
nach so und so vielen Jahren
anknipsen will
kommt kein Atemzug
Licht mehr heraus
und wenn du sie aufmachst
findest du nur deine Knochen
und falls du Pech hast
auch diese
schon ganz zerfressen

Da hättest du
genau so gut
leuchten können.

Erich Fried

Anmerkungen

Vorwort

1 Siehe dazu: Bundesverband der Katholischen Arbeitnehmer-Bewegung Deutschlands (KAB) (Hrsg.): Texte zur katholischen Soziallehre. Die Rundschreiben der Päpste und andere kirchliche Dokumente. Verlag Butzon & Bercker, Kevelaer, 6. Aufl. 1985.
2 Siehe dazu Müller, E./Diefenbacher, H. (Hrsg.): Wirtschaft und Ethik. Eine kommentierte Bibliographie. Evangelische Studiengemeinschaft, Heidelberg 1992.
3 Siehe dazu Blumenberg, H.: Wirklichkeiten in denen wir leben. Reclam, Stuttgart 1981, S. 122.
4 Ebenda, S. 9.
5 Siehe dazu Weber, M.: Politik als Beruf. In: Gesammelte politische Schriften. J. C. B. Mohr/UTB, Tübingen, 5. Aufl. 1988, S. 546. Ich war persönlich an einer Pressekonferenz anwesend, an der sich der Geschäftsführer eines bekannten Verlags auf die «ethische Verpflichtung» berufen hat, Bücher zum Problemkreis «Dritte Welt» zu publizieren – um weniger als zwei Monate später die Grundsatzentscheidung zu fällen, dies nun doch nicht zu tun.
6 Jauch, U. P.: Von der Nausea Ethica. In: Konnertz, U. (Hrsg.): Grenzen der Moral. Ansätze feministischer Vernunftkritik. Edition Discord, Tübingen 1991, S. 98 ff.
7 Ebenda.
8 Guardini, R.: Das Ende der Neuzeit – Die Macht. Matthias-Grünewald-Verlag, Mainz/Verlag Ferdinand Schöningh, Paderborn 1986, S. 181.

I.

1 Siehe Paul Streeten in seinem Vorwort zu Myrdal, G.: Das Wertproblem in der Sozialwissenschaft. Verlag Neue Gesellschaft, Bonn/Bad Godesberg, 2. Aufl. 1975, S. 13.
2 Höffe, O.: Ethik im Diskurs von Philosophie und Einzelwissenschaften. In: Höffe, O./Kadelbach, G./Plumpe, G. (Hrsg.): Praktische Philosophie/Ethik. Reader zum Funk-Kolleg, Bd. 2. Fischer Taschenbuch Verlag, Frankfurt a. M. 1981, S. 14 f.
3 Kraft, V.: Die Grundlagen der Erkenntnis und der Moral. ERFAHRUNG UND DENKEN, Schriften zur Förderung der Beziehungen zwischen Philosophie und Einzelwissenschaften, Bd. 28. Duncker & Humblot, Berlin 1968, S. 92 f.
4 Ebenda, S. 93 f. [Hervorhebung KML]

5 Siehe die Ausführungen zu «Werturteil und Sachverhalt» in: Teutsch, G. M.: Lexikon der Umweltethik. Vandenhoeck & Ruprecht, Göttingen 1985, S. 128 f.

6 Kraft, V.: Die Grundlagen der Erkenntnis und der Moral. Op. cit. S. 107. Siehe auch ders.: Die Grundlagen einer wissenschaftlichen Wertlehre. Springer Verlag, Wien, 2. neubearb. Aufl. 1951.

7 Kraft, V.: Die Grundlagen der Erkenntnis und der Moral. Op. cit. S. 114.

8 Kraft, V.: Die Grundlagen einer wissenschaftlichen Wertlehre. Op. cit. Kap. 2.

9 Siehe dazu Kraft, V.: Die Grundlagen der Erkenntnis und der Moral. Op. cit. S. 114–117.

10 Schweitzer, A.: Aus meinem Leben und Denken. Stuttgarter Hausbücherei o. J. S. 153 f.

11 Ebenda, S. 155.

12 Kraft, V.: Die Grundlagen der Erkenntnis und der Moral. Op. cit. S. 116.

13 Schweitzer, A.: Aus meinem Leben und Denken. Op. cit. S. 155.

14 Ebenda, S. 233.

15 Ebenda, S. 233 f.

16 Schweitzer, A.: Kultur und Ethik. Sonderausgabe, C. H. Beck, München 1981, S. 330 f.

17 Lay, R.: Ich halte die Zeit an. Ein Buch, zu sich selbst zu finden. Bernward Verlag, Hildesheim 1991, S. 10.

18 Ebenda.

19 Küng, H.: Lebensstandard ist kein Ersatz für Lebenssinn. In: Alfred Herrhausen Gesellschaft für internationalen Dialog mbH (Hrsg.): Arbeit der Zukunft – Zukunft der Arbeit. Frankfurt a. M. 1994.

20 Siehe dazu Steinmann, H./Löhr, A. (Hrsg.): Unternehmensethik. Verlag C. E. Poeschel, Stuttgart 1989, S. 86.

21 Donaldson, Th./Dunfee, Th. W.: Towards a Unified Conception of Business Ethics: Integrative Social Contract Theory. In: Academy of Management Review, Vol. 19, No. 2, 1994, S. 252–284.

22 Herms, E.: Der religiöse Sinn der Moral. Unzeitgemäße Betrachtungen zu den Grundlagen der Ethik der Unternehmensführung. In: Steinmann, H./Löhr, A. (Hrsg.): Unternehmensethik. Op. cit. S. 86.

23 Siehe z. B. den Text der Sozialenzyklika «Quadragesimo anno» in: Bundesverband der Katholischen Arbeitnehmer-Bewegung Deutschlands (KAB) (Hrsg.): Texte zur katholischen Soziallehre. Die Rundschreiben der Päpste und andere kirchliche Dokumente. Verlag Butzon & Bercker, Kevelaer, 6. Aufl. 1985, S. 105 (Wirtschaft und Sittengesetz).

24 Als konkretes Beispiel kann hier auf die «Vision 2000» der Ciba verwiesen werden, die sich u. a. dahingehend festgelegt hat, daß das Unternehmen seine Zukunft sichern will, indem es ein ausgewogenes Verhältnis zwischen seiner wirtschaftlichen, gesellschaftlichen und ökologischen Verantwortung anstrebt. Entsprechende Festlegungen zur gesellschaftlichen und Umweltverantwortung, konsequente Berichterstattung über das Erreichte und der Einbezug erzielter Ergebnisse in die Mitarbeiterbeurteilungen auf allen Ebenen helfen bei der Umsetzung.

25 Berenbeim, R. E.: Corporate Ethics. Erschienen als: The Conference Board (Hrsg.): Research Report No. 900. New York 1988.

26 Siehe dazu Hauff, V. (Hrsg.): Unsere Gemeinsame Zukunft. Der Brundtland-Bericht der Weltkommission für Umwelt und Entwicklung. Eggenkamp Verlag, Greven 1987. Darin wird «nachhaltige Entwicklung» definiert als sozial-, wirtschafts- und umweltverträglicher gesellschaftlicher Fortschritt, der die Befriedigung der Bedürfnisse heutiger Menschen ermöglicht, ohne die Möglichkeiten zur Bedürfnisbefriedigung und die Optionen zur Entfaltung menschlichen Lebens zukünftiger Generationen zu vermindern.

27 Steinmann, H./Olbrich, Th.: Unternehmensethik und internationales Management. Implementationsprobleme einer Unternehmensethik der internationalen Unternehmung. In: Schiemenz, B./Wurl, H.-J. (Hrsg.): Internationales Management: Beiträge zur Zusammenarbeit. Festschrift für Eberhard Dülfer zum 70. Geburtstag. Gabler-Verlag, Wiesbaden 1994.

28 Rich, A.: Wirtschaftsethik II. Marktwirtschaft, Planwirtschaft, Weltwirtschaft aus sozialethischer Sicht. Gütersloher Verlagshaus Gerd Mohn, Gütersloh 1990, S. 16.

29 Lenk, H./Maring, M. (Hrsg.): Wirtschaft und Ethik. Reclam, Stuttgart 1992, S. 12.

30 Steinmann, H./Löhr, A.: Grundlagen der Unternehmensethik. Op. cit. S. 104.

31 Siehe dazu French, P. A.: Die Korporation als moralische Person. In: Lenk, H./Maring, M.: Wirtschaft und Ethik. Op. cit. S. 317–328.

32 Siehe z. B. Werhane, P. H.: Rechte und Verantwortungen von Korporationen. In: Lenk, H./Maring, M.: Wirtschaft und Ethik. Op. cit. S. 329–336.

33 Siehe dazu auch Hillmann, K.-H.: Allgemeine Wirtschaftssoziologie. Verlag Vahlen (Wiso Kurzlehrbücher, Reihe Sozialwissenschaft), München 1988, S. 118.

34 Kap. 26 Vers 29 und Kap. 27 Vers 1.

35 Berger, P. L.: New attack on the legitimacy of business. In: Harvard Business Review, September/October 1981, S. 82–89.

36 Vgl. Business Week vom 29. Mai 1989, S. 29. Davon scheinen nach den Ergebnissen einer repräsentativen Umfrage, die das Düsseldorfer Institut für angewandte Marketing-Wissenschaften 1989 in der Bundesrepublik durchführte, besonders die Unternehmen der Großchemie betroffen zu sein. Gefragt wurde unter anderem, welches Unternehmen «besonders verantwortungslos, unmoralisch, unethisch» sei. Hier nannten 18,8 Prozent der Befragten BASF, 18,2 Prozent Bayer und 12,6 Prozent Hoechst. Immerhin – es gab auch positive Nennungen: 5,2 Prozent der Befragten bezeichneten die BASF als «besonders vorbildlich». Bayer kam hier auf 2,4 Prozent, und Hoechst erreichte 1,9 Prozent der positiv besetzten Nennungen. Siehe Wirtschaftswoche, No. 5 vom 26.1.1990, S. 35.

37 Kelly, O.: Corporate Crime: The Untold Story. In: U. S. News & World Report, 6. September 1982, S. 25–29.

38 Siehe Wuthnow, R.: The moral crisis in American capitalism. In: Harvard Business Review, March/April 1982, S. 76–84.

39 Corporate Crime Reporter. Hrsg: Mr. Russell Mokhiber, 1322, 18th Street N. W., Washington, D. C. 20036.

40 Z. B. in der Ausgabe vom 17. Juli 1995.

41 Z. B. in der Ausgabe vom 29. Mai 1995.

42 Z. B. in der Ausgabe vom 24. April 1995.

43 Nystrom, P. C.: Differences in Moral Values Between Corporations. In: Journal of Business Ethics, Vol. 9, No. 12, 1990, S. 971–979.

44 Ogger, G.: Nieten in Nadelstreifen. Deutschlands Manager im Zwielicht. Droemer Verlag, München 1992, S. 67.

45 Zitiert in Eidam, G.: Unternehmen und Strafe. Vorsorge- und Krisenmanagement. Carl Heymanns Verlag, Köln 1993, S. VII.

46 Beck, U.: Gegengifte. Die organisierte Unverantwortlichkeit. edition suhrkamp, Frankfurt a. M. 1988.

47 Hesse, J./Schrader, H. Ch.: Die Neurosen der Chefs. Die seelischen Kosten der Karriere. Eichborn Verlag, Frankfurt a. M. 1994.

48 Hösle, V.: Die Krise der Gegenwart und die Verantwortung der Philosophie. C. H. Beck, München 1990, S. 23.

49 Briefs, G.: Sozialreform und Sozialgeist in der Gegenwart. In: Handwörterbuch der Soziologie, 1931, S. 162, zitiert in Honecker, M.: Einführung in die theologische Ethik. De Gruyter Lehrbuch, Berlin/New York 1990, S. 244. Briefs Definition von «Grenzmoral» unterscheidet sich von derjenigen, die sich terminologisch an der Grenznutzentheorie orientiert. Dort wird Grenzmoral als jene Moral definiert, für die der Moralaufwand gerade so hoch ist wie der Moralertrag. Siehe dazu z. B. Lay, R.: Die Macht der Moral. Econ Verlag, Düsseldorf 1990, S. 206 ff.

50 Siehe die ausführliche Literaturliste im Anhang.

51 Ausgehend von Baumhart, R.: How Ethical are Businessmen? In: Harvard Business Review, Vol. 39, No. 4, 1961, S. 6–19 und S. 156–176; Brenner, St. N./Molander, E. A.: Is the ethics of business changing? In: Harvard Business Review, Jan./Feb. 1977, S. 57–71; Becker, H./Fritzsche, D. J.: Business Ethics: A Cross-Cultural Comparison of Managers' Attitudes. In: Journal of Business Ethics, Vol. 6, No. 4, 1987, S. 289–295.

52 Veröffentlicht in Der Spiegel No. 38/1994.

53 Siehe Université Genf (Faculté des Sciences économique et sociales/Département de Science Politique) (Hrsg.): Untersuchung über das Wertesystem der Schweizer. Genf, 23. Mai 1989.

54 Alfred Herrhausen Gesellschaft für internationalen Dialog (Hrsg.): Jugend und Gesellschaft. Frankfurt a. M. 1994, S. 38.

55 Siehe dazu auch Tuleja, T.: Ethik und Unternehmensführung. Verlag Moderne Industrie, Landsberg/Lech 1987, S. 6 ff.

56 AIESEC/Profile: Tomorrow's Managers: Sheep, Horse or Wolf? Brussels 1990.

57 Zitiert aus Jones, Th. M./Gautschi, F. H.: Will the Ethics of Business Change? A Survey of Future Executives. In: Journal of Business Ethics, Vol. 7, No. 4, April 1988, S. 231–248.

58 Ebenda, S. 245.

59 AIESEC/Profile: Tomorrow's Managers: Sheep, Horse or Wolf? Op. cit. Tab. 3.

60 Siehe Ogger, G.: Nieten in Nadelstreifen. Op. cit.

61 Bräuninger, F./Hasenbeck, M.: Die Abzocker. Selbstbedienung in Politik und Wirtschaft. Econ Verlag, Düsseldorf 1994, S. 11.

62 Siehe dazu auch von Arnim, H. H.: Staat ohne Diener. Was schert die Politiker das Wohl des Volkes. Kindler Verlag, München 1993.

63 Bräuninger, F./Hasenbeck, M.: Die Abzocker. Op. cit. S. 12.

64 Ebenda, S. 14 ff. In diesem Zusammenhang wird auch auf die Bedenkenlosigkeit hingewiesen, mit der selbst wegen Unfähigkeit entlassene Topmanager millionenschwere Abfindungen und schwindelerregende Pensionen bekommen (S. 17).

65 Siehe Süddeutsche Zeitung vom 15./16. Mai 1993, S. 1.

66 Siehe z. B. Der Spiegel No. 28 vom 10. 7. 1995, S. 22 ff.

67 Sarachek, B.: Images of Corporate Executives in Recent Fiction. In: Journal of Business Ethics, Vol. 14, No. 3, März 1995, S. 195–205.

68 Baumhart, R.: How Ethical are Businessmen? In: Harvard Business Review, Vol. 39, No. 4, 1961, S. 6–19.

69 Siehe dazu auch Ulrich, P./Thielemann, U.: How do Managers Think about Market Economies and Morality? Empirical Enquiries into Business-ethical Thinking Patterns. In: Journal of Business Ethics, Vol. 12, No. 11, 1993, S. 879–898.

70 Siehe dazu z. B. Vitell, S. J./Davis, D. L.: The Relationship between Ethics and Job Satisfaction: An Empirical Investigation. In: Journal of Business Ethics, Vol. 9, No. 11, 1990, S. 489–494.

71 Siehe dazu auch Becker, H./Fritzsche, D. J.: Business Ethics: A Cross-Cultural Comparison of Managers' Attitudes. Op. cit. S. 289–295; Waters, J. A.: Catch 20.5: Corporate Morality as an Organizational Phenomenon. In: Organizational Dynamics (American Management Association), Spring 1978, S. 4 f.; Meran, J.: «Wir haben wirklich andere Sorgen.» Unternehmensethik im Zeichen der Rezession. In: Forum für Philosophie (Hrsg.): Markt und Moral. Die Diskussion um die Unternehmensethik. Verlag Paul Haupt, Bern/Stuttgart/Wien 1994, S. 269–290.

72 Posner, B. Z./Schmidt, W. H.: Ethics in American Companies: A Managerial Perspective. In: Journal of Business Ethics, Vol. 6, No. 5, 1987, S. 384.

73 Vgl. Hochstätter, D.: Lorbeer und Mammon. In: Wirtschaftswoche, No. 5 vom 26. 1. 1990, S. 38.

74 Baumhart, R.: How Ethical are Businessmen? Op. cit. S. 6–19. Brenner, St. N./Molander, E. A.: Is the ethics of business changing? Op. cit. S. 57–71. Posner, B. Z./Schmidt, W. H.: Ethics in American Companies: A Managerial Perspective. Op. cit. S. 383–391. Jones, Th. M./Gautschi, F. H.: Will the Ethics of Business Change? A Survey of Future Executives. Op. cit. S. 231–248.

75 Siehe z. B. Vitell, S. J./Festervand, T. A.: Business Ethics: Conflicts, Practices and Beliefs of Industrial Executives. In: Journal of Business Ethics, Vol. 6, 1987, S. 111–122; Konovsky, M. A./Jaster, F.: «Blaming the Victim» and other Ways Business Men and Women Account for Questionable Behavior. In: Journal of Business Ethics, Vol. 8, No. 5, 1989, S. 391–398.

76 Brenner, St. N./Molander, E. A.: Is the ethics of business changing? Op. cit. S. 57–71.

77 Jackall, R.: Moral Mazes: Bureaucracy and Managerial Work. In: Harvard Business Review, September/October 1983, S. 118–130.

78 O'Neil, R. F.: Corporate Social Responsibility and Business Ethics: A European Perspective. In: International Journal of Social Economics, Vol. 13, No. 10, 1986, S. 64–76.

79 Siehe Ulrich, P./Thielemann, U.: Ethik und Erfolg. Unternehmensethische Denkmuster von Führungskräften – eine empirische Studie. Verlag Paul Haupt, Bern/Stuttgart/Wien 1992.

80 Brenner, St. N./Molander, E. A.: Is the ethics of business changing? Op. cit. S. 57–71; siehe auch McFeely/Wackerle/Jett: Survey on Ethics: Results. New York 1987.

81 Zabid, A. R. M./Alsagoff, S. K.: Perceived Ethical Values of Malaysian Managers. In: Journal of Business Ethics, Vol. 12, No. 4, 1993, S. 331–337.

82 United Nations: World Investment Report. 1994. Transnational Corporations, Employment and the Workplace. New York/Geneva 1994, S. XVIII.

83 Alle statistischen Angaben aus United Nations: World Investment Report. 1994. Transnational Corporations, Employment and the Workplace. New York/Geneva 1994, S. 2 ff.

84 Turner, L.: Multinational Companies and the Third World. Hill and Wang, New York 1973. Senghaas, D./Menzel, U. (Hrsg.): Multinationale Konzerne und die Dritte Welt. Opladen 1976. Siehe als Gegenposition u. a. Pausenberger, E.: Internationale Unternehmungen in Entwicklungsländern. Düsseldorf 1980. Moran, Th. et alia: Investing in Development: New Roles for Private Capital? Washington, D. C. 1986.

85 Z. B. Muttermilch-Ersatz-Produkte, siehe dazu Baker, J. C.: The International Infant Formula Controversy: A Dilemma in Corporate Social Responsibility. In: Journal of Business Ethics, Vol. 4, No. 3, 1985, S. 181–190. Im Bereich Pharmazeutika siehe Silverman, M.: The Drugging of the Americas. Berkeley 1979; ders.: Prescription for Death. San Francisco 1981.

86 Spezifische Kritik an der pharmazeutischen Industrie: Silverman, M./Lee, Ph. R./Lydecker, M.: Prescription for Death. The Drugging of the Third World. Berkeley 1982. Buko Pharma Kampagne (Hrsg.): Gesundheit und Arzneimittel in der Dritten Welt. Bielefeld 1982; Bühler, M.: Geschäfte mit der Armut. Frankfurt a. M. 1982; Müller, M.: Heile und Herrsche. Berlin 1983; Hartog, R./Schulte-Sasse, H.: Das bundesdeutsche Arzneimittelangebot in der Dritten Welt. Buko Pharma-Kampagne (Hrsg.). Bielefeld 1990, und die dort angegebene Literatur. Siehe aber auch: Silverman, M./Lydecker, M./Lee, Ph. R.: Bad Medicine. The Prescription Drug Industry in the Third World. Stanford University Press, Stanford, California 1992.

87 Siehe z. B. Hansson, O.: Inside Ciba-Geigy. IUCU, Unionsverlag, Penang/The Hague/Montevideo 1989.

88 Villamil, J. J.: Transnational Capitalism and National Development. Sussex 1979.

89 Vgl. Simpson, J. R.: Ethics and Multinational Corporations vis-à-vis Developing Nations. In: Journal of Business Ethics, Vol. 1, No. 3, 1981, S. 227–237.

90 Haude, D.: Transnationale Unternehmen. Industrialisierung der Peripherie und kapitalistische Entwicklung. In: Peripherie, Vol. 6, No. 21, Oktober 1985, S. 6–24.

91 Erwähnt in Turner, L.: Multinational Companies and the Third World. Hill and Wang, New York 1973, S. 22, und seither in vielen Büchern immer wieder zitiert, ebenfalls wieder aufgenommen in neuesten Publikationen wie

Donaldson, Th.: The Ethics of International Business. Oxford University Press, New York 1989, S. 9, und anderen.

92 Siehe dazu Frederick, W. C.: The Moral Authority of Transnational Corporate Codes. In: Journal of Business Ethics, Vol. 10, No. 3, 1991, S. 165–177.

93 Z. B. im Zusammenhang der Erdölförderung in Nigeria.

94 Z. B. im Kontext der kommerziellen Abholzung von Tropenwäldern und somit der Zerstörung der einzigen verbliebenen Habitats vom Aussterben bedrohter indigener Völker.

95 Siehe z. B. die folgenden Studien der ILO, Genf: Employment Effects of Multinational Enterprises in Developing Countries, 1981; Multinationals' Training Practices and Development, 1981; Social and Labour Practices of Multinational Enterprises in the Textiles, Clothing and Footwear Industries, 1984; Technology Choice and Employment Generation by Multinational Enterprises in Developing Countries, 1984.

96 Siehe United Nations: World Investment Report. 1994. Transnational Corporations, Employment and the Workplace. New York/Geneva 1994.

97 Quinn, J. B.: Technology transfer by multinational companies. In: Harvard Business Review, November/December 1969, S. 147–161.

98 Siehe dazu Amba-Rao, S. C.: Multinational Corporate Social Responsibility, Ethics, Interaction and Third World Governments: An Agenda for the 1990s. In: Journal of Business Ethics, Vol. 12, No. 7, 1993, S. 553–572.

99 Siehe United Nations: World Investment Report 1994. Op. cit. S. 316 ff.

100 Kolodner, E.: Transnational Corporations: Impediments or Catalysts of Social Development? Erschienen als UNRISD (Hrsg.): Occasional Paper No. 5, World Summit for Social Development. Geneva 1994.

101 Siehe dazu Kumar, B. N./Sjurts, I.: Multinationale Unternehmen und Ethik. In: Dierkes, M./Zimmermann, K. (Hrsg.): Ethik und Geschäft. Dimensionen und Grenzen unternehmerischer Verantwortung. Gabler Verlag, Frankfurt a. M. 1991, S. 159–186.

II.

1 Smith, A.: Der Wohlstand der Nationen. Eine Untersuchung seiner Natur und seiner Ursachen. dtv klassik, München, 5. Aufl. Juni 1990, S. 452.

2 Op. cit.

3 Zitiert nach: Treue/Pönicke/Manegold (Hrsg.): Quellen zur Geschichte der industriellen Revolution. Quellensammlung zur Kulturgeschichte, Bd. 17. Musterschmidt-Verlag, Göttingen 1966.

4 Die beiden prominentesten sind wohl Peter Drucker und Milton Friedman. Siehe dazu Drucker, P.: What is Business Ethics? In: The Public Interest, Vol. 63, 1981, S. 18–36; Friedman, M.: The Social Responsibility of Business is to Increase its Profits. In: The New York Times Magazin, 13. September 1970, S. 32 f. und S. 122–126; ders.: Kapitalismus und Freiheit. Seewald Verlag, Stuttgart 1971.

5 Vgl. Smith, A.: An Inquiry into the Nature and Causes of The Wealth of Nations. The Modern Library, New York 1937, S. 14: «It is not from the benevolence of the butcher, the brewer, or the baker, that we expect our

dinner, but from their regard to their own interest. We address ourselves, not to their humanity but their self-love, and never talk to them of our own necessities but of their advantages. Nobody but a beggar chooses to depend chiefly upon the benevolence of his fellow-citizen.» In der deutschen Ausgabe (siehe Fußnote 1) ist das Zitat auf S. 17 zu finden.

6 Smith, A.: Theorie der ethischen Gefühle. Felix Meiner Verlag (Philosophische Bibliothek), Hamburg 1985, S. 52.

7 Ebenda, S. 27.

8 Smith, A.: Der Wohlstand der Nationen. Op. cit. S. 406 f.

9 Ebenda, S. 407.

10 Ebenda, S. 117 f.

11 Ebenda, S. 68.

12 Ebenda, S. 70 f.

13 Ebenda, S. 59.

14 Deutsche Ausgabe: Theorie der ethischen Gefühle. Op. cit.

15 Siehe dazu Bassiry, G. R./Jones, M.: Adam Smith and the Ethics of Contemporary Capitalism. In: Journal of Business Ethics, Vol. 12, No. 8, 1993, S. 621–627.

16 Krohn, F. B./Millner, L. M.: The AIDS Crisis: Unethical Marketing leads to Negligent Homicide. In: Journal of Business Ethics, Vol. 8, No. 10, 1989, S. 773–780.

17 Siehe dazu Höffe, O.: Lexikon der Ethik. Beck'sche Schwarze Reihe, Bd. 152, München, 3. neubearb. Aufl. 1986, S. 202.

18 Siehe dazu einen Bericht der Frankfurter Allgemeinen Zeitung No. 198 vom 27. August 1990, S. 13.

19 Siehe dazu auch Adams, H. W./Eidam, G. (Hrsg.): Die Organisation des betrieblichen Umweltschutzes. Frankfurter Allgemeine Zeitung, Verlagsbereich Wirtschaftsbücher, Frankfurt a. M. 1991, S. 153 ff.

20 So der Bericht der Frankfurter Allgemeinen Zeitung, op. cit. S. 13.

21 Siehe Schmidt-Salzer, J.: Entscheidungssammlung Produkthaftung, Bd. II. Berlin 1979, III.15., S. 481 ff.

22 Ebenda, S. 485 f.

23 Ebenda, S. 501 f. und S. 505.

24 Schmidt-Salzer, J.: Entscheidungssammlung Produkthaftung, Bd. IV. München 1982, S. 280.

25 Ebenda, S. 282.

26 Ein weiteres Beispiel ist die «Monza Steel» Entscheidung des Landgerichts München II aus dem Jahre 1978. Siehe dazu Eidam, G.: Das Persönlichkeitsbild der Führungskraft im Spiegel der Rechtsprechung. In: Adams, H. W./Eidam, G. (Hrsg.): Die Organisation des betrieblichen Umweltschutzes. Op. cit. S. 177–192.

27 Jellinek, G.: Das Recht des modernen Staates. Bd. 1, Allgemeine Staatslehre. Verlag von O. Häring, Berlin, 2. durchges. u. vermehrte Auflage 1905.

28 Ebenda, S. 243.

29 Ebenda, S. 244.

30 Ebenda, S. 250.

31 Kant, I.: Die Metaphysik der Sitten. Werkausgabe Bd. VIII. Hrsg. von Weischedel, W., Suhrkamp, Frankfurt a. M., 9. Aufl. 1991, S. 324.

32 Gröschner, R.: Zur rechtsphilosophischen Fundierung einer Unternehmensethik. In: Steinmann, H./Löhr, A. (Hrsg.): Unternehmensethik. Verlag C. E. Poeschel, Stuttgart 1989, S. 93–113.

33 Siehe zu den Details den Bericht der Basler Zeitung Nr. 52 vom 2. März 1990, S. 16.

34 Noll, P.: Gründe für die soziale Unwirksamkeit von Gesetzen. In: Jahrbuch für Rechtssoziologie und Rechtstheorie, Bd. 3, 1972, S. 259–269.

35 Siehe dazu Blankenburg, E.: Über die Unwirksamkeit von Gesetzen. In: Archiv für Rechts- und Sozialphilosophie, Bd. LXIII/1, 1977, S. 31–58.

36 Siehe dazu die Fallstudie der Asbest-Firma Johns-Manville, dargelegt von Gini, A. R.: Manville: The Ethics of Economic Efficiency. In: Journal of Business Ethics, Vol. 3, No. 1, 1984, S. 63–69. Sells, B.: What asbestos taught me about managing risks. In: Harvard Business Review, March/April 1994, S. 76–90.

37 Kriele, M.: Legitimität und Widerstand. In: Höffe, O./Kadelbach, G./ Plumpe, G. (Hrsg.): Praktische Philosophie/Ethik. Reader zum Funk-Kolleg. Fischer Taschenbuch Verlag, Frankfurt a. M. 1981, S. 40.

38 Ebenda, S. 40.

39 Ebenda, S. 45 ff.

40 Küng, H./Kuschel, K.-J. (Hrsg): Erklärung zum Weltethos. Die Deklaration des Parlaments der Weltreligionen. Piper, München/Zürich 1993, S. 23 f.

41 Höffe, O. (Hrsg.): Lexikon der Ethik. Op. cit. S. 75.

42 Donaldson, Th.: Corporations and Morality. Prentice-Hall, Englewood Cliffs, 1982.

43 Siehe dazu Geser, H.: Organisationen als moralische Akteure. Ein Thesenpapier. In: Arbeitshefte für ethische Forschung, Nr. 21, Zürich, April 1989, S. 28–37.

44 Ebenda, S. 30.

45 Ebenda, S. 33 f.

46 Siehe Galtung, J.: Gewalt, Frieden und Friedensforschung. In: Senghaas, D. (Hrsg.): Kritische Friedensforschung. Suhrkamp, Frankfurt a. M. 1971, S. 55 ff.

47 Lay, R.: Die Macht der Moral. Unternehmenserfolg durch ethisches Management. Econ Verlag, Düsseldorf 1993, S. 9.

48 Siehe Lay, R.: Kommunikation für Manager. Econ Verlag, Düsseldorf 1989, S. 69.

49 Siehe Foucault, M.: Überwachen und Strafen. Die Geburt des Gefängnisses. Suhrkamp, Frankfurt a. M. 1976, S. 220–250.

50 Drewermann, E.: Kleriker. Psychogramm eines Ideals. Walter Verlag, Olten/Freiburg i. Br., 8. Aufl. 1990.

51 Ebenda, S. 241.

52 Siehe Waters, J. A.: Corporate Morality as an Organizational Phenomenon. In: Organizational Dynamics, Spring 1978, S. 3–18.

53 Siehe dazu den Soziologie-Klassiker: Mead, G. H.: Geist, Identität und Gesellschaft. Frankfurt a. M. 1968.

54 Siehe Drewermann, E.: Kleriker. Psychogramm eines Ideals. Op. cit. S. 242.

55 Siehe dazu Kohlberg, L.: The Philosophy of Moral Development. Harper & Row, New York 1984, S. 87 f.

56 Siehe Drewermann, E.: Kleriker. Psychogramm eines Ideals. Op. cit. S. 111.

57 Ebenda, S. 112.

58 Ebenda, S. 122.

59 Ebenda, S. 166.

60 Siehe dazu Fromm, E.: Individueller und gesellschaftlicher Narzißmus. In: Analytische Charaktertheorie. Bd. 2 der Gesamtausgabe. Deutsche Verlags-Anstalt, Stuttgart 1980, S. 199 ff.

61 Siehe dazu auch Dill, P.: Unternehmenskultur. Grundlagen und Anknüpfungspunkte für ein Kulturmanagement. In: BDW Service- und Verlagsgesellschaft (Hrsg.): Schriften zur Kommunikationsarbeit. Bonn 1986; Lattmann, Ch. (Hrsg.): Die Unternehmenskultur. Ihre Grundlagen und ihre Bedeutung für die Führung der Unternehmung. Physika Verlag, Heidelberg 1990.

62 Hillmann, K.-H.: Allgemeine Wirtschaftssoziologie. Wiso Kurzlehrbücher, Reihe Sozialwissenschaft, Verlag Vahlen, München 1988, S. 89.

63 Siehe zum Sachverhalt «ethisches Klima»: Victor, B./Cullen, J. B.: The Organizational Base of Ethical Work Climates. In: Administrative Science Quarterly, Ithaca, Vol. 33, März 1988, S. 101–125; Soutar, G./McNeil, M. M./Molster, C.: The Impact of the Work Environment on Ethical Decision Making: Some Australian Evidence. In: Journal of Business Ethics, Vol. 13, No. 5, 1994, S. 327–339.

64 Oppenrieder, B.: Implementationsprobleme einer Unternehmensethik. Erschienen als Diskussionsbeiträge No. 34 am Lehrstuhl für allgemeine Betriebswirtschaftslehre und Unternehmensführung der Universität Erlangen-Nürnberg, Nürnberg 1986, S. 38.

65 Siehe dazu Lay, R.: Die Macht der Moral. Unternehmenserfolg durch ethisches Management. Op. cit. S. 39 ff.

66 Lay spricht von «Handeln», wenn eine Tätigkeit oder Unterlassung sich dadurch auszeichnet, daß sie (1) kontingent, d.h. zufällig so möglich ist, aber nicht notwendigerweise so ausfallen muß, (2) vor anderen als verantwortet verständlich gemacht werden kann, (3) ein definiertes Ziel verfolgt, (4) Veränderungen zur Folge hat, also effizient ist, und (5) mögliche Nebenfolgen, insoweit sie erkennbar sind, berücksichtigt und in einer Güterabwägung gegen die intendierte Hauptfolge gewichtet. Siehe Lay, R.: Die Macht der Moral. Unternehmenserfolg durch ethisches Management. Op. cit. S. 268.

67 Milgram, St.: Das Milgram-Experiment. Zur Gehorsamsbereitschaft gegenüber Autorität. Rowohlt, Reinbek bei Hamburg 1974, S. 170.

68 Lay, R.: Die Macht der Moral. Unternehmenserfolg durch ethisches Management. Op. cit. S. 36–71.

69 Siehe in diesem Zusammenhang auch Hösle, V.: Philosophie der ökologischen Krise. Beck'sche Reihe, C. H. Beck, München 1991, S. 90 ff. Hösle hat dieses Argument überzeugend auf die Umwelt angewandt.

70 Siehe dazu Turnheim, G.: Chaos und Management. Gabler-Verlag, Wiesbaden, 2. Aufl. 1993.

71 Siehe dazu Simons, R.: Kontrolle bei selbständig handelnden Mitarbeitern. In: Harvard Business manager, No. 3, 1995, S. 98–105.

72 In einem großartigen Buch, das jedem entwicklungspolitisch Interessierten zur Lektüre nur wärmstens empfohlen werden kann, siehe Menzel, U.: Das

Ende der Dritten Welt und das Scheitern der großen Theorie. edition suhr-kamp, Frankfurt a. M. 1992, S. 60 ff.

73 Vgl. Arendt, H.: Eichmann in Jerusalem. Ein Bericht von der Banalität des Bösen. Serie Piper, München, 8. Aufl. 1992.

74 Siehe Lay, R.: Kommunikation für Manager. Op. cit. S. 69 f.

75 Siehe z. B. Newstrom, J. W./Ruch, W. A.: The Ethics of Management and the Management of Ethics. In: Michigan State University (MSU) Business Topics, East Lansing, Vol. 23, Winter 1975, S. 33.

76 Herms, E.: Der religiöse Sinn der Moral. Unzeitgemäße Betrachtungen zu den Grundlagen einer Ethik der Unternehmensführung. In: Steinmann, H./Löhr, A. (Hrsg.): Unternehmensethik. Verlag C. E. Poeschel, Stuttgart 1989, S. 81.

77 Jones, Th. M./Gautschi, F. H.: Will the Ethics of Business Change? A Survey of Future Executives. In: Journal of Business Ethics, Vol. 7, No. 4, 1988, S. 231–248.

78 Posner, B. Z.: Individuals' Moral Judgement and its Impact on Group Processes. In: International Journal of Management, Vol. 3, No. 2, Juni 1986, S. 5–11; Nichols, M. L./Day, V. E.: A Comparison of Moral Reasoning of Groups and Individuals on the «Defining Issues Test». In: Academy of Management Journal, Vol. 25, No. 1, 1982, S. 201–208.

79 Popitz, H.: Der Begriff der sozialen Rolle als Element der soziologischen Theorie. In: Recht und Staat, Heft 331/332, J. C. B. Mohr (Paul Siebeck), Tübingen, 4. Aufl. 1975, S. 8.

80 Ebenda.

81 Ebenda, S. 15.

82 Zur Diskussion des Relativismus in der Ethik siehe als Überblick Ginters, R.: Relativismus in der Ethik. Patmos Verlag, Düsseldorf 1978. Für eine konkrete Fallstudie siehe Ralston, D. A./Giacalone, R. A./Terpstra, R. H.: Ethical Perceptions of Organizational Politics: A Comparative Evaluation of American and Hong Kong Managers. In: Journal of Business Ethics, Vol. 13, No. 12, S. 989–999. Ebenso Nyam, M.-K. et. al.: A Comparative Analysis of Ethical Beliefs: A Four Country Study. In: Journal of Business Ethics, Vol. 13, No. 7, 1994, S. 543–555.

83 Siehe dazu Armstrong, R. W./Sweeney, J.: Industry Type, Culture, Mode of Entry and Perceptions of International Marketing Ethics Problems: A Cross-Cultural Comparison. In: Journal of Business Ethics, Vol. 13, No. 10, 1994, S. 775–785; Vitell, S. J./ Nwachukwu, S. L./Barnes, J. H.: The Effects of Culture on Ethical Decision-Making: An Application of Hofstede's Typology. In: Journal of Business Ethics, Vol. 12, No. 10, 1993, S. 753–760.

84 De George, R. T.: Competing with Integrity in International Business. Oxford University Press, Oxford/New York 1993, S. 9 ff.

85 Siehe hierzu z. B. Harris, Ph. R./Moran, R. T.: Managing Cultural Differences. Gulf Publishing Company, Houston/London 1979. Hofstede, G.: Culture's Consequences. International Differences in Work-Related Values. Sage Publications, London 1984; Axtell, R. E. (Hrsg.): Do's and Taboos around the World. John Wiley & Sons, New York 1985; Andres, T. D.: Management by Filipino Values. A Sequel to Understanding Filipino Values. Quezon City, 4th edition 1985; Wines, W. A./Napier, N. K.: Toward an Under-

standing of Cross-Cultural Ethics: A Tentative Model. In: Journal of Business Ethics, Vol. 11, No. 11, 1992, S. 831–841.

86 Siehe dazu ausgehend von «Rerum Novarum» (1891) bis «Sollicitudo Rei Socialis» (1987) alle Verlautbarungen des Apostolischen Stuhls zu sozialen Themen.

87 Siehe dazu Senghaas, D. (Hrsg.): Peripherer Kapitalismus. Analysen über die Abhängigkeit und Unterentwicklung. edition suhrkamp, Frankfurt a. M. 1994.

88 Ebenda, S. 15 ff.

89 Siehe zu dieser Diskussion Mangaliso, M. P.: The Corporate Social Challenge for the Multinational Corporation. In: Journal of Business Ethics, Vol. 11, No. 7, 1992, S. 491–500; Pratt, C. B.: Multinational Corporate Social Policy Process for Ethical Responsibility in Sub-Saharan Africa. In: Journal of Business Ethics, Vol. 10, No. 7, 1991, S. 527–541; Bond, K. M.: To Stay or to Leave: The Moral Dilemma of Divestment of South African Assets. In: Journal of Business Ethics, Vol. 7, No. 1, 1988, S. 9–18.

90 Siehe dazu Paul, K./Aquila, D. A.: Political Consequences of Ethical Investing: The Case of South Africa. In: Journal of Business Ethics, Vol. 7, No. 9, 1988, S. 691–697. Darauf wiesen übrigens schon verschiedene Studien der achtziger Jahre hin, siehe z. B. Lansing, P./Kuruvilla, S.: Business Divestment in South Africa: In Who's Best Interest? In: Journal of Business Ethics, Vol. 7, No. 8, 1988, S. 561–574.

91 Schreyögg, G./Steinmann, H.: Corporate Morality Called in Question: The Case of Cabora Bassa. In: Journal of Business Ethics, Vol. 8, No. 9, 1989, S. 677–685.

92 Behandlung der Mitarbeiter des Unternehmens nach Gerechtigkeitsprinzipien wie «Gleiche Bezahlung für gleiche Leistung», «Gleiche Chancen ungeachtet der Hautfarbe der Mitarbeiter» etc.

93 Küng, H.: Projekt Weltethos. Piper, München/Zürich 1990.

94 Küng, H./Kuschel, K.-J. (Hrsg): Erklärung zum Weltethos. Die Deklaration des Parlaments der Weltreligionen. Piper, München/Zürich 1993.

95 Ebenda, S. 16.

96 Pieper, A.: Ethik und Moral. Eine Einführung in die praktische Philosophie. Beck'sche Elementarbücher, C. H. Beck, München 1985, S. 36.

97 Ohmae, K.: The Borderless World. Management Lessons in the New Logic of the Global Marketplace. Harper Business, Osaka 1990, S. 82 ff.

98 Gefunden auf der Titelseite von Galtung, F. (Hrsg.): Zum Beispiel Korruption. Lamuv Verlag, Göttingen, Dezember 1994.

99 Scherer, P.: Korruption fast alltäglich. In: DIE WELT. Unabhängige Tageszeitung für Deutschland, Donnerstag, 16. Februar 1995, No. 40–7, S. 1.

100 Ebenda.

101 So Der Spiegel No. 28/1995 vom 10.7.1995, S. 22–29.

102 Siehe dazu Rügemer, W.: Corruption in Waste Water Treatment. A Case Study from Germany. In: Transparency International (Hrsg.): TI-Newsletter, December 1995, S. 3.

103 Siehe dazu die Berichterstattung von Business Week, International Edition, December 18, 1995, S. 25–34. Ebenfalls: Kursbuch. Rowohlt, Berlin 1995, Heft 120.

104 Banfield, E. C.: Corruption as a Feature of Governmental Organizations. In: The Journal of Law and Economics, Vol. 18, 1975, S. 587–605.

105 Siehe dazu Mahoney, J.: Ethical Attitudes to Bribery and Extortion. In: Stewart, S./Donleavy, G./Santoro, M. (Hrsg.): Proceedings of the Inaugural Conference of the Centre for the Study of Business Values. Hong Kong, 1.-3. Juni 1994, S. 244–256.

106 Siehe dazu die Berichterstattung von Transparency International: «TI-Newsletter» (zu beziehen bei Transparency International e.V., Heylstraße 33, D-10825 Berlin).

107 Recommendation of the Council of the OECD on Bribery in International Business Transactions, Paris, September 1994.

108 So Galtung, F. in: Zum Beispiel Korruption. Op. cit. S. 11.

109 Brockhaus Enzyklopädie in zwanzig Bänden, 17. völlig neubearb. Aufl. des Großen Brockhaus. F. A. Brockhaus, Wiesbaden 1970, Bd. 10, S. 526.

110 Brockhaus Enzyklopädie in vierundzwanzig Bänden, 19. völlig neubearb. Aufl. F. A. Brockhaus, Mannheim 1990, Bd. 12, S. 386.

111 Verlag Schweizer Lexikon (Hrsg.): Schweizer Lexikon in 6 Bänden. Luzern 1992, Bd. 1, S. 534.

112 Siehe dazu auch Schmidt, K./Garschagen, Ch.: Korruption. In: Handwörterbuch der Wirtschaftswissenschaften, Bd. 4. Gustav Fischer Verlag, Stuttgart 1978, S. 565; Johnson, H. L.: Bribery in International Markets: Diagnosis, Clarification and Remedy. In: Journal of Business Ethics, Vol. 4, No. 6, 1985, S. 447–455; D'Andrade, K.: Bribery. In: Journal of Business Ethics, Vol. 4, No. 4, 1985, S. 239–248.

113 Lane, H. W./Simpson, D. G.: Bribery in International Business: Whose Problem Is It? In: Journal of Business Ethics, Vol. 3, No. 1, 1984, S. 36.

114 Siehe Direktion für Entwicklungszusammenarbeit und humanitäre Hilfe (DEH): Entwicklung/Developpement, No. 38, November 1992, S. 26 f.

115 Der 1. August ist der Nationalfeiertag der Schweiz.

116 Aussage eines DEH-Mitarbeiters, der in Honduras arbeitet, ebenda S. 27.

117 Aussage eines DEH-Mitarbeiters, der in Madagaskar arbeitet; ebenda, S. 27.

118 Siehe Leyva, C. G.: Die Korruption blüht nach wie vor. In: Direktion für Entwicklungszusammenarbeit und humanitäre Hilfe (DEH): Entwicklung/Developpement, No. 38, November 1992, S. 8 f.

119 Ebenda, S. 9.

120 Ebenda, S. 31.

121 Hazlet, Th. K./Sullivan, S. D.: Professional Organizations and Healthcare Industry Support: Ethical Conflict? In: Cambridge Quarterly of Healthcare Ethics, Vol. 3, No. 2, 1994, S. 236–256.

122 Ein Kritiker der Pharmaindustrie hat diese einmal beschrieben als: «Alles, was man in einem Tag essen oder trinken kann, stellt noch keine Korruption dar!» Da sich jedoch «Essen» und «Trinken» auf unterschiedlichen preislichen Niveaus abspielen kann und eine Flasche Bordeaux des Jahrgangs 1947 nicht vergleichbar ist mit einer Flasche Amselfelder oder Valpolicella vom letzten Jahr, kann diese Regel bei puristischen Skeptikern durchaus zu Problemen führen …

123 «Ich tue Dir jetzt einen Gefallen und erwarte keine Gegenleistung – außer, daß Du dann, wenn ich einmal Hilfe von Dir brauche, mir auch hilfst.» Sie-

he dazu Neckel, S.: Der unmoralische Tausch. Eine Soziologie der Käuflichkeit. In: Kursbuch. Rowohlt, Berlin 1995, Heft 120, S. 15.

124 Lloyd, B.: Corruption: Where to Draw the Line? In: Business Ethics. A European Review, Vol. 2, No. 2, 1993, S. 97–100.

125 Siehe dazu Moody-Stuart, G.: Schwere Korruption in der Dritten Welt. In: Kursbuch. Rowohlt, Berlin 1995, Heft 120, S. 118 ff.

126 Vgl. Nye jr., J. S.: Corruption and Political Development: A Cost-Benefit Analysis. In: The American Political Science Review, Vol. 61, 1967, S. 417 ff.

127 Siehe dazu Theobald, R.: Corruption, Development and Underdevelopment. Macmillan, London 1990; ebenso Moody-Stuart, G.: Schwere Korruption in der Dritten Welt. In: Kursbuch. Rowohlt, Berlin 1995, Heft 120, S. 115–147.

128 Menne, L.: Korruption. In: Kölner Zeitschrift für Soziologie, Neue Folge No. 1, 1948/49, S. 147.

129 Ebenda, S. 151 ff.

130 Myrdal, G.: Asian Drama. An Inquiry into the Poverty of Nations. Pelican Book/Penguin Books, Harmondsworth 1968, 3 Bde. Hier Bd. 2, Kap. 20, S. 937–958. Siehe ebenfalls Myrdal, G.: Asiatisches Drama. Eine Untersuchung über die Armut der Nationen. (Kurzfassung), Suhrkamp, Frankfurt a. M. 1973, S. 197–206.

131 Myrdal, G.: Asian Drama. An Inquiry into the Poverty of Nations. Op. cit. Kap. 20, S. 957.

132 Siehe dazu frühe Beispiele aus Afrika südlich der Sahara in Leys, C.: What is the Problem about Corruption? In: The Journal of Modern African Studies, Vol. 3, No. 2, 1965, S. 215–230.

133 So auch die Analyse von Menne für das arme Nachkriegs-Deutschland. Siehe dazu Menne, L.: Korruption. Op. cit. S. 150 ff.

134 De Soto, H.: El otro sendero. Lima 1985 (Caracas 1987). Auf deutsch erschienen als: Marktwirtschaft von unten. Die unsichtbare Revolution in Entwicklungsländern. Orell Füssli, Zürich/Köln 1992.

135 Leff, N. H.: Economic Development Through Bureaucratic Corruption. In: The American Behavioral Scientist, Vol. 8, November 1964, S. 8–14.

136 Siehe dazu Eigen, P.: Das Nord-Süd-Gefälle der Korruption. In: Kursbuch. Rowohlt, Berlin 1995, Heft 120, S. 155 ff. Siehe auch den Leserbrief des ehemaligen nigerianischen Präsidenten Olusegun Obasanjo an die Financial Times (14. 10. 1994).

137 Als Hinweis darauf soll gelten, daß neuere Nachschlagewerke wie z. B. der Duden in ihren Erläuterungen mit «moralisch verdorben» (Bedeutungswörterbuch) sowie mit «Sittenverfall» (Etymologie) argumentieren.

138 Siehe zu dieser «Ambivalenz der Gefühle» Neckel, S.: Der unmoralische Tausch. Eine Soziologie der Käuflichkeit. In: Kursbuch. Rowohlt, Berlin 1995, Heft 120, S. 9 ff.

139 La Republica, 21. Januar 1994, zitiert in: Transparency International (Hrsg.): Building a Global Coalition Against Corruption. Transparency International Report 1995. Berlin, März 1995, S. 94.

140 Siehe dazu Nye, J. S.: Corruption and Political Development: A Cost-Benefit Analysis. In: American Political Science Review, Vol. 61, 1967, S. 417–427;

Bayley, D.H.: The Effects of Corruption in a Developing Nation. In: The Western Political Quarterly, Vol. 19, 1966, S. 719–732.

141 Darauf wies vor über 25 Jahren schon Gunnar Myrdal für Südasien hin. Siehe Myrdal, G.: Asian Drama. Op. cit. Bd. 2, S. 942 f.

142 Es sei denn, es ist Teil des Korruptions-Abkommens, diese Mehrkosten auf den Preis zu schlagen, dann wird die Allgemeinheit geschädigt und nicht das Unternehmen.

143 Siehe Myrdal, G.: Asian Drama. Op. cit.

144 Z.B. im ehemaligen Ostblock, siehe dazu Trang, D. V. (Hrsg.): Corruption and Democracy. Institute for Constitutional and Legislativ Policy, Budapest 1994.

145 Für eine ausführliche Erörterung dieses Themas siehe Leisinger, K. M./ Hösle, V.: Entwicklung mit menschlichem Antlitz. C. H. Beck, München 1995, S. 114–172.

146 Hier sei darauf hingewiesen, daß die Tatsache, daß in vielen Entwicklungsländern die wichtigsten Entscheidungen in einem äußerst engen Kreis getroffen werden, zum Teil ihre Wurzeln auch in der kolonialen Vergangenheit dieser Länder hat.

147 Klitgaard, R.: Vorbeugen ist besser als Strafen. In: Galtung, F. (Hrsg.): Zum Beispiel Korruption. Op. cit. S. 82 ff.

148 Siehe dazu Transparency International – The Coalition against Corruption in International Business Transactions (Hrsg.): TI Newsletter. (Anzufordern bei Transparency International e.V., Heylstraße 33, D–10825 Berlin, Fax 0049–30–7875707.)

149 Siehe dazu Transparency International (Hrsg.): Building a Global Coalition Against Corruption. Transparency International Report 1995. Berlin, März 1995, S. 21 ff.

150 Siehe dazu Karkowsky, J.: Vor der Versuchung schützen. In: Wirtschaft im Südwesten. Zeitschrift der Industrie- und Handelskammern Hochrhein-Bodensee, No. 12, Dezember 1995, S. 5 ff.

151 Gemeint ist damit der Einbezug einer zweiten Person in die Abwicklung sensibler Sachverhalte.

152 Siehe Moody-Stuart, G.: Schwere Korruption in der Dritten Welt. In: Kursbuch. Rowohlt, Berlin 1995, Heft 120, S. 127.

153 Siehe dazu z.B. Enquetekommission «Schutz des Menschen und der Umwelt» des Deutschen Bundestages (Hrsg.): Die Industriegesellschaft gestalten. Perspektiven für einen nachhaltigen Umgang mit Stoff- und Materialströmen. Economica Verlag, Bonn 1994. Enquetekommission «Schutz der Erdatmosphäre» des Deutschen Bundestages (Hrsg.): Mehr Zukunft für die Erde. Nachhaltige Energiepolitik für dauerhaften Klimaschutz. Economica Verlag, Bonn 1995.

154 Siehe dazu z.B. das regelmäßig herausgegebene «Jahrbuch Ökologie» (C. H. Beck Verlag), «Globale Trends» der Stiftung Entwicklung und Frieden (Fischer Verlag) oder die Berichte «Zur Lage der Welt» des Worldwatch Instituts (Fischer), aber auch die Jahresgutachten des Wissenschaftlichen Beirats der Bundesregierung «Globale Umweltveränderungen»: Welt im Wandel, Wege zur Lösung globaler Umweltprobleme, Jahresgutachten 1995. Springer Verlag, Berlin 1996.

155 Siehe dazu die Emnid-Umfrage bei jungen Deutschen zwischen 14 und 28, veröffentlicht in Der Spiegel No. 38/1994.

156 Wissenschaftlicher Beirat der Bundesregierung «Globale Umweltveränderungen»: Welt im Wandel. Op. cit. S. 11.

157 Institut für sozial-ökologische Forschung (Hrsg.)/Milieu defensie (Friends of the Earth Netherlands): Sustainable Netherlands – Aktionsplan für eine nachhaltige Entwicklung der Niederlande. Frankfurt a. M., o. J.

158 Wuppertal Institut für Klima, Umwelt und Energie: Zukunftsfähiges Deutschland. Ein Beitrag zu einer global nachhaltigen Entwicklung. Im Auftrag von BUND und Misereor. Birkhäuser Verlag, Basel 1996.

159 Enquetekommission «Vorsorge zum Schutz der Erdatmosphäre» des Deutschen Bundestages (Hrsg.): Mehr Zukunft für die Erde. Op. cit. S. 41 ff. Zum Sachverhalt Klimawandel siehe auch Intergovernmental Panel on Climate Change: Climate Change 1994. Cambridge University Press, New York 1995.

160 Wuppertal Institut für Klima, Umwelt und Energie: Zukunftsfähiges Deutschland. Op. cit. S. 4. Siehe auch Intergovernmental Panel on Climate Change. Op. cit. S. 18.

161 Enquetekommission «Vorsorge zum Schutz der Erdatmosphäre» des Deutschen Bundestages (Hrsg.): Mehr Zukunft für die Erde. Op. cit. S. 52 ff.

162 World Resources Institute (Hrsg.): World Resources 1996–97. A Guide to the Global Environment. Oxford University Press, New York 1996, S. 326.

163 Für die hier verwendeten Bevölkerungsdaten siehe Population Reference Bureau (Hrsg.): World Population Data Sheet 1996. Washington, D. C. 1996.

164 Angenähert durch die Daten von 1992, siehe World Resources Institute (Hrsg.): World Resources 1996–97. Op. cit. S. 326 ff.

165 Ebenda.

166 10,96 Tonnen CO_2-Emission pro Kopf in Deutschland ins Verhältnis gesetzt zu den 0,88 Tonnen CO_2-Emission pro Kopf in Indien, multipliziert mit der Einwohnerzahl Deutschlands im Jahre 1996, also etwa 82 Mio.

167 19,13 Tonnen CO_2-Emission pro Kopf in den USA ins Verhältnis gesetzt zu den 2,27 Tonnen in China, multipliziert mit der Einwohnerzahl der USA im Jahre 1996, also 265 Mio.

168 Siehe World Resources Institute (Hrsg.): World Resources 1996–97. Op. cit. S. 273 ff.

169 Ebenda.

170 Eine Arthur D. Little Untersuchung fand Hinweise auf vorsätzliches Handeln. Sabotage aber ist auch durch beste Umweltpolitik kaum zu vermeiden. Siehe: Kalelkar, A. S./Arthur D. Little Inc.: Investigation of Large-Magnitude Incidents: Bophal as a Case Study. Cambridge, Mass. 1988.

171 Siehe dazu Dhara, R./Dhara, R.: Bophal – A Case Study of International Disaster. In: International Journal of Occupational and Environmental Medicine, Vol. 1, No. 1, 1995, S. 58–69.

172 Hinweise darauf geben Cohen, M. A./Fenn, S. A./Naimon, J. S.: Environmental and Financial Performance: Are they related? Investor Responsibility Research Center, Washington, D. C. 1995.

173 Siehe dazu Weizsäcker, E. U. von: Erdpolitik. Ökologische Realpolitik an der Schwelle zum Jahrhundert der Umwelt. Wissenschaftliche Buchgesellschaft, Darmstadt, 3. Aufl. 1992.

174 Ein Begriff, der von Mitgliedsunternehmen des Business Council for Sustainable Development in die Diskussion eingebracht wurde. Siehe Schmidheiny, St./Business Council for Sustainable Development: Kurswechsel. Globale unternehmerische Perspektiven für Entwicklung und Umwelt. Artemis Winkler, München 1992.

175 Siehe dazu z.B. Government of Canada: Economic Instruments for Environmental Protection. Ottawa 1992; Repetto, R.: Jobs, Competitiveness, and Environmental Regulation: What are the Real Issues? World Resources Institute, March 1995, S. 27f.; Portney, P. R. (Hrsg.): Public Policies for Environmental Protection. Resources for the Future. Washington, D. C. 1990, S. 72.

176 Gemeint ist «Basel Convention on the control of transboundary movements of hazardous wastes and their disposal». Der Text ist veröffentlicht im Official Journal of the European Communities vom 16.2.1993, No. L 39/1 ff.

177 Zum Beweis der Relevanz dieser Aussage sei auf den Artikel «Unter Piratenflagge» der Zeitschrift Der Spiegel No. 8/96 verwiesen.

178 Siehe dazu die Fallstudie der ETH Zürich: DDT – in dubio pro reo? Zürich 1990. Siehe ebenso «Die DDT-Story» in: Fusions-Energie-Forum e.V. (Hrsg.): Fusion. Wissenschaft & Technik für das 21. Jahrhundert, 14. Jg., Heft 2, 1993, S. 8–39.

179 Siehe Ministry of Health Sri Lanka (Hrsg.): Annual Health Bulletin 1989. Colombo 1989, S. 130.

180 Fallstudie der ETH Zürich: DDT – in dubio pro reo? Op. cit.

181 Siehe dazu Mellanby, K.: The DDT Story. British Crop Protection Association, Farnham 1992, S. 20, 41 u. 73.

182 Fallstudie der ETH Zürich: DDT – in dubio pro reo? Op. cit.

183 Auf die Tatsache, daß dies bei vielen anderen produkte- bzw. unternehmensspezifischen Kontroversen so ist und dadurch völlig schuldlose Unternehmen in den Bankrott getrieben werden können, weist das Wall Street Journal vom 19.5.1995 hin.

184 Siehe dazu Mellanby, K.: The DDT Story. Op. cit. S. 33 ff.

185 Natürlich haben die Probleme bei der Vektorkontrolle auch eine Reihe anderer Ursachen, wie z.B. den Mangel an politischem Willen, Kontrollbemühungen auch bei niedrigen Inzidenzen aufrechtzuerhalten; Mangel an Ressourcen für den Gesundheitssektor; Mangel an effizienten Durchführungsorganisationen etc.

186 Telefonische Auskunft vom Oktober 1995.

187 Bei Arzneimitteln stellt sich die Frage anders: Da bis heute praktisch alle Arzneimittel, die therapeutische Wirkungen haben, auch unerwünschte, aber selbst bei höchster Anwendungssicherheit unvermeidliche Nebenwirkungen haben, stellt sich für Registrierungsbehörden die Frage nach der Akzeptabilität von Nebenwirkungen im Verhältnis zu dem vom Medikament ausgehenden Nutzen. Zur Abwendung von tödlich verlaufenden Krankheiten wie z.B. Krebs wird man in der wissenschaftlichen Güterabwägung bereit sein, potentiell schlimme – aber eben nicht tödliche – Nebenwirkungen in Kauf zu nehmen, bei einem Schnupfenmittel dagegen wird man nicht einmal Haarausfall oder Hautausschläge tolerieren.

III.

1 Carroll, A. B.: Business & Society. Ethics and Stakeholder Management. South Western Publishing & Co., Cincinnati 1993.

2 Siehe hierzu die Sicht eines Praktikers, nämlich des Delegierten des Verwaltungsrates der Nestlé S. A., Helmuth Maucher: Ethik zwischen Gewinn und Wettbewerb. In: Die Unternehmung, 42. Jg., No. 2, 1988, S. 114–122.

3 Carroll, A. B.: Business & Society. Op. cit. S. 127.

4 Dahrendorf, R.: Der moderne soziale Konflikt. Deutsche Verlags-Anstalt, Stuttgart 1992.

5 Siehe dazu Logson, J. M./Palmer, D. R.: Issues Management and Ethics. In: Journal of Business Ethics, Vol. 7, No. 3, 1988, S. 191–198.

6 Carroll, A. B.: Business & Society. Op. cit. S. 66 f.

7 Siehe dazu Bosshart, D.: Shareholder Capitalism und Stakeholder Capitalism. In: gdi – impuls, Rüschlikon Nr. 2, 1996. Siehe auch die Auseinandersetzung, die in der Neuen Zürcher Zeitung zwischen Hans-Dieter Vontobel (19.6.96) sowie Henner Kleinewefers, Rudolf Volkart (5.7.96) und anderen geführt wurde.

8 Tuleja, T.: Ethik und Unternehmensführung. Verlag Moderne Industrie, Landsberg/Lech 1987, S. 277.

9 Siehe dazu Schmidheiny, St./Business Council for Sustainable Development: Kurswechsel. Globale unternehmerische Perspektiven für Entwicklung und Umwelt. Artemis Winkler, München 1992.

10 Siehe dazu Watzlawick, P.: Wie wirklich ist die Wirklichkeit? Piper, München, 17. Aufl. 1989; Maturana, H. R.: Erkennen: Die Organisation und Verkörperung von Wirklichkeit. Vieweg, Braunschweig, 2. durchges. Aufl. 1985.

11 Watzlawick, P.: Wie wirklich ist die Wirklichkeit? Op. cit. S. 143.

12 Siehe dazu z.B. Watzlawick, P. (Hrsg.): Die erfundene Wirklichkeit. Wie wissen wir, was wir zu wissen glauben? Beiträge zum Konstruktivismus. Piper, München, Neuausgabe 1985; Maturana, H. R.: Erkennen. Op. cit.; Schriften der Carl Friedrich von Siemens Stiftung: Einführung in den Konstruktivismus. Oldenbourg Verlag, München 1985; Berger, P. L./Luckmann, Th.: Die gesellschaftliche Konstruktion der Wirklichkeit. Eine Theorie der Wissenssoziologie. Fischer, Frankfurt a.M. 1980; Schmidt, S. J. (Hrsg.): Der Diskurs des Radikalen Konstruktivismus. Suhrkamp, Frankfurt a.M. 1991; Geißlinger, H.: Die Imagination der Wirklichkeit. Experimente zum radikalen Konstruktivismus. Campus Verlag, Frankfurt a.M./New York 1992.

13 Nash, L. L.: Ethics without the Sermon. In: Harvard Business Review, November/December 1981, S. 79–90. Laura Nash konstatiert insgesamt 12 Fragen für die angemessene Erörterung eines ethischen Problems im Kontext unternehmerischer Entscheidungen.

14 Bloch, E.: Das Prinzip Hoffnung. 2 Bde. Suhrkamp, Frankfurt a.M. 1959.

15 Jonas, H.: Das Prinzip Verantwortung. Buchclub Ex Libris, Zürich 1987.

16 Ebenda, S. 26.

17 Ebenda, S. 36.

18 Ebenda, S. 64.

19 Ebenda, S. 70.

20 Ebenda, S. 72.

21 Ebenda, S. 388.

22 Schweitzer, A.: Aus meinem Leben und Denken. Stuttgarter Hausbücherei (o. J.), S. 145.

23 Smith, A.: Theorie der ethischen Gefühle. Philosophische Bibliothek, Felix Meiner Verlag, Hamburg 1985, S. 201.

24 Ebenda, S. 202.

25 Siehe dazu auch Spaemann, R.: Technische Eingriffe in die Natur als Problem der politischen Ethik. In: Apel, K. O./Böhler, D./Berlich, A./Plumpe, G. (Hrsg.): Praktische Philosophie/Ethik. Reader zum Funk-Kolleg, Bd. 1. Fischer Taschenbuch Verlag, Frankfurt a. M. 1980, S. 231 f.

26 Siehe Nell-Breuning, O. von: Wirtschaftsethik. In: Lenk, H./Maring, M. (Hrsg.): Wirtschaft und Ethik. Reclam, Stuttgart 1992, S. 34.

27 Ebenda, S. 39.

28 Siehe Tödt, H. E.: Perspektiven theologischer Ethik. Chr. Kaiser Verlag, München 1988, S. 30–42.

29 Unter «dual-use»-Gütern versteht man solche, die sowohl zivilen als auch militärischen Zwecken dienen können, z. B. Tieflader (für Raupenschlepper oder Panzer), Kleinflugzeuge (zur Versorgung von Berggebieten oder zur Verfolgung ethnischer Minderheiten) und Basis-Chemikalien, die sowohl für den Pflanzenschutz als auch zur Giftgasproduktion eingesetzt werden können.

30 Siehe dazu die Fallstudie des Ford «Pinto». In: Goodpaster, Kenneth E.: Ethics in Management. Harvard Business School, Boston 1984, S. 111 ff.

31 Siehe Tuleja, T.: Ethik und Unternehmensführung. Op. cit. S. 116 ff.

32 Siehe dazu auch Enderle, G.: Handlungsorientierte Wirtschaftsethik. Grundlagen und Anwendungen. Verlag Paul Haupt, Bern/Stuttgart/Wien 1993, S. 73 ff.

33 Ebenda, S. 85.

34 Honecker, M.: Einführung in die theologische Ethik. De Gruyter Lehrbuch, Berlin/New York 1990, S. 241.

35 Ebenda.

36 Ebenda.

37 Siehe dazu Birnbacher, D.: Was heißt Verantwortung aus der Sicht eines Philosophen? Vortragsmanuskript, Münster, 9.12.1994, S. 4.

38 Ebenda, S. 9.

39 Ebenda, S. 13.

40 Siehe dazu Böckle, F.: Individualethik und Ethik institutionellen Handelns: Verantwortung des einzelnen und des Unternehmens. In: Dierkes, M./Zimmermann, K. (Hrsg.): Ethik und Geschäft. Dimensionen und Grenzen unternehmerischer Verantwortung. Gabler Verlag, Frankfurt a. M. 1991, S. 112–127.

41 Siehe dazu auch Newstrom, J. W./Ruch, W. A.: The Ethics of Management and the Management of Ethics. In: Michigan State University (MSU) Business Topics, East Lansing, Vol. 23, Winter 1975, S. 32.

42 Siehe dazu auch Cohen, C.: Militant Morality: Civil Disobedience and Bioethics. In: Hastings Center Report, Vol. 19, No. 1, 1989, S. 23–25.

43 McNamara, R. S.: In Retrospect. The Tragedy and Lessons of Vietnam. Times Books, New York 1995.

44 Siehe z. B. Alam, K. F.: Attitudes Toward Business Ethics of Business Students in Malaysia. In: Journal of Business Ethics, Vol. 14, No. 4, April 1995, S. 309–313.

45 Vgl. Council on Economic Priorities (Hrsg.): Research Report February 1994. «The Denim Revolution». Levi Strauss & Co. Adopts a Code of Conduct. New York, Februar 1994.

46 Pitt, H. L./Groskaufmanis, K. A.: Why a Corporate Code May Not Protect You. In: Conference Board (Hrsg.): Across the Board. May 1990, S. 24.

47 Siehe dazu auch Eppler, E.: Kavalleriepferde beim Hornsignal. Die Krise der Politik im Spiegel der Sprache. Suhrkamp, Frankfurt a. M. 1992.

48 Ohmae, K.: The Borderless World. Management Lessons in the New Logic of the Global Marketplace. Harper Business, Osaka 1990, S. 5: Je nach der Enge oder Weite der Definition «Kunde» bedeutet dies Verschiedenes. Aus der Perspektive der Kommunikation definiert, bedeutet «Kunde» auch «stakeholder».

49 Falkenberg, L./Herremans, I.: Ethical Behaviour in Organizations: Directed by the Formal or Informal Systems? In: Journal of Business Ethics, Vol. 14, No. 2, 1995, S. 136.

50 Erzählt nach: AG Soziologie: Denkweisen und Grundbegriffe der Soziologie. Eine Einführung. Campus Verlag, Frankfurt a. M./New York 10. revid. u. erw. Aufl. 1992. Siehe dazu auch King, J. B.: Prisoner's Paradoxes. In: Journal of Business Ethics, Vol. 7, No. 7, 1988, S. 475–487.

51 Siehe dazu in TEIL II, Kapitel 5 die Diskussion zum Sachverhalt «Korruption».

52 Rich, A.: Wirtschaftsethik. Grundlagen in theologischer Perspektive, Bd. 1. Gütersloh, 3. Aufl. 1987, S. 18.

53 Pieper, A.: Ethik und Moral. Eine Einführung in die praktische Philosophie. Beck'sche Elementarbücher, C. H. Beck, München 1985, S. 63f.

54 Lachmann, W.: Wirtschaft und Ethik. Hänssler, Stuttgart 1987, S. 10.

55 Siehe dazu Simmel, G.: Soziologie. Werke II. Berlin 1958.

56 Freund, L.: Politik und Ethik. Frankfurt a. M./Berlin 1955.

57 Siehe dazu als gut dokumentiertes Beispiel die Milchpulver-Kontroverse: Post, J. E.: Nestlés traumatische Erfahrung mit Milchpulver. In: Gottlieb Duttweiler Institut (Hrsg.): gdi – impuls, Vol. 1, Rüschlikon, 1985, S. 6–22.

58 Vgl. Spinner, H. F.: Das ‹wissenschaftliche Ethos› als Sonderethik des Wissens. J. C. B. Mohr, Tübingen 1985, S. 35 ff.

59 Siehe Brecht, B.: Leben des Galilei. Suhrkamp, Frankfurt a. M., 15. Aufl. 1972.

60 Spaemann, R.: Technische Eingriffe in die Natur als Problem der politischen Ethik. In: Apel, K.-O./Böhler, D./Berlich, A./Plumpe, G. (Hrsg.): Praktische Philosophie/Ethik. Reader zum Funk-Kolleg, Bd. 1. Fischer Taschenbuch Verlag, Frankfurt a. M. 1980, S. 233.

61 Siehe Küng, H.: Projekt Weltethos. Piper, München 1990, S. 104. Es ist – je nach Stimmungslage – amüsant oder erschreckend, wieviel Parallelen sichtbar werden zwischen den Problemen des interkonfessionellen Dialogs und dem Dialog zwischen verschiedenen gesellschaftlichen Interessengruppen. In beiden Fällen scheinen «bornierte Exklusivitäts- oder Superioritätsstandpunkte, begleitet von Berührungsängsten», in «Beliebigkeitspluralismus und

Indifferentismus resultierende Verharmlosungsstrategien» und «Umarmungsstrategien» im Sinne der «Erorberung durch Umarmung» bzw. «Geltenlassen durch Domestizierung» aufzutreten (Küng, ebenda, S. 106–108). Vgl. zum gleichen Thema auch Drewermann, E.: Kleriker. Psychogramm eines Ideals Olten (CH)/Freiburg i.Br., 8. Aufl. 1990.

62 Dahrendorf, R.: Gesellschaft und Freiheit. Piper, München 1981, zitiert in Heneka, H. P.: Grundkurs Soziologie. Leske + Budrich, Opladen, 4. Aufl. 1993, S. 133.

63 Pieper, A.: Ethik und Moral. Op. cit. S. 11.

64 Siehe dazu auch Lay, R.: Kommunikation für Manager. Econ Verlag, Düsseldorf 1989, S. 19 f.

65 Ebenda, S. 20.

66 Siehe dazu auch die drei Regeln des Platon bei Lay, R.: Kommunikation für Manager. Op. cit. S. 25–33. Ebenfalls von großer Bedeutung ist die Rolle von Definitionen bei der Konsensbildung: a.a.O. S. 42 ff.

67 Ebenda, S. 35.

68 Drewermann, E.: Kleriker. Psychogramm eines Ideals. Walter Verlag, Olten (CH)/Freiburg i.Br., 8. Aufl. 1990, S. 117.

69 Blumenberg, H.: Wirklichkeiten in denen wir leben. Reclam Taschenbuch, Stuttgart 1981, S. 119.

70 Drewermann, E.: Kleriker. Op. cit. S. 115.

71 Ebenda.

72 Blumenberg, H.: Wirklichkeiten in denen wir leben. Op. cit. S. 119.

73 Siehe Küng, H.: Weltethos. Op. cit. S. 123 ff. Küng definiert Standfestigkeit im Gegensatz zur Sturheit als «Festigkeit gegenüber einem Umfallen oder Schwachwerden, eben ‹Standfestigkeit› ganz allgemein als Grundhaltung, Tugend, um so auch in einer bestimmten Situation gegenüber Versuchungen oder Pressionen standhaft sein zu können» (S. 124).

74 Atteslander, P.: Toleranz beginnt mit der Vorsicht des Beobachtens. In: DIE ZEIT, Nr. 24, 10. Juni 1988, S. 38 f.

75 Habermas, J./Luhmann, N.: Theorie der Gesellschaft und Sozialtechnologie. Suhrkamp, Frankfurt a. M. 1971, S. 137 ff. Siehe zur degenerierten Kommunikation auch Lay, R.: Kommunikation für Manager. Op. cit. S. 113 ff.

76 Definiert von Habermas: «Wahrhaftig sind die Äußerungen eines Sprechers, wenn er weder sich noch andere täuscht.» In: Habermas, J./Luhmann, N.: Theorie der Gesellschaft und Sozialtechnologie. Op. cit. S. 131.

77 Siehe dazu die Beiträge von Heinz Maier-Leibnitz in: Noelle-Neumann, E./Maier-Leibnitz, H. (Hrsg.): Zweifel am Verstand. Das Irrationale als die neue Moral. Edition Interfrom, Zürich 1987, S. 51–100.

78 Blumenberg, H.: Wirklichkeiten in denen wir leben. Op. cit. S. 121.

79 Ebenda, S. 125.

80 Ebenda, S. 126.

81 Ebenda, S. 128.

82 Vgl.: Bundesminister für Forschung und Technologie (Hrsg.): Politik, Wertewandel, Technologie. Ansatzpunkte für eine Theorie der sozialen Entwicklung. Econ Verlag, Düsseldorf 1982, S. 23.

83 Postman, N.: Wir amüsieren uns zu Tode. Urteilsbildung im Zeitalter der Unterhaltungsindustrie. Fischer, Frankfurt a. M., 3. Aufl. 1985, S. 34.

84 Popper, K.: Die offene Gesellschaft und ihre Feinde, Bd. 2. Francke, Tübingen, 6. Aufl. 1980, S. 322.

85 Spaemann, R.: Technische Eingriffe in die Natur als Problem der politischen Ethik. In: Apel, K.-O./Böhler, D./Berlich, A./Plumpe, G. (Hrsg.): Praktische Philosophie/Ethik. Reader zum Funk-Kolleg, Bd. 1. Fischer Taschenbuch Verlag, Frankfurt a. M. 1980, S. 234. Spaemann schränkt ein, daß eine Mehrheit nur dann beanspruchen kann, Repräsentant der Gesamtheit zu sein, wenn die Gesamtheit durch ein hohes Maß an Homogenität gekennzeichnet ist, so daß jeder prinzipiell die Chance hat, seine Meinung als Mehrheitsmeinung zu erleben. Ethnische und religiöse Konflikte, aber auch fundamentale Gewissensfragen können nicht durch Mehrheitsentscheidungen legitimitätsstiftend gelöst werden (S. 234).

86 Nach einem Bericht des Magazins Der Spiegel in einer Rede auf dem Alexanderplatz in Berlin am 4. November 1989. Siehe Der Spiegel No. 45/1994, S. 47.

87 Siehe dazu Boff, L./Arruda, M.: Bildung und Entwicklung. In: Leisinger, K. M./Hösle, V.: Entwicklung mit menschlichem Antlitz. C. H. Beck, München 1995, S. 100.

88 Weber, M.: Politik als Beruf. In: Weber, M.: Gesammelte Politische Schriften. J. C. B. Mohr/UTB (Paul Siebeck), Tübingen, 5. Aufl. 1988, S. 546.

89 Habermas, J.: Theorie des kommunikativen Handelns. Bd. 1, Handlungsrationalität und gesellschaftliche Rationalisierung. Suhrkamp, Frankfurt a. M. 1981, S. 378.

90 Siehe dazu Habermas, J.: Diskursethik – Notizen zu einem Begründungsprogramm. In: Habermas, J.: Moralbewußtsein und kommunikatives Handeln. Suhrkamp, Frankfurt a. M. 1983, S. 98 ff.

91 Jöstingmeier, B.: Zur Unternehmensethik international tätiger Unternehmungen. Vandenhoeck & Ruprecht, Göttingen 1994, S. 68 ff.

92 Siehe dazu auch Neubert, S.: Gesellschaftlicher Dialog über umweltpolitische Streitfragen. In: Leisinger, K. M./Trappe, P. (Hrsg.): Social Strategies. Forschungsberichte, Vol. 4, No. 3, Basel 1993.

93 Drewermann, E.: Kleriker. Op. cit.

94 Z. B. auch Hans Küng, Leonardo Boff, Rupert Lay.

95 Rizal, J.: Noli me tangere. Insel Verlag, Frankfurt a. M. 1987.

96 Gehlen, A.: Moral und Hypermoral, eine pluralistische Ethik. Frankfurt a. M./Bonn, 2. Aufl. 1970.

97 Siehe hierzu Newstrom, J. W./Ruch, W. A.: The Ethics of Management and the Management of Ethics. In: Michigan State University Business Topics, Vol. 23, Winter 1975, S. 29–37.

98 Siehe Mudrack, P. E.: An Investigation into the Acceptability of Workplace Behaviors of a Dubious Ethical Nature. In: Journal of Business Ethics, Vol. 12, No. 7, 1993, S. 517–524.

99 Jensen, J. V.: Ethical Tension Points in Whistleblowing. In: Journal of Business Ethics, Vol. 6, No. 4, 1987, S. 322 ff.

100 Gellert, D.: Insisting on Safety in the Skies. In: Westin, A. F. (Hrsg.): Whistle-Blowing!: Loyalty and Dissent in the Corporation. McGraw-Hill, New York 1981, S. 17–30.

101 Camps, F.: Warning an Auto Company About an Unsafe Design. In: Westin, A. F. (Hrsg.): Whistle-Blowing!: Loyalty and Dissent in the Corporation. Op. cit. S. 119–129.

102 Siehe dazu die in der Harvard Business Review veröffentlichten Fallstudien sowie das Standardwerk von Nader, R./Petkas, P. J./Blackwell, K. (Hrsg.): Whistle-Blowing: The Report of a Conference on Professional Responsibility. Grossman Publishers, New York 1972; Glazer, M. P./Glazer, P. M.: The Whistle-Blowers. Basic Books, New York 1989.

103 Hailey, A.: Bittere Medizin. Ullstein Verlag, Berlin/Frankfurt a. M. 1984.

104 Nader, R.: An Anatomy of Whistle Blowing. In: Nader, R./Petkas, P. J./Blackwell, K. (Hrsg.): Whistle-Blowing. Op. cit. S. 4 f.

105 Ebenda, S. 6.

106 Z. B. die vermeintliche Deponie von Seveso-Giften auf einer Müllkippe in Ostdeutschland und das unterstellte Belügen der Öffentlichkeit durch diejenigen, die über eine sachgemäße Verbrennung berichteten. Diese Vorwürfe, die zu besten Sendezeiten im deutschen Fernsehen den Zuschauern in der ersten Reihe präsentiert wurden, konnten nie belegt werden. Dem betroffenen Unternehmen – dem vermeintlichen Goliath – entstand ein nicht quantifizierbarer Schaden, die unseriösen Journalisten – die vermeintlichen Davids – sind nach wie vor journalistisch tätig.

107 Z. B. weil die Seveso-Fässer tatsächlich sachgemäß verbrannt wurden und deshalb nicht mehr vorweisbar oder ausgrabbar sind.

108 Siehe dazu auch De George, R. T.: Whistle-Blowing. In: Enderle, G./Homann, K./Honecker, M./Kerber, W./Steinmann, H. (Hrsg.): Lexikon der Wirtschaftsethik. Herder Verlag, Freiburg i.Br./Basel/Wien 1993, S. 1275 f.

109 Vgl. Glazer, M. P./Glazer, P. M.: The Whistle-Blowers. Op. cit. S. 133–166; Nader, R./Petkas, P. J./Blackwell, K. (Hrsg.): Whistle-Blowing. Op. cit. S. 39–179.

110 Siehe dazu die beiden Fallstudien Boisjoly, R. P./Curtis, E. F./Mellican, E.: Roger Boisjoly and the Challenger Disaster: The Ethical Dimension. In: Journal of Business Ethics, Vol. 8, No. 4, 1989, S. 217–230; Werhane, P. H.: Engineers and Management: The Challenge of the Challenger Incident. In: Journal of Business Ethics, Vol. 10, No. 8, 1991, S. 605–616.

111 Siehe dazu die Fallstudie «Managing Product Safety: The Ford Pinto.» In: Harvard Business School (Hrsg.): Ethics in Management, Boston, Mass. 1984, S. 111–119.

112 Siehe dazu Westin, A. F. (Hrsg.): Whistle Blowing. Op. cit. S. 10 f.

113 Dandekar, N.: Contrasting Consequences: Bringing Charges of Sexual Harassment Compared with Other Cases of Whistleblowing. In: Journal of Business Ethics, Vol. 9, No. 2, 1990, S. 151–158; Westin, A. F. (Hrsg.): Whistle Blowing. Op. cit. S. 69 ff.

114 Miller, A. S.: Whistle Blowing and the Law. In: Nader, R./Petkas, P. J./Blackwell, K. (Hrsg.): Whistle-Blowing. Op. cit. S. 26 ff.

115 Callahan, E. S./Collins, J. W.: Employee Attitudes Toward Whistleblowing: Management and Public Policy Implications. In: Journal of Business Ethics, Vol. 11, No. 12, 1992, S. 939–948.

116 Siehe z. B. Nielsen, R. P.: What Can Managers Do About Unethical Management? In: Journal of Business Ethics, Vol. 6, No. 4, 1987, S. 309–320, sowie die dort angegebene Literatur.

117 Siehe z. B. den Fall des Edward Gregory, in: Nader, R./Petkas, P. J./Blackwell, K. (Hrsg.): Whistle-Blowing. Op. cit. S. 75 ff.; ebenfalls Anderson, R./Perrucci, D./Schendel, D./Trachman, L. E.: Divided Loyalties: Whistle Blowing at BART. Purdue University Press, West LaFayette 1980.

118 Siehe z. B. den Fall des Charles Pettis, in: Nader, R./Petkas, P. J./Blackwell, K. (Hrsg.): Whistle-Blowing. Op. cit. S. 135 ff.

119 Siehe dazu auch Nell-Breuning, O. v.: Baugesetze der Gesellschaft. Solidarität und Subsidiarität. Herder Verlag, Freiburg i.Br./Basel/Wien 1990, S. 40.

120 Nader, R./Petkas, P. J./Blackwell, K. (Hrsg.): Whistle-Blowing. Op. cit. S. 203 ff.

121 Weber, M.: Politik als Beruf. In: Gesammelte politische Schriften. J. C. B. Mohr/UTB (Paul Siebeck), Tübingen, 5. Aufl. 1988, S. 552.

122 Waters, J. A.: Catch 20.5: Corporate Morality as an Organizational Phenomenon. In: American Management Association: Organizational Dynamics. Spring 1978, S. 4.

123 Ogger, G.: Nieten in Nadelstreifen. Deutschlands Manager im Zwielicht. Droemer Verlag, München 1992.

124 Bräuninger, F. et. al.: Die Abzocker. Selbstbedienung in Politik und Wirtschaft. Econ Verlag, Düsseldorf 1994.

125 Hesse, J./Schrader, H. Ch.: Die Neurosen der Chefs. Die seelischen Kosten der Karriere. Eichborn Verlag, Frankfurt a. M. 1994.

126 Pieper, A.: Ethik und Moral. Op. cit., München 1985, S. 10.

127 Siehe dazu Murphy, P. E./Enderle, G.: Managerial Ethical Leadership: Examples do matter. In: Business Ethics Quarterly, Vol. 5, No. 1, S. 117–128. Johnson, H.: Bribery in International Markets: Diagnosis, Clarification and Remedy. In: Journal of Business Ethics, Vol. 4, No. 6, 1985, S. 447–455.

128 Siehe z. B. Newstrom, J. W./Ruch, W. A.: The Ethics of Management and the Management of Ethics. In: Michigan State University (MSU) Business Topics, East Lansing, Vol. 23, Winter 1975, S. 32.

129 So die Typologie von R. P. Nielson in: ders.: Toward an Action Philosophy for Managers Based on Arendt and Tillich. In: Journal of Business Ethics, Vol. 3, No. 2, 1984, S. 153–161.

130 Laotse: Tao te King. Diogenes Verlag, Zürich 1985.

131 Kungfutse: Gespräche – Lun Yü. Diederichs Gelbe Reihe, Eugen Diederichs Verlag, Köln 1987.

132 Upanishaden. Die Geheimlehre der Inder. Diederichs Gelbe Reihe, Eugen Diederichs Verlag, Köln 1986.

133 Sun Tzu: The Art of War. Shambhala, London 1991, S. 4.

134 Platon: Der Staat (Politeia). Deutscher Taschenbuch Verlag/Artemis, Bibliothek der Antike, München 1991.

135 Weber, M.: Politik als Beruf. In: Weber, M.: Gesammelte politische Schriften. J. C. B. Mohr/UTB (Paul Siebeck), Tübingen, 5. Aufl. 1988.

136 Vgl. Lay, R.: Die Macht der Moral. Op. cit. S. 22.

137 Siehe dazu Natorp, P.: Sozialpädagogik. Ferdinand Schöningh, Paderborn, 7. Aufl. 1974 (1. Aufl. 1898), S. 130 ff. Zur Erörterung der modernen Bedeutung von «Tugend» siehe Braun, H.-J. (Hrsg.): Ethische Perspektiven: Wandel der Tugenden. Verlag der Fachvereine Zürich, Zürich 1989.

138 Enderle, G.: Handlungsorientierte Wirtschaftsethik. Grundlagen und Anwendungen. Verlag Paul Haupt, Bern/Stuttgart/Wien 1993, S. 127 f.

139 Siehe dazu Lay, R.: Kommunikation für Manager. Op. cit. S. 80.

140 Quadragesimo anno 79. In: Bundesverband der Katholischen Arbeitnehmer-
Bewegung Deutschlands (Hrsg.): Texte zur katholischen Soziallehre. Mit ei-
ner Einführung von Oswald von Nell-Breuning. Verlag Butzon & Bercker,
Kevelaer, 6. Aufl. 1985, S. 121.

141 Für Gunnar Myrdal waren diese Tugenden noch Modernisierungsideale,
ohne die sozioökonomische Entwicklung unerreichbar bleibt; siehe Myrdal,
G.: Asian Drama. An Inquiry into the Poverty of Nations. Pelican
Book/Penguin Books, Harmondsworth 1968, Vol. 1, S. 61 ff.

142 Stephan, C.: Der Betroffenheitskult. Eine politische Sittengeschichte. Rowohlt, Berlin 1993, S. 37 f.

143 Weber, M.: Politik als Beruf. In: Weber, M.: Gesammelte politische Schriften. J. C. B. Mohr/UTB (Paul Siebeck), Tübingen, 5. Aufl. 1988, S. 545.

144 Ebenda, S. 546.

145 Ebenda.

146 Ebenda, S. 547.

147 Club of Rome: Die Globale Revolution. Bericht des Club of Rome 1991.
Auf deutsch erschienen als Spiegel Spezial No. 2, 1991, S. 109.

148 Lay, R.: Kommunikation für Manager. Op. cit. S. 131 ff.

149 Nyãnaponika, M.: Geistestraining durch Achtsamkeit. Verlag Christiani,
Konstanz 1984, S. 35 f.

150 Jonas, H.: Zur Bedeutung von Sitte. In: Jonas, H./Mieth, D.: Was für morgen lebenswichtig ist. Unentdeckte Zukunftswerte. Kap. I: Auf der Schwelle
der Zukunft: Werte von gestern und die Welt von morgen. Herder Verlag,
Freiburg i.Br./Basel/Wien, 4. Aufl. 1988, S. 10 f.

151 Ebenda, S. 11.

152 Ebenda, S. 14.

153 Siehe dazu auch Lay, R.: Ethik für Manager. Op. cit. S. 198 ff.

154 Gilt in Ermangelung eines geeigneten Ausdruckes auch für Frauen.

155 Stellvertretend dafür siehe Keller, St.: Grüningers Fall. Geschichten von
Flucht und Hilfe. Rotpunktverlag, Zürich 1993.

156 Siehe dazu z.B. Nichols, M. L./Day, V. E.: A Comparison of Moral
Reasoning of Individuals on the «Defining Issues Test». In: Academy of
Management Journal, Vol. 25, No. 1, 1982, S. 201–208.

157 Siehe dazu die höchst interessante Studie von Irving L. Janis: Groupthink.
Psychological Studies of Policy Decision and Fiascoes. Houghton Mifflin
Company, 1982.

158 Krech, D./Crutchfield, R. S./Livson, N./Wilson jr., W. A./Parducci, A.:
Grundlagen der Psychologie. Bd. 7, Sozialpsychologie. Beltz Verlag, Wein-
heim/Basel 1985, S. 92 ff.

159 Ebenda, S. 96 ff.

160 Hösle, V.: Philosophie der ökologischen Krise. Beck'sche Reihe, C. H. Beck,
München 1991, S. 21.

161 Siehe ZEIT-Punkte No. 1/94, S. 7.

162 Siehe Boisjoly, R. P./Curtis, E. F./Mellican, E.: Roger Boisjoly and the Challenger Disaster: The Ethical Dimension. In: Journal of Business Ethics,

Vol. 8, No. 4, 1989, S. 217–230; Werhane, P. H.: Engineers and Management: The Challenge of the Challenger Incident. In: Journal of Business Ethics, Vol. 10, No. 8, 1991, S. 605–616.

163 So nennt Janis in Anlehnung an das Orwellsche «Neusprech» die Denk- und Verhaltensweise, die Gruppenmitglieder dazu bringt, eine umfassende Sammlung von Fakten und ihre nüchterne Bewertung zugunsten der Einstimmigkeit und Freundlichkeit der Intra-Gruppen-Beziehung aufzugeben. Siehe Janis, J. L.: Groupthink. Op. cit. S. 9 f. Orwell definierte «Neusprech» als ein Ausdrucksmittel, das nicht nur den Anhängern der neuen Ideologie (Engsoz) eine angemessene Weltanschauung und Geisteshaltung bereitstellen, sondern auch alle anderen Denkweisen unmöglich machen sollte. Vgl. Orwell, G.: 1984. Ullstein Verlag, Frankfurt a. M. 1984, S. 303 ff.

164 Siehe dazu auch McNamara, R. S.: In Retrospect. The Tragedy and Lessons of Vietnam. Times Books, New York 1995.

165 Siehe Janis, I. L.: Groupthink. Op. cit. S. 5 f.

166 Siehe Drewermann, E.: Kleriker. Op. cit. S. 70.

167 Orwell, G.: Politics and the English Language. In: ders.: Collected Essays. London 1961, S. 337 ff.; zitiert in der Übersetzung von Erhard Eppler in: Kavalleriepferde beim Hornsignal. Die Krise der Politik im Spiegel der Sprache. Suhrkamp, Frankfurt a. M. 1992, S. 32.

168 Janis, I. L.: Groupthink. Op. cit. S. 9 ff.

169 Ebenda, S. 13.

170 Siehe Camus, A.: Die Pest. Rowohlt, Reinbek bei Hamburg 1989, S. 34: Eine gegen den Protest vieler Honoratioren einberufene Gesundheitskommission soll in der nordafrikanischen Stadt Oran entscheiden, ob es sich bei den Problemen, die aufgetaucht sind, um Pest oder um «falschen Alarm», nämlich um «Fieber mit Komplikationen in den Leisten» handelt. Einer der Teilnehmer, der alte Castel, bemerkt in dieser Situation, daß er ganz genau wisse, daß es die Pest sei, aber daß natürlich eine amtliche Feststellung unerbittliche Maßnahmen zur Folge hätte. Er wisse, daß seine Kollegen sich aus diesem Grunde sträubten, und er wolle deshalb ihrer Seelenruhe zuliebe gerne behaupten, es sei nicht die Pest.

171 Siehe dazu Sims, R. R.: Linking Groupthink to Unethical Behavior in Organizations. In: Journal of Business Ethics, Vol. 11, No. 9, 1992, S. 651–662.

172 Milgram, St.: Das Milgram-Experiment. Zur Gehorsamsbereitschaft gegenüber Autorität. Rowohlt, Reinbek bei Hamburg 1974. Da die Ergebnisse Milgrams auf große Aufmerksamkeit und kontroverse Kritik stießen, wurden sie in Deutschland, Italien, Südafrika und Australien wiederholt – mit vergleichbaren Ergebnissen.

173 Ebenda, S. 145.

174 Arendt, H.: Eichmann in Jerusalem. Ein Bericht über die Banalität des Bösen. Piper, München/Zürich, 8. Aufl. 1992.

175 Milgram, St.: Das Milgram-Experiment. Op. cit. S. 214 f.

176 Ebenda, S. 216.

177 Siehe auch Krech, D./Crutchfield, R. S./Livson, N./Wilson jr., W. A./Parducci, A.: Grundlagen der Psychologie, Bd. 7. Op. cit. S. 101 f.

178 Siehe dazu Weber, M.: Politik als Beruf. In: ders.: Gesammelte politische Schriften. Op. cit. S. 551 f. Zur Relativierung von Webers Unterscheidung

siehe Enderle, G.: Gesinnungsethik oder Verantwortungsethik – ein falscher Gegensatz. In: ders.: Handlungsorientierte Wirtschaftsethik. Grundlagen und Anwendungen. Verlag Paul Haupt, Bern/Stuttgart/Wien 1993, S. 42–67.

179 Weber, M.: Politik als Beruf. In: ders.: Gesammelte politische Schriften. Op. cit. S. 551 f.

180 Siehe dazu Tuleja, T.: Ethik und Unternehmensführung. Op. cit. S. 14 f.; UNCTAD: World Investment Report 1994. Genf/New York 1994, S. 325.

181 Siehe Tuleja, T.: Ethik und Unternehmensführung. Op. cit. S. 16 f.

182 So z. B. Schulz, W.: Philosophie in einer veränderten Welt. Pfullingen, 8. Aufl. 1980; Bonhoeffer, D.: Ethik. Chr. Kaiser Verlag, München, 8. Aufl. 1975; Picht, G.: Die Verantwortung des Geistes. Stuttgart 1969. Zur Erörterung dieser Ansätze siehe: Honecker, M.: Einführung in die theologische Ethik. De Gruyter Verlag, Berlin 1990, S. 327 ff.

183 Jonas, H.: Das Prinzip Verantwortung. Buchclub Ex Libris, Zürich 1987.

184 Weber, M.: Politik als Beruf. In: Weber, M.: Gesammelte politische Schriften. Op. cit. S. 552.

185 Ebenda, S. 553.

186 Arendt, H.: Freiheit und Politik. In: Arendt, H.: Zwischen Vergangenheit und Zukunft. Piper, München/Zürich 1994, S. 222.

187 Weber, M.: Wirtschaft und Gesellschaft: Grundriß der verstehenden Soziologie. Tübingen, 5. Aufl. 1980, S. 28.

188 Ebenda.

189 Burkolter-Trachsel, V.: Zur Theorie sozialer Macht. Konzeptionen, Grundlagen und Legitimierung, Theorie, Messung, Tiefenstrukturen und Modelle. Verlag Paul Haupt, Bern/Stuttgart 1981, S. 224 ff. Siehe dazu aber auch Swedberg, R.: Ökonomische Macht und wirtschaftliches Handeln. In: Heinemann, K. (Hrsg.): Soziologie wirtschaftlichen Handelns. Kölner Zeitschrift für Soziologie und Sozialpsychologie, Sonderheft 28/1987, Westdeutscher Verlag, Opladen 1987, S. 151–168.

190 Buß, E.: Lehrbuch der Wirtschaftssoziologie. De Gruyter Lehrbuch, Berlin/New York 1985, S. 125.

191 Gehlen, A.: Macht. (I) Soziologie der Macht. In: Handwörterbuch der Sozialwissenschaften, Bd. 7. Gustav Fischer Verlag, Stuttgart/J. C. B. Mohr (Paul Siebeck), Tübingen/Vandenhoeck & Ruprecht, Göttingen 1991, S. 80.

192 Ebenda.

193 Ebenda.

194 Siehe dazu Leymann, H.: Mobbing – Psychoterror am Arbeitsplatz und wie man sich dagegen wehren kann. Rowohlt, Reinbek bei Hamburg 1993.

195 Földy, R./Hill, O.: Das Mittelmäßigkeits-Kartell. Die Verschwörung der Kleinkarierten. Wirtschaftsverlag Langen Müller/Herbig, München 2. Aufl. 1994, S. 75 ff.

196 Paris, N.: Dreierlei Schimpfklatsch. Über Dauergerede und Selbstverhetzung. In: Leviathan, Jg. 21, No. 4, Westdeutscher Verlag, Opladen 1993.

197 Ebenda, S. 586.

198 Földy, R./Hill, O.: Das Mittelmäßigkeits-Kartell. Op. cit. S. 69.

199 Siehe Crain, K. A./Heischmidt, K. A.: Implementing Business Ethics: Sexual Harassment. In: Journal of Business Ethics, Vol. 14, No. 4, April 1995, S. 299–308, und die dort angegebene Literatur.

200 Zum Thema Fairneß im Umgang mit Mitarbeitern eines Unternehmens siehe die Sondernummer des Journal of Business Ethics, Vol. 11, No. 5/6, 1992.

201 Paris, N.: Dreierlei Schimpfklatsch. Op. cit. S. 585.

202 Siehe dazu z. B. Issue Allert: The Monthly Corporate Governance Resource, Vol. X, No. 5, May 1995.

203 Salas, D. C.: Are Top Executives Paid Too Much? In: Business and Society Review, No. 90, Summer 1994, S. 16–19; Maurus, H.-J.: Oben Klotzen, unten Sparen. In: Schweizerische Handelszeitung, No. 22, Zürich, 30. Mai 1996.

204 Diesen Ausdruck verwendet Tuleja, T. in: Ethik und Unternehmensführung. Verlag Moderne Industrie, Landsberg/Lech 1987, S. 74.

205 So, wie das Johann Heinrich Pestalozzi schon vor ca. 150 Jahren tat.

206 Blumenberg, H.: Wirklichkeiten in denen wir leben. Op. cit. S. 124.

207 Siehe dazu Bohm, D.: Fragmentierung und Ganzheit. In: Dürr, H.-P. (Hrsg.): Physik und Transzendenz. Knaur Sachbuch, München 1990, S. 263–293.

208 Siehe Kant, I.: Ideen zu einer allgemeinen Geschichte in weltbürgerlicher Absicht. In: Werkausgabe, hrsg. von Weischedel, W., Bd. XI: Schriften zur Anthropologie, Geschichtsphilosophie, Politik und Pädagogik I. Frankfurt a. M. 1968, S. 41. Im gleichen Aufsatz steht jedoch ein Hinweis, aus dem der Wunsch nach moralischer Weiterbildung ableitbar wäre: «Wir sind im hohen Grade durch Kunst und Wissenschaft kultiviert. Wir sind zivilisiert, bis zum Überlästigen, zu allerlei gesellschaftlicher Artigkeit und Anständigkeit. Aber, uns für schon moralisiert zu halten, daran fehlt noch sehr viel.» (S. 44).

209 Siehe dazu Callan, V. J.: Predicting Ethical Values and Training Needs in Ethics. In: Journal of Business Ethics, Vol. 11, No. 10, 1992, S. 761–769.

210 Vgl. z. B. Nelson, D. R./Obremski, T. E.: Promoting Moral Growth Through Intra-Group Participation. In: Journal of Business Ethics, Vol. 9, No. 9, 1990, S. 731–739. Ebenfalls Johnson, H. L.: Bribery in International Markets: Diagnosis, Clarification and Remedy. In: Journal of Business Ethics, Vol. 4, No. 6, 1985, S. 447–455.

211 So bestreiten z. B. Lane et alia das Vorhandensein großer empirischer Evidenz, daß Ethikbildung das moralische Verhalten und die ethische Qualität der Entscheidungen verbessere: Lane, M. S./Schaupp, D./Parsons, B.: Pygmalion Effect: An Issue for Business Education and Ethics. In: Journal of Business Ethics, Vol. 7, No. 3, 1988, S. 223–229. Auch Davis und Welton halten z. B. den Einfluß des institutionellen Umfeldes für die ethische Sekundärsozialisation für stärker als ethische Ausbildung, siehe: Davis, J. R./Welton, R. E.: Professional Ethics: Business Students' Perceptions. In: Journal of Business Ethics, Vol. 10, No. 6, 1991, S. 451–463.

212 Siehe dazu Kohlberg, L.: Moral Stages and Moralization: The Cognitive-Developmental Approach. In: Lickona, T. (Hrsg.): Moral Development and Behaviour. Theory, Research, and Social Issues. Harper & Row, New York 1976, S. 31–53.

213 Maclagan, P.: Management Development and Business Ethics: A View from the U. K. In: Journal of Business Ethics, Vol. 11, No. 4, 1992, S. 321–328.

214 In: Kultur und Ethik. C. H. Beck, München 1960, S. 117.

215 Vgl. Höffe, O.: Lexikon der Ethik. C. H. Beck, München, 3. neubearb. Aufl. 1986, S. 183 f.

216 Siehe dazu Fromm, E.: Wege aus einer kranken Gesellschaft. Gesamtausgabe, Bd. 4: Gesellschaftstheorie. Deutsche Verlags-Anstalt, Stuttgart 1980, S. 121.

217 So z. B. «Die zwölf Geschworenen», die über das Schicksal eines jungen Latino entscheiden sollen, der des Mordes an seinem Vater angeklagt wurde. Die Hauptfigur des Films, Henry Fonda, wird gleich zu Anfang von der Gruppendynamik der elf anderen Geschworenen unter Druck gesetzt, die den Angeklagten bereits vorverurteilt haben und ihn ohne weitere Reflexion auf den elektrischen Stuhl schicken möchten. Während die meisten von ihnen Fonda, den einzigen «Abweichler», mit emotionalen Argumenten hart angreifen, beweist dieser Zivilcourage und verhilft somit der Vernunft und Gerechtigkeit zum Durchbruch.

218 Siehe dazu Tyson, Th.: Believing that Everyone Else is Less Ethical: Implications for Work Behaviour and Ethics Instruction. In: Journal of Business Ethics, Vol. 9, No. 9, 1990, S. 715–721.

219 Wie z. B. die «Parabel vom Sadhu». Siehe dazu Harvard manager: Unternehmensethik, Bd. 1. Hamburg, o. J., S. 19–23.

220 Wie das oft der Fall zu sein scheint, siehe Waters, J. A./Bird, F.: Attending to Ethics in Management. In: Journal of Business Ethics, Vol. 8, No. 6, 1989, S. 493–497.

221 Siehe dazu Boisjoly, R. P./Curtis, E. F./Mellican, E.: Roger Boisjoly and the Challenger Disaster: The Ethical Dimension. In: Journal of Business Ethics, Vol. 8, No. 4, 1989, S. 217–230; Werhane, P. H.: Engineers and Management: The Challenge of the Challenger Incident. In: Journal of Business Ethics, Vol. 10, No. 8, 1991, S. 605–616.

222 Siehe Johnson, Ph.: Business Ethics Is An Inside Job. In: The Journal of Management Development, Vol. 11, No. 4, 1992, S. 44–48.

223 Gellerman, S. W.: Why ‹good› managers make bad ethical choices. In: Harvard Business Review, July/August 1986, S. 85–90.

224 Bert Brecht würde dazu sagen: «Das Gegenteil von ‹gut› ist ‹gut gemeint›.»

225 Siehe z. B. McDonald, G. M./Zepp, R. A.: Ethical Perceptions of Hong Kong Chinese Business Managers. In: Journal of Business Ethics, Vol. 7, No. 11, 1988, S. 835–845; Ferrel, O. C./Weaver, K. M.: Ethical Beliefs of Marketing Managers. In: Journal of Marketing, Vol. 47, July 1978, S. 69–73; Pitt, L. F./Abratt, R.: Corruption in Business: Are Management Attitudes Right? In: Journal of Business Ethics, Vol. 5, No. 1, 1986, S. 39–44.

226 Kelley, S. W./Ferrell, O. C./Skinner, S. J.: Ethical Behaviour Among Marketing Researchers: An Assessment of Selected Demographic Characteristics. In: Journal of Business Ethics, Vol. 9, No. 8, 1990, S. 681–688.

227 Barker, D. G.: Changing Social Values in Europe. In: Business Ethics. A European Review, Vol. 1, No. 2, 1992, S. 91–103.

228 Vgl. Kaufmann, F.-X./Kerber, W./Zulehner, P. M.: Ethos und Religion bei Führungskräften. Kindt-Verlag, München 1986, S. 117 ff.

229 Ebenda, S. 129.

230 Ebenda, S. 146.

231 Ebenda, S. 164.

232 Ebenda, S. 174.

233 Habermas, J.: Theorie des kommunikativen Handelns. Bd. 2: Zur Kritik der funktionalistischen Vernunft. Suhrkamp, Frankfurt a. M. 1981, S. 450.

234 Weber, M.: Die protestantische Ethik und der Geist des Kapitalismus. In: Weber, M.: Gesammelte Aufsätze der Religionssoziologie I. UTB/J. C. B. Mohr, Tübingen, 9. Aufl. 1988, S. 14.

235 Küng, H./Kuschel, K.-J. (Hrsg.): Erklärung zum Weltethos. Die Deklaration des Parlaments der Weltreligionen. Piper, München/Zürich 1993.

236 Schweitzer, A.: Kultur und Ethik. Sonderausgabe, C. H. Beck, München 1981, S. 119.

237 Ebenda, S. 120.

238 Planck, M.: Religion und Naturwissenschaft. In: Dürr, H.-P. (Hrsg.): Physik und Transzendenz. Op. cit. S. 23.

239 Ebenda, S. 38.

240 Küng, H.: Religion für Führungskräfte? Kritisches und Selbstkritisches zu einem tabuisierten Thema. In: HandelsBank NatWest (Hrsg.): Wirtschaft und Gesellschaft, No. 22, Zürich 1988, S. 2.

241 McMohan, Th. F.: The Contribution of Religious Traditions to Business Ethics. In: Journal of Business Ethics, Vol. 4, No. 4, 1985, S. 341–349.

242 Siehe dazu Weber, M.: Politik als Beruf. In: Weber, M.: Gesammelte politische Schriften. Op. cit. S. 550.

243 Siehe dazu Harris, Ph. R./Moran, R. T.: Managing Cultural Differences. Gulf Publishing Company, Houston 1979; Rodgers, J. R.: Managing the Multinational Firm: Finding the Right Expatriate for the Job. In: Studies in Third World Societies, No. 28, June 1984, S. 17–34.

244 Zur Inspiration in dieser Hinsicht siehe z.B. Krishnamurti, J.: Ausgewählte Texte. Goldmann Verlag, München 1988; Hecker, H.: Die Ethik des Buddha. Ein Handbuch zu besonnener Lebensführung. Hamburg, 2. Aufl. 1976; aber auch Texte afrikanischer Größen wie Leopold Senghor, Wole Soyinka, Chinua Achebe, Ngugi wa Thiong'o sowie Dambuzi Marechera oder die vielen lateinamerikanischen Denker und Denkerinnen vergleichbaren Kalibers wie z. B. Gabriel García Márquez oder Octavio Paz.

245 Siehe dazu z.B. Axtell, R. E. (Hrsg.): Do's and Taboos Around the World. John Wiley & Sons, New York 1985.

246 Siehe dazu Andres, Th. D.: Management by Filipino Values. A Sequel to Understanding Filipino Values. New Day Publishers, Quezon City 1985.

247 Jackall, R.: Moral Mazes: The World of Corporate Managers. Oxford University Press, New York 1988, S. 84.

248 Siehe dazu Sherwin, D. S.: The Ethical Roots of the Business System. In: Harvard Business Review, November/December 1983, S. 187ff. Brenner, S. N./Molander, E. A.: Is the ethics of business changing? In: Harvard Business Review, January/February 1977, S. 57–77.

249 Siehe Gellerman, S. W.: Why ‹good› managers make bad ethical choices. Op. cit. S. 85–90.

250 Siehe z.B. Badenhorst, J. A.: Unethical Behaviour in Procurement. A Perspective on Causes and Solutions. In: Journal of Business Ethics, Vol. 13, No. 9, 1994, S. 739–745.

251 In seinem letzten Interview, siehe: Jonas, H.: Der ethischen Perspektive muß eine neue Dimension hinzugefügt werden. In: Deutsche Zeitschrift für Philosophie, Bd. 41, Heft 1, 1993, S. 98. Aus dieser Tatsache leitet er eine kritische Betrachtung der Demokratie z.B. für die Lösung der Umweltkrise ab.

Wo alle vier Jahre gewählt wird, besteht für ihn die Gefahr, daß wegen der Befriedigung der Tagesinteressen und der Nahinteressen «Fernpflichten» nicht wahrgenommen werden.

252 Siehe dazu auch Hösle, V.: Philosophie der ökologischen Krise. Op. cit. S. 122.

253 Siehe dazu u. a. die Ergebnisse einer Untersuchung der Universität Genf über das Wertesystem der Schweizer (Faculté des Sciences économique et sociales/ Départment de Science Politique), 23. Mai 1989.

254 Laut Renate Köcher vom Allensbacher Institut für Demoskopie befürworten 63 der west- und 72 Prozent der ostdeutschen Befragten dies, siehe: Der Spiegel No. 4/1994, S. 168.

255 Siehe z. B. die regelmäßige Publikation «The Corporate Examiner» des Interfaith Centers on Corporate Responsibility, die seit vielen Jahren über die sozialen und ökologischen Auswirkungen von US-Unternehmen berichtet und dabei besonders das Verhalten in Entwicklungsländern analysiert, siehe ebenso die «Research Reports» des Council on Economic Priorities.

256 Zur kritischen Diskussion des Begriffs «Wertewandel» siehe Willgerodt, H.: Ansichten über Wertewandel: Falsche Ökonomie und falsche Moral. In: Zeitschrift für Wirtschaftspolitik, Vol. 34, No. 2, 1985, S. 107–119. Zur Zunahme post-materieller Wertehaltungen in Europa siehe Barker, D. G.: Changing Social Values in Europe. In: Business Ethics. A European Review, Vol. 1, No. 2, 1992, S. 91–103.

257 Siehe z. B. Vitell, S. J./Davis, D. L.: The Relationship between Ethics and Job Satisfaction: An Empirical Investigation. In: Journal of Business Ethics, Vol. 9, No. 6, 1990, S. 489–494.

258 Bartlett, C. A./Goshal, S.: Die wahre Aufgabe des Topmanagements heute. In: Harvard Business manager, No. 2/1995, S. 6.

259 Ebenda, S. 4 ff.

260 Siehe Levering, R./Moskowitz, M.: The Ten Best Companies to Work for in America. In: Business and Society Review, No. 85, Spring 1993, S. 26–38.

261 Ebenda, S. 27 f.

262 Ebenda, S. 26–38.

263 Burckhardt, J.: Griechische Kulturgeschichte. Zitiert in: Riklin, A.: Politische Ethik. Vorträge der Aeneas-Silvius-Stiftung an der Universität Basel, Helbing & Lichtenhahn, Basel 1987.

264 Levering, R./Moskowitz, M.: The Ten Best Companies to Work for in America. Op. cit. S. 232 ff.

265 Nell-Breuning, O. von: Baugesetze der Gesellschaft. Solidarität und Subsidiarität. Herder Verlag, Freiburg i.Br./Basel/Wien 1990, S. 36 f. Im Originaltext des Buches steht: «... je mehr er selbst an der Verwirklichung dieser Werke beteiligt ist», ich halte dies jedoch für einen Druckfehler, da nirgendwo im vorlaufenden Text auf «Werke» Bezug genommen wird, sondern nur auf «Werte».

266 Robert Repetto schreibt dazu: «Environmental spendings have to be cost-effective, just like other spendings. As a matter of fact, the question whether we are getting good value for the money is the real issue. There are numerous studies on the cost-effectiveness of regulation showing that actual expenditures are several times higher than those needed to achieve the same goals under a least-cost approach.» Siehe Repetto, R.: Jobs, Competitiveness, and Environmental Regulation: What are the real issues? World Re-

sources Institute, March 1995, S. 27 f. Siehe auch Portney, P. R. (Hrsg.): Public Policies for Environmental Protection. Resources for the Future. Washington, D. C. 1990, S. 72.

267 Siehe dazu auch Gröschner, R.: Zur rechtsphilosophischen Fundierung einer Unternehmensethik. In: Steinmann, H./Löhr, A. (Hrsg.): Unternehmensethik. Verlag C. E. Poeschel, Stuttgart 1989, S. 93–113.

268 Tuleja, T.: Ethik und Unternehmensführung. Op. cit. S. 282.

269 Bräuninger, F./Hasenbeck, M.: Die Abzocker. Selbstbedienung in Politik und Wirtschaft. Op. cit. S. 14.

270 In diesem Zusammenhang sei auf die höchst bedenkenswerte Dankesrede «Absage an das Himmelreich auf Erden» verwiesen, die Wolf Biermann am 13. Dezember 1993 bei der Entgegennahme des Heinrich-Heine-Preises hielt.

271 Siehe dazu Global Business Relations (Hrsg.): The International Business Issues Monitor. Monitor Bulletin 90–19, New York 1990.

272 Siehe dazu Reich, R. B./Lydenberg, St. D./Moskowitz, M.: Should Investors Look Beyond the Bottom Line? In: Business and Society Review, No. 91, Fall 1994, S. 9.

273 Vitell, S. J./Lumpkin, R. R./Rawwas, M. Y. A.: Consumer Ethics: An Investigation of the Ethical Beliefs of Elderly Consumers. In: Journal of Business Ethics, Vol. 10, No. 5, 1991, S. 365–375.

274 Siehe dazu auch Swanda jr., J. R.: Goodwill, Going Concern, Stocks and Flows: A Prescription for Moral Analysis. In: Journal of Business Ethics, Vol. 9, No. 9, 1990, S. 751–759.

275 Siehe The Economist vom 3.6.1995, S. 66 u. 71.

276 Siehe Buß, E.: Lehrbuch der Wirtschaftssoziologie. De Gruyter Lehrbuch, Berlin/New York 1985, S. 137 ff.

277 Ebenda, S. 141.

278 Gouillart, F. J./Sturdivant, F. D.: Topmanager müssen den Wünschen der Kunden selbst nachspüren. In: Harvard Business manager, No. 3/1994, S. 34–41.

279 Das hat sich bis heute vor allem im ökologischen Bereich gezeigt. Siehe dazu Biddle, D.: Der Ritt auf der Ökowelle bringt Gewinn und ein gutes Gewissen. In: Harvard Business manager, No. 2/1994, S. 44–55.

280 Falkenberg, L./Herremans, I.: Ethical Behaviour in Organizations: Directed by the Formal or Informal Systems? In: Journal of Business Ethics, Vol. 14, No. 2, 1995, S. 133–143.

281 The Conference Board (Hrsg.): Business Ethics: Generating Trust in the 1990s and Beyond. A Conference Report. New York 1994.

282 In einem Editorial des Jahres 1990, zitiert in: Kinder, P./Lydenberg, St. D./ Domini, A. L.: Investing for Good. Making Money While Being Socially Responsible. Harper Business, New York 1994, S. 1.

283 Einen guten Überblick gibt Sparkes, R.: The Ethical Investor. How to make money work for society and the environment as well as for yourself. Harper Collins Publishers, London 1995; ebenso Makower, J.: Beyond the Bottom Line. Putting Social Responsibility to Work for Your Business and the World. Simon & Schuster, New York 1994.

284 Siehe z. B. die verschiedenen Unternehmensanalysen des Centre info suisse, Stalden 30, CH-1700 Fribourg (Schweiz); ebenso Kinder, P./Lydenberg, St. D./Domini, A. L.: Investing for Good. Op. cit.

285 Siehe dazu New Consumer (Hrsg.): The Transnational Corporation and Issues for Developing Countries. Newcastle upon Tyne 1993; Cooper, M./Schlegelmilch, B. B.: Key Issues in Ethical Investment. In: Business Ethics. A European Review, Vol. 2, No. 4, 1993, S. 213–227.

286 Siehe z. B. Investors & Corporate Responsibility Research and Information Info-Center, rue du Romand 2, CH-1700 Fribourg (Schweiz); ebenfalls Deml, M./Baumgarten, J./Bobikiewicz, L.: Grünes Geld. Jahrbuch für ethisch-ökologische Geldanlagen 1995/96. Service Fachverlag, Wien, 2. Aufl. 1994.

287 Es gibt sogar ein «Forschungsinstitut für ethisch-ökologische Geldanlagen» (Fifega) in Wien (Lindengasse 43/17, A-1070 Wien); andere Informationsquellen sind zu finden bei Holden, M.: An Independent Guide to Ethical and Green Investment Funds. London, 5. Aufl. 1994; Franklin Research & Development Corporation (Hrsg.): Asking the Ethical Questions. A Guide to the Social Assessment Ratings of Franklin Research and Development. Boston 1994. Siehe ebenso Kinder, P./Lydenberg, St. D./Domini, A. L.: Investing for Good. Op. cit.; Enderle et alia (Hrsg.): Lexikon der Wirtschaftsethik. Herder Verlag, Freiburg i.Br./Basel/Wien 1993, S. 259 ff.

288 Deml, M./Baumgarten, J./Bobikiewicz, L.: Grünes Geld. Op. cit. S. 174.

289 Ethical investment comes of age. In: New Consumer Briefing, Issue 19, August 1994, S. 6.

290 Siehe Reich, R. B./Lydenberg, St. D./Moskowitz, M.: Should Investors Look Beyond the Bottom Line? In: Business and Society Review 91, 1994, S. 7.

291 Siehe dazu Tuleja, T.: Ethik und Unternehmensführung. Op. cit. S. 292 ff.

292 Siehe IRRC (Hrsg.): Environmental and Financial Performance: Are they related? Washington, D. C. 1995

293 Crawford, P.: «Ethical» Investors claim they do well by doing good. In: International Herald Tribune, February 26/27, 1994, S. 15.

294 Siehe dazu auch Holden, M.: An Independent Guide to Ethical and Green Investment Funds. Op. cit. S. 6 f.

295 Nach Berichterstattung des Nachrichtenbulletins «CH+6» (Hrsg.: Stiftung für eine verantwortliche Sechste Schweiz) und der Financial Times hatten die Aktien der Firma «Body Shop» in zwei Tagen 5% ihres Kurses verloren, als der ethische Investmentfonds Franklin Research and Development 50 000 Body-Shop-Titel verkaufte und seinen Kunden empfahl, die ihren ebenso abzustoßen. Siehe CH+6, No. 86, September 1994, S. 3.

296 So der Investment-Manager von «Friends Provident» im Januar 1994, zitiert in: Deml, M./Baumgarten, J./Bobikiewicz, L.: Grünes Geld. Op. cit. S. 27.

297 Epstein, M. J./McEwen, R. A./Spindle, R. M.: Shareholder Preferences Concerning Corporate Ethical Behaviour. In: Journal of Business Ethics, Vol. 13, No. 6, 1994, S. 447–453.

298 Siehe Kinder, P./Lydenberg, St. D./Domini, A. L. (Hrsg.): The Social Investment Almanac. A Comprehensive Guide to Socially Responsible Investing. Henry Holt & Co., New York 1992, S. 19 ff.

299 Aus: Erich Fried: Das Nahesuchen. Verlag Klaus Wagenbach, Berlin 1982. Abdruck des Gedichts mit freundlicher Genehmigung des Verlags Klaus Wagenbach, Berlin.

Literatur

Abt, Th.: Fortschritt ohne Seelenverlust. Hallwag, Bern, 2. erw. Aufl. 1988.

Adams, H. W./Eidam, G. (Hrsg.): Die Organisation des betrieblichen Umweltschutzes. Frankfurter Allgemeine Zeitung, Verlagsbereich Wirtschaftsbücher, Frankfurt a. M. 1991.

Adams, R./Carruthers, J./Hamil, S.: Changing Corporate Values. A guide to social and environmental policy and practice in Britain's top companies. Kogan Page, London 1991.

AIESEC/Profile: Tommorrow's Managers: Sheep, Horse or Wolf? Brussels 1990.

Alam, K. F.: Attitudes Toward Business Ethics of Business Students in Malaysia. In: Journal of Business Ethics, Vol. 14, No. 4, April 1995, S. 309–313.

Albach, H. (Schriftleitung): Unternehmensethik. Konzepte – Grenzen – Perspektiven. Erschienen als Ergänzungsheft No. 1/92 der Zeitschrift für Betriebswirtschaft, Gabler-Verlag, Wiesbaden 1992.

Alfred Herrhausen Gesellschaft für internationalen Dialog (Hrsg.): Jugend und Gesellschaft. Frankfurt a. M. 1994.

Amba-Rao, S. C.: Multinational Corporate Social Responsibility, Ethics, Interaction and Third World Governments: An Agenda for the 1990s. In: Journal of Business Ethics, Vol. 12, No. 7, 1993, S. 553–572.

Anderson, R./Perrucci, D./Schendel, D./Trachman, L. E.: Divided Loyalties: Whistle Blowing at BART. Purdue University Press, West LaFayette 1980.

Andres, T. D.: Management by Filipino Values. A Sequel to Understanding Filipino Values. Quezon City 1989.

Apel, K.-O./Böhler, D./Berlich, A./Plumpe, G. (Hrsg.): Praktische Philosophie/Ethik. Reader zum Funk-Kolleg, Bd. 1. Fischer Taschenbuch Verlag, Frankfurt a. M. 1980.

Apel, K.-O.: Diskurs und Verantwortung. Das Problem des Übergangs zur postkonventionellen Moral. Suhrkamp Taschenbuch, Frankfurt a. M. 1990.

Arendt, H.: Zwischen Vergangenheit und Zukunft. Piper, München/Zürich 1994.

–: Macht und Gewalt. Serie Piper, München/Zürich, 8. Aufl. 1993.

–: Eichmann in Jerusalem. Ein Bericht von der Banalität des Bösen. Piper, München/Zürich, 8. Aufl. 1992.

Argyris, Ch.: Defensive Routinen. In: Fatzer, G. (Hrsg.): Organisationsentwicklung für die Zukunft. Verlag Edition Humanistische Psychologie, Köln 1987, S. 179–226.

Aristoteles: Die Nikomachische Ethik. dtv klassik, München, 6. Aufl. 1986.

Armstrong, R. W./Sweeney, J.: Industry Type, Culture, Mode of Entry and Perceptions of International Marketing Ethics Problems: A Cross-Cultural Comparison. In: Journal of Business Ethics, Vol. 13, No. 10, 1994, S. 775–785.

Axtell, R. E. (Hrsg.): Do's and Taboos around the World. John Wiley & Sons, New York 1985.

Badenhorst, J. A.: Unethical Behaviour in Procurement; A Perspective on Causes and Solutions. In: Journal of Business Ethics, Vol. 13, No. 9, 1994, S. 739–745.

Banfield, E. C.: Corruption as a Feature of Governmental Organizations. In: The Journal of Law and Economics, Vol. 18, 1975, S. 587–605.

Barker, D. G.: Changing Social Values in Europe. In: Business Ethics. A European Review, Vol. 1, No. 2, 1992, S. 91–103.

Bartlett, C. A./Goshal, S.: Die wahre Aufgabe des Topmanagements heute. In: Harvard Business manager, No. 2, 1995, S. 4 ff.

Bassiry, G. R./Jones, M.: Adam Smith and the Ethics of Contemporary Capitalism. In: Journal of Business Ethics, Vol. 12, No. 8, 1993, S. 621–627.

Baumhart, R.: How Ethical are Businessmen? In: Harvard Business Review, Vol. 39, No. 4, 1961, S. 6–19.

Bayertz, K. (Hrsg.): Praktische Philosophie. Grundorientierungen angewandter Ethik. rowohlts enzyklopädie, Reinbek bei Hamburg 1991.

Bayley, D. H.: The Effects of Corruption in a Developing Nation. In: The Western Political Quarterly, Vol. 19, 1966, S. 719–732.

Becker, H./Fritzsche, D. J.: Business Ethics: A Cross-Cultural Comparison of Managers' Attitudes. In: Journal of Business Ethics, Vol. 6, No. 4, 1987, S. 289–295.

Berenbeim, R. E.: Corporate Ethics. Erschienen als The Conference Board (Hrsg.): Research Report No. 900. New York 1988.

Berger, P. L./Luckmann, Th.: Die gesellschaftliche Konstruktion der Wirklichkeit. Eine Theorie der Wissenssoziologie. Fischer, Frankfurt a. M. 1980.

Berger, P. L.: New attack on the legitimacy of business. In: Harvard Business Review, September/October 1981, S. 82–89.

Bertram, H.: Moralische Sozialisation. In: Hurrelmann, K./Ulich, D.: Handbuch der Sozialisationsforschung. Beltz Verlag, Weinheim/Basel 1980, S. 717–744.

Bhide, A./Stevenson, H. H.: Warum rechtschaffen sein, wenn sich Lug und Trug lohnen? In: Harvard manager, No. 2, 1991, S. 124 ff.

Biddle, D.: Der Ritt auf der Ökowelle bringt Gewinn und ein gutes Gewissen. In: Harvard Business manager, No. 2, 1994, S. 44–55.

Bievert, B./Held, M. (Hrsg.): Ethische Grundlagen der ökonomischen Theorie. Eigentum, Verträge, Institutionen. Campus Verlag, Frankfurt a. M./New York 1989.

Birnbacher, D.: Was heißt Verantwortung aus der Sicht eines Philosophen? Vortragsmanuskript, Münster, 9.12.1994, 23 Seiten.

Bishop, J. D.: Adam Smith's Invisible Hand Argument. In: Journal of Business Ethics, Vol. 14, No. 3, 1995, S. 165–180.

Blankenburg, E.: Über die Unwirksamkeit von Gesetzen. In: Archiv für Rechts- und Sozialphilosophie, Bd. LXIII/1, 1977, S. 31–58.

Blumenberg, H.: Wirklichkeiten in denen wir leben. Reclam Taschenbuch, Stuttgart 1981.

Böckle, F.: Individualethik und Ethik institutionellen Handelns: Verantwortung des einzelnen und des Unternehmens. In: Dierkes, M./Zimmermann, K. (Hrsg.): Ethik und Geschäft. Dimensionen und Grenzen unternehmerischer Verantwortung. Gabler Verlag, Frankfurt a. M. 1991, S. 112–127.

Bohm, D.: Fragmentierung und Ganzheit. In: Dürr, H.-P. (Hrsg.): Physik und Transzendenz. Knaur Sachbuch, München 1990, S. 263–293.

Boisjoly, R. P./Curtis, E. F./Mellican, E.: Roger Boisjoly and the Challenger Disaster: The Ethical Dimension. In: Journal of Business Ethics, Vol. 8, No. 4, 1989, S. 217–230.

Bommer, M./Gratto, C./Gravander, J./Tuttle, M.: A Behavioral Model of Ethical and Unethical Decision Making. In: Journal of Business Ethics, Vol. 6, No. 4, 1987, S. 265–280.

Bond, K. M.: To Stay or to Leave: The Moral Dilemma of Divestment of South African Assets. In: Journal of Business Ethics, Vol. 7, No. 1, 1988, S. 9–18.

Bonhoeffer, D.: Ethik. Zusammengestellt und herausgegeben von Eberhard Bethge. Chr. Kaiser Verlag, München 1949.

Bowie, N. E.: Unternehmenskodizes: können sie eine Lösung sein? In: Lenk, H./Maring, M.: Wirtschaft und Ethik. Reclam, Stuttgart 1992, S. 337–349.

Braun, H.-J. (Hrsg.): Ethische Perspektiven: Wandel der Tugenden. Verlag der Fachvereine Zürich, Zürich 1989.

Braun, K./Lawrence, C.: Den Vergleich mit Vorbildern wagen. In: Harvard Business manager, No. 3, 1995, S. 118–125.

Bräuninger, F./Hasenbeck, M.: Die Abzocker. Selbstbedienung in Politik und Wirtschaft. Econ Verlag, Düsseldorf 1994.

Brenner, St. N./Molander, E. A.: Is the ethics of business changing? In: Harvard Business Review, Jan./Feb. 1977, S. 57–71.

Brown, M. T.: Working Ethics. Strategies for Decision Making and Organizational Responsibility. Jossey Publishers, San Francisco 1990.

Brummer, J.: Business Ethics: Micro und Macro. In: Journal of Business Ethics, Vol. 4, No. 1, 1985, S. 81–91.

Brunner, E.: Das Gebot und die Ordnungen. Theologischer Verlag Zürich, 4. Aufl. Zürich 1978.

Bundesverband der Katholischen Arbeitnehmer-Bewegung Deutschlands (KAB) (Hrsg.): Texte zur katholischen Soziallehre. Die Rundschreiben der Päpste und andere kirchliche Dokumente. Verlag Butzon & Bercker, Kevelaer, 6. Aufl. 1985.

Burkolter-Trachsel, V.: Zur Theorie sozialer Macht. Konzeptionen, Grundlagen und Legitimierung, Theorie, Messung, Tiefenstrukturen und Modelle. Verlag Paul Haupt, Bern/Stuttgart 1981.

Business Council for Sustainable Development: Internalizing Environmental Costs to Promote Eco-Efficiency. Tomorrow Publishing, Stockholm 1994.

Buß, E.: Lehrbuch der Wirtschaftssoziologie. De Gruyter Lehrbuch, Berlin/New York 1985.

Callahan, E. S./Collins, J. W.: Employee Attitudes Toward Whistleblowing: Management and Public Policy Implications. In: Journal of Business Ethics, Vol. 11, No. 12, 1992, S. 939–948.

Callan, V. J.: Predicting Ethical Values and Training Needs in Ethics. In: Journal of Business Ethics, Vol. 11, No. 10, 1992, S. 761–769.

Carl Friedrich von Siemens Stiftung (Hrsg.): Einführung in den Konstruktivismus. Oldenbourg Verlag, München 1985.

Carroll, A. B.: Business & Society. Ethics and Stakeholder Management. South Western Publishing & Co., Cincinnati 1993.

Cavanagh, G. F.: Corporate Values for the Future. In: Hoffman, M./Mills More, J. (Hrsg.): Business Ethics: Readings and Cases in Corporate Morality. McGraw-Hill, New York 1984, S. 509–523.

Cohen, C.: Militant Morality: Civil Disobedience and Bioethics. In: Hastings Center Report, Vol. 19, No. 1, 1989, S. 23–25.

Cooke, R. A.: Danger Signs of Unethical Behaviour: How to Determine if your Firm is at Ethical Risk. In: Journal of Business Ethics, Vol. 10, No. 4, 1991, S. 249–253.

Coye, R.: Individual Values and Business Ethics. In: Journal of Business Ethics, Vol. 5, No. 1, 1986, S.45–49.

Crain, K. A./Heischmidt, K. A.: Implementing Business Ethics: Sexual Harassment. In: Journal of Business Ethics, Vol. 14, No. 4, April 1995, S. 299–308.

Crosby, Ph. B.: Quality without Tears. The Art of Hassle-Free Management. McGraw-Hill, New York 1984.

Dahrendorf, R.: Homo Sociologicus. Studienbücher zur Sozialwissenschaft No. 20, Westdeutscher Verlag, Opladen, 15. Aufl. 1977.

–: Der moderne soziale Konflikt. Deutsche Verlags-Anstalt, Stuttgart 1992.

Dandekar, N.: Contrasting Consequences: Bringing Charges of Sexual Harassment Compared with Other Cases of Whistleblowing. In: Journal of Business Ethics, Vol. 9, No. 2, 1990, S. 151–158.

Danley, J.: Corporate Moral Agency: The Case for Anthropological Bigotry. In: Hoffman, M./Mills More, J. (Hrsg.): Business Ethics: Readings and Cases in Corporate Morality. McGraw-Hill, New York 1984, S. 172–179.

Davis, J. R./Welton, R. E.: Professional Ethics: Business Students' Perceptions. In: Journal of Business Ethics, Vol. 10, No. 6, 1991, S. 451–463.

De George, R. T.: The Status of Business Ethics: Past and Future. In: Journal of Business Ethics, Vol. 6, No. 3, 1987, S. 201–211.

–: Business Ethics. 3rd edition, MacMillan Publishing Company, New York 1990.

–: Unternehmensethik aus amerikanischer Sicht. In: Lenk, H./Maring, M.: Wirtschaft und Ethik. Reclam, Stuttgart 1992, S. 301–316.

–: Competing with Integrity in International Business. Oxford University Press, New York 1993.

Deml, M./Baumgarten, J./Bobikiewicz, L.: Grünes Geld. Jahrbuch für ethisch-ökologische Geldanlagen 1995/96. Service Fachverlag, Wien, 2. Aufl. 1994.

Dierkes, M./Zimmermann, K. (Hrsg.): Ethik und Geschäft. Dimensionen und Grenzen unternehmerischer Verantwortung. Gabler Verlag, Frankfurt a. M. 1991.

Dill, P.: Unternehmenskultur. Grundlagen und Anknüpfungspunkte für ein Kulturmanagement. In: BDW Service- und Verlagsgesellschaft (Hrsg.): Schriften zur Kommunikationsarbeit. Bonn 1986.

Dingwerth, P./Öhlschläger, R./Schmid, B. (Hrsg.): Wirtschaftliche Gerechtigkeit aus der Sicht des Glaubens. Die deutsche Diskussion über ein amerikanisches Hirtenwort. Hohenheimer Protokolle, Akademie der Diözese Rottenburg-Stuttgart, 1988.

Dobson, J.: The Role of Ethics in Global Corporate Culture. In: Journal of Business Ethics, Vol. 9, No. 6, 1990, S. 481–488.

Donaldson, Th.: The Ethics of International Business. Oxford University Press, New York 1989.

–/Dunfee, Th. W.: Towards a Unified Conception of Business Ethics: Integrative Social Contract Theory. In: Academy of Management Review, Vol. 19, No. 2, 1994, S. 252–284.

Drewermann, E.: Kleriker. Psychogramm eines Ideals. Walter Verlag, Olten (CH)/Freiburg i.Br., 8. Aufl. 1990.

Drucker, P. F.: What is Business Ethics? In: The Public Interest, Vol. 63, 1981.

–: Neue Realitäten. Wertewandel in Politik, Wirtschaft und Gesellschaft. Econ Verlag, Düsseldorf 1990.

Drummond, J./Bain, B. (Hrsg.): Managing Business Ethics. Butterworth-Heinemann, London 1994.

Dülfer, E./Kramer, J. W.: Schwachstellenanalyse und Frühwarnsysteme bei Genossenschaftsbanken. Erschienen als No. 70 der Marburger Schriften zum Genossenschaftswesen, Göttingen 1991.

Durkheim, E.: Erziehung, Moral und Gesellschaft. suhrkamp taschenbuch wissenschaft, Frankfurt a. M. 1984.

Dürr, H.-P. (Hrsg.): Physik und Transzendenz. Knaur Sachbuch, München 1990.

Dyllick, Th. (Hrsg.): Ökologische Lernprozesse in Unternehmungen. Verlag Paul Haupt, Bern/Stuttgart 1991.

D'Andrade, K.: Bribery. In: Journal of Business Ethics, Vol. 4, No. 4, 1985, S. 239–248.

Edwards, G.: Ethics at Work. What companies are doing to strengthen public interest. Transkript einer Rede an der Conference on Business Ethics, Washington, D. C., 4. Mai 1994.

Eidam, G.: Unternehmen und Strafe. Vorsorge- und Krisenmanagement. Carl Heymanns Verlag, Köln/Berlin/Bonn 1993.

Eigen, P.: Das Nord-Süd-Gefälle der Korruption. In: Kursbuch, Heft 120, Rowohlt, Berlin 1995.

EIRIS (Hrsg.): The Financial Performance of Ethical Investment. London 1989.

Enderle, G.: Problembereiche einer Führungsethik im Unternehmen. In: Beiträge und Berichte der Forschungsstelle für Wirtschaftsethik der Hochschule St. Gallen, No. 15, St. Gallen 1986.

–: Wirtschaftsethik als «angewandte Ethik». In: Wirtschaft und Recht, No. 2, 1987, S. 114–124.

–: Some Perspectives of Managerial Ethical Leadership. In: Journal of Business Ethics, Vol. 6, No. 8, 1987, S. 663–675.

–: Wirtschaftsethik im Werden. Ansätze und Problembereiche der Wirtschaftsethik. Akademie der Diözese Rottenburg-Stuttgart, Stuttgart 1988.

–: Die Goldene Regel für Manager? In: Lattmann, Ch. (Hrsg.): Ethik und Unternehmensführung. Physika Verlag, Heidelberg 1988, S. 130–148.

–: Handlungsorientierte Wirtschaftsethik. Grundlagen und Anwendungen. Verlag Paul Haupt, Bern/Stuttgart/Wien 1993.

–/Homann, K./Honecker, M./Kerber, W./Steinmann, H. (Hrsg.): Lexikon der Wirtschaftsethik. Herder Verlag, Freiburg i. Br./Basel/Wien 1993.

Eppler, E.: Kavalleriepferde beim Hornsignal. Die Krise der Politik im Spiegel der Sprache. Suhrkamp, Frankfurt a. M. 1992.

Epstein, M. J./McEwen, R. A./Spindle, R. M.: Shareholder Preferences Concerning Corporate Ethical Behaviour. In: Journal of Business Ethics, Vol. 13, No. 6, 1994, S. 447–453.

Eidgenössische Technische Hochschule (ETH) Zürich: DDT – in dubio pro reo? Zürich 1990.

Evans, R.: Business Ethics and Changes in Society. In: Journal of Business Ethics, Vol. 10, No. 11, 1991, S. 871–876.

Ewin, R. E.: The Moral Status of the Corporation. In: Journal of Business Ethics, Vol. 10, No. 10, 1991, S.749–756.

Falkenberg, L./Herremans, I.: Ethical Behaviour in Organizations: Directed by the Formal or Informal Systems? In: Journal of Business Ethics, Vol. 14, No. 2, 1995, S. 133–143.

Feinberg, S. A./Serlen, B.: The Crisis in Business Ethics. In: Corporate Accounting, Vol. 6, No. 1, 1988, S. 36–39.

Fletcher, J.: Situation Ethics. The New Morality. The Westminster Press, Philadelphia 1966.

Földy, R./Hill, O.: Das Mittelmäßigkeits-Kartell. Die Verschwörung der Kleinkarierten. Wirtschaftsverlag Langen Müller/Herbig, München, 2. Aufl. 1994.

Forum für Philosophie (Hrsg.): Markt und Moral. Die Diskussion um die Unternehmensethik. Verlag Paul Haupt, Bern/Stuttgart/Wien 1994.

Frederick, W. C.: The Moral Authority of Transnational Corporate Codes. In: Journal of Business Ethics, Vol. 10, No. 3, 1991, S. 165–177.

Freeman, R. E./Gilbert jr., D. R.: Unternehmensstrategie, Ethik und persönliche Verantwortung. Campus Verlag, Frankfurt a. M./New York 1991.

French, P. A.: Die Korporation als moralische Person. In: Lenk, H./Maring, M.: Wirtschaft und Ethik. Reclam, Stuttgart 1992, S. 317–328.

Frey, Ch.: Die Ethik des Protestantismus von der Reformation bis zur Gegenwart. GTB Siebenstern, Gütersloh 1989.

Friedman, M.: The Social Responsibility of Business is to Increase its Profits. In: New York Times Magazin, 13. September 1970, S. 32–33 u. S. 122–126.

–: Kapitalismus und Freiheit. Seewald Verlag, Stuttgart 1971.

Fritzsche, D. J./Becker, H.: Linking Management Behaviour to Ethical Philosophy. An Empirical Investigation. In: Academy of Management Journal, Vol. 27, No. 1, 1987, S. 166–175.

Fromm, E.: Individueller und gesellschaftlicher Narzißmus. In: Analytische Charaktertheorie, Bd. 2 der Gesamtausgabe. Deutsche Verlags-Anstalt, Stuttgart 1980.

–: Wege aus einer kranken Gesellschaft. In: Gesellschaftstheorie, Bd. 4 der Gesamtausgabe. Deutsche Verlags-Anstalt, Stuttgart 1980.

Gablers Wirtschaftslexikon. Hrsg. von Sellien R. et alia. Verlag Th. Gabler, 10. neubearb. Aufl. Wiesbaden 1980.

Galtung, F.: Zum Beispiel Korruption. Lamuv Verlag, Göttingen, Dezember 1994.

Geerk, F.: Kongreß der Weltweisen. Benziger Verlag, Solothurn/Düsseldorf 1995.

Gehlen, A.: Macht. (I) Soziologie der Macht. In: Handwörterbuch der Sozialwissenschaften, Bd. 7. Gustav Fischer Verlag, Stuttgart/J. C. B. Mohr (Paul Siebeck), Tübingen/Vandenhoeck & Ruprecht, Göttingen 1961, S. 77–81.

–: Moral und Hypermoral, eine pluralistische Ethik. Frankfurt a. M./Bonn, 2. Aufl. 1970.

Geißlinger, H.: Die Imagination der Wirklichkeit. Experimente zum radikalen Konstruktivismus. Campus Verlag, Frankfurt a. M./New York 1992.

Gellerman, S. W.: Why ‹good› managers make bad ethical choices. In: Harvard Business Review, July/August 1986, S. 85–90.

Geser, H.: Organisation als moralische Akteure. Ein Thesenpapier. In: Arbeitshefte für ethische Forschung, No. 21, Zürich, April 1989, S. 28–37.

Gini, A. R.: Manville: The Ethics of Economic Efficiency. In: Journal of Business Ethics, Vol. 3, No. 1, 1984, S. 63–69.

Ginters, R.: Relativismus in der Ethik. Patmos Verlag, Düsseldorf 1978.

Glazer, M. P./Glazer, P. M.: The Whistle-Blowers. Basic Books, New York 1989.

Gollwitzer, H.: Krummes Holz – aufrechter Gang. Zur Frage nach dem Sinn des Lebens. Chr. Kaiser Verlag, München 1970.

Goodpaster, K. E./Matthews, J. B.: Can a Corporation have a Conscience? In: Harvard Business Review, January/February 1982, S. 133–141.

–: Ethics in Management. Harvard Business School, Boston 1984.

Görres, A./Ehringhaus, H./von Weizsäcker, E. U.: Der Weg zur ökologischen Steuerreform. Olzog Verlag, München 1994.

Gouillart, F. J./Sturdivant, F. D.: Topmanager müssen den Wünschen der Kunden selbst nachspüren. In: Harvard Business manager, No. 3, 1994, S. 34–41.

Gould, St. J.: The Buddhist Perspective on Business Ethics: Experimental Exercises for Exploration and Practice. In: Journal of Business Ethics, Vol. 14, No. 1, 1995, S. 63–70.

Grant, C.: Friedman Fallacies. In: Journal of Business Ethics, Vol. 10, No. 12, 1991, S. 907–914.

Griffin, A./Gleason, G./Preiss, R./Shevenaugh: Die besten Methoden zu mehr Kundenzufriedenheit. In: Harvard Business manager, No. 3, 1995, S. 65–76.

Gröschner, R.: Zur rechtsphilosophischen Fundierung einer Unternehmensethik. In: Steinmann, H./Löhr, A. (Hrsg.): Unternehmensethik. Verlag C. E. Poeschel, Stuttgart 1989, S. 93–113.

Guardini, R.: Das Ende der Neuzeit – Die Macht. Matthias-Grünewald-Verlag, Mainz/Verlag Ferdinand Schöningh, Paderborn 1986.

Habermas, J.: Technik und Wissenschaft als «Ideologie». edition suhrkamp, Frankfurt a. M. 1969.

–: Theorie des kommunikativen Handelns. Bd. 1, Handlungsrationalität und gesellschaftliche Rationalisierung. Suhrkamp, Frankfurt a. M. 1981.

–: Theorie des kommunikativen Handelns. Bd. 2, Zur Kritik der funktionalistischen Vernunft. Suhrkamp, Frankfurt a. M. 1981.

–: Diskursethik – Notizen zu einem Begründungsprogramm. In: Habermas, J.: Moralbewußtsein und kommunikatives Handeln. Suhrkamp, Frankfurt a. M. 1983, S. 53–125.

–: Nachmetaphysisches Denken. Philosophische Aufsätze. Suhrkamp, Frankfurt a. M. 1988.

–/Luhmann, N.: Theorie der Gesellschaft oder Sozialtechnologie. Suhrkamp, Frankfurt a. M., 10. Aufl. 1990.

Halberstam, J.: Virtues and Values. An Introduction to Ethics. Prentice-Hall, Englewood Cliffs, 1988.

Harris, Ph. R./Moran, R. T.: Managing Cultural Differences. Gulf Publishing Company, Houston/London 1979.

Hart, P. T.: Groupthink in Government. A Study of Small Groups and Policy Failure. Swets & Zeitlinger, Amsterdam 1990.

Hartfiel, G./Hillmann, K. H.: Wörterbuch der Soziologie. Kröner Verlag, Stuttgart, 3. Aufl. 1982.

Hartmann, M.: Deutsche Topmanager: Klassenspezifischer Habitus als Karrierebasis. In: Soziale Welt. Zeitschrift für sozialwissenschaftliche Forschung und Praxis, Jg. 46, No. 4, 1995, S. 440–468.

Harvard Business Review: Ethics at Work. A Harvard Business Review Paperback, Boston 1991.

Haude, D.: Transnationale Unternehmen, Industrialisierung der Peripherie und kapitalistische Entwicklung. In: Peripherie, Vol. 6, No. 21, Oktober 1985, S. 6–24.

Hauff, V. (Hrsg.): Unsere Gemeinsame Zukunft. Der Brundtland-Bericht der Weltkommission für Umwelt und Entwicklung. Eggenkamp Verlag, Greven 1987.

Haug, F.: Kritik der Rollentheorie. Texte zur politischen Theorie und Praxis. Fischer Taschenbuch Verlag, Frankfurt a. M. 1972.

Hazlet, Th. K./Sullivan, S. D.: Professional Organizations and Healthcare Industry Support: Ethical Conflict? In: Cambridge Quarterly of Healthcare Ethics, Vol. 3, No. 2, 1994, S. 236–256.

Heinemann, K. (Hrsg.): Soziologie wirtschaftlichen Handelns. Kölner Zeitschrift für Soziologie und Sozialpsychologie, Sonderheft 28, Westdeutscher Verlag, Opladen 1987.

Henecka, H. P.: Grundkurs Soziologie. Leske + Budrich, Opladen, 4. durchges. u. bearb. Aufl. 1993.

Hengsbach, F.: Wirtschaftsethik. Aufbruch, Konflikte, Perspektiven. Herder Verlag, Freiburg i.Br./Basel 1991.

Herkert, J. R.: Management's Hat Trick: Misuse of ‹Engineering Judgement› in the Challenger Incident. In: Journal of Business Ethics, Vol. 10, No. 8, 1991, S. 617–620.

Herms, E.: Der religiöse Sinn der Moral. Unzeitgemäße Betrachtungen zu den Grundlagen der Ethik der Unternehmensführung. In: Steinmann, H./Löhr, A. (Hrsg.): Unternehmensethik. Verlag C. E. Poeschel, Stuttgart 1989, S. 59–92.

Hesse, J./Schrader, H. Ch.: Die Neurosen der Chefs. Die seelischen Kosten der Karriere. Eichborn Verlag, Frankfurt a. M. 1994.

Hillmann, K.-H.: Allgemeine Wirtschaftssoziologie. Wiso Kurzlehrbücher, Reihe Sozialwissenschaft, Verlag Vahlen, München 1988.

Hochstätter, D.: Lorbeer und Mammon. In: Wirtschaftswoche, No. 5, 26.1.1990, S. 38.

Höffe, O.: Ethik und Politik. Grundmodelle und -probleme der praktischen Philosophie. Suhrkamp, Frankfurt a. M. 1979.

–/Kadelbach, G./Plumpe, G. (Hrsg.): Praktische Philosophie/Ethik. Reader zum Funk-Kolleg, Bd. 2. Fischer Taschenbuch Verlag, Frankfurt a. M. 1981.

–: Strategien der Humanität. Zur Ethik öffentlicher Entscheidungsprozesse. Suhrkamp, Frankfurt a. M. 1985.

–: Lexikon der Ethik. Beck'sche Schwarze Reihe, Bd. 152, C. H. Beck, München, 3. neu bearb. Aufl. 1986.

Hoffman, W. M./Moore, J. M./Fedo, D. A. (Hrsg.): Corporate Governance and Institutionalizing Ethics. Proceedings of the Fifth National Conference on Business Ethics. Lexington Books, D. C. Heath and Company, Lexington/Toronto 1984.

Hoffmann, J. (Hrsg.): Ethische Vernunft und technische Rationalität. Verlag für Interkulturelle Kommunikation, Frankfurt a. M. 1992.

Hofstede, G.: Culture's Consequences. International Differences in Work-Related Values. Sage Publications, London 1984.

Holden, M.: An Independent Guide to Ethical and Green Investment Funds. London, 5. Ausg. 1994.

Honecker, M.: Einführung in die theologische Ethik. De Gruyter Verlag, Berlin 1990.

Honneth, A.: Kritik der Macht. Reflexionsstufen einer kritischen Gesellschaftstheorie. Suhrkamp, Frankfurt a. M. 1985.

Hösle, V.: Die Krise der Gegenwart und die Verantwortung der Philosophie. C. H. Beck, München 1990.

–: Philosophie der ökologischen Krise. Beck'sche Reihe, C. H. Beck, München 1991.

–: Praktische Philosophie in der modernen Welt. C. H. Beck, München 1992.

Hosmer, L. T.: The Institutionalization of Unethical Behaviour. In: Journal of Business Ethics, Vol. 6, No. 6, 1987, S. 439–447.

Hubig, Ch. (Hrsg.): Ethik institutionellen Handelns. Campus Verlag, Frankfurt a. M./New York 1982.

Hunziger, P.: Medien, Kommunikation und Gesellschaft. Einführung in die Soziologie der Massenkommunikation. Wissenschaftliche Buchgesellschaft, Darmstadt 1988.

International Labour Office (ILO): Employment Effects of Multinational Enterprises in Developing Countries. Genf 1981.

–: Multinationals' Training Practices and Development. Genf 1981.

–: Social and Labour Practices of Multinational Enterprises in the Textiles, Clothing and Footwear Industries. Genf 1984.

–: Technology Choice and Employment Generation by Multinational Enterprises in Developing Countries. Genf 1984.

Jackall, R.: Moral Mazes: The World of Corporate Managers. Oxford University Press, New York 1988.

Jackson, K. T.: Global Distributive Justice and the Corporate Duty to Aid. In: Journal of Business Ethics, Vol. 12, No. 7, 1993, S. 547–551.

Janis, I. L.: Groupthink. Psychological Studies of Policy Decision and Fiascoes. Houghton Mifflin Company, 1982.

Jensen, J. V.: Ethical Tension Points in Whistleblowing. In: Journal of Business Ethics, Vol. 6, No. 4, 1987, S. 321–328.

Johnson, H. L.: Bribery in International Markets: Diagnosis, Clarification and Remedy. In: Journal of Business Ethics, Vol. 4, No. 6, 1985, S. 447–455.

Johnson, Ph.: Business Ethics is an Inside Job. In: The Journal of Management Development, Vol. 11, No. 4, 1992, S. 44–48.

Jonas, H.: Das Prinzip Verantwortung. Buchclub Ex Libris, Zürich 1987.

–/Mieth, D.: Was für morgen lebenswichtig ist. Unentdeckte Zukunftswerte. Herder Verlag, Freiburg 1988.

–: Der ethischen Perspektive muß eine neue Dimension hinzugefügt werden. In: Deutsche Zeitschrift für Philosophie, Bd. 41, Heft 1, 1993, S. 91–99.

Jones, Th. M./Gautschi, F. H.: Will the Ethics of Business Change? A Survey of Future Executives. In: Journal of Business Ethics, Vol. 7, No. 4, 1988, S. 231–248.

Jöstingmeier, B.: Zur Unternehmensethik international tätiger Unternehmungen. Vandenhoeck & Ruprecht, Göttingen 1994.

Kagan, S.: The Limits of Morality. Oxford Ethics Series, Clarendon Paperbacks, Oxford 1991.

Kalelkar, A. S./Arthur D. Little Inc.: Investigation of Large-Magnitude Incidents: Bophal as a Case Study. Cambridge, Mass. 1988.

Kamphausen, G.: Hüter des Gewissens? Zum Einfluß sozialwissenschaftlichen Denkens in Theologie und Kirche. Dietrich Reimer Verlag, Berlin 1986.

Kant, I.: Grundlegung zur Metaphysik der Sitten. Felix Meiner Verlag, Hamburg, 3. Aufl. 1965.

–: Schriften zur Anthropologie, Geschichtsphilosophie, Politik und Pädagogik 1. Werkausg. Bd. XI. Hrsg. von Wilhelm Weischedel. Suhrkamp, Frankfurt a. M. 1992.

Kapp, K. W.: The Social Cost of Private Enterprise. Schocken Books, New York 1950 und 1971. Deutsche Ausgabe: Soziale Kosten der Marktwirtschaft. fischer alternativ, Frankfurt a. M. 1979.

–: Für eine ökosoziale Ökonomie. Entwürfe und Ideen. Ausgewählte Aufsätze. fischer alternativ, Frankfurt a. M. 1987.

Kaufmann, F.-X./Kerber, W./Zulehner, P. M.: Ethos und Religion bei Führungskräften. Kindt-Verlag, München 1986.

Keller, St.: Grüningers Fall. Geschichten von Flucht und Hilfe. Rotpunktverlag, Zürich 1993.

Kelley, S. W./Ferrell, O. C./Skinner, S. J.: Ethical Behaviour Among Marketing Researchers: An Assessment of Selected Demographic Characteristics. In: Journal of Business Ethics, Vol. 9, No. 8, 1990, S. 681–688.

Kelly, O.: Corporate Crime: The Untold Story. In: U. S. News & World Report, 6. September 1982, S. 25–29.

Kern, P.: Ethik und Wirtschaft. Peter Lang Verlag, Frankfurt a. M. 1990.

Khan, A. F./Atkinson, A.: Managerial Attitudes to Social Responsibility: A Comparative Study in India and Britain. In: Journal of Business Ethics, Vol. 6, No. 6, 1987, S. 419–432.

Kinder, P./Lydenberg, St. D./Domini, A. L.: Investing for Good. Making Money While Being Socially Responsible. Harper Business, New York 1994.

King, J. B.: Prisoner's Paradoxes. In: Journal of Business Ethics, Vol. 7, No. 7, 1988, S. 475–487.

Klages, H./Kmieciak, P. (Hrsg.): Wertewandel und gesellschaftlicher Wandel. Campus Verlag, Frankfurt a. M./New York, 3. Aufl. 1984.

Kohlberg, L.: Moral Stages and Moralization: The Cognitive-Developmental Approach. In: Lickona, T. (Hrsg.): Moral Development and Behaviour. Theory, Research and Social Issues. Harper & Row, New York 1976, S. 31–53.

–: The Philosophy of Moral Development. Harper & Row, New York 1984.

Kolodner, E.: Transnational Corporations: Impediments or Catalysts of Social Development? Erschienen als UNRISD (Hrsg.): Occasional Paper No. 5, World Summit for Social Development. Geneva 1994.

Konnertz, U. (Hrsg.): Grenzen der Moral. Ansätze feministischer Vernunftkritik. Edition Diskord, Tübingen 1991.

Konovsky, M. A./Jaster, F.: «Blaming the Victim» and other Ways Business Men and Women Account for Questionable Behavior. In: Journal of Business Ethics, Vol. 8, No. 5, 1989, S. 391–398.

Korte, H./Schäfers, B. (Hrsg.): Einführung in die Hauptbegriffe der Soziologie. Leske + Budrich, Opladen 1993.

–/Schäfers, B. (Hrsg.): Einführung in Spezielle Soziologien. Leske + Budrich, Opladen 1993.

Koslowski, P.: Prinzipien der Ethischen Ökonomie. J. C. B. Mohr (Paul Siebeck), Tübingen 1987.

Kraft, V.: Die Grundlagen einer wissenschaftlichen Wertlehre. Springer Verlag, Wien, 2. neubearb. Aufl. 1951.

–: Die Grundlagen der Erkenntnis und der Moral. Erfahrung und Denken. Schriften zur Förderung der Beziehungen zwischen Philosophie und Einzelwissenschaften, Bd. 28. Duncker & Humblot, Berlin 1968.

Krämer, H.: Integrative Ethik. Suhrkamp, Frankfurt a. M. 1992.

Krech, D./Crutchfield, R. S./Livson, N./Wilson jr., W. A./Parducci, A.: Grundlagen der Psychologie. Bd. 7, Sozialpsychologie. Beltz Verlag, Weinheim/Basel 1985.

Kreikebaum, H.: Grundlagen der Unternehmensethik. Schäffer-Poeschel, UTB für Wissenschaft, Stuttgart 1996.

Krohn, F. B./Millner, L. M.: The AIDS Crisis: Unethical Marketing Leads to Negligent Homicide. In: Journal of Business Ethics, Vol. 8, No. 10, 1989, S. 773–780.

Kumar, B. N./Sjurts, I.: Multinationale Unternehmen und Ethik. In: Dierkes, M./Zimmermann, K. (Hrsg.): Ethik und Geschäft. Dimensionen und Grenzen unternehmerischer Verantwortung. Gabler Verlag, Frankfurt a. M. 1991, S. 159–186.

Kunczik, M.: Kommunikation und Gesellschaft. Theorien zur Massenkommunikation. Böhlau Verlag, Köln 1984.

Küng, E.: Wirtschaft und Gerechtigkeit. J. C. B. Mohr (Paul Siebeck), Tübingen 1967.

Küng, H./Ess, J. von/Stietencron, H. von Bechert, H.: Christentum und Weltreligionen. Piper, München/Zürich 1984.

–: Religion für Führungskräfte? In: HandelsBank NatWest (Hrsg.): Wirtschaft und Gesellschaft, Nr. 22, Zürich 1988.

–: 20 Thesen zum Christsein. Piper, München/Zürich, 7. Aufl. 1988.

–: Projekt Weltethos. Piper, München/Zürich 1990.

–/Kuschel, K.-J. (Hrsg): Erklärung zum Weltethos. Die Deklaration des Parlaments der Weltreligionen. Piper, München/Zürich 1993.

Küppers, B.-O. (Hrsg.): Ordnung aus dem Chaos. Prinzipien der Selbstorganisation und Evolution des Lebens. Serie Piper, München/Zürich 1987.

L'Etang, J.: Ethical Corporate Social Responsibility: A Framework for Managers. In: Journal of Business Ethics, Vol. 14, No. 2, February 1995, S. 125–132.

Lachmann, W.: Wirtschaft und Ethik. Maßstäbe wirtschaftlichen Handelns. Hänssler Verlag, Neuhausen/Stuttgart 1987.

Lamnek, S.: Theorien abweichenden Verhaltens. UTB/W. Fink, München, 5. Aufl. 1993.

Lane, H. W./Simpson, D. G.: Bribery in International Business: Whose Problem Is It? In: Journal of Business Ethics, Vol. 3, No. 1, 1984, S. 35–42.

Lane, M. S./Schaupp, D./Parsons, B.: Pygmalion Effect: An Issue for Business Education and Ethics. In: Journal of Business Ethics, Vol. 7, No. 3, 1988, S. 223–229.

Lansing, P./Kuruvilla, S.: Business Divestment in South Africa: In Who's Best Interest? In: Journal of Business Ethics, Vol. 7, No. 8, 1988, S. 561–574.

Lattmann, Ch. (Hrsg.): Ethik und Unternehmensführung. Physika Verlag, Heidelberg 1988.

–: Die Unternehmenskultur. Ihre Grundlagen und ihre Bedeutung für die Führung der Unternehmung. Physika Verlag, Heidelberg 1990.

Lay, R.: Ethik für Wirtschaft und Politik. Wirtschaftsverlag Langen Müller/Herbig, München 1983.

–: Ethik für Manager. Econ Verlag, Düsseldorf/Wien/New York 1989.

–: Kommunikation für Manager. Econ Verlag, Düsseldorf/Wien/New York 1989.

–: Dialektik für Manager. Methoden des erfolgreichen Angriffs und der Abwehr. Ullstein Sachbuch, Frankfurt a. M./Berlin 1990.

–: Die Macht der Moral. Econ Verlag, Düsseldorf/Wien/New York 1993.

Leff, N. H.: Economic Development Through Bureaucratic Corruption. In: The American Behavioral Scientist, Vol. 8, November 1964, S. 8–14.

Lefringhausen, K.: Wirtschaftsethik im Dialog. Radius Verlag, Stuttgart 1988.

Leisinger, K. M.: Gentechnik für die Dritte Welt? Birkhäuser Verlag, Basel 1991.

–/Hösle, V. (Hrsg.): Entwicklung mit menschlichem Antlitz. Die Dritte und die Erste Welt im Dialog. C. H. Beck, München 1995.

Lenk, H./Maring, M. (Hrsg.): Wirtschaft und Ethik. Reclam, Stuttgart 1992.

Levering, R./Moskowitz, M.: The Ten Best Companies to Work for in America. In: Business and Society Review, No. 85, Spring 1993, S. 26–38.

Leys, C.: What is the Problem about Corruption? In: The Journal of Modern African Studies, Vol. 3, No. 2, 1965, S. 215–230.

Lickona, Th. (Hrsg.): Moral Development and Behaviour. Theory, Research, and Social Issues. Holt, Rinehart and Winston, New York 1976.

Lloyd, B.: Corruption: Where to Draw the Line? In: Business Ethics. A European Review, Vol. 2, No. 2, Basil Blackwell, Oxford 1993, S. 97–100.

Logson, J. M./Palmer, D. R.: Issues Management and Ethics. In: Journal of Business Ethics, Vol. 7, No. 3, 1988, S. 191–198.

Löhr, A.: Unternehmensethik und Betriebswirtschaftslehre. Verlag für Wissenschaft und Forschung, Nürnberg 1991.

Longstaff, S.: The Role of Directors in the Development of a Corporate Ethos. In: Business Ethics, Vol. 3, No. 1, Basil Blackwell, Oxford 1994, S. 48–53.

Lowrance, W. W.: Modern Science and Human Values. Oxford University Press, New York 1985.

Lozano, J. M.: Ethics and Management: A Controversial Issue. In: Journal of Business Ethics, Vol. 15, No. 2, 1996, S. 227–236.

Luhmann, N.: Macht. Ferdinand Enke Verlag, Stuttgart, 2. durchges. Aufl. 1988.

Maclagan, P.: Management Development and Business Ethics: A View from the U. K. In: Journal of Business Ethics, Vol. 11, No. 4, 1992, S. 321–328.

Madson, P./Shafritz, J. M. (Hrsg.): Essentials of Business Ethics. Meridian Books, New York 1990.

Mahoney, J.: Ethical Attitudes to Bribery and Extortion. In: Stewart, S./Donleavy, G./Santoro, M. (Hrsg.): Proceedings of the Inaugural Conference of the Centre for the Study of Business Values. Hong Kong, 1.–3. Juni 1994, S. 244–256.

Makower, J.: Beyond the Bottom Line. Putting Social Responsibility to Work for Your Business and the World. Simon & Schuster, New York 1994.

Mandeville, B.: Die Bienenfabel. Suhrkamp, Frankfurt a. M. 1980.

Mangaliso, M. P.: The Corporate Social Challenge for the Multinational Corporation. In: Journal of Business Ethics, Vol. 11, No. 7, 1992, S. 491–500.

Mark, H. et alia: Traditional Moral Values in the Age of Technology. The University of Texas, Dallas 1987.

Maturana, H. R.: Erkennen: Die Organisation und Verkörperung von Wirklichkeit. Vieweg, Braunschweig, 2. durchges. Aufl. 1985.

Maucher, H.: Ethik zwischen Gewinn und Wettbewerb. In: Die Unternehmung, 42. Jg., No. 2, 1988, S. 114–122.

McDonald, G. M./Zepp, R. A.: Ethical Perceptions of Hong Kong Chinese Business Managers. In: Journal of Business Ethics, Vol. 7, No. 11, 1988, S. 835–845.

McMohan, Th. F.: The Contribution of Religious Traditions to Business Ethics. In: Journal of Business Ethics, Vol. 4, No. 4, 1985, S. 341–349.

McNamara, R. S.: In Retrospect. The Tragedy and Lessons of Vietnam. Times Books, New York 1995.

Mellanby, K.: The DDT Story. Published by The British Crop Protection Council, London 1992.

Menne, L.: Korruption. In: Kölner Zeitschrift für Soziologie, Neue Folge No. 1, 1948/49, S. 147–188.

Meran, J.: «Wir haben wirklich andere Sorgen.» Unternehmensethik in Zeiten der Rezession. In: Forum für Philosophie (Hrsg.): Markt und Moral. Die Diskussion um die Unternehmensethik. Verlag Paul Haupt, Bern/Stuttgart/Wien 1994, S. 269–290.

Midgley, M.: Can't we make Moral Judgements? The Bristol Press, Bristol 1991.

Milgram, St.: Das Milgram-Experiment. Zur Gehorsamsbereitschaft gegenüber Autorität. Rowohlt, Reinbek bei Hamburg 1974.

Moran, Th. et alia: Investing in Development: New Roles for Private Capital? Washington, D. C. 1986.

Mudrack, P. E.: An Investigation into the Acceptability of Workplace Behaviors of a Dubious Ethical Nature. In: Journal of Business Ethics, Vol. 12, No. 7, 1993, S. 517–524.

Müller, E./Diefenbacher, H. (Hrsg.): Wirtschaft und Ethik. Eine kommentierte Bibliographie. Evangelische Studiengemeinschaft, Heidelberg 1992.

Müller, W. E.: Der Begriff der Verantwortung bei Hans Jonas. Athenäum, Frankfurt a. M. 1988.

Murphy, P. E./Enderle, G.: Managerial Ethical Leadership: Examples do matter. In: Business Ethics Quarterly, Vol. 5, No. 1, 1994, S. 117–128.

–: European Manager's View on Corporate Ethics. In: Business Ethics. A European Review, Vol. 3, No. 3, Basil Blackwell, Oxford 1994, S. 137–144.

Myrdal, G.: Asian Drama. An Inquiry into the Poverty of Nations, 3 Bde. Pelican Book/Penguin Books, Harmondsworth 1968.

Nader, R./Petkas, P. J./Blackwell, K. (Hrsg.): Whistle-Blowing: The Report of a Conference on Professional Responsibility. Grossman Publishers, New York 1972.

Nash, L. L.: Ethics without the Sermon. In: Harvard Business Review, November/December 1981, S. 79–90.

Natorp, P.: Sozialpädagogik. Ferdinand Schöningh, Paderborn, 7. Aufl. 1974 (1. Aufl. 1898).

Nell-Breuning, O. von: Baugesetze der Gesellschaft. Solidarität und Subsidiarität. Herder Verlag, Freiburg i.Br./Basel/Wien 1990.

–: Wirtschaftsethik. In: Lenk, H./Maring, M. (Hrsg.): Wirtschaft und Ethik. Reclam, Stuttgart 1992, S. 31–44.

Nelson, D. R./Obremski, T. E.: Promoting Moral Growth Through Intra-Group Participation. In: Journal of Business Ethics, Vol. 9, No. 9, 1990, S. 731–739.

Neubert, S.: Gesellschaftlicher Dialog über umweltpolitische Streitfragen. Erschienen als: Leisinger, K. M./Trappe, P. (Hrsg.): Social Strategies. Forschungsberichte, Vol. 4, No. 3, Basel 1993.

New Consumer (Hrsg.): The Transnational Corporation and Issues for Developing Countries. Newcastle upon Tyne 1993.

Newstrom, J. W./Ruch, W. A.: The Ethics of Management and the Management of Ethics. In: Michigan State University (MSU) Business Topics, East Lansing, Vol. 23, Winter 1975, S. 29–37.

Nichols, M. L./Day, V. E.: A Comparison of Moral Reasoning of Groups and Individuals on the «Defining Issues Test». In: Academy of Management Journal, Vol. 25, No. 1, 1982, S. 201–208.

Nielson, R. P.: Arendt's Action Philosophy and the Manager as Eichmann, Richard III, Faust or Institution Citizen. In: California Management Review, Vol. 26, No. 2, Berkeley 1983, S. 191–201.

–: Toward an Action Philosophy for Managers Based on Arendt and Tillich. In: Journal of Business Ethics, Vol. 3, No. 2, 1984, S. 153–161.

–: What Can Managers Do About Unethical Management? In: Journal of Business Ethics, Vol. 6, No. 4, 1987, S. 309–320.

Noll, P.: Gründe für die soziale Unwirksamkeit von Gesetzen. In: Jahrbuch für Rechtssoziologie und Rechtstheorie, Bd. 3, 1972, S. 259–269.

Nutzinger, H. G. (Hrsg.): Wirtschaft und Ethik. Deutscher Universitäts-Verlag, Wiesbaden 1991.

Nyam, M.-K./Ng, I.: A Comparative Analysis of Ethical Beliefs: A Four Country Study. In: Journal of Business Ethics, Vol. 13, No. 7, 1994, S. 543–555.

Nyānaponika, M.: Geistestraining durch Achtsamkeit. Verlag Christiani, Konstanz 1984.

Nye, J. S.: Corruption and Political Development: A Cost-Benefit Analysis. In: The American Political Science Review, Vol. 61, 1967, S. 417 ff.

Nystrom, P. C.: Differences in Moral Values Between Corporations. In: Journal of Business Ethics, Vol. 9, No. 12, 1990, S. 971–979.

Ogger, G.: Nieten in Nadelstreifen. Deutschlands Manager im Zwielicht. Droemer Verlag, München 1992.

Ohmae, K.: The Borderless World. Management Lessons in the New Logic of the Global Marketplace. Harper Business, Osaka 1990.

Oppenrieder, B.: Implementationsprobleme einer Unternehmensethik. Erschienen als Diskussionsbeiträge No. 34 am Lehrstuhl für allgemeine Betriebswirtschaftslehre und Unternehmensführung der Universität Erlangen-Nürnberg, Nürnberg 1986.

Ott, C.: Die soziale Effektivität des Rechts bei der politischen Kontrolle der Wirtschaft. In: Jahrbuch für Rechtssoziologie, Bd. 3, 1972, S. 345–408.

Ott, H./Otte, K. (Hrsg.): Die Antwort des Glaubens. Kreuz Verlag, Berlin, 3. überarb. u. erw. Aufl. 1981.

O'Neil, R. F.: Corporate Social Responsibility and Business Ethics: A European Perspective. In: International Journal of Social Economics, Vol. 1–3, No. 10, 1986, S. 64–76.

Paris, R.: Dreierlei Schimpfklatsch. Über Dauergerede und Selbstverhetzung. In: Leviathan, Zeitschrift für Sozialwissenschaft, Jg. 21, Heft 4, 1993, S. 584–591.

Paul, K./Aquila, D. A.: Political Consequences of Ethical Investing: The Case of South Africa. In: Journal of Business Ethics, Vol. 7, No. 9, 1988, S. 691–697.

Perrow, Ch.: Normale Katastrophen. Die unvermeidlichen Risiken der Großtechnik. Campus Verlag, Frankfurt a. M. 1987.

Peters, Th. J./Waterman, R. H.: In Search of Excellence. Harper & Row, New York 1982.

Pfeffer, J.: Das letzte Tabu: Macht. In: Harvard manager, No. 4, 1992, S. 17–24.

Piaget, J.: Das moralische Urteil beim Kinde. Klett-Cotta Verlag, Stuttgart, 2. Aufl. 1983.

Pieper, A.: Ethik und Moral. Eine Einführung in die praktische Philosophie. Beck'sche Elementarbücher, C. H. Beck, München 1985.

– (Hrsg.): Die Macht der Freiheit. Jeanne Hersch zum 80. Geburtstag. Benziger Verlag, Zürich 1990.

–: Einführung in die Ethik. UTB/Francke, Tübingen, 2. überarb. u. aktual. Aufl. 1991.

Pillai, P./Pharmy, A./Neoh, K./Thiruchelvam, K.: Managing Trust. Transparency, Accountability & Ethics in Malaysia. Isis/Goethe Institut, Kuala Lumpur 1995.

Pinkwart, A.: Chaos und Unternehmenskrise. Beiträge zur betriebswirtschaftlichen Forschung No. 69, Gabler-Verlag, Wiesbaden 1992.

Pitt, H. L./Groskaufmanis, K. A.: Why a corporate code may not protect you. In: Conference Board (Hrsg.): Across the Board. May 1990, S. 22–25.

–/Abratt, R.: Corruption in Business: Are Management Attitudes Right? In: Journal of Business Ethics, Vol. 5, No. 2, 1986, S. 39–44.

Planck, M.: Religion und Naturwissenschaft. In: Dürr, H.-P. (Hrsg.): Physik und Transzendenz. Knaur Sachbuch, München 1990.

Platon: Der Staat (Politeia). Deutscher Taschenbuch Verlag/Artemis, Bibliothek der Antike, München 1991.

Popitz, H.: Prozesse der Machtbildung. In: Recht und Staat, Heft 362/363, J. C. B. Mohr (Paul Siebeck), Tübingen 1968, S. 5–42.

–: Der Begriff der sozialen Rolle als Element der soziologischen Theorie. In: Recht und Staat, Heft 331/332, J. C. B. Mohr (Paul Siebeck), Tübingen, 4. Aufl. 1975.

Popper, K.: Die moralische Verantwortlichkeit des Wissenschaftlers. In: Universitas, Vol. 30, No. 111975, S. 689–699.

–: Die offene Gesellschaft und ihre Feinde, 2 Bde. UTB/Francke, Tübingen, 6. Aufl. 1980.

Posner, B. Z.: Individuals' Moral Judgement and its Impact on Group Processes. In: International Journal of Management, Vol. 3, No. 2, June 1986, S. 5–11.

–/Schmidt, W. H.: Ethics in American Companies: A Managerial Perspective. In: Journal of Business Ethics, Vol. 6, No. 5, 1987, S. 383–391.

Post, J. E.: Nestlés traumatische Erfahrung mit Milchpulver. In: Gottlieb Duttweiler Institut (Hrsg.): gdi - impuls, No. 1, Rüschlikon, 1985, S. 6–22.

Postman, N.: Wir amüsieren uns zu Tode. Urteilsbildung im Zeitalter der Unterhaltungsindustrie. Fischer, Frankfurt a. M., 3. Aufl. 1985.

Pratt, C. B.: Multinational Corporate Social Policy Process for Ethical Responsibility in Sub-Saharan Africa. In: Journal of Business Ethics, Vol. 10, No. 7, 1991, S. 527–541.

Prien, H.-J.: Luthers Wirtschaftsethik. Vandenhoeck & Ruprecht, Göttingen 1992.

Primeaux, P./Stieber, J.: Profit Maximation: The Ethical Mandate of Business. In: Journal of Business Ethics, Vol. 13, No. 4, 1994, S. 287–294.

Queiroz, E. D.: Der Mandarin. Suhrkamp, Frankfurt a. M. 1987.

Quinn, J. B.: Technology transfer by multinational companies. In: Harvard Business Review, November/December 1969, S. 147–161.

Ralston, D. A./Giacalone, R. A./Terpstra, R. H.: Ethical Perceptions of Organizational Politics: A Comparative Evaluation of American and Hong Kong Managers. In: Journal of Business Ethics, Vol. 13, No. 12, 1994, S. 989–999.

Rawls, J.: Eine Theorie der Gerechtigkeit. Suhrkamp, Frankfurt a. M. 1979.

Reich, R. B./Lydenberg, St. D./Moskowitz, M.: Should Investors Look Beyond the Bottom Line? In: Business and Society Review, No. 91, Fall 1994, S. 6–10.

Reidenbach, R. E./Robin, D. P./Dawson, L.: An Application and Extension of a Multidimensional Ethics Scale to Selected Marketing Practices and Marketing Groups. In: Journal of the Academy of Marketing Science, Vol. 19, No. 2, Spring 1991, S. 83–92.

Rich, A.: Wirtschaftsethik. Bd. I: Grundlagen in theologischer Perspektive. Gütersloher Verlagshaus, Gerd Mohn, Gütersloh, 2. Aufl. 1985.

–: Wirtschaftsethik. Bd. II: Marktwirtschaft, Planwirtschaft, Weltwirtschaft aus sozialethischer Sicht. Gütersloher Verlagshaus, Gerd Mohn, Gütersloh, 1. Aufl. 1990.

Riley, K.: Telling more than the Truth: Implicature, Speech Acts, and Ethics in Professional Communication. In: Journal of Business Ethics, Vol. 12, No. 3, 1993, S. 179–196.

Rittig, G.: Macht. (II) Macht in der Wirtschaft. In: Handwörterbuch der Sozialwissenschaften, Bd. 7. Gustav Fischer Verlag, Stuttgart/J. C. B. Mohr (Paul Siebeck), Tübingen/Vandenhoeck & Ruprecht, Göttingen 1961, S. 81–88.

Rodgers, J. R.: Managing the Multinational Firm: Finding the Right Expatriate for the Job. In: Studies in Third World Societies, No. 28, June 1984, S. 17–34.

Röpke, W.: Die Lehre von der Wirtschaft. Verlag Paul Haupt, UTB, Bern/Stuttgart/Wien, 13. Aufl. 1994.

Rossouw, G. J.: Business Ethics: Where have all the Christians Gone? In: Journal of Business Ethics, Vol. 13, No. 7, 1994, S. 557–570.

Sader, M.: Psychologie der Gruppe. Grundlagentexte Psychologie. Juventa Verlag, Weinheim/München, 4. Aufl. 1994.

Salas, D. C.: Are Top Executives Paid Too Much? In: Business and Society Review, No. 90, Summer 1994, S. 16–19.

Schatz, R. (Hrsg.): Der Mensch im Mittelpunkt. Anspruch und Wirklichkeit im Unternehmensalltag. Innovatio Verlag, Bonn 1993.

Schiemenz, B./Wurl, H.-J. (Hrsg.): Internationales Management: Beiträge zur Zusammenarbeit. Festschrift für Eberhard Dülfer zum 70. Geburtstag. Gabler, Verlag, Wiesbaden 1994.

Schmidheiny, St./Business Council for Sustainable Development: Kurswechsel. Globale unternehmerische Perspektiven für Entwicklung und Umwelt. Artemis Winkler, München 1992.

Schmidt, K./Garschagen, Ch.: Korruption. In: Handwörterbuch der Wirtschaftswissenschaften, Bd. 4. Gustav Fischer Verlag, Stuttgart 1978, S. 565–573.

Schmidt-Salzer, J.: Entscheidungssammlung Produkthaftung. Bd. II, Berlin 1979, und Bd. IV, München 1982.

Schockenhoff, E.: Ethik des Lebens. Ein theologischer Grundriß. Grünewald Verlag, Mainz 1993.

Schreyögg, G./Steinmann, H.: Corporate Morality Called in Question: The Case of Cabora Bassa. In: Journal of Business Ethics, Vol. 8, No. 9, 1989, S. 677–685.

Schulz, W.: Grundprobleme der Ethik. Neske Verlag, Pfullingen 1989.

Schwarz, G. (Hrsg.): Das Soziale der Marktwirtschaft. NZZ Verlag, Zürich 1990.

Schweitzer, A.: Das Problem der Ethik in der Höherentwicklung des menschlichen Denkens. In: Das Christentum und die Weltreligionen. Zwei Aufsätze zur Religionsphilosophie. C. H. Beck, München, 2. Aufl. 1975, S. 74ff.

–: Kultur und Ethik. Sonderausgabe, C. H. Beck, München 1981.

–: Aus meinem Leben und Denken. Stuttgarter Hausbücherei, Stuttgart (o.J.).

Sells, B.: What asbestos taught me about managing risks. In: Harvard Business Review, March/April 1994, S. 76–90.

Senghaas, D. (Hrsg.): Peripherer Kapitalismus. Analysen über die Abhängigkeit und Unterentwicklung. edition suhrkamp, Frankfurt a.M. 1994.

Sherwin, D. S.: The ethical roots of the business system. In: Harvard Business Review, November/December 1983, S. 183–192.

Silverman, M./Lydecker, M./Lee, Ph. R.: Bad Medicine. The Prescription Drug Industry in the Third World. Stanford University Press, Stanford, California 1992.

Simonetti, jr., G./Andrews, A. R.: Business ethics: Self-governance or government enforcement? In: Price Waterhouse Review, Vol. 31, No. 2, 1987, S. 46–49.

Simons, R.: Kontrolle bei selbständig handelnden Mitarbeitern. In: Harvard Business manager, No.3, 1995, S. 98–105.

Simpson, J. R.: Ethics and Multinational Corporations vis-à-vis Developing Nations. In: Journal of Business Ethics, Vol. 1, No. 3, 1981, S. 227–237.

Sims, R. R.: Linking Groupthink to Unethical Behavior in Organizations. In: Journal of Business Ethics, Vol. 11, No. 9, 1992, S. 651–662.

Singer, M.: Über die Moral und die Grenzen des Verstehens. In: Konnertz, U. (Hrsg.): Grenzen der Moral. Ansätze feministischer Vernunftkritik. Edition Diskord, Tübingen 1991.

Smith, A.: Theorie der ethischen Gefühle. Philosophische Bibliothek, Felix Meiner Verlag, Hamburg 1985.

–: An Inquiry into the Nature and Causes of The Wealth of Nations. The Modern Library, New York 1937. Deutsche Ausgabe: Der Wohlstand der Nationen. dtv klassik, München, 5. Aufl. Juni 1990.

Smith, T.: The Power of Business for Human Rights. In: Business and Society Review, No. 88, Winter 1994, S. 36–38.

Solomon, R. C.: Ethics and Excellence. Cooperation and Integrity in Business. Oxford University Press, New York 1992.

Sorg, St.: Informationspathologien und Erkenntnisfortschritt in Organisationen. Planungs- und Organisationswissenschaftliche Schriften der Universität München, München 1982.

Soutar, G./McNeil, M. M./Molster, C.: The Impact of the Work Environment on Ethical Decision Making: Some Australian Evidence. In: Journal of Business Ethics, Vol. 13, No. 5, 1994, S. 327–339.

Sparkes, R.: The Ethical Investor. How to make money work for society and the environment as well as for yourself. Harper Collins Publishers, London 1995.

Spiegel, Y.: Wirtschaftsethik und Wirtschaftspraxis – ein wachsender Widerspruch? Kohlhammer Verlag, Stuttgart 1992.

Steinmann, H./Löhr, A. (Hrsg.): Unternehmensethik. Verlag C. E. Poeschel, Stuttgart 1989.

–/Löhr, A.: Grundlagen der Unternehmensethik. Verlag C. E. Poeschel, Stuttgart 1991.

–/Olbrich, Th.: Unternehmensethik und internationales Management. Implementationsprobleme einer Unternehmensethik der internationalen Unternehmung. In: Schiemenz, B./Wurl, H.-J. (Hrsg.): Internationales Management: Beiträge zur Zusammenarbeit. Festschrift für Eberhard Dülfer zum 70. Geburtstag. Gabler-Verlag, Wiesbaden 1994.

Stephan, C.: Der Betroffenheitskult. Eine politische Sittengeschichte. Rowohlt, Berlin 1993.

Stewart, S./Donleavy, G./Santoro, M. (Hrsg.): Proceedings of the Inaugural Conference of the Centre for the Study of Business Values. Hong Kong, 1.–3. Juni 1994.

Stolz, P.: Ökonomie und Ethik: Berührungspunkte und Spannungsfelder. In: WWZ-Studien No. 10, Universität Basel (WWZ), August 1989.

Swanda jr., J. R.: Goodwill, Going Concern, Stocks and Flows: A Prescription for Moral Analysis. In: Journal of Business Ethics, Vol. 9, No. 9, 1990, S. 751–759.

Theisen, H.: Zukunftsverträglichkeit als Zielkonsens. Pluralistische Demokratien in der Begrenzungskrise. In: Universitas, 50. Jg., No. 587, Mai 1995, S. 471–479.

Thielicke, H.: Theologische Ethik. 2. Bd.: Entfaltung, 2. Teil: Ethik des Politischen. J. C. B. Mohr (Paul Siebeck), Tübingen, 4. Aufl. 1987.

Tödt, H. E.: Perspektiven theologischer Ethik. Chr. Kaiser Verlag, München 1988.

Transparency International (Hrsg.): Building a Global Coalition Against Corruption. Transparency International Report 1995. Berlin, März 1995.

Tsalikis, J./LaTour, M. S.: Bribery and Extortion in International Business: Ethical Perceptions of Greeks compared to Americans. In: Journal of Business Ethics, Vol. 14, No. 4, April 1995, S. 249–269.

–/Nwachukwu, O.: A Comparison of Nigerian to American Views of Bribery and Extortion in International Commerce. In: Journal of Business Ethics, Vol. 10, No. 2, 1991, S. 85–98.

Tuleja, T.: Ethik und Unternehmensführung. Verlag Moderne Industrie, Landsberg/Lech 1987.

Turner, L.: Multinational Companies and the Third World. Hill and Wang, New York 1973.

Turow, S.: What's wrong with Bribery? In: Journal of Business Ethics, Vol. 4, No. 4, 1985, S. 249–251.

Tyson, Th.: Believing that Everyone Else is Less Ethical: Implications for Work Behaviour and Ethics Instruction. In: Journal of Business Ethics, Vol. 9, No. 9, 1990, S. 715–721.

Ulrich, P.: Transformation der ökonomischen Vernunft. Fortschrittsperspektiven der modernen Industriegesellschaft. Verlag Paul Haupt, Bern/Stuttgart 1986.

–: Die Neue Sachlichkeit oder Wie kann die Unternehmensethik betriebswirtschaftlich zur Sache kommen? In: Forschungsstelle für Wirtschaftsethik an der Hochschule St. Gallen für Wirtschafts- und Sozialwissenschaften (Hrsg.): Beiträge und Berichte. St. Gallen 1987.

–/Thielemann, U.: Ethik und Erfolg. Unternehmensethische Denkmuster von Führungskräften – eine empirische Studie. Verlag Paul Haupt, Bern/Stuttgart 1992.

–/Thielemann, U.: How do Managers Think about Market Economies and Morality? Empirical Enquiries into Business-ethical Thinking Patterns. In: Journal of Business Ethics, Vol. 12, No. 11, 1993, S. 879–898.

–: Integrative Wirtschafts- und Unternehmensethik – ein Rahmenkonzept. In: Forum für Philosophie (Hrsg.): Markt und Moral. Die Diskussion um die Unternehmensethik. Verlag Paul Haupt, Bern/Stuttgart/Wien 1994, S. 75–107.

United Nations: Human Rights. The International Bill of Human Rights. United Nations, New York 1988.

–: World Investment Report. 1994. Transnational Corporations, Employment and the Workplace. New York/Geneva 1994.

Utz, A. F.: Sozialethik. Institut für Geisteswissenschaften Walberberg, Bonn 1986.

–: Wirtschaftsethik. Bd. IV der Reihe Sozialethik. Scientia Humana Institut, Bonn 1994.

Van Wensveen Siker, L./Donahue, J. A./Green, R. M.: Does your Religion make a Difference in Your Business Ethics? The Case of Consolidated Foods. In: Journal of Business Ethics, Vol. 10, No. 11, 1991, S. 819–832.

Veblen, Th.: Theorie der feinen Leute. Eine ökonomische Untersuchung der Institutionen. Fischer Taschenbuch Verlag, Frankfurt a. M. 1986.

Victor, B./Cullen, J. B.: The Organizational Base of Ethical Work Climates. In: Administrative Science Quarterly, Ithaca, Vol. 33, March 1988, S. 101–125.

Vitell, S. J./Festervand, T. A.: Business Ethics: Conflicts, Practices and Beliefs of Industrial Executives. In: Journal of Business Ethics, Vol. 6, No. 2, 1987, S. 111–122.

–/Davis, D. L.: The Relationship between Ethics and Job Satisfaction: An Empirical Investigation. In: Journal of Business Ethics, Vol. 9, No. 6, 1990, S. 489–494.

–/Lumpkin, R. R./Rawwas, M. Y. A.: Consumer Ethics: An Investigation of the Ethical Beliefs of Elderly Consumers. In: Journal of Business Ethics, Vol. 10, No. 5, 1991, S. 365–375.

–/Nwachukwu, S. L./Barnes, J. H.: The Effects of Culture on Ethical Decision-Making: An Application of Hofstede's Typology. In: Journal of Business Ethics, Vol. 12, No. 10, 1993, S. 753–760.

Voigt, R.: Verrechtlichung in Staat und Gesellschaft. In: Voigt, R. (Hrsg.): Verrechtlichung in Staat und Gesellschaft. Athenaeum Taschenbücher Rechtswissenschaft No. 6221, Königstein/Taunus 1980, S. 15–37.

Von Weizsäcker, E. U.: Erdpolitik. Ökologische Realpolitik an der Schwelle zum Jahrhundert der Umwelt. Wissenschaftliche Buchgesellschaft, Darmstadt, 3. Aufl. 1992.

Waters, J. A.: Catch 20.5: Corporate Morality as an Organizational Phenomenon. In: Organizational Dynamics, American Management Association, Spring 1978, S. 3–19.

–/Bird, F.: Attending to Ethics in Management. In: Journal of Business Ethics, Vol. 8, No. 6, 1989, S. 493–497.

Watzlawick, P.: Wie wirklich ist die Wirklichkeit? Piper, München, 17. Aufl. 1989.

Weber, H.: Theologie, Gesellschaft, Wirtschaft. Die Sozial- und Wirtschaftsethik in der evangelischen Theologie der Gegenwart. Vandenhoeck & Ruprecht, Göttingen 1970.

Weber, M.: Soziologische Grundbegriffe. J. C. B. Mohr/UTB (Paul Siebeck), Tübingen, 6. Aufl. 1984.

–: Die Wirtschaftsethik der Weltreligionen. Vergleichende Religionssoziologische Versuche. In: Weber, M.: Gesammelte Aufsätze der Religionssoziologie, Bd. I. J. C. B. Mohr/UTB (Paul Siebeck), Tübingen, 9. Aufl. 1988, S. 237–275.

–: Gesammelte Aufsätze zur Wissenschaftslehre. J. C. B. Mohr/UTB (Paul Siebeck), Tübingen, 7. Aufl. 1988.

–: Gesammelte politische Schriften. J. C. B. Mohr/UTB (Paul Siebeck), Tübingen, 5. Aufl. 1988.

Werhane, P. H.: Engineers and Management: The Challenge of the Challenger Incident. In: Journal of Business Ethics, Vol. 10, No. 8, 1991, S. 605–616.

–: Rechte und Verantwortungen von Korporationen. In: Lenk, H./Maring, M.: Wirtschaft und Ethik. Reclam, Stuttgart 1992, S. 329–336.

Westin, A. F. (Hrsg.): Whistle Blowing. Loyalty and Dissent in the Corporation. McGraw-Hill, New York 1981.

Willgerodt, H.: Ansichten über Wertewandel: Falsche Ökonomie und falsche Moral. In: Zeitschrift für Wirtschaftspolitik, Vol. 34, No. 2, 1985, S. 107–119.

Williams, B.: Ethics and the Limits of Philosophy. Harvard University Press, 1985.

Wimbush, J. C./Shepard, J. M.: Toward an Understanding of Ethical Climate: Its Relationship to Ethical Behaviour and Supervisory Influence. In: Journal of Business Ethics, Vol. 13, No. 8, 1994, S. 637–647.

Wines, W. A./Napier, N. K.: Toward an Understanding of Cross-Cultural Ethics: A Tentative Model. In: Journal of Business Ethics, Vol. 11, No. 11, 1992, S. 831–841.

Wissenschaftlicher Beirat der Bundesregierung «Globale Umweltveränderungen»: Welt im Wandel, Wege zur Lösung globaler Umweltprobleme, Jahresgutachten 1995. Springer Verlag, Berlin 1996.

Wiswede, G.: Soziologie. Ein Lehrbuch für den wirtschafts- und sozialwissenschaftlichen Bereich. Verlag Moderne Industrie, Landsberg/Lech 1985.

Wolf, E.: Sozialethik. Theologische Grundfragen. UTB/Vandenhoeck, Göttingen, 3. Aufl. 1988.

Wuthnow, R.: The moral crisis in American capitalism. In: Harvard Business Review, March/April 1982, S. 76–84.

Young, E. W. D.: Alpha & Omega. Ethics at the Frontiers of Life and Death. Addison-Wesley Publishing Company Inc., Menlo Park, CA 1989.

Zabid, A. R. M./Alsagoff, S. K.: Perceived Ethical Values of Malaysian Managers. In: Journal of Business Ethics, Vol. 12, No. 4, 1993, S. 331–337.

Ziegler, A.: Unternehmensethik – Schöne Worte oder dringende Notwendigkeit? In: Forschungsstelle für Wirtschaftsethik an der Hochschule St. Gallen für Wirtschafts- und Sozialwissenschaften (Hrsg.): Beiträge und Berichte. St. Gallen 1987.

Register

Über den Autor

Klaus M. Leisinger (1947) studierte Wirtschafts- und Sozialwissenschaften an der Universität Basel, promovierte in Nationalökonomie und habilitierte sich im Fach «Entwicklungssoziologie». Zu seinen praktischen Erfahrungen gehört u.a. ein vierjähriger Aufenthalt in Afrika südlich der Sahara als verantwortlicher Geschäftsführer der Ciba Pharma in Ost- und Zentralafrika. Seit 1990 ist er Geschäftsführer sowie Delegierter des Stiftungsrates der Novartis-Stiftung für nachhaltige Entwicklung. Daneben lehrt und forscht Klaus M. Leisinger als Professor für Entwicklungssoziologie an der Universität Basel und ist in beratender Funktion für verschiedene nationale und internationale Institutionen tätig. Der Autor ist ordentliches Mitglied der Europäischen Akademie für Wissenschaft und Künste sowie Gründungsmitglied (founding board member) des Global Development Fund der UNDP, New York.

Über den Verfasser des Geleitwortes

Dr. Louis von Planta (1917) studierte Rechtswissenschaften und war Vorsitzender des Aufsichtsrats der J. R. Geigy AG, von 1972 bis 1987 Vorsitzender und Mitglied des Aufsichtsrats der Ciba-Geigy AG und ist heute dessen Ehrenpräsident. Dr. Louis von Planta wirkte in vielen internationalen und schweizerischen Gremien als Experte mit; er präsidierte während vieler Jahre u.a. die Basler Handelskammer, die Schweizerische Gesellschaft für Chemische Industrie und den Vorort des Schweizerischen Handels- und Industrie-Vereins.

Buchanzeigen

Entwicklung und Ökologie

Philosophie und Geistesgeschichte

Dietrich Böhler (Hrsg.)
Ethik für die Zukunft
Im Diskurs mit Hans Jonas
1994. 491 Seiten. Broschiert

Thomas Buchheim
Die Vorsokratiker
Ein philosophisches Porträt
1994. 262 Seiten. Kartoniert

Otfried Höffe (Hrsg.)
Klassiker der Philosophie
Band 1: Von den Vorsokratikern bis David Hume
3., überarb. Auflage. 1994. 571 Seiten mit 23 Porträtabbildungen. Leinen
Band 2: Von Immanuel Kant bis Jean-Paul Sartre
3., überarb. Auflage. 1994. 565 Seiten mit 23 Porträtabbildungen. Leinen

Vittorio Hösle
Die Krise der Gegenwart und die Verantwortung der Philosophie
Transzendentalpragmatik. Letztbegründete Ethik
2., um ein Nachwort erweiterte Auflage. 1994. 280 Seiten. Broschiert

Vittorio Hösle
Philosophiegeschichte und objektiver Realismus
Acht Aufsätze. 1996. 277 Seiten. Paperback
Beck'sche Reihe Band 1159

Wolfgang Röd
Der Weg der Philosophie
Von den Anfängen bis ins 20. Jahrhundert
Band 1: Altertum, Mittelalter, Renaissance
1994. 525 Seiten. Leinen
Band 2: 17. bis 20. Jahrhundert
1996. 637 Seiten. Leinen

Verlag C. H. Beck München